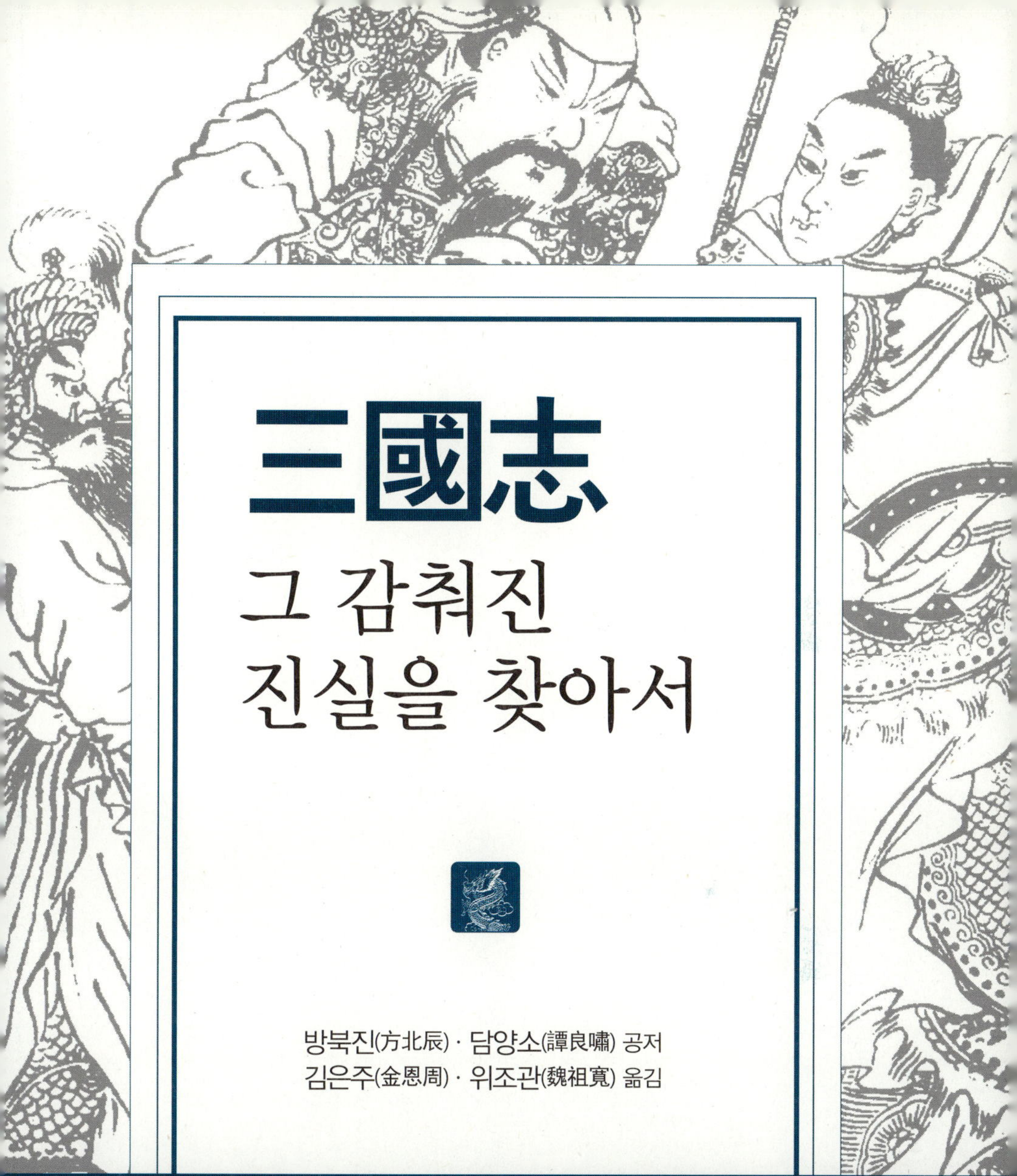

三國志

그 감춰진 진실을 찾아서

방북진(方北辰) · 담양소(譚良嘯) 공저
김은주(金恩周) · 위조관(魏祖寬) 옮김

신아사

머리말

중국은 유구한 역사와 찬란한 문화를 가지고 있다. 이러한 기반을 토대로 많은 역사 이야기가 민간을 통하여 지금까지 전해지고 있다. 그중 이야기가 광범위하며 사람들의 마음에 깊숙하게 자리 잡고 있는 삼국의 이야기가 많은 사랑을 받는 역사의 한 부분이다. 이러한 대중들의 반응은 문학예술의 현상 뿐만 아니라 사회정신의 현상을 내포하고 있다.

현재까지 사람들에게 삼국 고사가 꾸준히 이어져 온 것은 송원(宋元)시대에 "강삼분(講三分)"이란 강좌(천하를 세 곳으로 나누는 이야기), 그리고 민간 구전(平話)과 잡극(雜劇)으로 시작하여 원말 명초(元末明初)시기의 〈삼국연의〉로 이어지며, 명청(明淸)시기에 각종 희곡(戲曲)으로 발전되었다. 그중 삼국 이야기의 가장 많은 영향을 준 것은 〈삼국연의〉라는 유명한 장편소설인 것은 누구라도 당연하게 생각할 것이다. 〈삼국연의〉는 이후 희극(戲劇), 곡예(曲藝), 영상, 미술, 전자오락 등의 작품으로 각색되었다. 다채로운 특색과 다양한 형태로 발전한 작품들의 발원지를 따라가면 결국엔 모두 고대에 정식으로 기록된 역사서에서 출발한다는 것을 알 수 있다. 서진(西晉)의 진수(陳壽)가 기록한 〈삼국지(三國志)〉라는 역사서를 바탕으로 삼국 역사는 무수히 많은 작가의 손에서 개정, 이식, 병합, 허구 등의 수많은 방법으로 예술적 가공이 이루어졌다. 그리하여 현시대 사람들이 좋아하는 삼국 이야기와 인물들은 다양한 정도의 차이를 보이며 역사적 사실과는 멀어지게 되며, 진실과 거짓이 혼탁하여 구분이 어려워지며, 심지어 거짓이 진실로 둔갑하는 형태로 삼국 이야기가 전해지게 되었다.

〈삼국연의(三國演義)〉의 거대한 영향을 받은 삼국역사는 끊임없는 사람들의 가공과 전파가 이루어지며, 대중들의 심미(審美)적 기쁨을 제공함과 동시에 두 가지의 문제가 생산되었다. 첫째로는 삼국 이야기는 진정한 역사서 한 페이지에 기록되어 있는 역사문화가 아닌 소설이라는 오해(誤解)이다. 둘째는 소설 이야기에 근거해 진정한 삼국시기 역사문화를 비평하고 판단하는 오판(誤判)이다.

진실인지 아님 허구인지 혼탁한 이야기를 논거로 제시하는 것은 진실에 근접한 아주 작은 차이라도 심각한 문제를 일으키며 이러한 이야기에서 나온 판단은 큰 오류를 불러올 수 있다. 심지어 일부 유명작가의 저서에도 나타나고 있으며 이러한 문제는 단순히 기우(杞憂)라고 생각해서는 안된다.

진실이 호도되고 분명하지 못한 상황에서 지금 현재까지도 사람들에게 깊은 영향과 감명을 주는 삼국 이야기에 대한 진실과 허구와 관련 상황을 정리하기 위한 일련의 근원탐구, 분석, 감별하여 간결하고 명확하게 진실에 대한 소개와 설명이 매우 중요하다고 생각한다.

이 집필 작업에 대한 의미는 그동안의 삼국 이야기의 부정하거나 가치를 깎아내리는 것이 아니라 이야기의 사실적 근원과 예술이 가미된 변천을 명확하게 구분하여 역사적 사실성과 예술의 창조성을 존중하기 위함이다. 저자는 역사적 사실에 대한 진정한 이해를 통해서 삼국 이야기의 예술적 창조 부분에 대한 감상 준비가 되었다고 생각한다. 이는 곧 예술적 창의성에 대한 감상 준비가 완비되면 보다 깊이 있는 역사탐구가 이루어질 수 있다는 뜻이다. 결과적으로 삼국 이야기의 '진실과 거짓'이라는 두 가지의 부분은 독자들에게 단순히 사실과 허구를 분별하는 것뿐만 아니라 그 이상의 더 많은 내용을 얻어가는 효과로 나타나길 바란다.

삼국 이야기는 송원(宋元)시대 부터 현재까지의 사회와 대중들의 역사관, 논리관, 가치관이 응집된 이야기이다. 삼국 이야기의 진실과 거짓을 정리하면서 이야기의 변천 과정 속에 함의된 사상과 감정 그리고 민족문화의 우수인자가 이식되었다는 것을 드러낼 수 있게 되었다. 중국의 우수한 전통사상 문화는 "감별을 통하여 도태되어야 하는 것은 버리고 우수한 것은 계승하자(시진핑의 말)"처럼 대하여야 한다. 이러한 문화 정신을 가지고 우리에게 남겨진 삼국 역사·문화의 유산을 계승하여 내용정리와 숨겨진 의미의 발굴을 통하여 긍정적인 가치의 빛을 찾아야 한다. 그리하여 오늘날의 정신문명과 이념, 도덕의 공고한 수립을 위하여 봉사하는 것이 통속적인 역사 서적을 집필한 진정한 목적이다.

이 책의 도움을 준 사람들은 대부분 성도(成都) 무후사(武候祠) 박물관에서 근무하고 있는 젊은 학자들이다. 그들은 국내외 많은 박물관 관람객들이 가장 궁금해 하는 삼국 역사의 질문들을 엄선하여 대표적인 100가지 이야기를 쉽고 생동감 있는 해설로 내용을 구성해 주었다. 저자와 책의 도움을 준 기고자들의 열과 성을 다한 노력을 통하여 이 책이 보다 더 완벽할 수 있도록 하였다. 그럼에도 불구하고 저자인 본인이 자신의 수준을 보았을 때, 미흡한 부분과 실수 그리고 착오를 피해갈 수는 없다고 생각한다. 이러한 부분에서 독자들의 가감없는 지적을 부탁드린다.

2017年 10月

중국 성도에서 저자

차례

三國志

그 감춰진 진실을 찾아서

01

유비의 직석판리(織席販履; 멍석을 만들고 짚신을 팔다)의 진실과 거짓

織席販履
직석판리(진영그림)

서기 208년, 손오(孫吳) 정권의 의사대청(議事大廳)에서 제갈량(諸葛亮)과 강동(江東) 유생들과의 설전이 있었다. 오나라 유생이 제갈량에게 고함으로 외치길 "조조는 천자를 끼고 제후들에게 호령하지만, 그래도 과거 재상(相國)인 조삼(曹參)의 후손이다. 너의 주공인 유비는 중산정왕(中山靖王)의 후손이라 하지만 검증할 수 없으며, 사람들의 눈에는 그저 멍석을 만들며 짚신을 파는 사람으로 밖에 보이지 않는다. 이러한 사람이 어떻게 조조를 대항한단 말이오?"라고 말하였다. 제갈량이 바라보니 이러한 질문을 한 이는 어릴적 원술의 연회에서 모친을 위해 귤을 몰래 챙겼던 육적(陸績)인 것을 알고 미소를 띠며 큰소리로 질문에 대답하였다. "나의 주공은 명백하게 황실의 후손이며 지금의 황실족보에 따르면 황제의 숙부로 불려야 된다. 이러한 일을 어찌하여 거짓으로 꾸며낼 수 있는가? 다시 말해서 한나라(大漢)의 시조(유방)는 향촌(鄕村)을 관리하던 말단 정장(亭長)이었지만, 천하를 통일하였다. 하물며 멍석을 만들며 짚신을 파는 일이 치욕적이라 할 수 있겠는가!" 이 말을 들은 육적은 아무런 답변을 하지 못하였다.

이러한 이야기는 〈삼국연의(三國演義)〉 제 43화 '제갈량(諸葛亮)의 설전군유(舌戰群儒)' 중, 유비의 출신신분에 대한 이야기를 생동감 있는 대화로 알려주고 있다. 이 책에서는 여러 번 유비를 '짚신을 만들고 파는 아이'라고 소개하였다. 이러한 유비의 출신에 관한 이야기는 과연 역사적 사실에 근거하여 말하는 것인가? 아니면 단지 꾸며낸 이야기일 뿐인 것인가?

역사서 〈삼국지·선주전(三國志·先主傳)〉에 따르면, 유비의 초년시절 생활은 매우 궁핍하여 짚신을 팔고 멍석을 만들었던 것으로 기록되어 있다. 그러므로 유비가 말하는 "멍석을 만들며 짚신을 판 아이"라는 설명은 역사적 사실로 판명된다.

유비가 한 왕조의 후손인 점 또한 역사서에 명확하게 기록되어 있다. 거슬러 올라가 그의 조상을 추적해 보면 서한(西漢) 경제(景帝) 유계(劉啓)의 아들인 중산정왕(中山靖王)인 유승(劉勝)이라는 인물을 알 수 있다. 유승이라는 인물은 사람들에게 익숙한 인물은 아니나 중산정왕이 죽은 후 남겨진 하북성(河北省)의 '만성한묘(滿城漢墓)'를 생각하면 조금이나마 그에 대한 이미지를 떠올릴 수 있을 것이다. 1968년 중산정왕과 그의 부인이 매장된 왕릉에서 처음으로 완벽하게 보존된 2개의 '금루옥의(金縷玉衣)'와 양옥칠관(鑲玉漆棺) 그리고 장신궁등(長信宮燈) 등의 매우 진귀한 유물들이 출토되었다. 유비의 가족이자 유승(劉勝, 중산정왕)의 아들 유정(劉貞)에서도 같은 유물이 발견되었다.

진귀한 유물이 출토된 '만성한묘(滿城漢墓)'의 주인인 유승(중산정왕)은 부와 명성을 가지고 있는 당대의 상류층인 것으로 추측할 수 있을 것이다. 그러하다면 유승(중산정왕)의 후손인 유비는 왜 '멍석을 만들며 짚신을 파는 아이'로 전락했는지 이러한 이유는 무엇일까?

유비일가의 쇠락은 당시의 사회적인 배경과 깊은 연관이 있다. 한무제(漢武帝)가 제후(諸侯)의 자리는 적장자 이외의 아들들에게도 토지를 나누어 줄 수 있도록 한 추은령(推恩領) 때문이다. 이러한 명(領)은 제후(諸侯)의 자손들에게 폭넓은 하사가 가능하도록 만들었지만, 실질적으로 제후국(諸侯國)은 더욱 세분화와 축소가 이루어짐에 따라 중앙집권체제를 더욱 공고화하는 계기를 마련하게 되었다. 한무제의 조카의 신분을 가지고 있는 유정은 추은령으로 인하여 왕족에서 공신들도 받을 수 있는 정후(亭侯)의 자리에 머무르게 되었으나, 종묘 제사 때 필요한 '공금(貢金)' 헌납이 부족하다는 '막수유(莫須有; 날조된)' 문제들 때문에 제후의 작위를 폐기당하고 토지를 빼앗기게 되어 결국에는 평민 신분으로 강등되었다. 그리하여 유진의 후대 즉 유비의 조상인 유웅(劉雄), 그리고 유비의 아버지인 유홍(劉弘)은 지방의 주(州)군(郡)의 조그마한 관직을 역임하는 일밖에 하지 못하였다. 유비일가의 불행은 이뿐만 아니라 유비의 출생 직후 연속적으로 두 가지의 고난을 겪게 되었다. 첫째는 동한(東漢)후기 사회불안이라는 고난과 둘째로 가정을 책임지는 기둥인 부친의 사망이라는 고난이다. 관직으로 생계를 책임지던 부친에게 의존한 유비(劉備) 모자는 두 가지의 큰 환경적 타격을 받고 생존을 위해 멍석을 만들고 짚신을 팔아 생계를 유지하게 된다.

하지만 인생은 새옹지마, 전화위복(塞翁失馬, 焉知非福)이라고 하지 않는가. 어릴 적 '직석판리(織席販履; 멍석을 만들고 짚신을 팜)'의 고된 생활은 유비의 강한 의지를 형성할 수 있도록 단련시켰을 것이다. 결과적으로 유비가 장성한 이후 30여 년이라는 고군분투의 시간 속에서 촉한왕조(燭漢王朝)라는 찬란한 타이틀을 거머쥘 수 있게 되었다. 〈삼국연의〉 중, '직석판리'라는 특별한 단어는 유비의 강인한 성품을 대단히 높이 평가하는 뜻으로 표현될 수 있으며, 또한 역사적 사실을 근거하여 고도의 예술적 효과를 불러일으켜 역사적 사실을 뛰어넘는 연결체라는 점을 알 수 있다.

02

유비, 관우, 장비의 '도원결의(桃園結義)'의 진실과 거짓

桃園三結義
도원삼결의(청 · 광서구년판〈삼국지연의전도〉)

'도원결의'는 삼국고사 중, 가장 유명한 이야기뿐만 아니라 후대의 다양한 삼국 이야기에서 거대한 영향력을 미친 이야기이기도 하다.

동한(東漢)후기, 황실의 부패로 인한 황건적의 난이 봉기되었다. 유비, 관우, 장비 3인은 "의지를 갖추고 도적을 토벌하여 백성을 평안하게 하자"라는 다짐 아래 당시 장비의 저택 뒤뜰 복숭아원(桃園)에서 까마귀와 소 그리고 백마를 잡아 하늘에 제례를 지낸 후 각기 성이 다르지만 형제의 관계를 맺기로 결의하였다. "한마음으로 협력하여 곤경을 헤쳐 나가며, 나라에 보답하여 백성을 이롭게 할 수 있게 하소서, 비록 동년 동월 동일에 출생하지 않았지만, 한날한시에 같이 죽을 수 있도록 해 주소서"라는 맹세를 하게 되었다. 이러한 결의 후, 3명의 의형제는 생을 같이 하며 화복(禍福)을 서로 나누고 죽음에도 변하지 않는 충성과 의리를 지켜왔다. 이러한 이야기에 따라 '도원결의'는 다양한 매체를 통하여 널리 전파되게 되었다. 특히 '결의'라는 행위는 대중들에게 높은 찬사와 지속적인 본받음으로 전해지게 되었다. 심지어 결의에 대한 경배는 하나의 풍속으로 자리잡게 되었으며 사회 각층의 깊은 영향을 심어주게 되었다. 결과적으로 수백 년 동안 '도원결의'는 중국의 전통 민속 문화 속에 녹아들어 '의리(義)'의 핵심가치를 대표하는 단어로 형성되었다.

매우 안타까운 점은 '도원결의'라는 이야기는 역사서에 기록된 적이 없으므로 사실 여부를 판단할 수가 없는 일종의 예술적 창조물이다. 그런데도 '도원결의'라는 창작물은 온전한 허구의 이야기가 아닌 역사적 사실근거가 일부 포함되어 있다는 점을 알 수 있다. 《삼국지·관우전(三國志·關羽傳)》의 기록에 따르면 '유비가 고향에서 인재들을 모집할 때, 관우와 장비가 함께 참여하였으며, 유비가 외부에서 받는 조롱과 멸시를 막아주었다. 그리고 유비는 관우, 장비와 같은 침상에서 잠을 자는 등 그들의 우정은 친형제와 같았다. 또한 언제 어디서든지 항상 관우와 장비는 유비의 시중을 들며 각종 전장에서 고난을 함께 하였다.'라는 내용이 기술(記述)되어 있다. 또한 《장비전(張飛傳)》에서는 '청년 시절 장비는 관우와 함께 유비를 따랐으며, 관우가 장비보다 몇 살이 많아서 관우를 형님처럼 대우하며 따랐다.'라고 기재되어 있다.

당시에 사람들은 유비, 관우, 장비 세 사람은 서로 '정으로 뭉친 형제'라는 것을 모두 공감하였다. 예시로 촉한대신(蜀漢大臣) 비시(費詩)가 관우에게 말하길 "한중왕(유비)과 군주의 후작인 관우는 한 몸과 같고 기쁨과 슬픔을 같이 나누며 고통과 행복을 함께 하였다." 그리고 조조의 모사(謀士)인 유엽(劉曄)이 항상 "유비와 관우의 관계는, 명칭은 군주와 신하지만 실질적인 감정관계는 부자와 같은 관계이다."라고 지적하였다.

역사서에 나오는 '은약형제(恩若兄弟)'와 '예유일체'의 뜻은 한 식구라는 뜻을 나타내고 있으며 이는 곧 '도원결의'에 근거하여 설명되는 표현이다.

'도원결의'라는 이야기의 시초는 원(元)나라 때부터이다. 원나라 〈삼국지평화(三國志平話)〉 중 〈도원결의〉 부분과 원나라 때 무명작가가 연출한 〈유관장도원삼결의(劉關長桃園三結義)〉의 잡극(雜劇)에서 시작되었다. 그렇다면 '도원결의'라는 이야기는 왜 송원(宋元)시대에서 출연하게 된 것인가? 이러한 이유는 당시의 시대적 배경과 밀접한 연관이 있다. 송나라 때 상업과 도시가 발달하였으며 농촌인구는 지속해서 도시로 유입하여 도시민계층의 거대한 축으로 자리 잡게 되었다. 오로지 몸으로만 도시생활 속 생계를 이어나가는 농민은 주위의 도움을 받지 못하고 고독한 삶을 살아가고 있었다. 이러한 삶에서 그들은 속 깊은 감정을 나눌 수 있는 친구의 도움이 절실히 필요하였으며, 나아가 친형제와도 같은 친구를 갈망하게 되었다. 유비, 관우, 장비 세 사람이 강산을 제패하는 과정에서 명칭은 군주와 신하의 관계지만 실제로는 간담상조(肝膽相照)와 같이 우정을 나누며 고난을 같이 겪은 형제와도 같은 사이이다. 이러한 이야기는 당시 고독한 농민들의 감정과도 맞아 떨어지는 내용이기도 하였다. 이러한 감정의 수요는 곧 민간문화와 예술로 승화되어 역사서를 기반으로 유비, 관우, 장비의 사실적 이야기에 다양한 색채를 가미하여 '도원결의'라는 시대적 요구를 충족시키는 이야기가 탄생하여 최종적으로 〈삼국연의(三國演義)〉 서책 속에서 정형(定型)적 이야기로 등재되었다.

'도원결의'의 근원은 역사에 기록된 사실에 있으며, 역사적 조건에 의하여 탄생한 이야기이다. 이러한 '義'를 대표하는 '도원결의'는 하위계층(농민)의 수요를 충족시키는 것뿐만 아니라 당시의 사회질서를 유지하기 위한 도구로서 상위계층의 통치자들에게도 수용된 이야기이다. 특정 시기에 탄생한 역사 이야기는 특정된 의미를 내포하고 있음에 아름답고 찬란한 것은 계승하고 불필요한 찌꺼기는 버려야 한다는 점을 이해하고 있어야 한다.

03

관우의 '청룡언월도(青龍偃月刀)'의 진실과 거짓

關公的青龍偃月刀(取自清康熙年版《三國志演義》)
관우의 청룡언월도(청 · 강희년판〈삼국지연의〉)

〈삼국연의(三國演義)〉 중, 관우는 충의지용(忠義知勇)을 겸비한 제일의 용장(勇將)으로 서술되어 있다. 책에서는 신장은 9척에 이르며 얼굴형은 대추와 같고 봉안(丹鳳眼)의 눈에 잠자는 누에처럼 길고 굽은 눈썹을 가지고 있었다. 관우의 자태는 위풍당당하였으며 말을 타고 있을 때가 가장 광채가 난다고 묘사하였다. 또한 천하제일 적토마(赤兎馬)를 타고 말 위에서 천하무적의 청룡언월도라는 장병기(長兵器)를 가지고 있다고 설명하였다. 또한 이 도검은 매력적인 곡선미로 사람들의 이목을 집중시키며 사용시 아름다운 춤을 추면서 강한 살상력을 지니고 있다. 삼국연의의 작가는 따로 도도금포(刀挑錦袍), 단도부회(單刀赴會), 술이 식기 전에 화웅의 목을 베어버린 이야기 그리고 관우의 부관인 주창(周倉)에게 청룡언월도의 전문적인 관리를 임명하였다는 이야기를 통하여 청룡언월도가 중심이 되는 주변 이야기를 따로 첨가했다. 민간전설에 따르면 청룡언월도의 출처는 더욱 신비하게 묘사되어 있다. 장인이 도검을 만들 때 하늘의 청룡이 칼에 비친 빛에 맞아 도검 쪽으로 떨어져 이윽고 용의 피가 칼에 스며들게 되어 '청룡언월도'라 불리게 되었다 한다.

그럼 과연 관우가 말 위에서 사용하는 장병기(長兵器)는 진짜로 청룡언월도가 맞는 것인가?

정식 역사서인 〈삼국지〉에서는 관우가 말 위에서 사용한 무기에 대해서 일언반구 언급조차 없었다. 그렇다면 그는 어떠한 모양의 장병기를 사용한 것인가? 이러한 궁금증을 풀기 위하여 삼국지(三國志) 속 〈관우전(關羽傳)〉에서 관우가 말을 타면서 하북(河北)명장 안량(顔良)을 죽일 때 구체적인 동작묘사를 분석하였다. 기록에 따르면 "관우가 안량의 깃발을 보고 수많은 적 부대원 속으로 침투하여 안량을 찔렀다."라고 묘사되어 있었다. 이러한 설명에도 불구하고 어떠한 무기를 사용하여 안량을 찔러 죽였는지 역사서에는 명확하게 기록되어 있지 않았다.

북송(北宋)시대 증공량(曾公亮)과 정도(丁度)의 〈무경총요(武經總要)〉에서 당시의 무기를 그림으로 표현되었는데 손도(手刀), 도도(棹刀; 극도), 굴도(屈刀; 반달검), 필도(筆刀; 반달창도) 등이 기록되어 있다. 그 중 굴

도와 필도의 모습은 흡사 청룡언월도와 비슷하다. 하지만 청룡언월도와 같은 무기의 모습은 당송(唐宋)시대 이후에 출현한 무기이므로 관우는 위와 같은 무기를 사용하였다는 것은 시기상으로 맞지 않는다. 명청(明清)시기 '언월도(偃月刀)'가 존재하였지만 이 또한 실제 전장에서는 사용하지 않았다. 명(明)나라 모원의(茅元儀)의 《무비지(武備志)》에 따르면 "언월도는 기백을 보여주기 위해 사용된 것이며 실제로는 전장에 적합하지 않다."라고 기술하였다. 또한 청(清)나라 《황조예기도시(皇朝禮器圖式)》에서 "언월도는 1등급 120근(60kg), 2등급 100근(50kg) 3등급 80근(40kg)과 같이 3등급으로 구분하여 힘을 가늠하기 위한 무과시험의 시험용 도검으로 본 왕조에서 지정한다."라고 설명되어 있다. 이에 따라 언월도는 전투에서 사용하지 않고 무과시험에 참가한 수험생들의 어깨 근력을 테스트하기 위한 도구에 불과했다.

당송(唐宋)시대 이후에 나타난 청룡언월도가 과거로 회귀하여 관우가 사용했을 수는 없을 것이다. 그렇다면 과연 관우는 기마 상태에서 어떠한 무기를 사용했는가? 지금의 학자들은 2가지 종류의 무기를 사용했을 것으로 추정하고 있다.

한 가지 설은 '책마자량(策馬刺良)'의 '刺(찌르다)'라는 글자를 분석하여 당시에 직접 찌를 수 있는 무기인 장창 또는 대극(大戟)을 사용하였다는 것이다. 동한(東漢) 유희(劉熙)가 집필한 〈석명(釋名)〉에서는 "모장장부팔자왈삭, 마상소지; 언기삭, 삭편살야("矛長丈八尺曰矟, 馬上所持; 言其矟, 矟便殺也。")라고 장창에 관해서 설명하였다. 위 문장을 해석하자면 1장 8자(약 3미터) 길이의 창은 특별히 '삭'이라고 불렸으며, 기마시 적을 죽이기에 편리한 무기이다.'라고 설명하고 있다. 역사서인 삼국지에 따르면 장비(張飛), 여포(呂布), 전위(典偉), 공손찬(公孫瓚), 정보(程普) 등의 명장들과 마초(馬超)의 관서(關西) 철기마병들이 사용한 무기는 모두 장창을 사용하였다고 기록되어 있다. 1969년 감숙성(甘肅省) 무위시(武威市) 동한후기(東漢後期) 분묘에서 출토된 청동 기마병 부대의 모형을 관찰하면 그들의 무기가 모두 장창 또는 대극으로 판명되었다.

다른 이야기로는 도검을 사용하였다는 주장이다. 도검은 동한(東漢), 삼국시대의 주요 병기였다. 그중, 삼국시대의 도검은 칼의 몸통이 두툼하지 않고 곧게 뻗어져 있으며 길이는 약 1m 정도이다. 칼의 밑 부분에는 고리가 있었으며 고리 부분에 천을 달아 적을 베어 죽일 때 칼이 떨어지지 않도록 손목을 감쌀 수 있는 천이 달려 있었다. 이러한 도검의 외형적 특성에 따라 당시의 도검을 '환수도(環首刀)'라 불리게 되었다. 역사서 〈삼국지〉를 찾아보면 관우가 '우조도(羽槽刀)'와 '참기수환(斬基首還; 적의 목을 베다)'이라는 문구가 나와 있다. 도홍경(陶弘景)의 《고금도검록(古今刀劍錄)》에서도 '관우는 유비를 가장 중요하게 생각하였으며 목숨도 아까워하지 않았다. 자신이 직접 도산(都山)의 철을 가져다 검을 제작하였으며 '만인(萬人)'이라는 별칭을 지어주었다. 안타까운 점은 관우가 패배하여 사망하였을 때, 그의 검 또한 물속으로 던져져 사라지고 말았다.'라고 기록되어 있다. 위의 기록에 따르면 관우는 전투에서 청룡언월도 아닌 검을 사용하였다는 점을 알 수 있으며, 검의 모양을 추측해 보면 한(漢)왕조 시대 군대에서 자주 사용되었던 환수도일 것으로 판단된다.

〈삼국연의〉라는 이야기 속에서 관우에게 특별히 청룡언월도라는 특별한 무기를 부여한 목적은 문학적 그리고 미술적으로 관우의 용감무쌍한 이미지를 입히기 위함이다. 그리하여 '청룡'이라는 명칭은 당당한 패기를 상징하며, '언월'은 그가 사용한 칼의 형태적 아름다움을 표현하면서 관우의 품위 있는 이미지를 표현하였다.

04

장비(張飛)의 무기인 '장팔사모(丈八蛇矛)'의 진실과 거짓

張飛丈八蛇矛(取自清光緒九年版《三國志演義全圖》)
장비의 장팔사모(청·광서구년판〈삼국지연의전도〉)

"장판교(長板橋)에서는 살기가 가득한 얼굴로 창을 치켜들고 말을 세워 눈을 부릅뜨며 벼락과 같은 큰소리를 지르면서 조조의 100만 대군을 혼자 맞서고 있었다." 이 구절은 〈삼국연의(三國演義)〉 속 장판교 전투에서 말을 멈추고 창을 세운 지존 무쌍한 전쟁의 신인 장비를 묘사하는 구절이다. 이러한 장비의 모습과 장비가 당시에 들고 있던 장팔사모는 지금 현재까지 사람들 마음속에 이어져 장비를 상징하는 도구로 자리 잡게 되었다. 그리하여 현재의 호북성(湖北省) 당양(當陽)시 성곽 서쪽에는 '장비가 창을 들어 올린 곳'이라는 비석이 있으며, 사천성(四川省) 면양(綿陽)시 서쪽 산에도 장비가 말을 멈추고 창을 치켜들어 올린 모습의 동상이 존재하고 있다.

그렇다면 과연 역사 속의 장비는 진짜로 장팔사모를 사용하였을까?

〈삼국지·장비전(三國志·張飛傳)〉에 따르면 장비는 장판에서 적과의 일전에 임했다는 기록이 있다. 이 전투에서 그는 '다리를 끊고 적군을 향해 창을 세우고 적군들을 노려보며 소리쳤다.' "나는 장익덕(張益德)이다. 누구든지 와서 같이 죽어보자!" 이 말을 들은 적군은 아무도 앞에 나서려고 하지 않았다.'라고 쓰여 있다. 이러한 기록을 토대로 우리는 장비가 말을 멈추고 창을 들어 올린 일화는 사실인 것으로 알 수 있다. 하지만 장비가 치켜세운 장창의 길이와 모양은 역사적인 기록에서는 빠져 있다.

그러나 후세 사람들의 평화(平話), 희곡(戲曲), 소설과 영상작품에서 나타나는 '장비식 장팔사모'의 모습은 장창의 칼날 부분은 뱀의 형상처럼 아름다운 굴곡이 있는 형태이며, 이미 사람들의 마음속에 깊이 각인된 모습이기도 하다. 그렇다면 '장팔사모'는 어떠한 병기이며, 진짜로 장비에게 적의 목숨을 바친 치명적인 무기인가?

창은 중국에서 최고로 오래된 병기(兵器) 중의 하나이다. 그 근원을 살펴보면 전쟁을 목적으로 신석기시대 때부터 사용하였던 무기이다. 긴 손잡이 끝에 날카로운 칼을 달았던 창은 갈고리가 달린 과(戈)에서 삼국시대에 이르러서 모(矛)와 극(戟)으로 발전하게 되었으며 이는 곧 전장의 주요 장병기(長兵器)로 거듭나게 되었다. 삼국시대 창은 다수의 삼국 영웅들이 애용하는 무기였는데 〈삼국지〉의 기록에 따르면 여포(呂布), 공손찬(公孫瓚), 전위(典韋), 정보(程普) 등의 영웅이 사용하였다. 나아가 마초(馬草)의 관서(關西) 철기마병 모두가 말 위에서 사용한 무기는 바로 장창(矛)이었다. 그러므로 장비가 모(矛)를 사용한 것은 의심할 여지가 없이 당시에 당연한 일이었다.

'장팔(丈八)'이라는 뜻은 창의 길이가 1장 8척이라는 뜻이다. 한(漢)나라 때의 단위로는 4.14m이며, 삼국시대에서 사용하던 단위로 적용했을 때는 4.32m이다. 장모(長矛), 장극(長戟), 장수(長殳; 죽창) 등의 무기들은 일반적으로 전열을 방어하기 위한 방어용 무기이나 기마 상태에서 사용하였을 때는 기마 부대의 돌파 무기로서 원거리에서 막강한 살상력을 가지고 있는 유용한 무기로 변모한다. 그러므로 각자 장수들은 말 위에서 이러한 장창들을 사용하는 것을 흔하게 볼 수 있었다.

'사모(蛇矛)'의 최초 기록은 〈진서 · 유요재기(晉書 · 劉曜載記)〉 속에서 찾아볼 수 있다. 16국(十六國)시기 장사(壯士) 진안(陳安)이 출전할 때, 왼손에 7척(七尺) 길이의 대도(大刀)를 쥐고 오른손에는 장팔사모를 들고 있었다.'라고 기록되어 있다. 하지만, 장팔사모가 어떠한 모양인지는 북송(北宋)시대 〈무경총요(武經總要)〉, 명(明)나라 때 〈무비지(武備志)〉 그리고 다른 병기의 형태를 기록한 서적을 찾아봐도 그 모습을 알 수가 없었다. 그러나 청(淸)나라 때 왕단록(王丹麓)이 편찬한 〈병장기(兵仗記)〉에서는 장팔사모에 관한 새로운 해석을 내놓게 되었다. "길이가 1장 8척인 사모(蛇矛)가 곧 장팔사모라 지칭한다." 또한 그는 "장팔사모는 창의 머리 부분이 뱀과 같은 모양이 아니라 창 전체의 모습이 뱀의 형상을 하고 있다. 그리하여 창의 머리 부분은 뱀의 머리와 닮은 모습을 하고 얇고 긴 창의 손잡이 부분은 뱀의 몸을 닮았다."고 해석하였다. 이러한 해석을 통하여 동한(東漢)후기 유희(劉熙)가 편찬한 〈석명(釋名)〉에서 언급하기로는 "창의 길이가 1장 8척인 삭(槊; 창)은 말 위에서 자주 사용되었으며, 삭은 사람을 죽이기에 편리하였다."라고 기록되어 있었다. 유희와 장비가 동일시대 사람인 점을 생각하면 결국에는 길이가 1장 8척인 '삭'의 특별한 별칭은 '장팔사모'이며, 기마 상태에서 적을 죽이기에 탁월한 병기가 동한삼국(東漢三國)시대 때 존재하였던 점을 설명한다. 그리하여, 장비가 사용하였던 모(矛; 창)는 길이가 1장 8척임을 알 수 있다. 그리하여 당시에 장비가 장팔사모를 자신의 병기로 사용하였다는 것은 완벽하게 이치에 부합하는 내용이다.

'장팔사모'의 역사가 민간으로 널리 퍼져나가는 과정에서 점진적으로 형태의 변화가 이루어졌으며, 더욱 구체적인 모습으로 나타나기 시작하였다. 원나라 때 〈삼국지평화〉에서 장비가 사용한 무기는 '장팔장창(丈八杖槍)', '장팔강모(丈八鋼矛)', '장팔신모(丈八神矛)' 등의 다양한 이름으로 불렸으나 '사모(蛇矛)'라는 내용은 당시에 존재하지 않았다. 또한 첨부된 그림의 형상을 보더라도 창의 머리 부분에는 뱀의 모습이 나타나지 않는다. 결국에는 〈삼국연의〉에 이르러서 '장팔사모'의 형태와 명칭이 완성되고 이것이 곧 지금까지 전해지게 되었다.

05

장비(張飛)의 '편타독우(鞭打督郵)' 이야기 속 진실과 거짓

鞭打督郵(取自清康熙年版《三國志演義》)
편타독우(청·강희년판〈삼국지연의〉)

'편타독우'의 이야기는 〈삼국연의(三國演義)〉에서 두 번째로 나오는 내용이다. 이 이야기의 시대적 배경은 유비(劉備), 관우(關羽), 장비(張飛) 세 영웅이 전장에 출격하여 '잠룡'의 무서움을 떨치며 재야(在野)의 힘을 보여주던 시기이다.

당시에 유비는 황건적(黃巾賊)을 물리친 공으로 안희현(安熹縣)의 현위(縣尉)라는 직위를 얻게 되었고 백성들에게 피해를 주지 않는 관리로서 당시 지역주민의 지지를 받게 되었다. 하지만, 유비가 관직을 담당한지 4개월도 안 되어 조정(朝廷)에서는 군공(軍功)으로 관직을 얻은 현장(縣長)급 관리 중 능력이 부족한 인물을 삭탈관직(削奪官職)하라는 명령이 떨어지게 되었다. 그리하여 관리를 감찰하는 독우(督郵)를 유비가 있는 지방으로 파견하게 되었다. 유비는 독우가 자신이 있는 현에 내려온다는 소식을 듣고 독우를 극진히 영접하러 나갔지만, 오히려 독우의 꾸짖음만 듣게 되었다. 당시에 유비를 감찰하러 온 독우의 속마음은 유비가 거짓으로 자신이 황족이라는 것과 황건적을 토벌한 군공이 거짓으로 꾸며낸 이야기일 것으로 판단하여 유비의 관직을 박탈하려고 온 것이기 때문이었다. 이때 장비는 자신의 큰형인 유비가 독우라는 사람에게 괴롭힘을 당하고 있는 것을 들은 상태에서 술을 여러 잔 마시고 나서 독우가 머무는 처소 앞을 지나고 있었다. 마침 이때 유비에게 상소를 올리려는 5, 6십대의 노인이 독우의 문지기에게 심한 모욕을 듣는 모습을 보게 되었다. 이 광경을 목격한 장비는 곧바로 말에서 뛰어내려 독우가 있는 후당(後堂)으로 달려가 독우의 머리채를 잡고 관저에서 그를 끌어내어 현관청(縣官廳) 앞에 있는 말뚝에 그를 묶어 놓았다. 그러고 나서 버드나무 가지를 손에 들고 수십 개의 가지가 부러지도록 독우의 다리를 내리치기 시작하였다. 이러한 소란에 유비는 관청 앞으로 나와 다급하게 장비를 말렸다. 유비도 자신의 관직을 더는 유지하지 못한다는 사실을 알고 현위관직이 박탈당하는 모든 사유를 독우의 잘못으로 책망하며 그를 흠씬 때린 다음 관직을 버리고 도망치게 되었다.

그렇다면 위의 '편타독우'의 이야기는 과연 사실일까? 그 답은 반은 맞고 반은 틀리다 이다.

편타독우의 이야기는 역사서에서는 이렇게 기록되어 있다. 〈삼국지 선주전(三國志·先主傳)〉에 따르면 "영제(靈帝) 말기 유비가 황건적을 토벌한 공로로 안희현의 현위의 관직을 하사받게 되었다. 하루는 독우가 공사(公事)를 처리하기 위해 안희현으로 내려오게 되었다. 유비는 독우를 알현하기를 청하였지만 거절당하게 되어 그를 묶고 곤장 200대를 때리게 되었다. 독우는 포박을 풀고 간신히 관(官)으로 도망쳐 목숨을 건지게 되었다."라고 기술되어 있다. 배주(裵注)의 〈전략(典略)〉에서도 비슷한 이야기가 기재되어 있었다. 이를 근거로 하여 독우가 안희현에서 얻어맞게 된 이야기는 역사적 사실로 판명된다.

그러나 이야기를 세부적으로 뜯어보면 그 속에 허구가 존재하는 것을 알 수 있다. 우선, 독우가 얻어맞은 이유이다. 역사서 〈삼국지〉에서는 "유비가 알현을 청하였지만 거절당하였다."라고 쓰인 것으로 보아 유비의 청을 거절하여 '편타독우'의 사건이 발생하였다는 추측을 할 수 있다. 그러나 〈삼국연의〉에서는 독우가 아무런 이유 없이 유비를 모욕하고 유비에 대한 바른말을 하는 늙은 백성에게 폭력을 행사하여 무고하게 괴롭혔다는 이야기를 통해 권력을 남용하는 추악한 이미지를 덧씌우게 되었다. 그리하여 독우는 매질을 당해도 마땅한 이유가 충분한 사람이라는 허구가 추가되었다. 다음으로 독우에게 매질을 한 사람은 〈삼국연의〉 속에서 알려진 장비가 아니라 본래 유비였다는 점이다. 그리하여 소설 속에서 유비는 자애로운 인물인 점을 부각하고 장비는 악을 심판하고 불의에 맞서는 대범한 이미지가 생성되게 되었다. 마지막으로 독우를 때렸던 도구도 사람을 쳐 죽일 수 있는 '곤장(杖)'이었으며 심지어 200대를 때렸다는 기록이 남아있다. 하지만 〈삼국연의〉 속 이야기는 사람이 죽지 않을 정도로 버드나무 가지 수십 다발이 부러질 정도로 때렸다는 이야기로 묘사되어 있다. 이렇게 묘사한 이유는 장비가 사람을 때려도 인간성을 유지하고 있었다고 표현하고 싶기 때문이었다. 위와 같은 허구적 사실을 첨가함으로써 유비와 장비가 고귀한 영웅들이라는 것으로 예술적인 이미지가 형성되었다.

'독우'라는 단어는 사람 이름이 아니라 관직을 지칭하는 명칭이다. 한(漢)나라 군(郡)정부의 최고 행정수장은 태수(太守)이며 태수의 수많은 부하 중 각 현(縣)의 감찰을 담당하는 직책이다. 당시의 유비는 안희현(安熹縣) 지금의 하북(河北) 정주(定州)시 동남쪽 지방 소속의 관리였다. 그리고 유비가 담당했던 현위(縣尉)의 임무는 지역의 치안을 유지하는 역할을 담당하는 지금의 공안국장(公安局長)과 같은 직책이다.

'편타독우'의 내용은 이미 원(元)나라 때 〈삼국지평화(三國志平話)〉에서도 찾아볼 수 있는 이야기이다. 〈삼국지평화〉에서 '장비가 독우를 묶어 방망이로 백대를 때려 몸이 6조각으로 절단 나게 하고 그의 머리를 현성(縣城) 북문에 매달고 팔다리는 성곽 귀퉁이에 매달아 두었다. 그리고 유비, 관우, 장비 세 사람은 태산(太山)의 도적이 되어 도망쳤다.'라고 기술되어 있다. 나관중(羅貫中)은 〈삼국지평화〉에 나오는 핏빛 이야기를 인용하지 않고 역사적 사실을 빌리면서 예술적인 가공을 진행하였다. 그리하여 〈삼국지연의〉의 내용은 '유비를 높이며 조조를 내리는' 전체적인 이야기의 큰 기틀을 마련하게 되었다.

06

진궁(陳宮)이 조조를 잡았다가 놓아준 이야기의 진실과 거짓

曹操獻刀(取自清光緒九年版《三國志演義全圖》)
조조헌도(청·광서구년판〈삼국지연의전도〉)

〈삼국연의(三國演義)〉 속 제일의 남자 악역은 바로 간웅(奸雄)인 조조임에 다른 의견이 없을 것이다. 책 속 조조의 모습은 잔혹하고 이기적인 간웅인 이미지로 나와 있으며 이러한 내용이 가장 처음으로 묘사되는 장면은 바로 '착방조(捉放曹)'라는 진궁이 조조를 잡았다가

놓아준 이야기이다.

조조가 동탁을 암살하려는 계획을 세웠지만, 성공하지 못하고 황급히 낙양(洛陽)성을 도망쳐 나와 동쪽에 있는 자신의 고향 초군(譙郡)으로 향하였다. 하지만 도망치는 와중에 중모현(中牟縣)의 수문군사들에게 붙잡히고 말았다. 당시 현령(縣令)인 진궁은 조조를 알아보고 어디를 가느냐고 정중하게 물어보았다. 그러자 조조는 "자신의 고향으로 돌아가 제후들에게 병사를 일으켜 동탁을 징벌할 것을 알리는 조서를 보낼 것이다."라는 말을 하였다. 이에 진궁은 감동하여 관병들에게 조조를 쫓는 것을 그만둘 것을 명령하였다. 조조를 따라 진궁도 조조의 뜻에 합류하게 되었고 두 사람은 초군으로 향하던 길에 성고(成皋)에 도착하여 조조의 부친이 의형제로 맺은 여백사(呂伯奢)의 집에서 하룻밤을 묵게 되었다. 이미 동탁이 조조를 추포(追捕)하라는 령(令)을 각지에 내렸으나 여백사는 위험을 무릅쓰고 두 사람을 숨겨주게 되었다. 여백사는 조조를 대접하기 위해 집을 나와 서촌으로 술을 사러 갔고 조조는 그런 여백사를 마냥 기다리고 있었다. 이때 조조와 진궁 두 사람은 뒷마당에서 칼을 갈고 있는 소리를 듣고 몰래 다가가 사람들의 말소리를 듣게 되었다. 뒷마당에 있던 사람들은 "묶은 다음 죽여 버리자! 어때?"라는 말을 하게 되어 조조와 진궁은 자신들을 해하려는 줄 알고 칼을 뽑고 곧바로 뒷마당으로 달려가 남자와 여자를 가리지 않고 8명을 무참히 죽여 버리게 되었다. 그들이 사람들을 죽이며 주방에 이르렀을 때, 돼지 한 마리가 묶여 있는 모습을 보고 그제야 여백사 가족이 자신들을 대접하려고 돼지를 잡으려고 했던 것을 깨닫게 되었다. 조조와 진궁은 칼가는 소리와 사람들의 말에 오해하여 좋은 사람들을 죽인 것을 알고 곧바로 도망쳐 달아났다. 하지만 얼마 가지 못하고 술과 찬거리를 사서 돌아오는 여백사를 마주치게 되었고 이를 본 조조는 망설임 없이 검을 휘둘러 여백사를 죽이면서 이러한 말을 남기게 되었다. "내가 천하 사람들을 모두 버릴지언정, 천하의 사람들이 나를 버리도록 하지 않겠다." 이러한 광경을 목격한 진궁은 조조의 추악한 면모를 보고 그 자리에서 조조와의 연을 끊고 자신의 길을 가게 되었다.

이러한 〈착방조〉의 이야기는 희극(戲劇)과 다양한 예술작품을 통해서 민간에게 널리 퍼지게 되었다. 그렇다면 과연 진궁이 조조를 붙잡았다 놓아주게 된 이야기는 사실일까? 아니면 어떠한 허구적 이야기가 가미된 것일까?

역사서를 살펴보면 '조조가 붙잡혔다가 풀려난' 이야기는 실제로 일어난 역사적 사건이란 점이 기록되어 있다. 우선 조조가 붙잡힌 이야기는 〈삼국지 · 무제기(三國志 · 武帝紀)〉에서 '조조가 중모현을 지나던 중 정장(亭長)에게 의심을 받아 현내에서 체포되었다. 다행히 중모현에 조조와 친분이 있는 인사가 있어 그에게 부탁한 후 조조는 풀려나게 되었다.'라는 기록과 배주(裵注)의 〈세어(世語)〉에서는 '조조가 중모현에서 체포되어 현관청(縣官廳)으로 압송되던 중 과거에 조조를 모시던 관원(官員)이 현령(縣令)에게 부탁하여 풀려나게 되었다.'라는 기록이 있다. 다음으로 조조가 여백사 일가를 죽인 이야기로는 〈삼국지 · 문헌기(三國志 · 文獻紀)〉와 배주의 〈위서(魏書)〉라는 두 가지 역사서에 '조조가 여백사의 집에 가게 되었는데 마침 여백사가 자택에 있지 않고 그의 아들과 손님이 조조를 맞이하게 되었는데 그들은 다른 마음을 품고 조조의 말과 재물을 빼앗으려 하자 이윽고 조조는 정당방위로 사람들을 죽이게 되었다.'라는 기록이 있으며 또 다른 내용으로 배주의 〈세어〉와 〈잡기(雜記)〉에서는 '여백사가 외출하였을 때, 마침 조조가 그의 집을 방문하게 되었는데 여백사의 다섯 아들이 그를 극진하게 대우하였다. 하지만 조조가 주방에서 들려오는 소리를 듣고 자신을 해하는 것으로 의심하여 간밤에 여백사의 일가 8명을 죽이고 도망쳤다. 그리고 도망치면서 "녕가부인, 무인부아(寧可負人, 毋人負我)"라는 말을 남겼다고 기록하였다.

역사적 사실을 근거하여 이야기를 분석하였을 때, 많은 부분에서 이 이야기가 허구적 내용이 포함되어 있다는 점을 알 수 있다. 그러한 근거로는 조조가 중모현에서 체포되고 석방되었다는 일화는 진궁과 아무런 관계가 없다는 점이다. 역사적 기록에 따르면 당시 중모현의 현령이 진궁이라는 기록은 존재하지 않는다는 점이다. 사실 진궁은 본래부터 조조의 수하였으며, '강직렬장(剛直烈壯)'이라고 묘사되었고, 후에 조조를 떠나 여포에게 가담하였다는 기록이 있다. 두 개의 문헌에서 공통으로 기록된 사실은 조조가 여백사의 집을 방문했을 때, 여백사는 집에 없었다는 점이다. 이는 〈삼국연의〉와 공통적인 내용이나 여백사와 조조의 관계에 관한 내용을 살펴보면 여백사는 이미 고인(故人)이며, 조조의 친구라고 기록되어 있다. 하지만, 〈삼국연의〉에서는 조조 부친과 여백사가 의형제를 맺은 사이이며 조조보다 손윗사람이라는 허구적 이야기를 첨가하였다.

〈착방조〉 이야기는 〈삼국연의〉 책 속의 서두 부분에 나오는 이야기이다. 이러한 이야기 구성을 통해 〈삼국연의〉에서는 조조가 '간웅'이라는 이미지를 첫 부분부터 심어주어 이후에 나오는 일련의 조조와 관련된 이야기들을 조조의 첫인상과 연계하여 풀어나가고 있다. 그리하여 이 이야기에서 진궁이 조조를 풀어주고 그를 따르다가 떠난 이야기, 그리고 여백사라는 손윗사람이 조조를 환대하여 맞이하지만, 조조는 그의 일족들을 모두 죽여 버리는 허구적 내용을 포함해 조조가 '간웅'이라는 형상을 더욱 두드러지게 만들어 내었다. 이러

령(令)을 빌려 '교조(矯詔)'를 제후들에게 보내 '깃발을 들어 동탁을 토벌할 것'을 알렸다. 원소(袁紹)는 조조가 보낸 교조를 받고서 발해(渤海) 지역에서 3만 명의 군사를 이끌고 동맹군에 합류하게 되었다. 원소의 지원을 받게 된 조조는 각 지역에 보내어 동탁의 죄목을 열거한 격문(檄文)을 보내게 되었다. 또한 격문에는 '천자(天子)의 밀지를 받들어 의병을 집결시켜, 조정을 탐하고 어지럽히는 흉악무리들을 섬멸할 것을 명한다. 이에 의용군들은 일어나 공분을 표출하여 왕실을 보위하고 백성을 구하여 이롭게 하여라. 이 격문을 받는 즉시 신속하게 명을 따르라.'라고 작성되어 있었다.

각지의 17개의 제후(諸侯)들은 조조에게 모여들어 동맹을 맺게 되었다. 각기 제후들을 살펴보면 후장군(后將軍)이자 남양태수(南陽太守)인 원술(袁術), 기주자사(冀州刺史) 한복(韓馥), 예주(豫州)자사 공주(孔胄), 연주(兗州)자사 유대(劉岱), 하내군(河內郡) 태수 왕광(王匡), 진류(陳留) 태수 장막(張邈), 동군(東郡) 태수 교모(喬瑁), 산양(山陽) 태수 원유(袁遺), 제북상(濟北相) 포신(鮑信), 북해(北海) 태수 공융(孔融), 광릉(廣陵)태수 장초(張超), 서주(徐州) 자사 도겸(陶謙), 서량(西涼) 태수 마등(馬騰), 북평(北平) 태수 공손찬(公孫瓚), 상당(上黨) 태수 장양(張楊), 오정후(烏程侯)이자 장사(長沙) 태수인 손견(孫堅), 기향후(祁鄕侯)이며 발해(渤海)태수 원소(袁紹)이며 총 17개의 군벌이 결집하게 되었다.

위의 17개의 군벌과 조조가 합심하게 되어 총 18개의 군벌이 동탁이라는 거대한 세력을 토벌하기 위하여 연합하게 되었다. 당시에 유비(劉備)는 평원(平原)의 현령(縣令)의 직책을 담당하고 있었고 관우(關羽)는 마궁수(馬弓手), 장비(張飛)는 보병궁수(步兵弓手)의 직책을 가지고 있었다. 이러한 각자의 낮은 직급 때문에 그들은 제후연합군에 참여할 수 있는 자격이 부여되지 못하였다. 그러나 공손찬이 평원을 지나던 중, 유비에게 "하나가 되어 도적을 토벌하고 한왕조(漢王朝)를 바로 세우자"는 말을 건네어 유비, 관우, 장비 세 사람은 제후연합군이 이끄는 동탁정벌에 참여하게 되었다. 각기에서 사람과 병력이 지속해서 모이는 가운데 조조는 제후들과 함께 출병회의를 진행하게 되었다. 이 회의에서 원소를 동맹군의 수장으로 추대하고 축대를 쌓아 동맹의 맹세를 진행하였다. 원소는 선서문을 낭독하면서 동맹군에 참여한 사람들 모두 감정이 격앙되는 것을 숨기지 않고 눈물을 막 쏟아 내었다. 그러고 나서 서로가 삽혈(歃血)을 하면서 동맹이 되었고, 이 광경은 모두를 감동하게 했다.

이렇게 모두를 감동하게 만드는 장면은 과연 역사적 사실일까? 이 이야기의 진실과 거짓을 역사서를 통하여 정리하여 보자.

역사적 사실	허구적 내용
동군(東郡) 태수(太守) 교모(喬瑁)는 '삼공(三公)' 즉, 사도(司徒), 태위(太尉), 사공(司空)이라는 3명의 대신(大臣)의 명의를 거짓으로 빌려 동탁의 죄목을 열거하고 각지에서 의병을 일으켜 국난을 해결하자는 서신을 발송하였다. 이에 유대(劉岱), 공주(孔胄), 장막(張邈), 교모(喬瑁), 장초(張超) 5인이 먼저 모여 산조현(酸棗縣)에서 제단을 세우고 동맹을 결의하였다. 이후, 원소(袁紹) 등의 제후들이 뒤늦게 합류하게 되었다.	조조가 황제의 명의를 거짓으로 빌린 교서인 "교조(矯詔)"를 보내게 되었으며, '내용에는 각자 의리의 깃발을 세우고, 동탁을 타도하라'라는 내용이 적혀져 있었다. 그후, '동탁의 죄목과 각 제후들이 의병을 일으켜 동탁을 토벌할 것'을 알리는 격문(檄文)을 보내 제일 먼저 원소(袁紹)가 응답하게 되었다.
동탁 토벌에 참여한 제후는 총 13명이었으며, 손견(孫堅)은 원술(袁術)의 부하이므로 실질적으로는 12지역의 군벌이 집결하였다. 도겸(陶謙), 마등(馬騰), 공손찬(公孫瓚) 공융(孔融), 장양(張楊) 5인은 동탁 토벌에 실제로 참여하지 않았다.	총 18개 제후가 동탁을 타도하기로 참여하였다. 18명의 제후 중, 실제 직함과 성과 이름이 맞지 않은 경우가 다수 발견되었다.
오랜 시간 추대하여 원소가 동맹의 수장으로 결정되었다.	그 자리에서 곧바로 동맹의 수장으로 결정되었다.

동맹군들은 겉으로는 친한 것 같지만, 속으로는 각자 다른 생각을 가지고 있었다. 조조와 손견이 출전하였지만 모두 패하였으며, 손견이 다시금 출전하여 전투에서 승리하면서 화웅(華雄)을 처형하게 되었다.	손견이 출전하여 화웅(華雄)에게 참패를 당하였으나 후에 관우(關羽)가 출전하여 '온주참화웅(溫酒斬華雄)'이라는 이야기가 생성되었다.

비교표를 분석해 보면 〈삼국연의〉는 역사적 사실에 허구를 추가하고 가공하는 것을 알 수 있다. 역사에 기록된 교모의 공로를 조조의 공로로 이식하고 조조를 특출한 인물로 부각했다. 또한 허구적 사실들은 공손찬에게 부여하여 유비, 관우, 장비가 동탁을 토벌할 수 있는 일종의 매개체를 추가하였다. 이러한 첨가를 통하여 '온주참화웅(溫酒斬華雄)'과 '삼영전여포(三英戰呂布)'라는 유명한 일화가 탄생하였다.

08

관우의 '온주참화웅(温酒斬華雄)'의 진실과 거짓

斬華雄(取自清光緒九年版《三國志演義全圖》)
참화웅(청·광서구년판〈삼국지연의전도〉)

군사권을 장악한 뒤 기세가 하늘을 찌르는 동탁(董卓)이 소제(少帝)를 폐위시키고 헌제(獻帝)를 황제에 옹립시켰다. 그러자 조조는 수도 낙양을 탈출하여 조정의 명의(名義)로 동탁을 규탄하는 글을 발표하게 되어 원소(袁紹)를 수장으로 천하 각지의 영웅들이 동탁을 타도하기 위하여 모여들게 되었다. 유비(劉備), 관우(關羽), 장비(張飛) 세 사람과 공손찬(公孫瓚)도 도적을 토벌하고 한(漢) 왕조의 재건을 위한 연합군에 합류하게 되었다. 이러한 시대 배경 속에서 술이 식기도 전에 화웅을 참수하였다는 '온주참화웅'이라는 유명한 삼국 일화가 탄생하게 되었다.

18개 제후 연합군의 손견(孫堅)이 선봉을 맡은 부대는 적을 물리치면서 사수관(汜水關)에서 동탁군과 다시 격돌하게 되었다. 이에 동탁은 장군들을 소집하고 대책회의를 진행하게 되었다. 이 회의에서 여포(呂布)는 자신이 직접 손견군에 맞서 출전하겠다고 말하였지만, 장군들 속에 한 명이 "닭을 잡는데 어찌 소를 잡는 칼을 사용합니까! 온후(溫侯; 여포)가 직접 가실 필요가 없으며, 본인이 직접 적장의 목을 베어오겠습니다. 이는 탐낭취물(探囊取物) 같이 쉬운 일입니다."라고 큰 소리로 말하였다. 이러한 말을 한 사람은 키가 9척이며 호랑이 같은 체격에 늑대의 허리, 표범의 머리와 원숭이의 팔을 가지고 있는 화웅(華雄)이라는 자였다. 화웅의 말을 들은 여포는 매우 기뻐하며 즉시 그에게 출전하라는 명령을 내리게 된다. 연합군에서 포신(鮑信)의 동생인 포충(鮑忠)이 가장 먼저 전공(戰功)을 세우기 위해 출격하였지만 화웅의 손에 들린 칼에 의해 참수되어 말에서 떨어지게 되었다. 이후 손견은 정보(程普), 황개(黃蓋), 한당(韓當), 조무(祖茂) 등 4명의 장수를 불러 화웅을 죽이라는 임무를 내리게 되었다. 하지만, 화웅은 심야에 손견의 병영을 급습하여 사방에 불을 질렀다. 예상치도 못한 급습은 손견을 황급히 도망치게 하였으며 부장(部將) 조무가 죽고 손견의 머리에 쓰여 있던 붉은 두건(赤幘)마저 화웅의 전리품이 되는 결과를 낳게 되었다. 이 소식을 들은 동맹군의 수장 원소는 몹시 놀라 대경실색(大驚失色)하였다.

다음날 화웅은 긴 작대기에 손견의 두건을 매달고 연합군 병영 앞에서 큰소리로 욕을 하며 도발을 하였다. 원술(袁術)의 수하이자 용맹한 효장(驍將) 유섭(兪涉)이 출전하였지만 서로의 교전이 3합(合) 전에 화웅에게 죽임을 당했다. 한복(韓馥)의 수하 반봉(潘鳳)이 도끼를 들고 출전하였지만 이내 또다시 화웅에게 죽게 되었다. 이러한 광경을 본 사람들은 경악을 금치 못하였고 원소는 지금 자신에게 안량(顔良)과 문추(文丑)만 있었더라면 화웅은 두렵지도 않았을 것이라며 탄식하였다. 원소의 말이 끝나기도 전에 섬돌 아래에서 큰 소리로 말하며 원소로 다가오는 이가 있었다. 그는 "소인이 화웅의 목을 베고 싶습니다. 허락하여 주십시오!"라고 말하였다. 원소가 자신에게 청원한 사람을 보니 유비의 의동생(義弟) 관우(關羽)인 것을 알고 그를 무시하면서 아무렇게나 말하지 말고 나가라고 명하였다. 원소가 관우를 무시하면서 그러한 명을 한 이유는 그때의 관우의 직책은 그저 일반 마궁수(馬弓手)였기 때문이다. 명이 떨어지자마자 조조(曹操)는 원소에게 관우도 한 번 기회를 줘 보자고 이야기하며 그를 설득하였다. 다른 한편으로 사람을 시켜 뜨거운 술을 가져와 관우의 담을 키워 주려고 술을 권하였다. 그러자 관우는 "술이 식기 전에 일을 마치고 오겠소"라고 말하면서 자신의 칼을 들고 말에 올라 재빠르게 전장으로 갔다. 관우가 나간 뒤 밖에서는 지천을 울리는 북소리와 손에 땀을 쥐게 하는 함성이 한바탕 들려왔다. 제후(諸侯)들은 결과가 어찌 되었는지 막 사람을 보내려는 찰나 방울 소리가 들리면서 이윽고 말이 군영에 도착하였다. 관우의 손에는 적장 화웅의 머리가 들려져 있었으며, 조조가 권했던 술은 아직 식지 않은 상태였다.

이렇게 흥미로운 이야기는 과연 진짜일까? 아쉽게도 이것은 소설가의 문학적 허구에서 탄생한 이야기이다. 그 이유는

첫째, 역사서 〈삼국지(三國志)〉의 〈손견전(孫堅傳)〉에 해당 일화가 명

확하게 기록되어 있다. 손견은 자주 "동탁군을 대파(大破)하면서, 수괴 도독(都督) 화웅 등"이라고 말하였는데 이를 근거로 알 수 있듯이 동탁의 대장 화웅의 처단은 관우가 아니라 손견이 하였다는 점이다.

두 번째로, 화웅은 생전 손견의 붉은 두건을 얻지 못하였다는 점이다. 〈손견전〉에 따르면, 손견은 붉은 두건을 자주 머리에 쓰고 다녔다고 한다. 화웅을 죽이기 직전 전투에서 동탁군에게 포위를 당하여 수십 명의 기마 부대만으로 돌파하여야 하는 상황에 직면하게 되었다. 손견은 동탁군의 추격을 교란하기 위해서 자신의 붉은 두건을 심복 조무(祖茂)에게 씌워주었으며 자신은 다른 샛길로 도망치기 시작하였다. 조무 또한 자신에게 따라붙은 추격병을 따돌리기 위해서 불에 타다만 나뭇가지에 두건을 매달고 자신은 수풀 속으로 몸을 숨겨 동탁군을 따돌리게 되었다. 기록에서는 손견이 포위당한 이 전투에서 화웅은 등장하지 않는다.

세 번째로, 유비, 관우, 장비는 동탁을 타도하기 위하여 연합군에 가담하였다는 것은 사실이지만, 역사기록물인 〈삼국지〉 〈선주전(先主傳)〉 배주(裴注) 부분에서는 단지 '유비가 군을 일으켜 동탁을 타도하였다.'라고 간략하게 기록되어 있으며 더 이상의 자세한 기록은 찾아볼 수 없었다.

결론적으로 이번 이야기는 〈삼국연의(三國演義)〉의 저자가 이야기의 화려함을 더하기 위하여 손견이 화웅을 처단한 공을 관우에게 덧씌워 관우의 용맹하고 적수가 없는 영웅의 이미지를 두드러지게 만든 것이다. 본 이야기에서 가장 억울한 인물은 바로 손견일 것이다. 그 이유는 본래 화웅을 처단한 영웅이었지만 오히려 화웅에게 패배한 무능한 장수로 묘사되었기 때문이다.

09

유비, 관우, 장비의 '삼영전여포(三英戰呂布)'의 진실과 거짓

三英戰呂布(取自明崇禎年版《英雄譜》)
삼영전여포(명숭정년버전〈영웅보〉)

'삼영전여포(三英戰呂布)'는 유비, 관우, 장비가 처음으로 함께 출전한 이야기이며 이후, 이 세 사람은 천하에 자신들의 이름을 알리게 되었다.

그 당시 18명의 제후(諸侯)연합은 동탁(董卓) 척결이라는 공동의 목표를 가지고 전쟁을 시작하였으나 동탁은 여포(呂布)라는 명장을 두고 자신의 수문을 공고히 지키며 연합군을 맞이하였다. 여포의 모습은 늠름하고 씩씩하였으며, 손에 쥔 극(戟)을 그림 그리듯이 자유자재로 사용하면서 질풍 같은 적토마를 타고 있었다. 이러한 모습은 '인중여포, 마중적토(人中呂布, 馬中赤兎)'라는 말을 남길 만하였다. 하내(河內)의 명장인 방열(方悅)이 출전하여 5회합(回合)이 되기 전에 여포 손에 들린 극(戟)에 맞아 최후를 맞이하게 되었다. 다음날, 제후들이 모여 여포를 쓰러뜨리려고 출전하였지만 모두 실패하고 말았다. 눈앞에 여포가 너무 용맹하여 상대할 적수가 없었기에 모두가 어떻게 그를 상대해야 하는지 좋은 묘수가 떠오르지 않았다. 그들이 방법을 찾기 위하여 회의를 거듭하고 있는 중 여포가 제후군의 군영 앞으로 찾아왔다. 이에 공손찬(公孫瓚)은 즉시 말에 올라 여포를 쫓기 시작하였으나 얼마 지나지 않아 황급하게 후퇴하였다. 여포는 자신의 무기인 방천화극(方天畵戟)을 들고 퇴각하는 공손찬을 추격하기 시작하였다. 공손찬이 거의 따라 잡히려는 찰나 옆에 있던 장비가 큰소리로 "세 개의 성을 가지고 있는 노비 자식은 지나칠 생각을 하지 마라 여기 연(燕)출신 장비가 있다!"라고 하였다. 이윽고 그는 말에 올라 창을 들고 여포를 저지하기 시작하였다. 두 사람은 격렬하게 50회나 겨뤄도 승부가 나지 않았다. 이러한 모습을 본 관우(關羽)는 자신의 청룡언월도(靑龍偃月刀)를 들고 안장에 달린 등자를 내려쳐 빠르게 다가가 여포를 상대하기 시작하였다. 여포, 장비, 관우 세 사람의 교전은 30 회합이 지나서도 승부가 나지 않았다. 그러자 유비도 자신의 검을 뽑아 들고 자신의 형제들을 지원해 주었다. 3명에게 포위당한 여포는 풍전등화 같은 운명을 맞이하게 되었다. 18명의 제후는 모두 놀라움을 금치 못하며 주위에서 이 모습을 지켜보고 있었다. 결국에 여포는 극을 허공에 휘두르며 포위망을 뚫고 나서 자신의 화극(畵戟)을 거꾸로 들고 자신의 본영인 호뢰관(虎牢關)으로 후퇴하였다.

위의 이야기는 사람들 사이에서 널리 회자하는 '삼영전여포(三英戰呂布)'의 이야기이며, 원(元)나라 때부터 대중들에게 널리 퍼진 이야기이기도 하다. 원나라 때 편찬된 〈삼국지평화(三國志平話)〉에서 유비, 관우, 장비의 '삼영전여포'라는 완성된 이야기를 찾아볼 수 있으며 또한 같은 시대 무한신(武漢臣), 정덕휘(鄭德輝) 두 사람이 각각 〈호뢰관삼영전여포(虎牢關三英戰呂布)〉의 잡극(雜劇)을 연기하였다. 원나라 때에는 손견(孫堅)이 여포에게 패배한 내용과 유비, 관우, 장비가 여포를 무찌르고 각자 왕과 제후의 칭호를 하사받는 내용이 포함되어 있었다. 하지만 〈삼국연의(三國演義)〉에서는 '삼영전여포'에 관한 세부적인 내용의 재가공과 불합리한 부분의 삭제가 이루어졌으며, 극적인 요소를 다량으로 첨가하는 작업이 이루어졌다. 그리하여 여포의 모습이 용맹하고 살기가 가득하여 사납고 흉악한 모습을 먼저 묘사하고 나서 유비, 관우, 장비 세 사람이 등장하는 장면으로 구성하였다. 나아가 세 영웅이 출전하자마자 여포를 무찌르고 승승장구하는 내용을 추가하였다. 〈삼국연의〉에서 위와 같은 생동감 있는 내용을 추가함으로써 유비, 관우, 장비의 '위대한' 이미지가 독자들에게 높이 주목받을 수 있도록 하고 이러한 이미지를 전면에 심어주어 이후의 내용이 잘 전개될 수 있도록 하였다.

그러나 안타까운 점은 이렇게 유명한 이야기가 순전히 예술적으로 포장된 허구인 내용이며, 역사서에 기록되어 있지 않다는 점이다.

호뢰(虎牢)는 많은 삼국 역사서에서 '성고(成皐)'라고 표시되어 있으며, 이 지역은 지금의 하남성(河南省) 형양시(滎陽市) 서북쪽에 있는 사수진(汜水鎭) 호뢰관(虎牢關) 촌을 지칭하는 명칭이다. 현재의 지역 명칭은 하남성(河南省) 형양시(滎陽市) 사수진(汜水鎭) 호뢰관(虎牢關) 촌이다. 사방이 산중으로 둘러싸여 있으며, 북쪽에는 황하가 흐르고 있다. 이러한 지리적 이점 때문에 과거시대부터 낙양(洛陽) 동쪽을 방어하는 군사적 요새로 자리잡게 되었으며, 격렬한 전투가 수없이 이루어진 장소이기도 하다. 삼국시기 이전에는 유방(劉邦)과 항우(項羽)의 성고(成皋) 전투와 삼국시기 이후 이세민(李世民)과 두건덕(竇建德)의 무뢰(武牢) 전투가 바로 이곳에서 발발하였다. 하지만, 역사기록을 찾아보면 유비, 관우, 장비 세 사람이 이곳에서 진영을 잡고 여포와의 교전을 벌였다는 기록은 찾아볼 수가 없다. 그러나 관동(關東)제후가 거병하여 동탁을 토벌하려는 시기에도 낙양과 근접한 호뢰(虎牢) 지역 일대에 한차례의 전투가 있었다는 역사적 기록이 존재하며 그것은 바로 〈三國志·武帝記〉의 기록에서 동탁의 수하 장수인 서영(徐榮)과 조조(曹操)가 맞붙은 전투이다. 이 전투에서 조조는 서영에게 대패하게 되었고 심지어 화살을 맞아 부상을 입고 적군의 포로로 잡힐 뻔하였다는 기록이 기재되어 있다. 이 전투에서 여포의 역할은 존재하지 않으며, 유비, 관우, 장비의 그림자조차 찾아볼 수가 없다. 이것이 바로 이 이야기의 역사적 사실이다.

순수한 허구적 이야기인 '삼영전여포'는 매우 생동감 있게 표현되어 있어 사람들은 쉽게 이 이야기가 실제로 있었다고 믿게 되었다. 그럼에도 불구하고, 이러한 이야기 덕분에 호뢰관은 그 이름을 천하에 널리 알릴 수 있었으며, 지금의 황하(黃河) 남측에 위치한 호뢰관 촌에는 탐방객들이 끊임없이 방문하며 고전의 이야기를 느낄 수 있는 명승고지로 발돋움하게 되었다.

10

손견(孫堅)과 오씨(吳氏) 부인 청혼 이야기의 진실과 거짓

孫堅畫像(取自清康熙年版《三國志演義》)
손견화상(청·강희년판〈삼국지연의〉)

손견에 대해서는 일반적으로 손책(孫策)과 손권(孫權)의 아버지이자 동탁(董卓)정벌에 참여한 제후의 일원이라는 것으로 알고 있을 것이다. 하지만 이번 장에서 말하고 싶은 부분은 모두가 아는 이야기가 아니라 손견에 대한 결혼과 연애에 대한 진실을 이야기해 보려 한다.

연애와 결혼에 대해 이야기를 하자면 대부분의 사람은 가십거리와 불순한 생각을 먼저 떠올리게 된다. 실제로 이번에 다룰 이야기는 청춘 드라마 같은 요소가 다분히 포함되어 있다.

동한(東漢) 오군(吳郡)의 부춘현(富春縣) 지금의 절강성(浙江省) 부양시(富陽市)는 손견이 태어난 고향이다. 그는 〈손자〉를 집필한 병법의 대가인 손무(孫武)의 후손이지만 손견이 태어났을 때는 이미 가문이 몰락한 상태였다. 손견의 부친 손종(孫鐘)은 밭에서 과실을 키워 생계를 이어나가는 농민이었다. 비록 가정환경은 부유하지 못하였지만, 자신의 환경을 탓하지 않고 무술수련에 더욱 매진하면서 다양한 사람들과 친교를 맺고 군공(軍功)을 세워 가문을 재건하겠다는 결심을 품고 있었다.

손견의 부인 오씨(吳氏)는 오현(吳縣), 지금의 강소성(江蘇省) 소주(蘇州) 사람이다. 그녀는 마음이 어질고 정숙하며 눈부시게 아름다운 대갓집 규수(閨秀)로 지냈으나 후에 부모가 세상을 떠나고 갓난아기 동생인 오경(吳景)을 데리고 남쪽의 전당현(錢當縣) 지금의 절강성(浙江省) 항주(杭州)에 거주하고 있는 친척 집에서 생활하게 되었다.

그렇다면 두 사람은 어떻게 혼인의 연을 맺게 되었는가?

다시 손견 이야기로 돌아와서 손견은 각고의 노력을 통하여 자신의 힘으로 살고 있던 현정부(縣政府)의 사무원으로 일하게 되었다. 그가 17세 되던 해에 부친과 함께 배를 타고 전당현(錢當縣)에 이르렀을 때, 도적 호옥(胡玉) 등이 강기슭에서 재물을 빼앗고 도적질을 일삼고 있었다. 당시 손견이 타고 있던 배에서는 무서워서 아무도 앞으로 나서려고 하지 않았다. 오직 손견만이 칼을 들고 도적이 있는 강기슭으로 나아가 수신호로 사람들을 지휘하고 있었다. 손견을 본 도적들은 관병(官兵)이 자신들을 체포하는 것으로 생각하여 모두 놀라 도망쳐

버렸다. 손견은 도망치는 도적들을 추격하여 도적의 머리를 베어 돌아오게 되었다. 이 일로 손견은 유명세를 타기 시작했고 현위대리(縣尉代理)라는 현재의 공안국장급의 직책도 얻게 되었다. 손견의 의협(義俠) 활동 소식은 빠르게 전파되어 오씨(吳氏)도 듣게 되었으며 곧 그녀도 손견을 흠모하기 시작하였다.

시간이 흘러 손견이 혼령기에 접어들었을 때, 오씨가 재능과 미모를 겸비한 여인이라는 이야기를 듣고 곧바로 오씨 집으로 찾아가 청혼을 하게 되었다. 청혼소식을 들은 오씨의 친척들은 이 일에 대하여 가족회의를 진행하여 그들의 입장을 손견에게 말하였다. 친척들은 "손견의 출신 신분이 낮고, 매일같이 무술만 연마하여 사람이 안정적이고 성실하지 못할 것이다."라는 결론을 내려 손견의 청혼을 거절하였다. 이 말을 들은 손견은 창피함과 실망감을 갖게 되었다. 하지만, 오씨는 자신에게 다가온 인연을 그냥 묻어 버리고 싶지 않았기에 청혼을 거절하는 자신의 친척들을 설득하기 시작하였다. 그녀는 "손견의 무예는 비범하다고 들었습니다. 또한 현정부(縣政府)에서 일하는 공직자이기 때문에 만일 그의 청혼을 거절하여 그가 복수심을 품고 우리에게 해코지를 하면 그때는 어쩌실 겁니까? 그렇다면 그냥 청혼에 대한 승낙을 하는 것이 좋을 것 같습니다. 만일 결혼 후의 나의 삶이 불행하다고 하더라도 이는 곧 나의 운명일 뿐입니다!"라고 말하여 친척들을 설득시켜 두 사람의 결혼 승낙을 받아내게 되었다. 이러한 내용은 〈삼국지〉 오씨 이야기에서 더욱 자세하게 기록되어 있어 이야기의 사실성을 한층 더 증명해 보인다.

손견은 비천한 출신이지만 의지가 강한 청년이고 반면 오씨는 친척 집에 거주하며 살아가는 대갓집 규수였지만 서로 간의 사랑을 통해서 영웅은 미인을 얻게 되었고 총명한 안목으로 영웅을 알아보는 이야기가 되었다. 그리하여 두 사람의 혼인은 재능이 출중한 남자와 용모가 아름다운 여자가 만났으며 나아가 하늘과 땅이 맺어준 인연이라고도 할 수 있다. 먼 과거의 혼인은 가족 또는 집단의 이익을 연결하기 위한 수단이기에 종종 당사자 간 서로의 의견은 중요시되지 않았으며, 삼국시대에도 이러한 결혼은 당연시 되던 사회였다. 이러한 혼인형태에 대한 시대 배경 속에서 손권과 오씨의 혼인은 단순하며 오히려 평범할 수도 있다. 오씨는 난세(亂世) 속의 여성으로서 자신의 명운을 타인의 손에 맡기는 것을 원하지 않았을 것이며, 혼란한 세상에서 적극적으로 자신의 행복을 찾아갔을 것이다. 하지만 오씨는 군주의 어머니로서 아들의 국정과 국방운영의 부족을 채워주는 역할을 담당하였으며 상당한 성과도 거두게 되는 대단한 여성으로 발돋움하게 되었다. 당시 오씨의 결혼은 삼국역사에서 수많은 이야기를 남기는 결과를 가져왔다. 오씨의 4남 1녀의 자식인 손책(孫策), 손권(孫權), 손익(孫翊), 손광(孫匡)과 유비의 부인인 손부인과 함께 역사의 무대에서 화려하고 찬란한 이야기들을 써내려 갔다.

〈삼국연의(三國演義)〉 중, 오씨의 여동생 오국태(吳國太)도 손견에게 시집을 갔다는 이야기가 나온다. 이는 순수한 허구이며 사실이 아니다. 첫째는 손견의 부인 오씨에게는 여동생이 없다는 사실과 큰언니가 이미 결혼한 상태에서 과연 여동생이 같은 사람에게 결혼할 수 있는 것인가? 이는 마치 시장에서 배추를 사면 파를 끼워주는 행사 같은 것이다. 여러분의 생각은?

11

손견(孫堅)이 국새(國璽)를 감춘 이야기의 진실과 거짓

孫堅藏匿傳國璽(取自清康熙年版《三國志演義》)
손견장닉전국새(청·강희년판〈삼국지연의〉)

'전국새(傳國璽)' 뜻은 진한(秦漢)왕조 때부터 사용한 황제의 옥새를 전달한다는 의미가 있다. 이렇게 신비하고 특별한 도구는 〈삼국연의(三國演義)〉 속에서도 놓치지 않고 생동감 있는 이야기로 묘사하고 있다.

제후(諸侯) 연합군의 공격으로 동탁(董卓)은 연이은 패배를 맛보게 되었다. 이후, 손견이 낙양(洛陽)으로 입성하게 되자 이에 동탁은 황궁(皇宮)에 불을 지르게 되었다. 달과 별이 휘황찬란하게 빛날 만큼 사방이 어두운 시각에 낙양성이 불타는 광경을 목격한 손견 수하의 군사가 성안에 빛을 바라보면서 이렇게 외쳤다. "궁전 남쪽에 우물에서 오색 빛이 발산하고 있습니다." 이 말을 들은 손견은 군사에게 빛을 쫓아가라고 명령하였다. 우물에 도착한 손견의 부하들은 우물 속에서 궁의(宮衣)을 입은 한 여인의 시체를 건져 올리게 되었고 그 여인이 가지고 있던 주홍색 상자에서 옥새를 찾게 되었다. 옥새의 모양은 4촌(寸) 크기의 정사각형에 상부에는 5마리의 용이 서로 교차한 조각이 새겨져 있으며 황금으로 테두리를 감싸고 있었다. 옥새의 바닥 면에는 '수명우천, 기수영창(受命于天, 旣壽永昌)'이라고 각인되어 있었다. 손견은 정보(程普)에게 이 물건이 전국새라는 말을 듣고서야 이것이 옥새라는 것을 알게 되었다. 전국새는 변화(卞和)라는 사람이 형산(荊山)에서 진귀한 옥을 발견하여 초문왕(楚文王)에게 진상되었다.

이 명옥(名玉)은 진시황(秦始皇) 26년 황제가 옥새를 제작하라는 명을 내리게 되었고, 이사(李斯)가 명령을 받아 옥새의 글자를 전자(篆字)체로 각인하게 되었다. 진(秦)나라가 멸망하고 자영(子嬰)이 이 옥새를 한고조(漢高祖; 유방)에게 헌납하게 되었다. 그 후, 왕망(王莽)이 세운 신(新)왕조에서 옥새에 금테를 입히게 되었고, 동한(東漢) 광무제(光武帝)가 의양현(宜楊縣)에서 얻게 되어 동한말기까지 전해지게 되었다. 손견에게 옥새를 설명하였던 정보는 손견에게 "하늘이 주공(主公)에게 황제의 자리를 주신 것이 틀림없으니, 하루속히 강동(江東)으로 돌아가서 대사를 도모하셔야 합니다."라고 말하게 되었다. 이에 손견은 "정보의 말이 내 생각과 다름이 없다."라고 말하였다. 그러나 낙양전투에 참전한 병사 중에 원소와 동향인 사람이 밤중에 손견의 군영을 몰래 빠져나와 원소에게 옥새와 관련된 일을 보고하게 되었다. 다음날, 손견은 원소에게 자신의 직위를 사직하고 고향으로 돌아갈 것을 말하였으나, 원소는 손견의 의중을 알아차리고 이렇게 말하였다. "옥새는 조정(朝廷)의 보물이다. 이를 감추고 어디로 가는 것이며 무슨 의도가 있는 것인가?" 이러한 질문에 손견은 끝까지 자신이 옥새를 가지고 있다는 것을 부인하고 낙양을 벗어나게 되었다.

이러한 이야기의 진실과 허구는 우선 역사서에 기록된 세 개의 부분을 통하여 알 수 있다.

〈삼국지 · 손견전(三國志 · 孫堅傳)〉 배주(裴注)가 인용한 〈오서(誤書)〉와 〈산양공재기(山陽公裁記)〉 속의 내용과 이현주(李賢注)가 집필한 〈후한서 · 서구전(後漢書 · 徐璆傳)〉 그리고 〈진서(晉書)〉, 〈목제기(穆帝記)〉, 〈사상전(謝尙傳)〉에서 위 이야기의 내용을 찾아볼 수 있다. 세 분류의 역사기록에서 종합적으로 알 수 있는 내용은 전국새의 이동경로다. 첫 번째는 동탁이 전란으로 낙양에서 도망칠 때, 손견이 낙양성 남쪽의 견궁정(甄宮井)에서 옥새를 찾아냈다는 내용이다. 두 번째로는 손견이 어떠한 이유에도 불구하고 전국새를 자신이 보관하여 다른 사람에게 내놓지 않았다는 기록이다. 세 번째로는 회남(淮南)에서 할거(割據)한 원술(遠術)이 황제의 자리를 탐내어 손견의 부인에게서 옥새를 강탈하였다는 내용이다. 네 번째로는 원술이 전투에서 패배하여 사망할 때, 회남에 보관되어 있던 옥새를 서구(徐璆)가 임시수도인 허현(許縣)으로 옮겨 조정의 소유로 환납(還納)하였다는 내용이다. 마지막으로 16국시기 염민(冉閔)의 아들 염지(冉智)가 동진

(東晉)에 항복하면서 전국새도 같이 동진의 소유가 되었다는 기록이다.

이러한 역사적 기록에 따르면, 〈삼국연의〉 속 전국새(傳國璽)에 관련된 이야기는 기본적으로 사실을 바탕으로 시작되었다고 알 수 있으며, 손견이 국새를 내놓지 않았다는 점까지 역사적 사실과 동일하다. 그러나 삼국이야기의 생동성과 예술적 굴곡효과를 높이기 위하여 사실을 바탕으로 한 이야기도 미량의 허구적 내용을 첨가하였다. 그 예로, 역사적 기록에 따르면 옥새를 발견한 우물은 낙양성 남쪽이라고 기록되었지만, 〈삼국연의〉에서는 황궁(皇宮) 안에서 발견하였다고 묘사하였다. 또한 역사기록에는 존재하지 않는 여자의 시체와 원소의 밀정 등의 이야기를 추가하여 이야기의 생동성을 끌어올렸다.

마지막으로 전국새에 각인된 글자가 과거 기록에서는 '수명우천, 기수영창(受命于天, 旣壽永昌)', '수명우천, 기수차창(受命于天, 旣壽且昌)', '수천지명, 황제수창(受天之命, 皇帝壽昌)'이라는 3가지 종류의 설명이 있었다. 필자가 역사기록을 분석하고 판별하였을 때, 〈진서·목제기〉의 기록에 나온 '수천지명, 황제수창'이라는 문구가 가장 사실에 근접한 각인이라는 것임을 판단할 수 있었다.

또한 역사적 기록에서 전국새의 본래 크기를 알아볼 수 있다. 〈오서〉에서 '방원4촌(方圜4寸)'이라고 기록되어 있는데 여기서 '원(圜)'은 옥새의 둘레를 지칭하는 단어이다. 옥새의 총 둘레는 4촌 길이이다. 각 변의 길이는 1촌인 것이다. 진한(秦漢) 그리고 삼국 시기의 옥새의 규격은 모두 둘레의 한 변이 1촌이었으며, 1촌은 지금의 단위로 약 2.3~2.4cm이다. 그리하여 당시의 옥새는 전국새 이외에 '방촌새(方寸璽)' 또는 '방촌인(方寸印)'이라고도 불리었다. 〈삼국연의〉에서는 당시의 측량제도를 이해하지 못하였기 때문에 '방원4촌(方圓四寸; 4촌 크기의 원형모양)'이라는 오류를 남기게 되었다. 그러므로 진나라 때부터 한나라 나아가 삼국시대까지의 시대를 다루고 있는 드라마 또는 영화들에서 사용하고 있는 크고 작은 관인(官印)들은 모두 사실이 아닌 허상의 내용을 사용하고 있다.

12

손책(孫策)이 황조(黃祖)와 아버지 손견의 시신을 맞교환하였던 이야기의 진실과 거짓

孫策換父遺體(陳榮繪)
손책환부유체(진영그림)

손견(孫堅)은 원술(袁術)의 명을 받아 유표(劉表)를 공격하였다. 초기에는 유표의 부하인 강하(江夏) 태수(太守) 황조에게 승리하여 양양(襄陽)을 포위하게 할 수 있게 되었다. 하지만 유표의 책사인 괴량(蒯良)의 책략으로 구원병을 보내 포위망을 뚫을 방법과 동시에 양양현 남쪽에 있는 현산(峴山)에 복병을 숨겨두었다. 괴량의 계획은 손견을 매복이 있는 산중으로 유인하면서 그것을 따라간 손견에게 활을 쏴 죽이는 동시에 양양에 포위되어 있던 황조군은 포위망을 뚫고 성 밖으로 빠져나오게끔 하는 계책을 세우게 되었다. 이러한 괴량의 포위망을 뚫는 작전은 손견에게 그대로 적중하고 말았다. 손견은 30여 명의 기병을 이끌고 산중으로 패잔병을 쫓아가고 있을 때, 순간적으로 징 소리가 울리고 벌떼 같은 화살들이 날아들고 비처럼 쏟아지는 낙석 공격을 받게 되었다. 마침내 손견은 적의 습격을 당하여 그 자리에서 죽음을 맞이하게 되었다. 당시 손견의 나이는 불과 37세밖에 되지 않았다. 손견이 매복에 당하고 있을 때, 양양에 있던 황조는 손견군의 포위망을 빠져 나왔지만, 얼마 지나지 않아 손견의 부하인 황개(黃蓋)에게 사로잡히고 말았다. 손견이 전투 중에 사망하였으며 그의 시신 또한 유표군이 가져갔다는 소식을 들은 손책은 크게 대성통곡을 하였다. 이 모습을 본 황개는 손책에게 유표와 협상을 하여 황조와 손견의 시신을 맞교환하자는 의견을 건의하였다. 이에 손책의 군사이자 과거 유표와 인연이 있는 환계(桓階)가 협상의 사자(使者)로 지원하게 되었다. 환계가 유표의 성으로 들어가 손책의 뜻을 전하였으며, 이에 유표는 그들의 뜻을 받아 주었다. 하지만, 괴량은 지금의 승기(勝機)를 지속하여 적에게 타격을 주며 후환(後患)을 방지하여야 한다는 의견을 피력하면서 황조와 손견의 사체와의 맞교환을 반대하였다. 그러나 유표는 "황조는 나의 복심이므로 그를 포기하고 적군의 군영에 계속 두는 것을 참을 수가 없다!"라는 말을 하면서 황조와 손견의 사체를 맞교환하게 되었다. 손견의 시신을 받은 손책은 곧바로 강동(江東)으로 돌아가 부친의 장례를 치렀다.

〈삼국연의(三國演義)〉에서 묘사되는 위 이야기의 참과 거짓의 비중은 얼마나 될까? 그 답은 바로 반은 진실 반은 허구이다.

우선 이야기의 진실 부분은 3가지이다. 첫째, 손견이 원술의 명을 받아 형주(荊州) 양양(襄陽)의 유표를 공격하였다는 것이다. 이 전투에서 손견은 양양성 남쪽에 위치한 현산(峴山)에서 황조의 군대에게 활을 맞아 죽음을 당했다는 기록이 〈삼국지·손견전(三國志·孫堅傳)〉에 명확히 기록되어 있다. 두 번째는 〈삼국지·환계전(三國志·桓階傳)〉에서 기록된 내용이다. 손견의 오래된 수하인 환계는 손견이 죽었다는 소식을 듣자마자 위험을 무릅쓰고 유표에게 손견의 시신을 내어달라는 청을 여러 번 하였다. 이러한 의리와 충심에 감동한 유표는 환계에게 손견의 시신을 가져가도 좋다는 답변을 하였다는 내용이 기록되어 있다. 마지막으로 손견의 시신은 훗날 강동(江東) 곡아현(曲阿縣) 지금의 강소성(江蘇省) 단양시(丹陽市)에 안장되었다는 기록이 있다. 이와 관련된 이야기는 〈삼국지·손견전〉에서 확인할 수 있으며, 〈삼국연의〉의 내용과 일치하는 부분이다.

하지만, 황조(黃祖)가 손견의 부하인 황개(黃蓋)에게 생포되었고 후에 손견의 시신과 맞교환하였다는 내용은 역사서에서 기록되어 있지 않다. 그러므로 위 이야기는 완전한 문학적 허구라는 점이다. 그렇다면 이러한 이야기는 어떻게 생동감 넘치는 허구의 내용이 추가되었을까?

허구적 요소가 가미된 의도는 두 가지 측면에서 알 수 있다. 우선은 봉건사회의 윤리도덕을 널리 알리기 위함이다. 본래 손씨(孫氏)의 본가는 중국의 동쪽에 있는 강동(江東)이다. 이에 양양에서 전사한 손견의 시신을 고향에 안장하기 위하여 손책은 다양한 방법을 모색하여 부친의 유체를 돌려받아 고향 땅으로 보내어 마지막 효도를 다하였다. 환계도 자신이 직접 나서서 위험을 무릅쓰고 양양성으로 들어가 자신이 섬기는 주군의 유체를 수습하였다. 이는 곧 환계도 손견에 대한 자신의 마지막 충심을 다하게 된 것이다. 마지막으로 유표도 자신의 심복인 황조를 쉽사리 포기하지 않음으로써 자신의 이익과 인의(仁義)를 지켰다. 그리하여 효도, 충심, 인의의 당시 시대적 가치관이 모두 포함될 수 있는 이야기가 구성되었다.

두 번째는 이야기 속 예술적 분위기를 첨가하는 이유이다. 손견과 유표는 양양에서 서로의 병사와 철마를 이끌고 피비린내가 진동할 정도의 혈전을 치렀다. 이렇게 격렬한 전투 환경을 묘사하기에는 적절한 단어가 없으며, 매우 단조로운 전투내용만 존재하여 확장만 있을 뿐 상황을 느슨하게 만드는 요소가 존재할 수 없었다. 그리하여 장황하고 신속한 전투의 느림을 첨가하기 위하여 온유한 온정과 인간미가 넘치는 내용을 추가하여 이야기의 강약을 살리면서 긴장과 이완의 예술적 드라마를 구성할 수 있게 되었다. 두 가지의 예술적 내용을 첨가한 속뜻은 〈삼국연의〉를 집필한 나관중(羅貫中) 선생이 이야기를 다시 음미하여 감상하라는 것으로 이해할 수 있다.

13

초선(貂蟬)과 '연환계(連環計)'의 진실과 거짓

貂蟬畫像(取自清光緒廿五年版《〈三國志演義〉全圖》)
초선화상(청·광서이십오년판〈삼국지연의전도〉)

'미녀'라는 단어의 뜻은 이미 과거에서 수식하는 고귀함과는 거리가 멀어졌으며, 현재에는 현실적으로 보이는 것을 수식하는 명사로 전락하게 되었다. 지금으로부터 1천 8백 년 전, 달을 숨게 하고 꽃을 부끄럽게 하는 미녀인 초선과 관련된 이야기를 알아보려고 한다.

동한말년(東漢末年) 동탁(董卓)이 조정의 실권을 장악하면서 세상을 어지럽히고 사람들에게 해를 끼치는 포악무도(暴惡無道)한 왕이 세상에 나타난 듯하였다. 동탁이 폭정(暴政)을 행사하여 조정과 재야의 원성이 끊임없이 터져 나왔다. 이러한 만행에 조정대신(朝廷大臣) 사도(司徒; 태위, 사공과 함께 삼공의 벼슬: 최고위 관직)인 왕윤(王胤) 등이 동탁을 암살할 계획을 세우기도 하였다. 왕윤과 자신의 사택에 거주하고 있는 가희(歌姬) 초선과 함께 구체적인 계획을 도모하기 시작하였다. 그들의 계획은 동탁과 그의 의붓아들인 여포가 호색한(好色漢)인 점을 이용하여 연환계를 사용할 것을 계획하였다. 우선 초선을 여포에게 시집을 가기로 한 다음 왕윤은 초선을 동탁에게 바쳐 두 사람 사이의 대립을 만들어 반목하게 만든 후, 여포가 직접 동탁을 살해하도록 만드는 계획을 세웠다. 초선은 왕윤의 연환계에 동의하고 즉시 계획을 실행에 옮겼다. 그들의 계획은 정확히 적중하여 여포가 동탁을 직접 죽임으로써 결국 난세의 마왕(魔王) 동탁은 세상에서 사라지게 되었다. 위 내용은 〈삼국연의〉의 유명한 이야기인 '연환계'를 간략하게 설명한 것이다.

그렇다면 이렇게 긴장감 넘치는 이야기는 과연 실제로 존재한 사실일까? 매우 아쉽게도 이 '연환계'의 이야기는 순수한 허구적으로 지어낸 이야기이다.

현존하는 정식 역사서를 찾아본 결과 빼어난 미모를 가지고 있는 초선이라는 미인은 실존 인물이 아니며, 초선이 활약한 '연환계'라는 이야기도 존재하지 않는다. 하지만, 나관중(羅貫中)이 창조한 이야기의 영감은 역사기록에서 출발하였다는 점을 확인할 수 있다.

〈삼국지 · 여포전(三國志 · 呂布傳)〉에 따르면 여포가 동탁에게 의지하라고 한 후, 동탁의 총애와 신임을 한 몸에 받으며 부자(父

子) 관계를 맺기로 서로 간의 맹세까지 하였다는 기록이 존재하였다. 동탁은 다른 사람이 자신을 해칠 것을 두려워한 나머지 항상 자신 곁에 여포를 두어 경호를 하도록 명하였다. 그러나 동탁은 도량이 작은 사람이자 화를 내면 뒷일을 생각하지 못하는 사람이었다. 하루는 자그마한 일로 화를 내면서 자신의 옆에 있던 극(戟)을 매몰차게 여포 쪽으로 내던지기도 하였다. 이 일로 두 사람의 관계에 균열이 생기기 시작하였다. 이러한 사건 이후에 여포가 동탁의 처소에서 경호를 맡고 있을 때, 또다시 동탁의 시녀(侍女)와 몰래 간통을 나누게 되었다. 동탁에게 이러한 일이 발각되는 것을 두려워한 여포는 몹시 불안해하며 초조해 했다. 그리하여 사도 왕윤에게 가서 자신의 억울함과 동탁이 극(戟)을 던져 자신을 죽이려 했다는 이야기를 털어놓게 되었다. 여포가 왕윤에게 자신의 이야기를 한 이유는 여포와 왕윤은 병주(幷州) 출신의 동향이자 여포의 용맹함에 항상 후한 대접을 한 왕윤을 신뢰하였기 때문이다. 여포의 이야기를 들은 왕윤은 당시에 동탁을 제거할 계획을 구상하고 있었으므로 두 사람의 사이가 나빠진 틈을 활용하여 여포에게도 암살계획에 참여하여 세작이 되도록 부추겼다. 여포는 왕윤의 설득에 자신이 직접 동탁을 살해하였다. 이는 역사기록에서 언급되는 동탁의 '시비(侍婢)' 사건이며, 〈삼국연의〉 속 초선의 '연환계'의 모티브가 된 사건이다.

초선의 이야기는 사실 나관중이 처음부터 창조한 이야기는 아니었다. 송원(宋元)시대 때부터 '연환계'의 이야기가 이미 통속작품에서 다뤄지고 있었다. 원(元)나라 때 무명작가가 집필한 잡극(雜劇) 〈금운당미녀연환계(錦雲堂美女連環計)〉에서 초선의 본래 성은 임(任)씨이며 궁내 초선관(貂蟬冠) 관리를 담당하던 사람으로 여기서 '초선'이라는 이름이 얻어졌다. 또한 원나라 〈삼국지평화(三國志平話)〉에서 초선은 본래 여포의 아내였으며 불의의 사고로 자신의 처와 헤어지게 되었고 훗날 여포의 아내는 왕윤의 집에 살게 되었다. 왕윤은 초선이 여포에게 되돌아갈 수 있도록 약속하였으나 동탁에게 데려가 직접 그녀를 바치게 되었고 얼마 지나지 않아 외출에서 돌아온 여포는 자신의 아내가 동탁에게 강탈당한 것을 보자마자 칼을 뽑고 금운당에 들어가 그 자리에서 동탁을 살해하였다.

〈삼국연의〉의 '연환계' 이야기는 선대 사람들로부터 전해져 오는 이야기를 재가공하여 예술적 생동감을 덧붙였다. 특히 초선의 이미지를 국가의 대의 앞에서 기꺼이 자신을 희생할 수 있는 찬란한 여성으로서 사상(思想)의 경지를 드높일 수 있게 되었다. 그리고 이야기의 합리성과 굴곡을 첨가하기 위하여 계략 속의 계획을 추가하고 각각의 연결고리를 만들어 소설을 접하는 독자들이 책을 내려놓지 못하게 하는 흡입력을 추가하였다. 남성이 주인공이고 전쟁 이야기가 주제인 〈삼국연의〉 속 초선은 화려한 꽃으로 변모하였으며, 그녀의 자태와 총기 그리고 의지와 충심은 다른 남성들에 견주어도 뒤지지 않는 성품을 가지고 있다. 이러한 연유로 초선은 본래 허구에서 탄생한 인물이지만 중국 고대 '4대미녀'의 칭호를 받을 수 있었으며, 지금까지도 초선이 실존인물이라고 믿고 사람들의 사랑을 받는 인물로 거듭나게 되었다.

흥미로운 사실은 동한 삼국(東漢 三國)시대에 '초선'이라는 본래 명칭은 궁궐의 관리들이 사용하던 2가지 종류의 화려한 장식품이라는 점이다. 그 당시의 황제를 최측근에서 수행하던 시중(侍中)과 산기상시(散騎常侍)가 존재하였으며, 그들의 관모(冠帽)에는 두 종류의 특별한 장식품이 달려져 있어 그들의 영요(榮耀)를 표시하였다. 한 개는 관모의 좌측에 달린 매미 모양의 꽃무늬가 새겨진 황금 조각이며 또 다른 장식은 관모 우측에 달린 담비의 꼬리이다. 이러한 장식의 별칭은 '좌선우초(左蟬右貂)'라 불리었으며 약칭으로는 '초선(貂蟬)'이라고 불리었다. 그러나 후세에 들어서 '초선'이라는 말은 소설 속 여주인공의 이름이자 절세미인을 암시하는 단어로 변천하게 되었다.

14

도겸(陶謙)과 관련된 '삼양서주(三讓徐州)' 이야기의 진실과 거짓

三讓徐州(取自清光緒九年版《三國志演義全圖》)
삼양서주(청·광서구년판〈삼국지연의전도〉)

〈삼국연의(三國演義)〉 12회를 보면 서주의 군정장관(軍政長官) 도겸이 세 번이나 유비(劉備)에게 서주를 양위(讓位)하는 감동적인 이야기가 펼쳐진다.

조조(曹操)의 부친은 서주의 도적들에게 재물을 빼앗기고 살해를 당하게 되었는데 이에 분개한 조조는 직접 병사들을 이끌고 서주를 정벌하러 출정하기 이르렀다. 당시의 서주목(徐州牧)인 도겸은 조조군에게 포위된 상태이므로 공융(孔融)에게 도움을 청하였고 공융은 적임자로 유비를 추천하게 되었다. 그리하여 유비는 관우와 장비 그리고 조운과 함께 조조의 포위망을 뚫고 서주로 입성하여 도겸을 만나게 되었다. 도겸은 크게 기뻐하며 서주의 권력을 상징하는 인장을 유비에게 건네 주어 서주의 실권을 유비가 갖도록 하였다. 그러자 유비는 곧바로 "자신은 의리를 지켜 서로 도움을 주러 온 것일 뿐, 서주를 가지겠다는 생각은 추호도 없다."라고 하며 도겸을 만류하였다. 이것이 바로 첫 번째의 양(讓)이다.

얼마 지나지 않아 조조는 여포가 연주(兗州; 복양)를 급습하여 성내가 불타고 있다는 소식을 듣고 곧바로 연주를 수복하기 위하여 후퇴하였다. 조조군이 후퇴하자 도겸은 크게 기뻐하며 연회를 베풀어 유비에게 감사를 표하였다. 연회가 끝나고 나서 도겸은 재차 서주를 양위하는 문제를 유비에게 말하였지만 유비는 끝내 도겸의 요청을 거절하게 된다. 그러자 도겸은 마지못해 유비군을 소패(小沛)에 주둔시켜 서주를 방어할 수 있도록 청하는 것으로 양위 이야기를 매듭짓는다. 이것이 두 번째의 서주양위(徐州讓位)이다.

시간이 흐르고 도겸의 병이 깊어질 때, 그는 유비를 불러 다시 한 번 간절하게 말하게 되는데 "노인은 병상이 깊어 언제 죽을지 모릅니다. 가여운 백성들을 생각하시어 서주의 인장을 받아주소서. 그래야지만 이 몸이 편하게 눈을 감을 수 있습니다!"라고 말하였지만 유비는 완고하게 도겸의 부탁을 거절하게 되었으나 도겸은 유비를 서주의 후계자로 지목하며 죽음을 맞이하게 되었다. 이로써 세 번째의 서주양위가 되었다.

도겸이 세상을 떠난 뒤, 서주의 관료들은 삼삼오오 모여 유비에게 서주를 맡아줄 것을 청하였으며 또한 지역 백성들도 관아 앞으로 모여들어 울면서 유비에게 청하면서 이렇게 말하였다. "유비님이 이 지역을 맡아주시지 않는다면, 우리는 마음놓고 살아갈 수 없습니다!" 이러한 부탁에 유비는 마지못해 임시로 서주의 군정사무(軍政事務)를 담당하여 치안을 유지하며 백성들을 안심시키고 동시에 도겸의 장례를 맡아 절차를 진행하게 되었다.

'삼양서주'의 이야기는 마음 깊숙한 곳에서 감동을 주는 이야기이다. 하지만 이러한 이야기는 과연 실제로 나타난 이야기일까?

역사서에서는 서주의 이야기를 이렇게 기록하였다. '조조가 직접 대군을 지휘하며 서주를 공격하였을 때, 도겸은 외부로부터 지원을 요청하였다. 그 요청에 응답한 유비는 병력을 이끌고 서주 방어를 지원하게 되었으며 그의 군대는 서주 부근 소패 즉 패현(沛縣)에 주둔하게 되었다. 도겸은 병이 위중해져서 그의 최측근인 미축(糜竺)에게 이렇게 유언을 남겼다. "유비가 아니면 서주의 안녕도 없을 것이다." 도겸이 죽고 나서 미축은 지역민들을 이끌고 유비가 서주의 사무를 맡아 줄 것을 간청하였다. 유비는 처음에는 지역민들의 간청에 승낙하지 않았지만, 진등(陳登), 공융(孔融)의 강력한 권유에 유비는 마지못해 서주를 관할하기로 동의하였으며 이에 서주의 서주목이라는 지금의 군정장관과 같은 직책을 담당하게 되었다.

'삼양서주'의 이야기는 역사적 사실에 기초하여 형성된 이야기이다. 도겸은 실제로 미축, 진등, 공융 등 자신의 관료에게 서주를 양도하려고 하였다. 또한 유비에게도 간절하게 청하였다는 것도 완전히 없는 일은 아니었다. 다만 유비가 몇 번의 거절은 하였지만 3번 이상의 거절은 하지 않은 것으로 역사기록에서 보여진다.

사실상, '삼양서주'의 이야기는 이미 원(元)나라 때부터 유행하였다. 〈삼국지평화(三國志平話)〉에 이미 '노장 도겸이 죽기 전 유비에게 3번이나 서주를 맡아 달라고 이야기하였다.'라는 문구가 존재한다. 또한 원나라 때 잡극(雜劇)인 〈노도겸삼양서주(老陶謙三讓徐州)〉에서도 같은 내용의 이야기가 존재하였다. 〈삼국연의〉에서도 이러한 이야기의 기초를 두고 많은 이야기의 장식과 허구적 생동감을 첨가하여 도겸의 부탁 횟수도 증가하였고 이야기 속 분위기가 과장될 수 있게 되었다. 그리하여 유비의 깊은 마음과 인의(仁義)를 중시하는 마음이 부각될 수 있었으며, 주인공의 우상화가 잘 진행될 수 있게 되었다.

조정에서 정식으로 임명하여 하나의 주(州)를 관리하는 1급 군행정 장관직을 사사로이 자신의 권한으로 넘겨줄 수 있는 것이 가능한 것은 그 당시 동한(東漢) 정부가 이미 와해하였다는 것을 반증하는 것이며, 국가기관이 환난(患難)에 직접적인 영향을 받았다는 것을 여실히 보여주는 것이다. 이러한 잔혹한 현실은 소설가의 손에서 인물을 두드러지게 부각할 수 있는 좋은 도구가 되었다. 이는 얼마나 비극적이고 아이러니한 일인가!

15

옥새를 담보로 병마(兵馬)를 빌린 손책(孫策) 이야기의 진실과 거짓

傳國璽換兵馬(陳榮繪)
전국새환병마(진영그림)

손책의 일생 중 가장 빛나던 순간은 바로 회남(淮南)에서 강을 건너 강동(江東)을 공략하여 자신의 동생인 손권(孫權)에게 손오(孫吳) 정권의 공고한 기초를 만들어준 사건이다. 이러한 사건의 배경에는 〈삼국연의(三國演義)〉에서 가장 생동감 있는 이야기 중 하나인 손책이 옥새를 담보로 원술(袁術)에게 병력을 빌린 이야기가 존재하고 있다.

손책은 부친 손견이 사망한 후 바로 회남에 있는 원술의 수하로 들어가게 된다. 손책은 원술을 위해 조랑(祖郎), 육강(陸康)을 물리쳐도 원술이 손책을 대하는 태도는 매우 거만하였다. 그러자 손책은 그의 심복과 상의 끝에 원술에게 병력을 빌려 강동으로 내려가 건국의 대업을 실행하기로 계획하였다. 계획의 가장 큰 걱정은 원술이 자신의 병력을 손책에게 빌려주지 않는다는 점이기 때문에 이에 손책은 부친인 손견(孫堅)이 남긴 한(漢)왕조의 옥새를 담보로 군사를 빌릴 생각을 하게 되었다. 사실은 동탁이 낙양을 버리고 도망쳤을 때 손견이 낙양성에 들어와 한왕조의 옥새를 얻은 것을 아직도 숨겨왔던 것이다. 그리하여 손책은 옥새를 가지고 가서 원술에게 울면서 읍소하기를 "비록 부친의 복수는 할 수 없지만, 외숙부인 오경(吳景)이 양주(揚州) 자사(刺史) 유요(劉繇)에게 수모를 당해 꼭 복수를 하고 싶고 친척들도 구할 수 있도록 군사를 빌려주십사 간청합니다. 행여나 주공이 저를 믿지 않을 수도 있기 때문에 부친께서 물려주신 옥새를 맡겨 신용을 보이겠습니다."라고 말하였다. 원술은 옥새를 보자마자 매우 기뻐하며 말하였다. "너의 옥새를 잠시 여기 맡기고 가라. 내 병사 3천과 말 5백 필을 너에게 빌려줄 터이니 강동에 가서 복수를 한 후 돌아오거라."라고 하였다. 손책은 원술에게 거듭 감사의 인사를 한 다음 병사들을 이끌고 강동으로 가 자신의 군세를 일으켰다.

그렇다면 이러한 생동감 있는 이야기는 과연 사실일까.

손책이 병사를 빌리는 일화는 〈삼국지 · 손책전(三國志 · 孫策傳)〉과 배주(裴注)의 〈강표전(江表傳)〉이라는 역사책에 정확하게 기술되어 있다. 내용을 소개하자면 첫째, 손책이 부친인 손견의 장례를 치르고 나서 자신의 군대를 건립하기 시작하였다. 손책의 부친은 본래 원술의 부하인 관계로 회남에 있는 원술에게 병사를 빌려 보려고 그를 찾아갔다. 하지만 원술은 병사를 빌려주지 않고 오히려 단양(丹楊)현의 태수(太守)로 있는 외숙부 오경에게 찾아가 군사를 모집하라고 말하였다. 그리하여 손책은 인척에게 부탁하여 군사를 모집하였고 수백 명의 군사와 말을 얻게 되었다. 하지만 안타깝게도 몇 번의 전투 후 이 병력의 대부분이 심각한 부상을 입게 되었다. 두 번째로 흥평원년(興平元年, 194년) 손책은 다시금 원술에게 병력을 빌려줄 것을 청하게 된다. 원술은 과거의 손책의 부친인 손견이 자신의 수하인 점을 생각하여 '병사 천여 명'을 손책에게 돌려주는 명목으로 주게 된다. 세 번째로 원술이 손책에게 려강군(廬江郡)을 공격하라고 했을 때 원술은 손책에게 려강군 태수직을 이행하라는 아무런 명도 내리지 않았다는 점이다. 이에 실망하여 손책은 외숙부의 복수를 핑계로 강동을 점령하였고 원술을 버리고 자신의 군세를 일으키게 되었다. 원술 또한 이를 알고 있었으나 손책이 이러한 계획을 쉽게 성공시키지 못할 것으로 판단하여 그를 놓아주게 되었다. 또한 손책이 출전할 때 '병사 천여 명, 말 수십 필과 의용군 수백 명이 함께 하였다.'라고 역사서에 기록되어 있었는데 이는 〈삼국연의〉 속 '병사 3천, 말 5백 필'이라는 내용과 차이가 있음을 보여준다. 네 번째로는 손책이 장강(長江)의 북쪽에 있는 역양현(歷陽縣; 지금의 안휘성(安徽省) 화현(和縣))에 도착하여 강의 남쪽으로 도강을 준비하고 있었다. 이 때 손책의 부대는 5천에서 6천 명으로 불어나게 되었다. 병력이 보충된 주된 이유는 역사기록인 〈주유전(周瑜傳)〉에서 알 수 있다. 기록에 따르면 '주유가 병사들을 이끌고 손책을 맞이하였다.'라고 기록되어 있는 점을 토대로 주유가 사전에 병사와 군마를 모집하여 손책을 도와주었다는 점을 알 수 있다.

역사 사료와 사서를 모두 찾아봐도 옥새가 저당 잡힌 기록은 나오지 않는다. 손책은 실제로 원술에게 병사를 빌렸으나 한왕조의 옥새를 주면서까지 빌리지는 않았다. 그러므로 병사를 빌린 일화는 사실이나 옥새가 나오는 부분은 허구라 할 수 있다.

손견이 전국새(傳國璽)를 가졌다는 이야기는 사서 〈삼국지〉에 기록되어 있지 않지만 배주가 작성한 〈오서(吳書)〉와 〈산양공재기(山陽公裁記)〉에서는 언급이 되어 있다. 오서에서는 손견이 낙양성 남쪽의 견관정(甄官井)에서 옥새를 찾아냈다는 기록과 산양공재기에서는 원술이 황제의 자리가 욕심이 나서 손견의 부인을 납치하여 강제로 옥새를 빼어냈다는 기록이 존재한다. 아마도 〈삼국연의〉에서는 원술이 황제의 자리를 탐내어 옥새를 빼어갔다는 이야기에 착안하여 손책이 옥새를 담보물로 사용했다는 소설적 이야기를 첨가하였을 것이다. 이 이야기는 생동감은 매우 넘치나 사실적인 측면이 부족한 점이 매우 아쉬울 따름이다.

16

손책(孫策)과 태사자 간의 격렬한 전투 '감투태사자(酣鬥太史慈)'의 진실과 거짓

太史慈酣戰小霸王(取自清康熙年版《三國志演義》)
태사자와 소패왕(손책)간의 격렬한 전투(청·강희년판 〈삼국지연의〉)

〈삼국연의(三國演義)〉는 전쟁을 통하여 천하가 나누어지는 과정을 그린 역사소설이다. 이러한 소설 속에는 많은 명장이 싸워 온 다수의 격렬한 전투내용들이 있으며 매우 다채롭고 훌륭하게 묘사되어 있다. 이렇게 뛰어난 전투장면 중에서 이번에는 손책(孫策)과 태사자(太

史慈)가 치열하게 싸웠던 전투장면을 다뤄보려고 한다.

손책이 회남(淮南)에서 강동(江東)으로 돌아가 자신의 나라를 건립할 대업의 계획을 착수하기 시작할 때였다. 이러한 대업을 완수하기 위해서는 맞수 유요(劉繇)를 쓰러뜨려야 하는데 유요에게는 태사자라는 효장(驍將)이 있었다. 하루는 신정(神亭)에서 손책이 상대진영을 정찰하던 때, 태사자를 맞닥뜨리게 되었다. 태사자는 즉시 창을 움켜쥐고 손책에게 돌격하였으며, 손책 또한 창을 들어 응수하게 되었다. 두 장수가 탄 말이 서로 엇갈리면서 50합(合)이나 교전을 주고 받았지만 승부가 나지 않았다. 이에 태사자는 거짓으로 패한 척하며 후퇴하였고 손책은 태사자를 추격하기 시작하였다. 두 사람이 평지에 다다랐을 때 태사자가 다시금 교전을 시작하였고 서로의 공격을 50합이나 주고받았지만 역시나 승부가 나지 못하였다. 이윽고 손책은 창을 들고 찔렀지만 태사자는 즉시 몸을 돌려 피하면서 손책의 창을 잡았다. 태사자도 마찬가지로 창으로 찔렀지만 손책이 이를 피하면서 태사자의 창을 잡게 되었다. 그러고 나서 두 사람은 동시에 말에서 떨어지게 되었고 창을 떨어뜨린 다음 육탄전을 벌이게 되었다. 이러한 와중에 손책은 태사자 등 뒤에 있는 단극(短戟)을 잡아당겨 빼앗게 되었고 태사자는 손책의 투구를 움켜쥐게 되었다. 곧바로 손책은 빼앗은 단극으로 태사자를 찌르려 하였지만 태사자는 손책의 투구로 공격을 막아내었다. 때마침 두 장군의 지원군이 도착하게 되었고 그 둘은 그때서야 싸움을 멈추게 되었다. 이러한 격렬한 전투가 있은 다음날 손책은 태사자의 단극을 들고 자신의 군영 앞에 서서 군사들에게 큰소리로 "태사자가 만약 빠르게 내빼지 않았다면 그는 이미 내 손에 찔려 죽었을 것이다!"라고 말하였다. 이와 같은 시각 태사자는 손책의 투구를 들고 자신들의 군사 앞에서 "손책의 머리는 이미 여기에 있다!"라고 외쳤다. 그리하여 한쪽에서는 자신이 승리하였다고 치하하였으며, 다른 한쪽에서는 자신이 더 강하다고 자부하였다. 그날 밤 손책은 자신의 군대를 5분대로 쪼개어 동시에 유요를 공격하였고 유요는 이 전투에서 대패하게 되었다. 태사자는 혼자서 손책의 군대를 감당할 수가 없어서 기마병 수십 명을 이끌고 밤중에 경현(涇縣)으로 피신하게 되었다.

이렇게 생동감이 넘치는 격렬한 전투장면은 어디까지가 참이고 거짓일까? 그 답은 바로 대부분의 이야기는 사실이며 허구적 부분이 조금 가미된 수준이다.

손책과 태사자의 1:1 결투는 역사서 〈삼국지 · 태사자전(三國志 · 太史慈傳)〉에 명확하게 기록되어 있었다. 기록에 따르면 '양주자사(楊州刺史) 유요와 태사자는 같은 군영에 소속되어 있었다. 태사자가 강을 건너 곡아(曲阿)에 있는 유요를 만나러 가던 길에 손책을 만나게 되었다. 그때, 태사자는 혼자서 말을 타고 있었는데 손책은 13명의 기마병을 이끌고 있었다. 그중에 한당(韓當), 송겸(宋謙), 황개(黃蓋) 등이 손책과 함께 있었다. 손책이 태사자의 말을 찌르고 그의 손에 들려진 단극(短戟)을 빼앗았으며, 태사자는 손책의 투구를 빼앗아 버렸다. 그러고 나서 손책군과 태사자군의 기마병들이 도착하자 두 사람은 싸움을 멈추고 떨어지게 되었다.'라고 기록되어 있다.

역사기록과 〈삼국연의〉의 내용을 비교하였을 때, 〈삼국연의〉의 이야기는 실제로 존재한 내용인 것을 알 수 있다. 하지만, 두 사람의 격렬한 전투 다음 날 서로의 군영 앞에서 각자의 전리품을 들고 소리친 내용은 〈삼국연의〉를 집필한 나관중 선생이 창조한 허구적 이야기이다.

흥미로운 사실은 서로 간 격렬하게 싸운 두 사람은 훗날 서로 손을 맞잡으며 즐겁게 담소를 나누었다는 사실이다. 손책은 경현(涇縣)에서 태사자를 생포하게 되었다. 이때, 손책은 태사자의 손을 잡으면서 이러한 말을 하였는데 "우리가 신정(神亭)에서 서로 싸운 일을 기억하는가? 만일 그대가 나를 붙잡았다면 일이 어찌 되었을까 생각해 보았는가?" 이 말에 태사자는 진실하게 대답하면서 "어찌하였을지 나도 모르겠다."라고 대답하였다. 그러자 손책은 크게 웃으면서 "오늘날의 일은 당신과 내가 공동으로 완수한 것이다!"라고 말하면서 그 즉시 태사자를 자신의 수하로 중용(重用)하였다. 태사자도 자신이 죽을 때까지 손오(孫吳)나라를 위하여 충성을 다하였다. 〈삼국연의〉에서도 이러한 에피소드를 이야기 속에 녹여 묘사하였는데 이러한 일화도 대부분 사실과 부합하는 내용이다.

태사자의 자(字)는 자의(子義)이며 무예가 뛰어나고 신의(信義)를 중요하게 생각하는 장수이다. 키는 7척 7촌이었는데 삼국시대의 1척(尺)은 지금의 약 24cm이므로 그의 키는 지금의 단위로 185cm 정도이다. 키가 컸을 뿐만 아니라 멋진 턱수염을 가지고 있으며 생김새는 단정하고 미남형의 사람이다. 그는 활 솜씨가 매우 뛰어나서 백 보나 떨어진 버들잎을 맞출 수가 있었다. 만일 신정에서 손책과 결투할 때 그가 활을 들고 상대하였다면 싸움의 결과는 예측하기 어려웠을 것이다.

17

손책(孫策)과 엄백호와의 결전 '대전엄백호(大戰嚴白虎)' 속 진실과 거짓

孫策大戰嚴白虎(取自清康熙年版《三國志演義》)
손책과 엄백호와의 결전(청·강희년판〈삼국지연의〉)

소패왕(小覇王) 손책(孫策)이 강동(江東)으로 돌아가 손오(孫吳)국을 건설하려는 기초를 다지고 있을 때이다. 그때 당시에는 엄백호(嚴白虎)란 자가 오군(吳郡)을 점령하고 있으며, 그의 부장 몇 명이 오정(烏程)과 가흥(嘉興) 지역을 수비하고 있었다. 엄백호가 손책이 오군으로 온다는 소식을 듣고 그의 동생인 엄여(嚴輿)에게 출진하라는 명령을 내렸다. 이에 손책은 한당(韓當)과 장흠(蔣欽), 진무(陳武) 등의 장수를 보내어 응전(應戰)하였고 이 전투에서 엄여는 패하게 되었다. 한당은 군사들을 이끌고 창문(閶門) 지역까지 치고 들어갔으며, 이어서 손책은 수륙(水陸) 양공을 진행하여 오현(吳縣)성을 포위하였다. 이러한 상황 속에서 엄백호는 또다시 자신의 동생인 엄여를 성 밖에 있는 손책에게 보내어 정전협정과 강동의 지배관할을 나누는 협상을 지시하였다. 엄여를 만난 손책은 그 자리에서 엄여의 머리를 베어 버리고 엄여의 머리를 다시 성안으로 보내버렸다. 엄백호는 손책을 이길 수 없다는 것을 알고 있었기에 자신이 지키는 성을 버리고 도망쳤다. 손책은 이러한 승세를 등에 업고 엄백호를 추격하였고 엄백호는 여항(餘杭)으로 후퇴하였다. 여항 출신인 능조(凌操)가 손책군을 막으려 출전하였지만 전투에서 패하고 죽임을 당하자 엄백호는 회계(會稽)까지 퇴각하게 되었다. 회계태수(會稽太守)인 왕랑(王朗)이 군사들을 이끌고 엄백호와 합류하여 산의 북쪽에서 손책군의 공격에 저항하였다. 소수의 왕랑의 병력은 다수의 손책군을 감당할 수가 없었다. 그리하여 엄백호는 사력을 다하여 퇴로를 만들어낸 다음 성안으로 들어가 도개교(跳開橋)를 올리고 성문을 굳게 닫았다. 손책은 자신의 군대에게 각기 동서남북의 성문을 공격하라고 분부하였다. 또한 손책의 숙부인 손정(孫靜)의 계략을 실행하여 네 방향의 문에 불을 지르고 거짓 깃발을 내걸어 거짓군대를 세우게 하였다. 그리고 간밤에 성을 둘러싼 포위를 풀고 군대를 남쪽으로 배치하면서 적이 군량을 보관하고 있는 요충지를 급습하게끔 유도하였다. 이러한 계략이 적중하여 왕랑은 엄백호에게 5,000명의 병사를 보내어 적을 추격하라고 명하였고 이에 엄백호는 적을 쫓기 시작하였다. 하지만 얼마 지나지 않아 성밖 20여리 지점에서 손책의 매복에 걸려 엄백호는 여항(餘杭) 방면으로 도주하였다. 엄백호가 도주한지 하루도 채 지나지 않아서 한 사람이 엄백호의 머리를 들고 손책을 찾아와 투항(投降)하였다. 손책에게 항복한 인물의 성은 동(董)이며 이름은 습(襲)이고 자는 원대(元代)라고 불리던 자였다. 엄백호의 머리를 본 손책은 매우 기뻐하며 동습에게 큰 상을 내리고 동쪽의 길목은 모두 평정하였다고 자평하였다.

〈삼국연의〉 속 이 이야기의 내용은 무엇이 진실이며, 거짓일까? 우선 역사 속 손책과 엄백호 간의 전투기록을 찾아보며 알아보자. 가장 먼저 위 이야기를 기록한 역사서는 바로 〈삼국지〉의 〈손책전(孫策傳)〉, 〈손정전(孫靜傳)〉, 〈주치전(朱治傳)〉 등이며 이들의 내용을 요약하면 아래와 같다.

엄백호의 출신지는 오군(吳郡) 오정현(烏程縣)이며 지금의 절강성(浙江省) 호주시(湖州市)이다. 그 당시에 강동지역에는 많은 지역유지가 군벌을 형성하여 지역을 다스리고 있었고 이러한 무장세력을 사서에서는 '종부(宗部)'라고 지칭하였다. 엄백호는 그러한 군벌들 중 한 세력의 수장으로써 만 명 이상의 병력을 보유하고 있었다.

손책의 고향은 부춘현(富春縣)이며 지금의 절강성(浙江省) 부양시(富陽市)이다. 손책의 고향과 엄백호의 고향인 오정현(烏程縣)과의 거리는 불과 200리도 채 되지 않았고 같은 오군(吳郡) 지역에 소속되어 있는 지역으로서 엄백호와 손책 모두 같은 지역 출신의 사람이라고도 할 수 있다. 그리고 서로를 잘 아는 사이이며 손책도 엄백호와 마찬가지로 가족이 유지하고 있는 무력을 활용하여 자신의 세력을 키워온 집안이다. 그러므로 엄백호의 의중으로는 피차 서로가 비슷한 배경을 가지고 있는 맞수로써, 손책이 강동지역을 혼자 독점하게 방관하지 않았을 것이다.

당시 엄백호에게 정치적으로 후원하는 사람은 바로 동한조정(東漢朝廷)이 정식 임명한 오군태수(吳郡太守) 서리(署理) 진우(陳瑀)였다. 그는 비밀리의 손책을 제거하고 그의 세력을 흡수하려는 계획을 가지고 있었다. 그리하여 오군의 엄백호 등 군벌세력에게 관직과 관인(官印)을 수여하여 손책을 대항하라고 지시하였다. 엄백호는 정치적 후원자의 요청과 더불어 평소에 눈엣가시 같은 존재인 손책을 제거하기 위하여 생사의 결투를 맞이하게 되었다.

엄백호의 근거지이자 생활하였던 지역은 그의 고향인 오정현(吳程縣) 일대이다. 손책이 강동으로 가기 위하여 남하할 때, 그의 부하가 먼저 서쪽의 오정지역의 엄백호 세력을 제거하는 것을 건의하였다. 그러나 손책이 생각하는 가장 최우선의 타겟은 지금의 전당강(錢唐江) 이남에 위치한 회계군(會稽郡)이었다. 그리하여 곧바로 절강(浙江)을 건너 남하하여 사독(查瀆)에서 회계태수(會稽太守) 왕랑을 물리친 다음 회계를 점령한 뒤, 다시 돌아가 엄백호의 세력을 소멸시켰다.

결론적으로 역사기록들을 찾아보았을 때, 엄백호가 오현(吳縣)에 있지 않았으며, 지금의 강소성(江蘇省) 소주시(蘇州市)에서 손책군과의 공방전을 주고받았다. 이는 곧 손책이 절강(浙江)을 건너 남하하지 않았다는 것을 증명한다. 그러므로 엄백호는 왕랑과 함께 산음현(山陰縣)과 사독(查瀆)에서 지금의 절강성(浙江省) 소흥시(紹興市)와 소산구(蕭山區)에서 손책과의 결전을 하였다는 이야기는 사실이 아니다. 그리하여 〈삼국연의〉의 내용의 절반, 즉 엄백호와 손책이 교전을 하였다는 것은 사실이며, 나머지 절반인 세부적인 전투내용과 교전과정은 창조된 허구적 이야기이다.

18

여포가 원문에서 화살로 방천화극을 쏜 '원문사극(轅門射戟)' 이야기의 진실과 거짓

轅門射戟(取自明崇禎年版《英雄譜》)
원문사극(명숭정년판〈영웅보〉)

원술(袁術)이 자신의 수하 기령(紀靈)에게 대군을 이끌고 유비(劉備)를 공격하기 위하여 진군하고 있을 때였다. 유비는 원술군의 공격을 자력으로 감당하지 못하여 여포(呂布)에게 도움을 요청하게 되었다. 여포는 자신의 이익을 위하여 유비의 요청을 받아들여 직접 구원병을 이끌고 유비에게 향하였다. 여포가 소패(小沛) 부근에 도착하였을 때, 기령과 유비의 군영에 각각 사람을 보내어 두 사람에게 자신이 연 연회에 참석하라고 초대하였다. 여포는 연회에서 기령과 유비의 화해를 중재하였지만, 기령은 여포의 제안을 받아들이지 않았다. 이에 여포는 병사를 시켜 자신의 극(戟; 방천화극)을 연회장소와 멀리 떨어진 원문(轅門) 중앙에 꽂아 놓으라고 명령하면서 기령과 유비에게 "원문이 여기서 150보나 떨어져 있다. 내가 여기서 원문에 있는 내 창에 달린 술(絨)을 활로 명중시킨다면 두 사람은 화친(和親)하고, 만일 못 맞추게 된다면 서로 실컷 싸우시오!"라고 말하였다. 기령은 사격거리가 너무 멀다고 생각하여 여포의 제안에 동의하였고 유비는 속으로 활이 명중하여 전쟁이 발발하지 않도록 기대를 걸고 있었다. 여포는 소매를 걷고 활시위를 당겨 활을 쏘았다. 이윽고 표적이 있는 원문 쪽에서 큰소리로 "명중!"이라는 외침이 들려오며 여포의 활이 정확히 방천화극(方天畵戟)의 술에 명중한 것을 확인하였다. 이 광경을 지켜본 사람들은 놀라 말을 잇지 못하였고 여포는 손에 들고 있던 활을 내려놓으면서 "하늘이 아무래도 서로 간의 싸움을 원하지 않는 것 같다!"라고 말하였다. 기령은 다른 말을 하지 않고 여포에게 이와 관련된 서신을 써달라는 부탁을 남긴 채 먼저 자리를 떠났다. 그리하여 여포가 백보(百步) 밖에 있는 표적을 명중시키는 활 솜씨로 장차 유혈 낭자한 거대한 전투가 발생할 일을 평정하였다.

사람들에게 자주 회자되는 〈삼국연의(三國演義)〉 속 '원문사극(轅門射戟)'의 이야기는 과연 진짜일까?

여포가 신기(神技)에 가까운 활 솜씨로 유비를 도와 원술군의 대장(大將) 기령의 병력을 되돌린 일화는 역사서에도 기록이 되어 있는 실제로 존재했던 일이다. 하지만, 세부적으로 〈삼국연의〉와 실제의 역사를 기록한 역사서에서는 3가지의 핵심적 세부내용이 서로 다르다는 것을 찾아볼 수 있다.

우선은 과연 연회를 열어 초대한 사람은 누구일까? 〈삼국지·여포전(三國志·呂布傳)〉의 기록에 따르면 '여포가 소패 서남쪽에 위치한 안둔(安屯)에 도착하였을 때, 사람을 보내어 기령을 자신의 군영으로 초대하였다. 기령은 여포의 초대에 응하여 같이 식사를 하게 되었다. 이 자리에서 여포는 기령에게 "현덕은 내 동생이므로 어려움을 겪고 있다는 소식을 듣고 본인이 도와주러 여기에 오게 되었다. 그러나 본인은 전투하는 것이 싫으며, 오히려 화해를 중재하는 것을 좋아한다"라고 말하였다. 여포의 말이 끝나자마자 수문장에게 군영(軍營) 문 중간에 극(戟)을 세워 두도록 명하였다. 여포의 지시대로 원문(轅門) 중간에 창이 놓이자 여포는 기령에게 "저기 창에 달린 술(絨)이 보이시오? 내가 활을 쏴 한 번에 저 술을 맞춘다면 싸움을 멈추고 되돌아가고, 만일 맞추지 못한다면 두 사람이 결전을 벌이시오!"라고 말하였다. 여포의 말이 끝나자마자 활을 쏘아 정확히 창에 달린 술에 맞추었다. 이를 지켜본 기령은 놀라며 말하기를 "장군은 천하제일이오!"라고 감탄하였다. 다음날 기령은 여포를 초대하는 화답연회를 열고나서 각자의 길을 가게 되었다. 위의 기록과 다른 역사기록이 존재하는데 그것은 바로 〈후한서·여포전(後漢書·呂布傳)〉이다. 여기서는 '여포가 소패성 외곽에 진영을 구축하고 기령과 유비를 자신의 연회에 초대하였다.'라고 기록하였다.

두 번째로는 '유비가 과연 여포의 연회에 참석하였는가?'이다. 이 부분은 〈삼국지〉에서는 유비가 언급되어 있지 않았지만 반면 〈후한서〉에서는 유비가 연회에 참석하였다고 기록하였다.

세 번째로는 '긴 손잡이가 달린 극(戟)을 어떻게 과녁으로 사용하였는가?'이다. 〈삼국지〉의 기록에서는 여포가 수문장에게 "영문(營門)에서 창을 들고 서 있어라"라고 명령하여 '병사가 창을 들고 있었다.'라고 기록되어 있지만 〈후한서〉에서는 '병사에게 영문(營門) 중간에 창을 꽂아 세워라'라고 명하여 병사는 그 명을 받들어 영문 중간에 창을 세워 놓았다는 점으로 사람이 직접 들고 있지 않았다는 것을 설명하고 있다.

각각의 역사기록을 비교하였을 때, 〈후한서〉의 기록이 보다 더 실제에 가깝다는 것으로 판단된다. 그러한 이유는 여포가 직접 화해를 중재하는 상황에서 유비가 없었다면 당시에 중재의 의미가 절하되었을 것이다. 또한 과녁으로 사용한 창의 경우 사람이 직접 들고 있었다면 화살이 자칫하여 빗나가는 경우 여포 자신의 군사가 다칠 수도 있었기 때문에 창을 중간에 세워 놓는다는 기록이 더 합리적인 선택이라는 점이다. 그리하여 후세에서도 〈자치통감(資治通鑑)〉과 원나라 때에 출판한 〈삼국지평화〉에서도 〈후한서〉의 내용을 인용하였다. 〈삼국연의〉 또한 이러한 사실적 내용에 기초하여 생동감 있는 세부적 묘사를 추가하여 이야기가 더욱 풍부해지며 후세에 깊은 영향력을 남겼다.

이 이야기에서 여포가 주인공으로 나오며, 여포의 장점을 가장 많이 부각했다. 그러나 여포는 사실 단점이 많은 인물로서 고집이 세고 타인의 의견을 듣지 않으며 신용이 부족한 사람이다. 어디 한 곳에 정착하지 못하고 목표도 없이 살아왔다. 결국, 한 번의 실수로 자신의 생명까지 잃어버리는 과오를 저지르게 되었다. 이러한 여포의 삶은 후세의 사람들에게 반면교사로 삼는 것이 필요하다고 본다.

19

조조가 명한 할발대수(割髮代首; 자신의 머리카락을 자르다)와 망매지갈(望梅止渴; 매실을 생각하며 갈증을 해소하다)의 진실과 거짓

割發代首(陳榮繪)
할발대수(진영그림)

望梅止渴(陳榮繪)
망매지갈(진영그림)

조조는 사연이 많은 인물이다. 그에 관한 일화가 다양한 것뿐만 아니라 이야기도 매우 흥미롭다는 점이 특별하다. 이번에 다뤄질 이야기는 조조의 수많은 이야기들 중에 '할발대수'와 '망매시갈'에 관한 두 이야기를 해 보려고 한다.

우선 '할발대수'의 이야기를 알아보자. 조조가 병사를 이끌고 출진하고 있을 때였다. 마침 병력이 한참 낱알이 익어가는 보리밭을 지나고 있었는데 백성들은 대규모 병력이 이동하는 것을 보고 놀라 수확을 포기하고 이미 뿔뿔이 흩어져 도망을 쳤었던 상황이었다. 조조는 자신의 병사들에게 "본인은 황제의 명을 받아 출병하여 역적을 토벌하는 것이다. 그러므로 백성에게 해가 되어서는 안된다. 그러므로 보리가 다 익어갈 이 시기에 보리밭을 지날 때, 모두가 보리를 밟아 쓰러뜨리지 말라. 만약 명을 어기는 자가 있는 경우 목숨으로 그 값을 치러야 할 것이다!"라고 말하였다. 모두가 조심스럽게 보리밭을 지나고 있을 때, 비둘기 무리가 갑자기 놀라 밭에서 튀어 날아올랐다. 이것을 본 조조의 말도 덩달아 놀라 보리밭으로 뛰어들게 되었고 그 결과 조조가 탄 말은 농민이 일궈온 보리밭을 망치게 되었다. 이러한 일이 벌어지자 조조는 자신의 검을 뽑아 자신의 목숨을 죗값으로 바치려고 하였지만, 참모 곽가(郭嘉)가 조조의 이러한 행동을 말렸다. 곽가의 만류를 들은 조조는 검으로 자신의 머리카락을 자른 다음 그것을 땅에 버리면서 "머리카락을 자신의 머리로 대신하여 바친다."라고 말하였다. 이러한 광경을 지켜본 조조의 군사들은 크게 겁을 먹고 군령을 엄격하게 지켰다.

위 이야기는 완전한 허구내용이 아닌 사실에 기초한 이야기이다. 〈삼국지(三國志)〉에서 배주(裴注)가 집필한 〈조만전(曹瞞傳)〉에 따르면 '조조가 군사를 이끌고 보리밭을 지나던 중 병사들에게 명령하길 "보리밭을 쓰러뜨리는 자는 목숨으로 죗값을 치러야 한다!" 명령에 따라 말을 타고 있던 병사들은 말에서 내렸다. 그러나 조조가 탄 말이 보리밭으로 달려들어 수확을 앞둔 밭을 망치게 되었다. 이에 조조는 행군주부(行軍主簿)를 불러 명을 어긴 자신을 어찌 처벌할지 논하였다. 주부(主簿)는 〈춘추(春秋)〉의 내용을 인용하여 "지존(至尊)에게는 법을 가하지 않는다."라고 말하였다. 그러나 조조는 "내가 법을 만들고 어기게 되었는데 어찌 사람들을 통솔할 수 있겠는가? 그러나 나는 군을 이끄는 있는 장수로서 자결하면 안되니 스스로 머리카락을 잘라 땅에 바치는 것으로 대신한다."라고 말하였다.

역사기록과 〈삼국연의〉의 내용을 비교하였을 때, 기본적인 내용은 모두 사실에 부합하는 것으로 알 수 있다. 그러나 〈삼국연의〉의 생동감을 첨가하기 위해서 세 가지 부분은 역사적 사실과는 다르게 허구적 내용들이 추가되었다. 첫째는 비둘기들이 날아가면서 말을 놀라게 하였다는 내용이다. 두 번째로는 조조는 자결을 시도하지 않았는데 〈삼국연의〉에서는 자결을 시도했다는 내용을 첨가하였다. 마지막으로 역사적 사실에 따르면 조조가 처한 문제를 해결한 장본인은 이름이 거론되지 않은 '주부(主簿)'였지만 〈삼국연의〉에서는 유명인물인 곽가로 둔갑하였다. 이러한 세부내용들을 첨가함으로써 실제 발생하여 전해져 내려오는 이야기는 추가와 개편이 되었다.

이번에는 조조와 관련된 또 다른 이야기인 '망매지갈'에 대해서 알아보자. 이것은 이야기 속의 이야기로서 조조가 유비(劉備)를 초대하여 자신의 집 뒤뜰에서 같이 술을 마시고 있을 때였다. 조조는 나무에 매달린 초록색 매실을 바라보면서 유비에게 자신의 지난 일을 이야기야 하였다. "작년에 본인이 장수(張綉)를 정벌하러 갔을 때, 행군 도중 물을 마실 수 있는 곳을 찾을 수 없어 병사들이 갈증을 매우 심하게 느꼈다. 이러한 어려움을 겪고 있을 때, 속에서 번뜩이는 계책이 떠올라 곧바로 말채찍을 들고 앞을 가리키면서 "전방에 매실나무들이 있다!"라고 소리쳤다. 그러자 군사들은 시큼한 매실을 생각하면서 침이 나오게 되었고 자연스럽게 병사들의 갈증을 해결할 수 있게 되었다 한다. 오늘 이 매실을 보니 그때 생각이 떠오르는구나!"라고 말하였다.

이 이야기도 나관중(羅貫中)이 창조한 새로운 이야기가 아닌 남조(南朝)시대 유의경(劉義慶)이 기록한 〈세설신어·가휼편(世說新語·假譎篇)〉에 따르면 '위군(魏軍)이 행군하고 있을 때, 물을 마실 수가 없어 병사들은 목말라 하였다. 그러자 조조는 큰소리로 외치면서 "전방에 큰 매실나무들이 있다. 매실들이 달고 시큼한 것 같으니 갈증 해소에 도움이 될 것이다!"라고 말하였다. 병사들은 이 말을 듣고 나서 물을 마실 수 있는 곳까지 다다를 수 있게 되었다.'라고 쓰여 있었다.

역사적 사실기록과 〈삼국연의〉와 위 이야기를 비교하였을 때, 역시나 이야기의 기본적 내용은 실제 발생한 일과 같다. 하지만 두 가지 허구적 내용이 추가되어 〈삼국연의〉 속 이야기의 생동성을 두드러지게 하였다. 우선은 실제 기록에서는 언제 발생한 일인지 기록되어 있지 않지만 〈삼국연의〉에서는 '조조가 장수를 토벌하러 갈 때'라고 하였다. 다음으로는 문헌 기록에서 조조의 말은 비교적 간략하게 기술(記述)되었지만, 〈삼국연의〉에서는 생동감을 추가하였으며, 나아가 술을 데우며 영웅을 논하는 장면에서 위 이야기를 추가하여 이야기를 이끌어나가는 장치로 설정하였다. 명백한 사실은 이야기가 너무 간단하여 허구적으로 추가된 장수를 토벌하러 갈 때의 시점도 모두 쉽게 이해가 된다는 점이다.

20

여포(呂布)가 백문루(白門樓)에서 죽음을 맞이한 진실과 거짓

白門樓呂布殞命(取自清康熙年版《三國志演義》)
백문루에서 여포 죽다(청·강희년판〈삼국지연의〉)

백문루는 여포가 생을 마감한 장소일뿐 아니라 여포(呂布), 조조(曹操), 유비(劉備) 등의 영웅들의 일화가 남겨진 장소이기도 하다. 이번에는 백문루(白門樓)에서 여포가 죽임을 당한 이야기를 다뤄보려고 한다.

〈삼국연의(三國演義)〉에서 여포의 최후를 맞이하게 되는 이야기를 이렇게 묘사하였다. 조조가 하비(下邳)에서 여포를 포위하면서 전투가 발발하였다. 견고한 수비를 뚫기 위하여 조조군은 침수계략(水淹之法)을 활용하게 되었고, 두 달 후에 결국 여포를 생포할 수 있게 되었다. 전쟁에서 승리한 조조와 유비는 백문루에 올라가 앉으며 포로 문제를 처리하기 시작하였는데 이 과정에서 여포는 소리를 지르며 "결박한 끈이 너무 조이니 조금만 풀어달라"고 하였다. 그러자 이 말을 들은 조조는 "호랑이를 묶어 두는데 포박이 단단하여야 한다."라고 대답하였다. 그리고 조조는 서황(徐晃)을 시켜 진궁(陳宮)을 풀어주면서 진궁에게 "재능과 지략이 뛰어난 사람이 어찌하여 이렇게 되었는가?"라고 묻자 진궁은 "이 사람(여포)이 자신의 말을 듣지 않아 이렇게 되었다! 만일 내 말을 들었다면 지금 이처럼 생포되지 않았을 것이다."라고 말하였다." 조조가 진궁을 자신의 수하로 들어올 것을 수차례 권유하였지만 결국 진궁은 백문루 아래 형장으로 향하는 뜻을 굽히지 않았다. 이에 조조는 눈물을 흘리며 진궁의 마지막을 배웅하게 되었다. 조조가 진궁의 마지막을 함께 하러 백문루 아래로 내려가 있을 때, 여포가 유비에게 말하기를 "공(유비)은 상석에 앉아 있고, 본인은 계단 아래 죄수로 묶여 있는데 어찌하여 한 마디의 용서를 구하지 않는 것이요?"라고 말하였지만, 유비는 그저 고개만 끄떡이고 있었다. 이윽고 여포는 백문루 아래에서 막 올라온 조조를 향하여 "당신이 가장 두려워했던 것은 바로 나 여포다. 지금 내가 당신에게 항복하여 수하로 들어가겠다. 나 여포가 조조의 수하로 있다면 천하의 어떠한 어려움도 해결할 수 있다."라고 말하였다. 이 말을 들은 조조는 유비에게 의견을 물어보았고 이에 유비는 "건양(建陽)과 동탁(董卓)의 일을 잊었습니까?"라고 대답하였다. 유비의 말이 끝나자마자 여포는 유비를 가리키면서 "저자가 제일 믿지 못할 사람이다!"라고 소리쳤다. 결국 여포는 교수형을 받게 되고 그의 머리는 백성들에게 공개되는 것으로 백문루의 국문(鞫問)은 마무리되었다.

위 이야기의 진실과 거짓을 가려내기 위하여 정사(正史)인 〈삼국지(三國志)〉 〈후한서(後漢書)〉 편의 〈여포전(呂布傳)〉과의 대조가 필요하다. 역사기록에서는 위 이야기의 인물들이 조조, 유비, 여포, 진궁이라고 명확하게 기록되어 있었으며, 이야기의 시간과 장소는 '건안(建安) 3년(198년) 조조가 하비를 공략할 때'라고 상세하게 기록되어 있다. 또한 사건이 발생한 지점으로는 정확하게 '백문루'라고 명기하였으며, 사건의 과정도 소설 내용과 세부적으로 다를 뿐 기본적으로는 같은 내용으로 기록하였다. 역사적 기록에 비추어 인물, 시간, 장소, 과정의 기본적인 4대 요소가 사실임을 알 수 있으나 이야기의 세부 내용, 영웅들이 했던 언어에서 가미되어 생동감이 더욱 풍부해졌다는 것이 역사적 사실과 〈삼국연의〉의 차이이다.

이미 원(元)나라 때의 〈삼국지평화(三國志平話)〉에서 여포를 생포하고 처결한 내용이 묘사되었으나 그 내용은 '조조가 부대를 복귀시키고 군영으로 돌아가 앉았다.'라는 이야기 외에는 구체적인 설명이 없었다. 또한 원나라 때 잡극(雜劇)인 어백연(於白淵)의 〈백문루참여포(白門樓斬呂布)〉에서 이미 기록이 소실되어 자세한 내용을 찾아볼 수 없지만 극의 제목에 나와 있듯이 여포가 처형된 장소가 백문루라는 것을 명확하게 알 수 있다. 사실, 역사서에 포함된 내용이 이미 매우 생동감 있는 이야기로 기록되어 있으므로 민간에 사실 그대로 퍼져나가는 것이 어쩌면 이치에 더 부합할 것이다.

두 가지 흥미로운 내용을 보충 설명하자면 첫째는 여포가 죽임을 당하는 날짜이다. 역사서에는 계유(癸酉)년 12월 24일이며, 이날은 여포에게 대흉(大凶)이 닥칠 날이기도 하다. 두 번째로는 여포가 처형을 당한 장소가 바로 백문루 즉, 백문(白門)의 성루라는 것이다. 〈수경주(水經注)〉에서는 백문은 하비성 남문(南門)이라고 설명하고 있으며, 이를 인용한 문장에도 백문루를 하비성의 남문으로 설명하고 있다. 하지만 이는 오류로 비롯된 잘못된 표기이다. 중국은 고대부터 동쪽은 청색, 남쪽은 적색, 서쪽은 백색, 북쪽은 흑색, 중앙은 황색과 같이 오색과 5개의 방향을 서로 짝지어 표기하였다. 그러므로 백문루는 〈삼국지·여포전(三國志·呂布傳)〉과 배주(裴注)가 인용한 〈영웅기(英雄記)〉에 기록된 것처럼 하비성의 서문의 문루(門樓)를 지칭하는 말이다. 지금의 강소성(江蘇省) 휴녕현(睢寧縣) 서북쪽에 있는 고비(古邳)에 가면 이 이야기에서 말하는 백문루를 직접 찾아볼 수가 있다.

여포와 함께 죽음을 맞이한 진궁은 조조가 아끼는 인재였다. 조조가 진궁에게 목숨을 버리지 말고 함께 할 것을 간곡하게 청하였지만, 진궁은 강직한 사람으로서 구차하게 살려달라 하지 않고 자신을 빨리 처형할 것을 이야기하였다. 이에 조조는 눈물을 흘리며 그가 처형장까지 가는 길을 배웅해 주었으며, 남겨진 진궁의 가족들을 극진하게 대우하였다. 반면에 여포는 죽기 직전까지 옹졸하게 자신의 목숨을 구걸하며 약한 모습을 보였다. 이는 곧 당시 사람들이 경멸하는 이유이자 후세에 이르러서도 사람들에게 멸시를 받는 행동이기도 하다.

21

유비(劉備)의 황숙(皇叔) 칭호의 진실과 거짓

劉備畫像(取自清康熙年版《三國志演義》)
유비화상(청·강희년판<삼국지연의>)

유비(劉備)는 기세 넘치는 칭호를 가지고 있었는데 그것은 바로 유황숙(劉皇叔)이라는 호칭이다. 이 칭호의 뜻은 바로 당시 황제의 숙부(叔父)라는 것이다. 그렇다면 이러한 칭호는 어디서 온 것이며, 그는 진짜로 한헌제(漢獻帝)의 숙부가 맞는 것일까?

우선 유비는 한황실(漢皇室)의 후손인 점은 틀림없는 사실이다. 〈삼국지·선주전(三國志·先主傳)〉에 유비의 선조에 관련된 내용이 명확하게 기록되어 있는데 '한경제(漢景帝)는 아들이자 중산정왕(中山靖王)인 유승(劉勝)을 낳았으며, 유승은 자식 유정(劉貞)을 낳았다. 유정은 원삭(元朔) 2년(역사서에는 원수(元狩) 6년으로 잘못 표기되었다) 탁현(涿縣) 육성(陸城)의 정후(亭侯)로 책봉되었다. 하지만 후에 천자에게 바치는 주금(酎金)을 헌납하였다.'라는 기록이 있다. 이후 유비까지의 수많은 선조들이 있었지만 그 중간의 기록은 존재하지 않으며, 유비의 족보계승 불완전성이 드러나게 된다. 이러한 연유는 무엇일까? 그것은 바로 유비의 선조인 유정이 큰 위기를 맞이하였기 때문이다. 유정은 일찍이 제후의 칭호를 부여받았지만, 훗날 제후직위를 폐위 당하게 된다. 이는 바로 앞서 이야기한 황제에게 헌납하는 주금(酎金) 문제 때문이다. 본래 한왕조(漢王朝)의 규정으로 황제가 8월에 새로이 주주(酎酒)를 양조하는데 술을 만드는 목적은 맛이 진하고 깨끗한 술을 빚어 황가의 종묘제례(宗廟祭禮) 때 사용하였다. 그리하여 종실(宗室)의 제후(諸侯) 구성원들은 모두 규정된 공납금을 바쳐 제례를 찬조하도록 하였다. 이러한 찬조를 곧 '주금'이라 불리게 되었다. 제후들이 공납하는 '주금'의 중량이 부족하거나 황금의 색이 기준에 못 미치는 경우 곧바로 제후의 작위를 폐하고 관할하는 땅을 몰수하였다. 이러한 연유뿐만 아니라 더 깊숙이 들어가면 유정의 제후작위가 폐위된 배경이 존재한다. 그것은 바로 한무제(漢武帝)가 중앙집권을 강화하기 위한 일환의 조치이다. 당시에 수많은 제후가 자신의 땅과 작위를 몰수당하였으며, 유정도 그들 중의 한 명일 뿐이었다. 그리하여 유정은 일반 백성의 신분으로 생활수준이 나락으로 떨어지고 궁핍해질 수밖에 없었다. 이러한 상황에서 어떻게 재력과 정신을 쏟아 자신의 족보를 자세하게 편찬할 수 있었겠는가? 유정 일가의 족보가 끊긴 것에 관하여 후세의 학자들은 탄식하며 이렇게 말하였다. "〈촉서(蜀書)〉에서 유비는 '중산정왕의 후손이자 육성정후의 후손이다.'라고 기록하였지만, 조부(祖父) 이상의 기록인 것으로 이러한 설명은 믿을만한 근거가 되지 못한다."

황족의 족보 기록이 중단되어 많은 내용이 불분명하게 되었는데 그렇다면 유비는 어떻게 '황숙'이라는 호칭을 얻게 되었으며 그렇게 불리게 된 시점은 언제일까? 이러한 이유는 바로 〈삼국연의(三國演義)〉에서 유비를 '고귀하고 품위 있는' 이미지를 심어주기 위하여 마술 같은 방법을 사용하여 그에게 터무니없는 허구의 조상과 족보를 만들어 주었다. 유비의 선친은 서한(西漢)시대 경제(景帝)의 18대손으로써 그의 조상으로는 유웅(劉雄), 유홍(劉弘) 이외에도 모든 조상의 이름이 있을 뿐만 아니라 모두 제후의 작위를 받은 적이 있다고 명기되었다. 한황실의 조상들의 서열을 따라 내려가다 보면 유비는 당시 황제인 한헌제 보다 항렬이 더 높은 것으로 나와 있었다. 그리하여 유비는 당시 항렬과 족보에 따라 '유황숙'이라는 호칭을 받을 수 있었으며, 현재 유행하는 언어로 표현하자면 '황숙이 되어버렸다.'라고도 말할 수 있다.

유비의 가계 또는 족보가 불분명하지만 반면에 한헌제 유협(劉協)은 한경제의 후손인 것을 범엽(范曄)의 〈후한서(後漢書)〉를 통하여 명확하게 찾아볼 수 있다. 〈후한서〉의 〈헌제기(獻帝記)〉에 따르면 한헌제(漢獻帝) 유협(劉協)은 한령제(漢靈帝)인 유굉(劉宏)의 차남이고, 령제 유굉은 〈靈帝記〉에서 한장제(漢章帝) 유달(劉炟)의 4대 고손(高孫)으로 기록되어 있다.

장제 유달은 〈章帝記〉에서 기록하기를 명제(明帝) 유장(劉莊)의 5번째 아들이며, 명제 유장은 〈明帝記〉에서 광무제(光武帝) 유수(劉秀)의 4번째 아들이라고 설명하였다. 그리고 광무제 유수는 〈광무제기(光武帝記)〉의 기록에서는 서한(西漢)의 고조(高祖)인 유방(劉邦)의 9대손이자 서한 경제(景帝)의 7대손이라고 기록하였다. 이러한 한황실의 기록에 따라서 헌제(獻帝) 유협(劉協)은 서한경제(西漢景帝)의 14대손임을 증명하고 있다. 만일 〈삼국연의〉의 '세보(世譜; 유비의 족보)'에 따르면 유비는 한경제(漢景帝)의 18대손임으로 한헌제(漢獻帝)보다 항렬이 4배(輩)나 낮은 것이다. 이렇게 된다면 유비가 오히려 헌제에게 '황숙'이라고 불러야 하는 상황이 발생함으로 항렬을 엉망으로 만드는 일이 아닐 수가 없으며, 오히려 헌제가 유비를 '현손(玄孫)'이라 불러야 하는 게 맞는 것이다. 이러한 역사적 기록에 비추어 볼 때 〈삼국연의〉에서 설명하는 유비의 족보와 '유황숙'이라는 호칭은 모두 소설가가 근거 없이 만들어낸 허구적 이야기들이라는 것임을 알 수 있다.

결론적으로 유비는 헌제의 가까운 친척이 아니라 그저 한나라 황실의 먼 친척일 것이다는 점이다. 하지만 유비가 목숨을 걸고 난세를 겪어온 과정을 객관적으로 보았을 때, 그가 황실의 혈통을 가지고 있는 사람인 점은 실질적 도움이 되지 못하였다. 유비는 그저 재력도 배경도 없이 멍석과 짚신을 팔던 사람이 필사적으로 싸워나가며 여러 고난을 이겨내어 마지막에는 자신의 나라를 세워 황제의 옥좌에 앉은 인물이라는 점을 알아야 할 것이다.

22

한헌제(漢獻帝)가 보낸 허리띠의 감춰진 조서 '의대조(衣帶詔)'에 관한 이야기의 진실과 거짓

董國舅內閣受詔(取自清康熙年版《三國志演義》)
동국구내각수조(청·강희년판〈삼국지연의〉)

조서(詔書)는 황제가 천하신민(天下臣民)에게 보내는 전용문서를 지칭하는 단어이다. 진왕(秦王)이 6국을 정복하고 황제의 칭호를 스스로 부여하면서 정책강령(政令)을 공포(公布)할 때 사용하던 정식명칭이 바로 '조(詔)'라고 불렀다. 한(漢)나라도 진(秦)나라의 제도를 그대로 수용하였기 때문에 조서를 이용하여 나라의 중차대한 일들을 공포하였다. 이에 조서도 황실의 의지와 권위를 상징하는 도구가 되었다. 비록 한무제(漢武帝)가 자신의 잘못을 참회하며 작성한 '윤대죄이조(輪臺罪已詔)'의 조서에서도 고귀한 황권(皇權)의 위엄이 그대로 나타나고 있다. 이러한 근엄한 권위를 상징하는 조서에도 불구하고 옷을 여미는 허리끈 속에 숨겨 비밀리에 궁 밖으로 빼내어 자신이 신뢰하는 소수의 인물에게만 조서를 전달하는 것이 얼마나 괴이하고 비참한 사건이 아닐 수가 없다. 황제의 지엄한 조서의 권위를 떨어뜨린 '의대조(衣帶詔)' 사건은 바로 동한(東漢) 시대의 헌제(獻帝) 유협(劉協)에게서 일어난 일이다.

한헌제(漢獻帝)는 성인이 되었지만, 조조의 기고만장한 기세에 눌려 마치 가시방석에 앉은 듯한 억압에 시달려야 했었다. 이러한 상황 속에서 헌제는 괴뢰(傀儡)가 되어 남에게 조정 당하고 싶지 않는 마음을 갖고 있었다. 그리하여 효현황후 복황후(伏皇后)의 아버지인 복완(伏完)의 제안을 듣고 직접 자신의 손가락을 깨물어 조조를 제거하라는 내용의 밀지(密旨)를 작성하고 금포(錦袍) 속 옥대(玉帶) 안에 집어넣었다. 그리고 나서 금포와 옥대를 입궁하여 황제를 알현하는 다른 친척, 바로 황제의 외삼촌인 동승(董承)에게 입혀서 조조의 감시를 피해 밀지를 밖으로 빼낼 계획을 실행하였다. 차기장군(車騎將軍; 거기장군) 동승은 황제를 알현한 후, 자신의 자택으로 돌아와서 황제가 작성한 밀지를 옥대에서 발견하였고 밀지의 내용을 실행에 옮기기 위하여 한황실에 충성스러운 왕자복(王子服)과 유비(劉備) 등의 사람들을 불러 모으기 시작하였다. 위의 내용은 〈삼국연의〉 속 유명한 이야기인 '의대조(衣帶詔)'의 줄거리를 설명한 내용이다.

그렇다면 이 이야기는 실제로 일어난 사건일까? 이 질문에 대한 답은 진실과 거짓이 반반 섞여 있다고 대답할 수 있다.

'의대조'의 사건은 역사기록물에서 명확하게 그 내용을 찾아볼 수 있다. 우선 〈삼국지·선주전(三國志·先主傳)〉에서는 '헌제의 외삼촌이자 차기장군인 동승이 황제에게 하사받은 의대(衣帶) 속에서 조씨(曹氏)를 제거하라는 밀서가 들어 있었다.'라고 기록되어 있었다. 그리고 유비의 신하들은 한헌제에게 유비의 작위를 올려 한중왕(漢中王) 칭호를 하사할 것을 추천하면서 글을 올렸는데 글에는 '유비와 차기장군 동승이 공동으로 조조를 제거하여 나라를 평안하게 만들고 수도를 안정시켜야 한다.'라고 적혀져 있었다. 그리고 〈후한서·동탁열전(後漢書·董卓列傳)〉에서는 '황제가 조조의 핍박을 끊기 위하여 밀조(密詔)를 동승에게 보냈다. 밀조에는 천하의 의사들이 집결하여 조조를 제거하라는 명이 있었으며 이를 받들어 동승과 유비 등이 공동으로 모의하였다.'라는 기록이 있다. 이러한 기록들이 존재하지만 한헌제가 구체적으로 계획을 어떻게 실행하였는지 그리고 밀조의 구체적인 문구는 역사서에서는 기록되어 있지 않았다. 단어를 신중하게 선택하여 기록하는 진도(陳陶)와 같은 역사가들은 매우 객관적인 관점에서 말하였는데 그것은 바로 동승이 직접 '의대조'를 계획하고 받고 공언하였다고 설명하였다. 하지만 당시의 시대적 상황에 비춰볼 때, 만일 한헌제 본인이 직접 명확하게 지시를 하지 않았다면 매사에 신중을 기하는 유비가 이러한 장난에 자신의 목숨을 걸지 않았을 것이며 그렇게 쉽게 동승의 모략에 참여하지 않았을 것이다. 그러므로 동승이 헌제가 건네준 '의대조'를 직접 받았다는 것은 매우 믿을만한 실제 일어난 역사적 사실이다. 그러나 〈삼국연의〉속 대부분의 대화와 세부적 내용묘사와 그리고 '의대조' 속 구체적인 문장들은 사실 실존하지 않는 내용이며 모두가 소설가의 허구적 창작에서 나온 것이다.

'의대조'에 관한 이야기의 묘사와 조서(詔書)의 문구는 원(元)나라 때 〈삼국지평화(三國志平話)〉에서도 이미 출현되었던 내용이다. 그러나 〈삼국연의〉 속에는 이미 발견된 이야기를 옮겨오는 것뿐만 아니라 세부적인 묘사를 위해 세심한 연구와 고찰이 많이 첨가되었다는 점을 알 수 있다. 그 중의 한 부분이 바로 창조된 조서이다. 나관중(羅貫中)은 선대사람들이 만들어낸 기존의 조잡한 조서부분을 과감하게 버리고 상황에 맞는 문자를 사용하여 새롭게 조서를 창조하였다. 그래서 우리가 주목해야 하는 부분은 〈삼국연의〉에서 나오는 창조된 조서의 첫머리에서 나오는 글귀이다. "짐이 알기로는 인륜의 관계를 따질 때 부자지간이 가장 중요하고, 귀천의 관계를 따질 때 우선은 군신(君臣)관계를 중요하게 생각한다."라고 나와 있다. 이는 사실 나관중이 한헌제의 입을 빌려 자신의 책의 전체적인 요점을 자세히 밝힌 것이다. 나아가 한헌제의 명을 유비가 적극적으로 받들며 따르는 모습을 묘사하여 직접 〈삼국연의〉라는 책의 주인공은 유비라는 점을 알려주는 것과 간접적으로 주인공에 대한 찬양을 드러내는 것으로 해석할 수 있다.

23

조조(曹操)의 술을 데우며 영웅을 논하는 일화 '자주논영웅(煮酒論英雄)'의 진실과 거짓

曹操煮酒論英雄(取自清康熙年版《三國志演義》)
조조 술을 데우며 영웅을 논하다(청·강희년판〈삼국지연의〉)

조조와 유비는 공을 세워 세상에 이름을 떨치기 전 '천하의 영웅'에 관한 주제를 가지고 서로 간의 토론을 하였는데 이 사건이 바로 후세의 사람들에게 익숙한 '술을 데우며 영웅을 논하다(煮酒論英雄)'이다.

이 유명한 일화는 두 종류의 내용이 존재하는데 먼저 거론하려는 내용은 나관중(羅貫中)의 〈삼국연의(三國演義)〉 중 제21화의 각색 버전이다.

때는 유비가 여포에게 패하여 조조에게로 투항했던 시기이다. 당시에 유비가 동승이 개시한 정치적 모의에 참여하고 있을 때였으므로 권력을 독점하여 폭압을 일삼던 조조를 전복시킬 기회를 엿보고 있었다. 유비는 조조의 의심을 피하고자 매일 자신의 처소에서 채소를 기르며 자신의 계획을 실행할 때를 기다리고 있었다. 하루는 조조가 유비를 초대하여 자신의 집에서 술을 같이 할 것을 권하였다. 조조가 초대한 주연(酒宴)에서 갓 따온 초록 매실을 접시에 담고 술통에는 깊은 향이 가득 풍기는 술을 넣어 내었다. 술을 반쯤 마셨을 때, 조조가 하늘에 떠 있는 교룡(蛟龍) 형태의 구름을 가리키며 용을 사람에 빗대어 말하였다. 그리고 유비의 속마음과 포부를 엿보기 위하여 이렇게 물어보았다. "당신이 생각하기에 지금의 영웅은 누구라고 생각하는가?" 유비는 조심스럽게 자신과는 관계가 아주 먼 원술(袁術)과 원소(袁紹)를 지금의 영웅이라고 답하였다. 이러한 답을 들은 조조는 그저 웃으면서 "총중고골(塚中枯骨)"이며, 기색은 넘치나 담력이 작은 사람들로 유비가 대답한 원씨(袁氏) 형제들을 부정하였다. 그러고 나서 유표(劉表)와 손책(孫策) 등의 다른 군웅들도 영웅이 아니라고 부정하였다. 그는 손가락으로 유비와 자신을 지목하면서 굽힘없이 "오늘날의 영웅은 당신과 나 둘뿐이다!"라고 말하였다. 유비는 조조의 말을 듣고 매우 놀라서 자신이 들고 있던 젓가락을 바닥에 떨어뜨리고 말았다. 때마침 하늘에서 벼락이 쳤는데 유비는 이 기회를 핑계로 젓가락을 떨어뜨렸으며, 성인 공자도 천둥소리를 무서워했는데 자신도 마찬가지라고 조조에게 이야기하였다. 조조는 유비의 이야기를 흘려들으면서 그를 담이 작고 그저 평범한 사람이라고 생각하여 유비에 대한 의심을 거두었다.

위 이야기의 일은 실제로 일어난 일화일까? 우리는 역사책의 내용을 찾아보면서 자세한 이야기를 알아보자.

진도(陳陶)가 집필한 〈삼국지 · 선주전(三國志 · 先主傳)〉과 배주(裴注)가 편찬한 〈화양국지(華陽國志)〉의 기록에 따르면, 그 당시 유비는 조조에게 투항하면서 조조를 처단하려는 동승의 계략에 참여하였다는 것은 역사적으로도 실제로 존재한 일이다. 조조도 유비가 자신에게 투항한지 얼마 지나지 않아 자신의 집으로 유비를 초대하여 그와 함께 밥을 먹었다. 그 자리에서 조조는 유비에게 "오늘날의 영웅은 누구라고 생각하는가? 나는 당신과 나 둘뿐이라고 생각하오!"라고 말하였다. 이 말에 놀라 유비는 그 자리에서 젓가락을 떨어뜨렸으며 그 당시는 벼락이 치고 있었다. 이러한 기록을 토대로 〈삼국연의〉의 '술을 데우고 영웅을 논하다.'라는 이야기를 분석하였을 때, 이야기의 배경적 내용은 사실이며 허구적 내용은 포함되어 있지 않았다. 다만 세부 내용상의 '술을 데우는 장면'과 '초록 매실'이 안주로 나온 것은 역사기록에 존재하지 않는다.

만약 술과 관련된 고전 이야기 중에 가장 훌륭한 내용을 꼽았을 때, '술을 데우고 영웅을 논하다.'의 이야기가 세 손가락 안에 들 것이다. 이미 원(元)나라 〈삼국지평화(三國志平話)〉와 당시 잡극(雜劇)에서도 출현한 이 이야기는 나관중(羅貫中)이 식탁 위에 올라온 '영웅론'을 〈삼국연의〉에서는 술상 위에 올려진 '영웅론'으로 재가공하였다. 그리하여 그가 가공한 내용과 역사서에서 기록되어 있는 내용을 서로 비교하였을 때, 〈삼국연의〉 속 내용이 더욱 다채롭고 인물에 대한 묘사도 더욱 세밀하게 표현되었다. 그 예시로 조조의 '천하를 자신의 발밑으로 보는 거만한 성격 특색'을 실물처럼 생동감 있게 묘사하였다. 또한 이 이야기부터 조조가 적벽대전에서 처참하게 패하는 장면의 복선을 심어 두었다. 또한 유비도 마찬가지로 위 이야기에서 자신의 이미지를 뚜렷하게 표출하게 되었다. 그는 신중하며 안정적인 모습과 큰 지혜를 지녔으나 그것을 겉으로 드러내지 않고 바보인 듯이 감추며 뛰어난 임기응변의 자세를 묘사하여 자신이 장차 일궈낼 큰 대업의 필요한 초석을 다지는 계기가 되었다.

위 이야기에서 조조가 아무것도 가진 것이 없는 유비에게 '영웅'이라는 후한 평가를 한 것은 그의 안목이 비범하다는 것을 보여주는 대목이다. 하지만 '하나의 산에 두 마리의 호랑이가 살 수 없다.'라는 옛말처럼 유비가 조조의 과도한 칭송을 받았음에도 불구하고 그는 기뻐하지 않고, 조조의 밑에서 연명하는 자신의 처지와 언젠가 운이 좋지 못하면 죽을 수도 있다는 것을 곧바로 깨달았다. 그리하여 유비는 되도록 빨리 조조에게 도망칠 기회를 잡아 자신이 성장할 수 있는 곳으로 떠나버렸다.

24

예형(禰衡)에 관한 '격고매조(擊鼓罵曹)'의 진실과 거짓

擊鼓罵曹(取自明崇禎年版《英雄譜》)
격고매조(명·숭정년판〈영웅보〉)

자신의 재능을 믿고 제멋대로 살아온 예형(禰衡)으로 인하여 '벌거벗은 채로 북을 치며 조조를 욕하다.'라는 한 편의 연극이 탄생할 수 있었으며 후대에까지 유명한 이야기가 전해질 수 있게 되었다.

당시에 조조(曹操)가 유표(劉表)의 항복을 받아내기 위하여 말재간이 뛰어난 유명한 문인이 필요하였다. 그러자 공융(孔融)이 예형이라는 인물을 추천하였으며, 자신보다 재능이 열 배나 뛰어난 인재라고 소개하였다. 이에 조조는 즉시 예형을 불러오라고 명하였다. 예형은 접견 내내 자신을 앉으라고 말하지 않는 조조가 탐탁치 않게 생각되어 하늘을 보면서 길게 탄식하며 이렇게 말하였다. "천지가 이렇게 넓으나 제대로 된 인재가 한 명도 없구나!" 이 말을 들은 조조는 자신의 수하들 모두 다 지금의 영웅들이라고 예형의 말을 반박하였다. 그러나 예형은 이 말에 굴하지 않고 조조가 거론한 참모와 장군들을 모두 술과 밥을 축내는 사람들로 깎아내렸다. 예형의 이러한 태도를 들은 장요(張遙)는 그를 즉시 참수할 것을 조조에게 말하였지만, 조조는 명사(名士)를 죽였다는 오명을 듣고 싶지 않아 그를 죽이지 않고 북을 치는 '고리(敲吏)'의 직책을 내려주어 예형에게 모욕감을 주려고 하였다.

얼마 지나지 않아 조조가 연회를 크게 열어 손님들을 맞이하는 자리를 마련하였다. 이 자리에서 예형에게 북을 치도록 명하였다. 예형은 허름한 옷을 입고 이 연회에 참석하여 자신이 맡은 역할을 담당하였다. 그는 〈어양삼과(漁陽三撾)〉라는 곡을 연주하였는데 음색이 매우 아름다워 듣는 사람들 모두의 감정을 움직이게 하였다. 하지만 조조의 좌우에 있는 장수들은 예형에게 새 옷으로 갈아입고 오라고 지시하였고, 예형은 그 말을 듣지 않고 연회장의 많은 사람 앞에서 자신의 낡은 옷을 모두 벗어 던졌다. 이 장면을 본 사람들은 부끄러워 얼굴을 가리게 되었고 예형은 얼굴색이 하나도 변하지 않은 채 천천히 다시 바지를 입었다. 예형의 행동에 화가 난 조조는 그의 무례함을 꾸짖었으나, 예형은 조조에게 "임금을 속이는 것이 무례이다. 나는 부모가 물려주신 가장 깨끗한 형체를 보여주고 있는 것일 뿐이다!"라고 반박하였다. 예형의 말을 들은 조조는 다시금 예형에게 물어보기를 "너는 청백하다면 그럼 누가 더럽다는 말인가?" 말꼬리를 잡은 예형은 이 기회를 빌려 조조를 통렬하게 꾸짖기 시작하였다. "당신은 지혜로운 사람과 어리석은 사람을 구분할 줄 모르니 눈이 혼탁한 것이오, 시서(詩書)를 읽지 않았으니 입이 탁한 것이며, 충언을 듣지 않았으니 귀가 탁한 것이다. 또한 과거와 현재를 통달하지 못하였으니 몸이 탁하며, 제후(諸侯)들을 용서하지 못하였으니 이는 배가 탁한 것이다. 그리고 항상 찬역(簒逆)의 음모를 품고 있으니 마음이 탁한 것이다!"라고 말하였다. 조조는 자신을 욕보인 예형에 대한 분노와 증오가 마음 속 가득 차 있었으나 명사(名士)의 칭호를 받는 예형을 쉽사리 죽일 수 없어 결국에 형주(荊州)에 있는 유표의 투항을 받아내는 사자로 보내어 유표가 대신 그를 처리하기를 기대하였다. 유표는 예형의 조롱을 한껏 받은 다음 조조의 숨겨진 의도를 간파하고 그를 자신의 수하인 황조(黃祖)에게 보내었다. 예형의 조롱은 황조에게도 멈추지 않고 계속되었으며, 결국 자신에 대한 조롱을 참지 못하고 황조는 예형을 그 자리에서 죽이게 되었다. 이러한 소식을 들은 조조는 웃으며 "부유설검, 반자살의(腐儒舌劍, 反自殺矣)"라고 말하였다.

위 '격고매조'의 이야기는 역사적 사실에서 파생되어 탄생한 일화이다. 그러므로 사실은 많고 반면 허구적 내용은 적다고 할 수 있다.

역사기록에서 예형을 이렇게 묘사하였다. 첫째는 '재능은 특출하지만 자만심이 높고, 과도하게 타인을 평가한다.'라고 기록하였다. 그는 당시 수도에 있는 명인들은 모두 자신보다 아래라고 생각하였는데 진군(陳群)과 사마량(司馬良)은 '시정잡배이자 왈패들'이라 생각하였다. 사람들은 조조, 순욱(荀彧), 조치장(趙稚長)과 같은 사람들은 '세상을 덮고도 남을 인재'라고 평하였는데 이러한 의견을 예형에게 물어보았다. 그는 조조에 대하여 더는 말하고 싶지 않다고 하였으며, 외모가 출중한 순욱에 대해서는 "문상객의 얼굴로 빌리면 좋을 상"이라고 평하였다. 그리고 배가 커다랗게 나온 조치장은 "주방감독으로 임명하여 손님을 접대하면 알맞을 인재"라고 비하하였다. 이러한 타인에 대한 비난으로 '사람들은 모두 예형에게 이를 갈며 극렬하게 그를 증오하였다.'라는 기록이 존재하게 되었다. 예형에 관한 두 번째 기록은 조조 앞에서 거만하게 행동하였다는 기록이다. 조조는 이러한 연유로 예형에 대한 분노를 가지고 있었지만, 예형의 재능과 명성으로 인하여 그를 쉽사리 죽일 수 없었다. 그리하여 북을 치는 고리(敲吏)라는 직책을 주어 그에게 모욕감을 주려 하였다. 하루는 조조가 큰 연회를 열어 손님들을 맞이할 때, 예형을 불러 자신의 직무에 맞게 북을 연주하라고 명하였다. 이에 예형은 〈어양삼과〉를 연주하였으며, 연회에 참석한 이들은 이 연주를 듣고 모두 경탄(驚嘆)을 금치 못하였다. 그러던 중 예형은 갑자기 자신의 낡은 옷을 벗어 던지고 나체로 서 있게 되었다. 얼마 지나지 않아 다시 자신의 윗옷을 입고 북을 연주하였는데 이렇게 큰일을 내고서도 예형의 표정에는 아무런 변화가 없었다. 이러한 광경을 목격한 조조는 크게 웃으며, 연회에 참석한 사람들에게 "본인이 예형에게 모욕감을 주려 하였는데 되려 내가 모욕을 당하게 되었구나."라고 말하였다. 예형과 관련된 세 번째 기록은 예형이 대놓고 조조에게 욕설을 퍼부은 일화이며, 기록에서는 '예형이 조조의 영문(營門) 밖에 앉아 지팡이(杖)를 바닥에 두드리면서 수없이 조조를 욕하였다.'라는 기록이 존재한다. 마지막으로 예형이 유표에게 보내져 결국에는 황조에게 죽임을 당했다는 역사적 기록을 남긴다.

예형의 죽음에는 자신이 죽음을 유발하였다는 분명한 이유가 존재하였다. 하지만, 원(元)나라 때 잡극(雜劇) 〈예정평(禰正平)〉과 〈삼국연의〉에서 나오는 '나의매조(裸衣罵曹; 알몸으로 조조를 욕하다)'의 이야기는 위에서 설명한 역사적 기록들을 교묘하게 수정하고 재가공한 것이다. 이러한 재가공을 통해서 성격이 강렬하고 대담한 문사(文士)를 만들어낸 것과 동시에 예형이라는 인물의 입을 빌려 조조의 간사한 내면의 모습을 통쾌하게 끄집어내 악역이미지를 선명하게 만든 가장 전형적인 이야기라고 할 수 있다. 훗날 이 이야기는 사람들에게 또다시 수정되어 저명한 희곡(戱曲)인 〈격조매조〉로 탄생하고 이는 경극(京劇), 천극(川劇), 진강(秦腔), 한극(漢劇) 등의 다양한 형식으로 발전되어 지금까지 명맥을 유지하고 있다. 하지만 가장 안타까운 점은 〈어양삼과〉의 유실로 인하여 희곡에서 연주되는 북소리는 모두 후대의 사람들이 창작해낸 '복제품'이라는 점이다.

25

관우(關羽)가 안량(顔良)과 문추(文醜)를 처단한 이야기의 진실과 거짓

斬顔良(取自清光緖九年版《三國志演義全圖》)
안량을 처단한다(청·광서구년판〈삼국지연의전도〉)

'참안량, 주문추(斬顔良, 誅文醜)' 즉, 안량을 참수하고 문추의 목을 베어낸 이야기는 초인적으로 용맹한 관우의 경이로운 일화 중의 한 부분이다.

유비(劉備)가 전투에서 패하고 관우는 적들에게 포위되는 상황에서 관우는 '한(漢)나라에게 투항하는 것이지 조조(曹操)에게 투항하는 것이 아니다.'라는 전제조건하에 조조를 따르게 되었다. 원소(袁紹)가 병력을 이끌고 조조를 공격하게 되었다. 원소군은 대장군 안량을 필두로 백마(白馬) 지역까지 당도하게 되었고, 이에 조조군은 이 지역에서 병력을 전개하여 방어선을 구축하기 시작하였다. 조조군은 먼저 송헌(宋憲)을 출전시켜 안량에 대항하였지만, 대결이 3회합(回合)이 되지도 않아서 안량의 손에 죽임을 당하게 되었다. 이에 위속(魏續)이 자신에게 기회를 달라고 부탁하여 출전하였지만, 안량과 마주치자마자 벼락같이 죽임을 당하여 말에서 떨어지게 되었다. 조조는 몹시 경악하면서 "매우 용맹한 장수이다! 누가 그를 감당할 수 있겠는가?"라고 말하였다. 대장(大將) 서황(徐晃)이 조조의 말에 응답하여 나섰지만, 안량과 20회합만 싸우고 퇴각할 수밖에 없었다. 조조의 속은 타들어만 가고 무기력감만 늘어갔다. 그러자 정욱(程昱)이 조조에게 "안량을 상대할 수 있는 사람이다."라면서 관우를 추천하였다. 그러자 조조는 사람을 보내어 관우를 데리고 올 것을 명하였다. 소식을 듣고 관우는 조조를 보러 나오게 되었는데 이때, 반대편 적진을 응시하면서 이렇게 말하였다. "안량을 보니, 마치 깃발을 걸고 자신의 머리를 파는 사람들 같소! 저기 있는 만군(萬軍) 중에 적장의 머리를 가지고 오겠다."라고 말한 뒤 곧바로 청룡언월도(靑龍偃月刀)를 들고 말에 올라타 적진으로 돌격한 다음 안량 쪽으로 내달렸다. 안량은 손을 써보지도 못하고 관우의 검에 찔려 말 위에서 떨어지며 죽었다. 관우는 안량의 머리를 베어낸 다음 자신의 언월도(偃月刀)와 안량의 머리를 들고 적진을 빠져나왔다. 불시의 습격을 받은 원소군은 혼란에 빠지게 되었고 조조군은 이 틈을 활용하여 전쟁에서 대승을 거두게 되었다. 관우는 안량의 머리를 조조에게 바쳤는데 이 모습에 조조는 매우 놀라면서 "장군은 신과 같은 존재이다!"라고 말하였다.

문추(文醜)는 하북(河北)의 명장이며, 안량과는 형제처럼 지낸 사이였다. 안량의 죽음을 전해 듣자마자 복수를 다짐하였다. 원소(袁紹)는 그에게 병사를 내어주고 조조를 쫓아가 죽이라고 명하였다. 문추는 용맹함이 타의 추종을 허락하지 않을 정도로 뛰어난 사람이었다. 장료(張遼)와 서황이 그를 대항하였지만, 모두 문추를 막을 수는 없었다. 두 사람은 문추에게 패하고 추격을 받던 중에 우연히 관우를 맞닥뜨리게 되었다. 관우는 자신의 언월도를 들고 급하게 문추를 제지하였다. 관우와 문추가 서로 교전을 하였으며, 3합(合)을 넘기지 않았지만 문추는 자신이 질 것 같다는 생각이 들어 황급히 말을 돌려 도망쳤다. 하지만, 관우의 말이 문추의 말보다 더 빨라서 관우는 문추를 쫓아가 자신의 검으로 머리를 베어 말에서 떨어뜨렸다. 조조는 관우가 문추를 참수(斬首)한 것을 보고 원소군을 기습하여 또다시 대승을 거두었다.

손에 땀을 쥐게 하는 관우가 안량과 문추를 처단한 이야기의 작문 스타일은 앞서 소개한 '온주참화웅(溫酒斬華雄)'과 매우 흡사하다. 우선 적장을 사납고 용맹하며 무적인 사람으로 사실적 묘사를 충분히 한 다음 스토리가 충분히 달아올랐을 때, 신과 같은 용맹함과 무공을 가진 관우가 출전하여 구름이 움직일 정도의 바람과도 같은 허구적 내용을 추가하여 예술적 효과를 성공적으로 뽑아낼 수 있게 이야기를 만들어내었다. 이 편에서 소개한 '참안량, 주문추(斬顔良, 誅文醜)'와 앞서 거론한 '온주참화웅'이 전하고 싶은 내용은 바로 관우가 천하에서 제일 용맹한 장수의 완벽한 이미지를 독자들에게 심어주려고 하는 것이다. '온주참화웅'의 이야기는 순수한 허구적 창조물이지만, '참안량, 주문추'의 내용은 절반은 사실이고 또 다른 반의 내용은 허구이다.

역사서 〈삼국지(三國志)〉의 기록에 따르면 원소(袁紹)가 안량(顔良) 등의 사람들을 보내어 백마(白馬) 지역을 정복하라고 명하였다. 조조는 순유(荀攸)의 계책에 따라 병력을 나누어 원소의 주력부대를 유인하도록 하면서 자신은 직접 단순한 무장을 하고 백마를 급습하여 적의 허를 찔러 공격하도록 하였다. 조조가 갑자기 공격을 가하자 안량은 매우 놀라며 황급하게 응전하였다. 기습부대의 선봉에 있던 관우는 적진으로 들어가 안량을 찾기 시작하였다. 역사 기록에는 이 모습을 '관우가 안량의 투구를 보자마자 말을 채찍질하여 곧바로 만명의 병사 중에 섞여 있던 안량을 찌르고 나서 안량의 머리를 베어냈다. 그리하여 조조군은 담당 지휘관이 없는 원소군의 백마포위를 성공적으로 막아낼 수 있었다.'라고 기술하였다. 이러한 역사기록에 따라서 관우가 안량을 죽였다는 일은 사실로 드러나게 되었다.

계속해서 역사서는 안량이 죽임을 당하고 나서 원소가 병사를 지휘하며 조조를 추격하였던 일을 기록하였다. 기병대장(騎兵隊長)인 문추(文醜)가 가장 먼저 조조가 있는 위치에 도착하였는데 이때 조조는 고의로 말들과 군수품이 실려 있는 차량을 버려 원소군을 유인하였다. 기다린 끝에 원소의 병사들이 재물을 약탈하며 병사들이 느슨해진 틈을 타 조조는 곧바로 기병부대에게 돌격을 명령하여 원소군을 크게 무찌르게 되었다. 이 전장에서 문추는 전사하고 말았다. 기록에 따르면 이 전투에서 관우는 등장하지 않았으며 문추는 그의 손에 죽임을 당하지 않았다는 것을 알 수 있다. 관우가 조조 곁에 없었던 이유는 그가 안량을 죽이고 나서 곧바로 조조 곁을 떠났기 때문이다. 그러므로 관우가 문추를 직접 죽였다는 일은 사실과는 반대되는 허구이다.

관우가 문추를 죽였다는 설명은 일찍이 원(元)나라 때부터 유행하기 시작하였다. 관한경(關漢卿)의 잡극(雜劇) 〈단도회(單刀會)〉 중 '그는 문추를 살해하여 조조의 소원을 이루어 주었다.'라는 노랫말이 존재한다. 또한 〈삼국지평화(三國志平話)〉에서는 '관공(關公; 관우)이 문추를 죽였다.'라는 부분이 쓰여 있다. 이 책에서 '관우가 칼을 휘두르면서 주시하던 문추를 베어냈다. 그 결과 문추는 어깨와 팔이 두 부분으로 분리가 되어 말에서 떨어져 죽었다.'라는 구절이 존재한다. 이는 곧 〈삼국연의〉에서 재창조되어 안량과 문추라는 두 용맹한 장수들이 관우의 칼에 죽임을 당하는 이야기로 변모하게 되었다. 그리하여 관우가 신과 같은 용맹함을 지녀 천하에 적수가 없는 영웅의 이미지를 독자들에게 생생하게 심어줄 수 있게 되었다.

26

관우(關羽)가 인수를 걸어놓고 금을 봉한 '괘인봉금(掛印封金)' 이야기의 진실과 거짓

關雲長掛印封金(取自淸康熙年版《三國志演義》)
관우장괘인봉금(청·강희년판〈삼국지연의〉)

관우가 조조에게 잠시 의탁하고 있을 때, 유비의 행적을 알고 나서 곧바로 자신들의 형제인 유비(劉備)와 장비(張飛)에게로 돌아갈 결심을 하고 조조(曹操)에게 작별을 고하였다. 조조는 관우가 자신을 떠나는 것을 원하지 않았기 때문에 문을 닫아버리고 관우의 인사를 받지 않았다. 관우는 수차례 고별 인사를 하려 하였지만, 조조에게 번번이 거절당하자 하는 수 없이 편지를 한 통 남기고 이전에 조조에게 하사받은 금은(金銀)들을 모두 다 창고에 넣고 봉하였다. 마지막으로 자신이 가지고 있던 '한수정후(漢壽亭侯)'의 인장을 조조에게 의탁하면서 살았던 집 대청에 걸어두었다. 그리고 두 형수와 함께 성의 북문을 빠져나갔다. 이 이야기는 〈삼국연의(三國演義)〉 제26화인 '관운장괘인봉금(關雲長挂印封金)'의 내용이다.

그렇다면 앞서 소개한 이야기는 과연 실제로 일어난 일일까 아니면 순수한 허구적 거짓일까?

우선 이야기의 기본골격을 역사기록을 토대로 알아보자. 〈삼국지·관우전(三國志·關羽傳)〉에 따르면, '관우가 조조의 포로가 된 이후 조조가 관우에게 편장군(偏將軍)을 맡아 달라고 부탁하였으며 극진히 예우하는 차원에서 관우에게 '한수정후' 작위를 수여하였다. 훗날 관우는 안량(顔良)을 죽이자 그가 자신을 떠난다는 것을 알게 된 조조는 더 큰 상을 관우에게 주었다. 하지만 관우는 그동안 조조에게 받은 하사품을 전부 밀봉하여 두고 편지를 남겨 자신의 이별을 고하였다. 그러고 나서 곧바로 유비가 있는 원소군(袁紹軍)으로 향하였다.'라는 당시의 구체적인 기록이 존재한다. 이로부터 우리는 관우가 조조에게 의탁한 다음 '한수정후'라는 칭호를 하사받았으며, 조조로부터 극진한 대우와 크나큰 상을 받았다는 것을 알 수 있다. 그리고 관우는 떠날 때, 조조에게 하사받은 모든 것을 제자리에 두고 봉인한 다음 고별의 서신을 남기고 떠났다.'라고 쓰여 있다. 이 이야기의 핵심골격은 실제로 일어난 사실이라고 역사서는 우리에게 알려주고 있다.

이러한 사실에도 불구하고 두 가지의 요점을 지적하지 않을 수가 없다.

우선 첫째는 〈삼국연의〉가 나오기 이전 원(元)나라 때 〈삼국지평화(三國志平話)〉에서 이미 이 이야기를 자세하게 묘사하였다. 〈삼국지평화〉에서는 '관우가 안량과 문추를 제거하자 조조는 그를 매우 환대하였다. 3일에 한 번 작은 연회를 열고, 5일에 한 번 큰 연회를 베풀었다. 그리고 금은보화와 함께 10명의 미녀를 내어주어 관우의 시중을 들게 하였다. 관우는 조조를 떠나기 전 그동안 받았던 금은보화를 모두 남겨두어 봉인하고 자신이 가지고 있던 인장(印章)과 편지를 남겨두었다. 그리고 자신의 시중을 들던 10명의 미녀도 그대로 조조에게 넘겨주었다.'라고 이야기를 설명하고 있다. 이 부분은 이미 위에서 언급하였듯이 핵심적인 이야기의 뼈대는 이미 〈삼국연의〉 이전부터 존재하였다는 것이다.

두 번째로는 이미 기본적인 이야기의 뼈대는 그대로 빌렸지만 〈삼국연의〉에서 다시금 각색하여 각각의 말들이 더욱 합리적으로 들어맞도록 하며 내용은 보다 풍부하게 재가공하여 결과적으로 관우의 드높은 인품과 완벽함을 강조하였다. 예를 들어 관우가 유비의 행방을 인지한 것은 이 편에서 소개하고 있는 '괘인봉금(挂印封金)'의 행동을 결심하는데 도화선과 같은 역할을 하였다. 그렇다면 과연 관우는 어떻게 유비의 행방에 관한 소식을 접하게 되었는가가 이야기에서 매우 중요한 요소가 아닐 수 없다. 하지만 〈삼국연의〉 이전에 쓰인 〈삼국지평화〉에서는 관우가 두 형수에게 "형님이 기왕(冀王; 河北王)인 원소에게 있다고 합니다. 어서 짐을 챙기시고 저는 다음날 조승상(曹承相)에게 작별을 고하겠습니다. 그리고 나서 원소에게로 향합시다."라고 간략하게 언급하였다. 여기서 유비의 행방에 관한 소식을 어떻게 들었는지 또한 거짓 소식이 아닌지 확인을 해 보았다는 말은 책의 어디에서도 찾아볼 수가 없었다. 이 부분에 있어서 〈삼국연의〉는 기존에 쓰인 책들과는 다르게 유비가 먼저 관우가 조조에게 의탁하고 있다는 사실을 알고 관우가 자신을 버리고 변심을 하였는지 알아보기 위하여 진진(陳震)에게 유비가 직접 작성한 편지를 몰래 보내어 관우를 만나게 시켰다. 편지를 받아본 관우는 그제야 유비가 원소 곁에 있다는 사실을 알았다. 관우는 곧바로 진진에게 자신은 형제들과 마음이 연결되어 있으며 충성을 다한다는 뜻을 이야기하였다. 나아가 그의 앞에서 맹세하며 "내가 죽더라도 형제들과 함께 하겠다!"라는 말을 남겼다. 진진은 관우의 편지를 가지고 돌아갔으며 관우는 두 형수를 지키면서 조조를 떠나 유비에게로 향하였다. 〈삼국연의〉에서 유비의 소식을 알게 된 세부적인 내용을 첨가한 것은 불합리한 요소를 보다 이해하기 쉽게 구성했을 뿐만 아니라 관우의 결연한 자세와 예술적인 효과를 더하여 〈삼국지평화〉보다 더 극적으로 이야기를 구성하였다.

'인장을 매달아 놓다.'라는 뜻은 일찍이 당(唐)나라 때 때부터 출현한 단어이다. 이 단어는 관직을 사임한다는 뜻의 말로서 백거이(百居易)의 〈파부귀구거(罷府歸舊居)〉의 시에서 '뒷골목에서 태어나 다시 본래의 자리로 돌아가려니, 벼슬로 받은 집 앞에 인(印)을 걸어 놓는다.'라는 구절과 〈효도잠체시십육수(效陶潛體詩十六首)〉에서도 '언짢은 표정으로 갑자기 기쁘지 않아 자신의 집에 인장을 걸어 놓았다.'라는 시가 존재한다. 이러한 시 구절에 비추어 볼 때, 〈삼국연의〉에서 관우가 '괘인봉금'이라는 이야기는 처음으로 창조된 내용은 아니며 나관중(羅貫中)은 당시(唐詩)를 인용한 것을 알 수 있다. 후에 명청(明淸) 시대에 '인장을 걸다'라는 뜻은 다른 의미가 추가되었는데 그것은 바로 정식으로 임명된 군사(軍事)가 부대를 지휘한다는 뜻이라는 점이다.

27

관우(關羽)가 유비를 찾아서 말을 타고 천리를 내달린 '천리주단기(千里走單騎)' 이야기의 진실과 거짓

千里走單騎(取自清光緒廿五年版《〈三國志演義〉全圖》)
혼자 말을 타고 천리를 내달리다(청·광서구년판〈삼국지연의전도〉)

관우가 혼자 말을 타고 천리를 달린 이야기(千里走單騎)는 일찍이 원(元)나라 때 〈삼국지평화(三國志平話)〉에서 '관우가 혼자서 감(甘)과 미(糜) 두 부인을 데리고 천산만수(千山萬水)를 넘었다.'라는 이야기로 묘사하였다. 이어서 원나라 때 잡극(雜劇)에서도 〈관운장천리독행(關雲長千里獨行)〉이라는 작품도 존재하였다. 〈삼국연의(三國演義)〉 제27화는 앞서 전해진 이야기를 다시금 세밀하게 각색하여 관우가 인장을 걸고 금은보화를 봉하고 조조를 떠난 후에 감씨와 미씨 부인을 보호하면서 천리를 돌아 고난을 겪으면서 유비를 찾아다니는 내용이 쓰여 있다. 관우는 일찍이 조조(曹操)에게 "유황숙(劉皇叔)의 행방을 알게 되었을 때, 만리(萬里) 떨어져 있다고 해도 즉시 떠나 그에게로 향하겠다."라고 말하면서 조조에게 약속을 받아내었다. 이에 조조도 자신의 약조를 지켜 관우를 순순히 보내주었다. 하지만, 관우는 쉽사리 얻을 수 없는 맹장(猛將)이자 훗날 관우가 유비에게 계속 붙어 있다면 조조에게는 크나큰 걸림돌이 될 수밖에 없었다. 그리하여 조조는 관우가 자신의 영지(領地)를 쉽게 통과할 수 있는 증명문서를 내어주지 않았다. 또한 관우와 함께 하는 유비의 두 부인이 타고 있는 마차들이 편하게 내달리도록 방관하지 않았다. 그리하여 조조의 수하인 공수(孔秀), 한복(韓服), 맹탄(孟坦), 변희(卞喜), 왕식(王植), 진기(秦琪)가 계속하여 관우를 막아섰다. 이러한 방해의 결과로 우여곡절 일화인 '천리주단기(千里走單騎)'가 탄생하게 되었다. 이야기의 결말은 관우가 요새 5곳을 넘으면서 6명의 적장을 처단하고 유비, 장비와 다시 재회하여 함께 지내게 되었다.

오랫동안 사람들에게 회자되어온 이 전설 같은 이야기는 과연 실제로 일어난 일일까? 아쉽게도 이 질문에 대답은 '사실이 아니다.'이다.

역사기록에서 관우가 유비에게로 되돌아가는 기간의 기록이 명확하게 남겨져 있다. 〈삼국지(三國志)〉에서는 두 줄로 매우 간략하게 이 이야기의 사실을 기록하였다. 동 역사서의 〈선주전(先主傳)〉 편에서

'원소(袁紹)는 유비와 그의 부하들, 그리고 유벽(劉辟) 등이 자신에게 머물 수 있도록 허락하였고 곧이어 관우는 유비에게로 돌아왔다.'라고 설명하였으며, 〈관우전(關羽傳)〉에서는 '관우가 이별을 고하고 유비가 머무는 원소군(袁紹軍)으로 향하였다.'라고 기록하였다. 이 내용을 너무 간략하게 기록하였을 뿐만 아니라 관우가 유비에게로 향하면서 어떠한 우여곡절이 있었는지 역사서에서는 아무런 내용이 존재하지 않는다. 객관적으로 보았을 때, 관우는 분명히 조조에게서 떠나 유비를 찾아다녔다는 것은 분명히 실제로 있었던 일이다. 하지만, 그가 유비에게로 향하는 과정은 소설에서처럼 사람들의 마음을 울리는 내용은 존재하지 않는다.

우선 관우가 유비를 찾아 지나온 길을 토대로 알아보자. 당시에 조조와 원소는 관도(官渡)에서 생사를 판가름할 결전을 앞두고 있었다. 그리하여 관우가 조조에게 작별을 고하고 떠난 지역은 〈삼국연의〉에서 이야기한 허창(許昌)이 아닌 관도에서 출발하였을 것이다. 한편 유비는 원소군에 의탁하고 있는 시기이며, 원소는 유비에게 조조군의 근거지인 허현(許縣) 남부의 은강현(濦强縣) 일대를 공격하라고 지시하였다. 관도는 지금의 하남성(河南省) 중모현(中牟縣) 동북쪽에 있는 지역이다. 그리고 유비가 위치한 은강현은 지금의 하남성 임영현(臨穎縣)의 동남쪽 지역이다. 이 두 지역은 직선거리로 250리이며 사이에는 험난한 지형이 없이 평탄한 지대로 이루어져 있다. 그러므로 자연적으로 관우가 혼자서 말을 타고 천리를 이동하였던 일화는 존재하지 않는 사실이다.

다음으로는 관우가 혼자서 유비를 찾아가던 중 6명의 조조군의 장수들을 죽였다는 이야기의 사실관계를 따져보자. 관우가 죽였다던 사람들의 이름과 사적(史蹟)들은 모두 소설에서 창작된 허구이며 역사기록에서는 찾아볼 수 없는 내용이다. 그래서 이 또한 당연히 관우가 조조군의 요충지를 지나면서 겪은 일들은 모두 진실이 아닌 허구이다.

그렇다면 소설에서 쓰인 다채로운 내용이 첨가된 목적은 무엇일까?

우선, 당연한 이야기로서 관우의 영웅적 이미지를 미화시키기 위함이며, 전체의 이야기를 지탱하는 세부적 도구가 필요하였기 때문이다. 소설은 사람들의 마음을 움직이는 환경을 만들고, 그뿐만 아니라 관우의 용맹 무적의 이미지를 부각했다. 여기에 나아가서 관우가 유비에 대한 무한한 충성심을 더욱 끌어올려 '의박운천(義薄雲天)'이라는 말을 남기기도 하였다. 그리하여 정과 의리가 살아 숨 쉬는 생동감이 넘치는 찬란한 형상을 독자들의 눈앞에 펼쳐지게 만들어 그들의 마음속에 깊은 인상을 남겨주려고 하였다.

〈삼국연의〉가 기본적으로 부각하는 유비와 관우의 선한 이미지뿐만 아니라 반대로 조조에 대한 간사한 이미지를 심어주려고 허구적 내용을 첨가하였다. 이 일화에서 '혼자서 말을 타고 갔다(走單騎).'라는 이야기는 관우가 유비를 찾아다니면서 겪었던 고난이 조조의 간사함과 사악함으로 발생하였다는 것을 말해 주는 부분이다. 조조는 표면적으로 자신의 약속을 이행하는 모습을 보여주면서 관우를 쉽사리 보내주었지만, 실질적으로 통행증을 관우에게 주는 것을 거절하였다. 심지어 5곳의 요충지를 지날 때마다 조조의 부하들이 그를 가로막아 서게 되어, 관우가 직접 그들을 처단하는 충분한 이유를 남기기도 하였다. 사실과는 다르게 다양한 우여곡절을 겪었지만, 사실 관우는 거짓으로 집에 도착하게 되었다. 그런데도 불구하고 이러한 허구적 묘사는 〈삼국연의〉에서 독자들에게 일관성 있게 이야기하고픈 '유비를 존경하고 조조를 배척한다.'는 모습을 구체적으로 설득시키는 하나의 근거로 묘사되고 있다.

그러나 결과적으로 보면 이야기는 멋스럽지만, 역사적 사실과는 거리가 먼 내용이다.

28

유비, 관우, 장비 삼형제가 재회한 '고성회(古城會)' 이야기의 진실과 거짓

劉關張古城會(取自清康熙年版《三國志演義》)
유관장고성회(청·강희년판〈삼국지연의〉)

서주(徐州) 전투에서 유비, 관우, 장비가 패하고 나서 서로 간에 뿔뿔이 흩어졌을 때였다. 장비는 가장 먼저 고성(古城)에 도착하여 지역을 점령하였다. 얼마 지나지 않아 관우(關羽)는 조조(曹操)를 떠나서 두 명의 형수를 보호하면서 천리 길을 떠나 5개의 요충지와 6명의 적장을 죽이고 유비에게로 향하였다. 관우가 유비를 찾아 나서던 중, 고성에서 채양(蔡陽)을 죽이고 장비와 재회하였다. 이어서 관우는 손건(孫乾)과 함께 기주(冀州)로 향하던 중, 원소에게 유비가 있다는 소식을 듣고 다시 고성으로 되돌아오게 되었다. 이로써 서로가 흩어졌던 삼형제는 천신만고 끝에 고성에서 다시 재회하게 되었다. 이는 사람들에게 널리 회자하는 '고성회(古城會)' 이야기의 대략적인 내용이다.

원(元)나라 때 〈삼국지평화(三國志平話)〉에서 이미 삼형제가 고성에서 다시 재회하였다는 이야기의 원형이 존재하였다. 유비, 관우, 장비 3인이 다시금 고성에서 재회하여 너무나 즐거워 매일같이 연회를 열어 사람들은 이를 보고 '고성취의(古城聚義)'라 말하기도 하였다. 세 사람이 다시 재회한지 얼마 지나지 않아 유비는 조조가 곧 여기를 공격할 것이라는 것을 인지하고 바로 사람들을 이끌고 형주(荊州)에 있는 유표(劉表)에게 의탁할 것을 결정한다. 원나라 때 잡극(雜劇) 〈관운장고성취의(關雲長古城聚義)〉와 〈참채양(斬蔡陽)〉에서도 동일한 이야기가 묘사되었다. 과거부터 존재한 이 이야기는 〈삼국연의(三國演義)〉에서 기본적인 내용의 뼈대는 유지하면서 새롭게 각색하고 세부적인 이야기의 보충과 추가로 이루어졌다. 이를 통하여 이 이야기가 더욱 합리적이고 논리적으로 구성되어 독자들이 풍부한 내용을 접하고 다양한 언어적 생동감을 느끼도록 만들었다. 그 결과 다양한 희극(喜劇)과 예술작품들로 다시금 각색되어 전파하게 되었고 이 이야기는 민간에서 널리 알려져 유명한 일화로 남게 되었다.

그렇다면 이렇게 흥미로운 이야기는 과연 사실일까? 매우 아쉽게도 답은 사실이 아닌 창조된 거짓이다.

현재까지 전해져 오는 역사서를 조사한 결과 두 부분에서 사실관계를 확인할 수 있다. 우선은 장비가 하였던 일을 기록한 부분이다. '장비는 서주에서 유비와 헤어지고 나서 고성(古城)을 점령하고 다시 유비와 재회하였다.'는 〈삼국연의〉의 설명이 있었다. 역사서 〈삼국지(三國志)〉의 〈장비전(張飛傳)〉과 기타 장비와 관련된 기록을 찾아보았지만, 위에서 이야기하는 내용과 관련된 기록은 전혀 찾아볼 수가 없었다. 그리고 관우의 부분은 〈관우전(關羽傳)〉 등의 기록을 찾아보았을 때, 그는 건안(建安) 5년(서기 200년)에 유비와 헤어졌다는 기록은 존재한다. 또한 유비가 조조에게 패하자 원소(袁紹)에게 향하였고 관우는 조조에게 포로로 붙잡히게 되어 잠시 의탁하게 되었다. 후에 관우가 안량(顏良)을 죽인 보답으로 조조가 그를 놓아주었고 유비가 원소를 대신하여 허현(許縣) 남부에 위치한 은강현(濦强縣) 일대를 공격한다는 소식을 듣고 유비에게로 향하여 서로 재회하게 되었다. 관우의 역사기록을 보았을 때, 이 이야기와 동일 시간대의 기록은 존재하지만, 관우가 과연 어디서 유비를 만났는지 구체적인 지점은 나타나 있지 않으며 '고성'이라는 지역명 또한 역사서 어디에서도 존재하지 않는다. 실제의 관계를 확인한 결과 〈삼국연의〉에서 이야기하는 '고성회'라는 이야기는 순수한 허구이며 역사기록에는 존재하지 않는 내용이다.

〈삼국연의〉 제28화에서 이러한 소개가 존재한다. '주창(周倉)이 관우를 따라 여남(汝南)에서 출발하였다. 둘이 길을 나선 지 얼마 지나지 않아 산성(山城)을 발견하게 되었다. 그러자 관우가 지역민에게 "여기는 어디입니까?"라고 물었고 지역민은 "여기는 고성이라고 합니다. 수개월 전 성이 장씨이며 이름이 비인 사람이 기마병 수십 명을 이끌고 와서 여기의 현관(縣官)을 내쫓고 점령하였습니다. 그는 병사들을 모집하고 군마를 사들이며 전투에 필요한 군량을 모으고 있습니다."라고 대답하였다. 여기서 현관(縣官)이 있었다던 말에 따라 책에서 묘사하고 있는 '고성'이라는 지역은 현급(縣級) 도시인 것으로 판단된다. 하지만, 정식으로 집필된 역사기록물 속에서 동한시대 몇 천 개가 넘는 현의 이름을 찾아봐도 정식명칭이 '고성'이라는 현은 존재하지 않는다. 그러므로 '고성'이라는 이 현성(縣城)은 소설 속에서 창조된 허구이다.

이렇게 허구적 이야기를 정성들여 집필한 목적은 유비와 관우, 장비의 서로 간의 끈끈한 의리를 보여주기 위함이다. 고성이라는 지역은 관우가 천리길을 돌아 도착한 최종 목적지이자 채양을 죽여 장비에 대한 오해를 풀기 가장 좋은 지역이기 때문이다. 그리하여 장비는 큰 소리로 울면서 관우에게 예의를 갖춰 만나기 좋은 기회를 얻고 결국에는 삼형제가 '끝없는 기쁨으로 수일간 연속으로 술을 나누었다.'라는 감정의 폭포수가 쏟아져 독자들의 마음속 깊숙한 감동을 줄 수 있게 되었다. 그리하여 '고성회'의 전체적인 이야기는 모두 '취의'라는 두 글자를 뚜렷하게 나타내기 위함이다. 나아가 더 중요한 것은 세 사람이 다시 만난 뒤에 고성에서 형주로 떠나면서 그들의 대업을 완수하기 위한 새로운 페이지를 시작하였다는 것이다. 이러한 각도에서 이 이야기를 보았을 때, 허구적 내용으로 가득한 '고성회'의 이야기는 후에 완벽한 삼국대전이 시작되었다고 할 수 있는 중요한 변곡점이라고 할 수 있다.

29

손책(孫策)이 암살당한 이야기의 진실과 거짓

孫策畫像(取自淸康熙年版《三國志演義》)
손책화상(청·강희년판〈삼국지연의〉)

손책(孫策)이 강동(江東)을 제패하여 군사들은 사기충천하고 양식은 풍족하였을 때이다. 손책은 대사마(大司馬)의 직위를 요청하였지만 조조(曹操)는 허락하지 않았다. 이에 손책은 분노하여 이 일을 마음속 깊이 새겨두고 있었다. 이러한 모습을 보고 오군태수(吳郡太守)

허공(許貢)이 은밀하게 사자(使者)를 조조가 있는 허도(許都)로 보내어 자신의 편지를 전할 수 있도록 하였다. 편지에는 '손책을 조정(朝廷)으로 불러들임이 필요하다. 그가 강동에 있으면 후환(後患)이 될 수도 있다.'는 뜻으로 작성되어 있었다. 허공의 편지를 전달하러 가던 사자는 변방의 강을 지키는 병사에게 붙잡히게 되었는데 이윽고 손책에게로 압송되었다. 손책이 밀지를 보자마자 크게 분노하여 사자를 곧바로 죽이고 사람을 보내어 거짓으로 허공과 의논할 사항이 있으니 이쪽으로 오라고 하였다. 그가 도착하자마자 손책은 무사(武士)를 시켜 그의 목을 졸라 죽이라고 하였다. 허공에게는 3명의 객식구가 있었는데 허공이 손책에게 죽임을 당하자 모두 허공을 위해서 복수를 다짐하였다. 시간이 흘러 손책이 병사들을 이끌고 단도(丹徒)에서 서산(西山)까지 사냥을 하고 있을 때였다. 손책은 마침 큰 노루를 발견하고 말을 타고 산 위까지 노루를 쫓아갔다. 그러던 중 숲속에서 한 손에는 창을 들고 활을 지닌 세 사람을 보게 되었는데 손책은 말고삐를 당기고 "당신들은 누구시오?"라고 물어보았다. 손책의 물음에 그들은 "한당(韓當)의 병사들인데 노루를 쫓고 있었습니다."라고 대답하였다. 손책은 그들에게 질세라 고삐를 들고 마저 노루를 추격하였다. 그러자 그때 한당의 병사들이라고 말하였던 사람 중의 한 명이 손에 들고 있던 창으로 손책의 왼쪽 다리를 찔렀다. 손책은 몹시 놀라게 되었고 황급하게 검을 뽑아 말에서 그들을 상대하였지만 검이 부러져 손잡이만 남게 되었다. 이 기회를 놓치지 않고 그 중 한 명이 활을 쏘아 손책의 볼에 명중시켰다. 나머지 두 사람은 창을 들고 막무가내로 돌진하며 "우리는 허공의 객식구들이다. 주인의 복수를 하러 여기에 왔다!"라고 소리쳤다. 손에 무기가 없는 손책은 날아오는 활을 막으면서 도망치기 시작하였다. 그 결과 몸은 수차례 창에 찔리게 되었고, 그가 타고 온 말 또한 상처를 입었다. 손책의 목숨이 위태로울 때, 다행히 정보(程普)와 병사들이 도착하여 허공의 객식구들을 베어 죽여 손책을 구하게 되었다. 그러나 중상을 당한 손책은 자신의 거처로 되돌아와 치료를 받게 되었지만 회복하지 못하고 26세의 나이에 세상을 떠나게 되었다.

〈삼국연의(三國演義)〉에서 묘사한 이 이야기는 역사서 〈삼국지·손책전(三國志·孫策傳)〉과 배주(裵注)가 집필한 〈강표전(江表傳)〉에서 기록된 내용과 기본적으로는 일치한다. 그리하여 손책이 죽은 나이와 연도 그리고 기본적인 내용은 사실인 점을 알 수 있으며 약간의 세부적인 부분이 창조된 허구라는 것을 알 수 있다. 그렇다면 손책의 죽음과 그가 이전에 죽인 허공과는 무슨 직접적인 관계가 있는 것일까? 그리고 허공은 과연 누구이며, 손책이 왜 그를 죽인 것일까?

본래 허공은 동한(東漢) 조정에서 정식으로 임명한 오군의 태수이다. 당시에 오군(吳郡)의 행정중심 지역은 지금의 강소성(江蘇省) 소주시(蘇州市) 일대이다. 당시 손책이 강북에 있는 회남(淮南)에서 강동으로 진출하여 자신의 세력을 키워나가고 있는 시기이므로 허공은 조정에 '손책은 날래고 용맹스러운 웅장(雄壯)으로 항우(項羽)와도 같은 인물입니다. 그러므로 그에게 은총을 하사하는 것은 응당한 일이므로 수도로 그를 불러들이는 것이 합당합니다. 그는 조정의 명을 불복할 수 없을 것이며, 만일 그를 계속 여기에 두었을 때는 훗날 조정에 재앙으로 되돌아올 것입니다.'라고 상소를 올렸다. 허공이 이러한 상소를 올린 이유는 두 가지로 볼 수 있다. 첫째는 손책은 본래 원술의 부하였으며 원술은 과거에 회남에서 자신을 황제라고 칭하고 한(漢) 왕조를 전복시키려는 야심을 가지고 있던 인물이다. 이에 허공은 손책도 정치적인 이유로 동한(東漢) 왕조에 전력을 다하여 협조하지 않을 것이라는 점을 잘 알고 있었다. 두 번째로는 허공은 과거에 권현(拳縣) 지금의 절강성(浙江省) 가흥시(嘉興市)에서 손책의 가족들을 보호하고 있는 주치(朱治)라는 인물과 싸운 전력이 있다. 그러므로 손책이 강동지역을 다스리는 경우 자신에게 불이익이 돌아올 것이라는 걱정에 상소를 올리게 되었다. 허공의 상소는 불행하게도 조정까지 절반도 못 가서 손책의 순찰병들에게 제지를 당하여 빼앗기게 되었다. 그리하여 손책은 거짓으로 허공을 초청하여 그를 불러내었고 만나자마자 그의 목숨을 앗아갔다. 허공의 급작스러운 죽음은 그의 아들과 함께하는 식솔들의 복수심을 일으켰고, 결국에 그들은 복수에 성공하여 손책을 죽음으로 내몰았다.

손오(孫吳) 정권의 기초는 손씨 가문의 2대에 걸쳐서 목숨을 바쳐 얻어낸 것이라고도 할 수 있을 것이다. 손책과 그의 아버지 손견(孫堅)이 무력을 사용하여 길을 개척하였다. 안타까운 점은 양양(襄陽)의 현산(峴山)에서 황조(黃祖)의 병사에게 화살을 맞고 37세의 나이에 죽임을 당한 손견과 같은 방법으로 무력을 사용하여 손오(孫吳) 건립이라는 대업을 개척해 나가던 손책도 26세 나이에 화살을 맞고 죽게 되었다. 이 2발의 화살은 불과 19세의 나이밖에 되지 않은 손권(孫權)이 역사의 무대로 등장하는 계기가 되었다.

30

손책(孫策)과 관련된 '노참우길(怒斬于吉)'의 진실과 거짓

孫策怒斬於吉(取自明崇禎年版《英雄譜》)
손책노참우길(명·숭정년판〈영웅보〉)

이번 편에는 〈삼국연의(三國演義)〉의 몽환적인 이야기를 다뤄보려고 한다. 손책이 자객의 습격을 받아 상처를 입게 된 지 20여 일이 지난 때였다. 당시 그는 성루(城樓) 위에서 원소(袁紹)의 사자를 환대하고 있었는데 마침 성루 아래에 있는 손에는 명아주 지팡이를 짚고 학창의(鶴氅衣)를 입은 한 사람이 백성들에게 향을 받고 도인과 같은 경배를 받는 모습을 보게 되었다. 손책의 주변 사람들은 그 도인과 같은 사람이 "성은 우(于)이며, 이름은 길(吉)이다. 그는 물을 마법같이 잘 다룰 줄 알며, 사람들을 치료하면서 신선(神仙)과 같은 칭호를 듣는 사람입니다."라고 전하였다. 손책은 우길이 마술을 부려 사람들을 현혹하는 것으로 생각하고 그를 즉시 체포하여 옥에 가두라고 명하였다. 손책의 어머니와 부하들은 그를 체포하지 말라고 청하였지만 손책은 그를 죽일 명분을 만들기 위하여 우길에게 신단(神壇)에 올라가 비가 내리도록 기도하라고 말하였다. 우길이 신단에 올라가 비가 내리도록 기우제를 지내자 손책의 바람과는 다르게 큰비가 내려 길가는 강처럼 변하였고 개천은 모두 물이 가득 차올랐다. 관료들과 백성들이 비가 오는 와중에도 우길을 경배하는 모습을 본 손책은 크게 분노하여 무사를 시켜 우길의 머리를 베어오라고 명하였다. 그러고 나서 요술을 부려 사람들을 현혹한 죄로 그의 시체를 백성들에게 본보기로 보여주었다. 이후, 손책의 용모는 점차 초췌해져 어느날 자신의 모습을 보기 위하여 거울에 비췄는데 그는 몹시 놀라게 되었다. 그 이유는 거울 속에서 우길의 모습을 발견하였기 때문이었다. 손책은 이에 큰소리를 지르게 되었고 결국에는 자객에게 활을 맞아 입은 상처가 덧나서 얼마 지나지 않아 죽음을 맞이하게 되었다.

위의 이야기는 과연 사실일까 아님 거짓일까? 역사기록을 세밀하게 들여다보며 함께 의문의 결론을 찾아보자.

〈삼국지·손책전(三國志·孫策傳)〉에 따르면 '손책이 자객의 습격을 받아 심각한 부상을 얻게 되었으며, 그날 밤에 죽게 되었다.'라고 기록되어 있다. 또한 배주(裴注)가 집필한 〈오력(吳曆)〉에서도 '손책이 부상을 입게 되어 거울을 가져다 자신의 상처를 비췄다. 그는 주위에 있는 사람들에게 "상처는 어떠한가? 오국(吳國)의 건국대업을 완수할 수 있겠는가?"라고 물었다. 이윽고 심하게 분노하면서 자신 앞에 있는 책상을 손으로 세게 내리치게 되었다. 그 결과 상처가 터져 손책은 밤을 넘기지 못하였다.'라고 손책의 마지막을 설명하였다. 두 개의 역사기록의 공통점은 바로 손책은 낮에 자객의 습격을 받고, 그날 밤에 죽었다는 점이다. 그러나 〈삼국연의〉에서는 습격을 받고 20여 일이 지나서야 손책이 죽었다는 이야기는 사실이 아닌 것으로 판명된다.

고대 문헌 중에서 두 명의 우길을 기록한 내용을 살펴볼 수 있다. 〈후한서 · 양해전(後漢書 · 襄楷傳)〉에서는 동한(東漢)의 환제(桓帝)시대 때, 양해(襄楷)가 황제에게 '신서(神書)'를 헌납하였다. 이 책은 랑사현(琅邪縣) 지금의 산동성(山東省) 교남시(膠南市) 궁숭(宮崇)이란 사람이 그의 스승인 우길(같은 동향사람)에게서 받은 것이었다. 역사서에서는 이 '신서'를 〈태평청령서(太平靑領書)〉라고 말하였으며 총 1백 70권이라고 소개하였다. 그리고 순제(順帝)시대 때 이미 궁숭이 황제에게 이 책을 받쳤다고 기록하였다. 후대의 사람들은 〈태평청령서〉가 도교의 가장 오래된 〈태평경(太平經)〉의 일부분이며, 당시 우길의 신분은 수련방술(修練方術)의 방사(方士)라고 칭하였다. 이러한 기록에 비추어 볼 때 우길은 실존인물이며, 그가 살았던 시기는 순제시기 이전 사람임을 알 수 있다.

역사 기록에서 두 번째로 나타나는 우길은 〈삼국지 · 손책전(三國志 · 孫策傳)〉에서 배주(裵注)가 집필한 〈강표전(江表傳)〉과 〈수신전(搜神傳)〉에서 찾아볼 수 있는데 각각의 기록에서도 우길이 랑사현 사람이며, 신비한 법술을 부리는 사람으로 기록하였다. 이는 〈삼국연의〉에서 설명하는 우길의 모습과 같다.

그렇다면 역사기록에서 설명하고 있는 두 명의 우길은 동일인물인 것일까? 만일 모두 실존인물이라면 그것은 불가능한 일인 것이다. 그 이유는 양해가 환제에게 '신서'를 쉽사리 헌납하였을 것이 아니라는 점이다. 당시 우길이 건재함에도 자신의 책을 다른 사람에게 주면서 황제에게 보물을 바치라고 허락하지 않았을 것이다. 만일 우길이 생존해 있음에도 불구하고 황제에게 보물과도 같은 자신의 책을 양해가 자신을 대신하여 황제에게 헌납하는 것을 동의하였다면, 양해가 황제에게 우길이라는 사람과 상황을 반드시 설명하였을 것이다. 하지만 기록에 따르면 양해는 황제에게 '신서'를 헌납하였을 때, 우길에 대한 어떠한 설명도 하지 않았다. 그러므로 우길은 환제(桓帝)시대에 실존하였을 인물이 아닐 가능성이 크다. 또한 역사기록에서 두 번째의 우길은 제일 처음 기록된 시간보다 늦은 헌제(獻帝)의 건안(建安)시대에 존재한 인물로서 처음에 거론된 시간보다 몇 십 년이 지난 후의 시간이다.

그렇다면 두 기록에서 거론된 우길은 동일인물이 아니지만, 모두 량사현 사람이자 신비한 마술을 부리는 사람으로 기록되었다면 이러한 극단적인 추론도 가능할 수 있다. 제일 처음에 기록된 우길이 실존인물이며, 뒤이어 기록된 우길은 앞서 '신서'를 편찬한 인물이 민간전설을 통해 가공된 인물이다. 이러한 인물을 역사기록자들이 〈강표전〉과 〈수신기〉에 기록하였을 것이다. 〈삼국연의〉에서도 이러한 역사기록을 인용하고 재가공하여 소설 속의 이미지를 창조하였을 것이다.

31

손책(孫策)이 임종 직전 남긴 말에 대한 진실과 거짓

碧眼兒坐領江東(取自清光緒九年版《三國志演義全圖》)
벽안아(손권) 앉아서 강동을 수령하다(청·광서구년판〈삼국지연의전도〉)

〈삼국연의(三國演義)〉 속에는 임종 직전 마지막으로 분부한 이야기를 다룬 내용이 다수 출연한다. 손책(孫策)도 그중 한 명이다. 이 편에서는 소패왕(小霸王)인 손책이 마지막 명으로 무엇을 말하였는지 알아보자.

때는 손책이 곧 죽음을 맞이할 것을 알고 장소(張昭)와 자신의 동생인 손권(孫權) 등의 사람들을 불러 모았다. 그는 침상에 드러눕기 전에 주변에 모인 사람들에게 "천하가 어지럽지만, 우리의 오(吳)와 월(越) 백성들은 삼강(三江)의 견고함에 앞으로 큰 성과와 기회가 있을 것이다. 여러분들은 내 동생을 잘 도와주시오!"라고 말하였다. 그러고 나서 자신의 인수(印綬)를 손권에게 건네준 다음 "강동의 백성들을 잘 이끌고 천하의 쟁투 속에서 두 진영을 잘 선택하여 기회를 잡아야 하는데 그러한 능력은 나보다 부족할 것이다. 그러나 어질고 현명한 인물을 발탁하고, 그들과 함께 사력을 다하여 강동(江東)을 보위하여야 하는 일은 내가 너보다 못할 것이다. 너는 나와 부친이 이룩한 이 고난의 업적을 기억하고 바르게 다스리도록 하여라!"라고 말하였다. 손권은 크게 통곡하면서 손책이 건네준 인수를 받아들었다. 그러고 나서 손책은 자신의 모친에게 이러한 말을 남겼다. "동생의 재능이 자신보다는 열 배나 뛰어남으로, 그에게 주어진 임무를 마땅히 해낼 것입니다. 내치(內治)를 결정하지 못할 때는 장소에게 의견을 구하고, 외치(外治)를 결정하지 못할 때는 주유(周瑜)에게 의견을 구하면 될 것입니다. 주유가 여기에 없는 것이 매우 한스러우며, 이 자리에서 나의 부탁을 전할 수가 없구나!"라고 탄식하였다. 그는 또다시 자신의 동생들을 불러 모은 다음 "내가 죽고 나서, 내 아내와 함께 손권을 도와주어야 한다. 만일 가족 중에 다른 마음을 품는 자가 있다면, 합심하여 그를 제거하여야 한다. 혈육이라고 하더라도 역적이면 조상들의 묘지에 안장될 수 없을 것이다!" 손책은 마지막으로 자신의 부인인 교부인(喬夫人)을 불러 "그대와 나는 불행히도 여기서 헤어져야 할 것 같소. 내 어머니를 항상 잘 보필하고 효도하시오. 그리고 나중에 당신의 동생을 만나거든 사력을 다하여 내 동생을 잘 보필해 주어 평소의 내가 그대에게 가지고 있는 기대를 저버리지 않도록 해 달라는 나의 부탁을 주유에게 잘 전해 주시오!"라고 말하였다. 이 말을 마지막으로 손책은 세상을 떠나게 되었다. 이러한 손책의 유언에 감명 받은 후대사람들은 "동남부 지역을 호령하던 사람을 소패왕(小覇王)이라 칭하였다. 그가 계책수립에 있어서 마치 호랑이가 앉아 있는 듯 안정적이었으며, 계획을 결단함에 마치 독수리가 날아오르는 듯 신속하였다. 삼강(三江)을 평정하여 그의 위세와 명성이 온 사해(四海)에 울려 퍼졌다. 죽음에 이르러서 완성하지 못한 대사(大事)를 주유에게 부탁하였다."라고 시(詩)로 남기기도 하였다.

손책의 죽음이라는 비극적인 이야기를 매우 다채롭고 흥미롭게 묘사한 이 이야기는 과연 사실일까?

정사(正史) 기록들을 찾아보면서 사실에 한걸음 다가서보자. 〈삼국지·손책전(三國志·孫策傳)〉의 기록에 따르면 '손책이 죽기 직전 장소(張昭) 등의 사람들에게 이런 부탁을 남겼다. "중국이 어지러우나 오(吳)나라 사람들과 월(越) 백성들은 삼강(三江)의 견고함에 성패(成敗)를 예측할 수 있을 것이다. 그러니 내 동생을 잘 도와주어라!"라고 하였으며, 손권을 불러 자신의 인수(印綬)를 손권의 허리에 채워주며 정식으로 왕위를 물려준 다음 말하기를 "강동(江東)의 사람들을 잘 다스리고 양 진영 간의 기회를 잘 노려 결단을 내리길 바란다. 그리고 천하의 영웅들과의 높고 낮음을 겨루는 점에서는 네가 나보다 못하다. 하지만, 어질고 현명한 인재를 중용하는 것과 그들이 사력을 다하여 너를 도와주어 강동을 보위하는 것은 현명한 네가 나보다 더 낫다."라고 말한 뒤에 그날 밤 그는 세상을 떠나게 되었다.'라고 기록되어 있다.

역사적 사실기록과 〈삼국연의〉를 비교하였을 때, 한 가지 명확한 것은 손책이 장소, 손권을 불러 말한 부탁은 역사적 사실에 근거한 내용이다. 하지만 자신의 모친과 동생들 그리고 부인에게 전한 부탁은 모두 허구적 내용이다. 그러므로 〈삼국연의〉에서 나오는 손책의 유언은 반은 진실이고 반은 거짓이라는 것을 알 수 있다. 그러나 '내치를 결정하지 못할 때는 장소에게 물어보고, 외치를 결정하지 못할 때는 주유에게 물어보아라.' 같은 허구적 내용이 합리적이고 매우 정련(精鍊)된 내용으로 구성되어 있어 그것이 실제로 부탁한 내용과는 거리가 먼 것임에도 불구하고 후세의 사람들에게 깊은 영향을 주었다는 것이 매우 흥미로운 점이다.

손책은 왜 자신의 권좌(權座)를 동생인 손권에게 물려주었을까? 첫 번째 이유는 '부친이 죽었을 때, 아들이 계승하고, 형이 죽으면 동생이 이어받는다.'라는 고대의 군주계승에 대한 규칙에 따른 것이라고 할 수 있다. 두 번째 이유로는 손책에게는 아들 손소(孫昭)가 있었지만 아들의 나이가 어린 점과 당시 손씨(孫氏)가 건립한 정권은 아직 걸음마 단계이자 지배지역이 크지 않고 지역정세가 안정적이지 못하다는 점을 고려하였을 것이다. 그러므로 긴급히 성년이자 손씨 가문의 장자이자 가장이 손책의 자리를 이어받을 필요성이 대두되었다. 손책은 이런 상황들을 숙고하여 손권이 자신의 자리를 이어받는 결론을 내린 것이다.

32

유비(劉備)와 관련된 '마약단계(馬跃檀溪)'의 진실과 거짓

馬躍檀溪(取自明崇禎年版《英雄譜》)
마약단계(명 · 숭정년판〈영웅보〉)

말이 박달나무 계천(溪川)을 뛰어오르는 '마약단계(馬跃檀溪)'는 〈삼국연의〉의 유명한 이야기 중의 하나이다. 당시는 유비가 형주(荊州)의 유표(劉表)에게 투항을 하였을 때이다. 유표는 유비를 북쪽에 있는 신야(新野)에 있도록 하였는데, 이는 자신이 위치하고 있는 양양(襄陽)

을 지키기 위한 저지선이 될 수 있도록 한 것이다. 이러한 결정에는 유표의 후처(後妻)이자 유종(劉琮)의 생모인 채부인(蔡夫人)이 장막 뒤에서 유비가 유표에게 유기(劉琦)를 폐위시키고, 둘째 아들인 유종(劉琮)을 옹립시키는 것을 간곡하게 만류하는 이야기를 몰래 듣고 자신에게 죄를 지었다고 생각하였기 때문이다. 그리하여 채부인과 그녀의 동생인 채모(蔡瑁)는 유비를 제거할 계획을 결심하였다. 때마침 유표가 유비를 양양으로 불러 자신이 개최한 성대한 연회에 참여하라고 초대하였다. 채모는 이 기회를 놓치지 않고 그날 유비를 죽이려고 계획하였다. 연회가 잘 진행되고 준비한 술이 반쯤 남았을 때, 채모는 유비를 제거할 계획을 행동으로 옮기려고 하였다. 양양성의 외곽에는 성지(城池) 즉, 움푹 파인 형태로 둘러 싸여져 있었고 성문은 4개밖에 존재하지 않았다. 그리하여 채모는 박달나무 군락으로 둘러싸인 계천(溪川)이 흐르는 서문을 제외하고 나머지 3개의 문 밖에 유비가 도망치지 못하도록 방어병력을 단단히 배치하였다. 연회 날이 되어 술잔이 3번 돌고 나서 유비는 운이 좋게 이적(伊籍)이 몰래 알려준 암살계획을 듣게 되었다. 자신의 암살계획을 들은 유비는 화장실을 간다는 핑계로 연회장을 빠져나오게 되었고, 이름이 '적로(的盧)'라는 말을 타고 서문 쪽으로 도망치게 되었다. 서문에 다다르자 앞에는 박달나무 계천이 있었으며, 뒤에는 채모의 병사들이 추격하고 있었다. 이에 유비는 자신이 타고 있는 말에 힘껏 채찍질을 하면서 "적로야! 적로야! 오늘은 나를 가로막는구나!"라고 말하였다. 이 말을 들은 적로는 자신 위에 타고 있는 주인에게 해가 되기 싫어서 3장(丈)이 넘는 냇가를 한 번에 뛰어넘어 반대편으로 건너갔다. 이로써 유비는 구사일생으로 목숨을 건질 수 있게 되었다.

위 이야기는 과연 실제로 발생한 일일까? 이 질문의 정답은 바로 반은 맞고 반은 틀리다 이다.

진수(陳壽)의 〈삼국지 · 선주전(三國志 · 先主傳)〉과 배주(裵注)가 편찬한 〈세어(世語)〉에 명확하게 당시의 기록이 존재한다. '유비가 번성(樊城)에서 자리를 잡고 있었다. 당시 유표는 유비를 예를 갖춰 대우하였지만, 유비의 인성이 두려워 깊게 신뢰하지는 않았다. 유표는 연회를 열어 유비를 초대하였는데 괴월(蒯越)과 채모는 이 자리에서 유비를 제거하려는 계획을 세웠다. 유비는 이상한 낌새를 눈치 채고 화장실을 간다는 핑계로 도망을 쳤다. 그가 도망치면서 '적로'라는 이름을 가진 말을 타고 양양성 서쪽으로 향하였다. 성의 서쪽 끝인 단계(檀溪)에 다다르자 더는 앞으로 나아갈 수 없었다. 그러자 유비는 다급하게 "적로야, 오늘 내가 위기를 맞이하였으니 네가 노력을 해다오!"라고 말하자 이윽고 적로는 3장(丈) 길이나 되는 단계를 뛰어넘어 목숨을 건질 수 있게 되었다. 이러한 역사 기록을 통하여 〈삼국연의〉의 이야기는 역사문헌에 근거하여 작성된 사실을 바탕으로 이야기가 구성되었다는 것을 알 수 있다.

송원(宋元)시대, 이미 희극(戲劇) 〈유선주도단계(劉先主跳檀溪)〉에서 이 이야기가 있었으며, 원나라 때 〈삼국지평화(三國志平話)〉에서도 '선주도단계'의 구절이 존재하였다. 기존에 존재하였던 이야기를 〈삼국연의〉에서 예술적으로 재가공하여 가슴을 떨리게 하는 지금의 이야기로 탄생하게 되었다. 사실에 기초한 이 이야기도 허구적 요소가 존재한다. 그것은 바로 유비가 탄 말의 유래된 이야기이다. '적로'는 본래 유비가 타고 다니는 말이었지만 유표가 유비의 말을 보자마자 몹시 탐을 내어 유비는 자신의 말을 관대하게도 유표에게 선물하게 되었다. 하지만, 다른 사람들이 유표가 받은 '적로'가 주인을 해(害)하는 말이라는 이야기를 듣고 곧바로 유비에게 다시 돌려주었다. 그러나 결국에 이 비운의 말은 결정적인 장면에서 자신의 진면목을 발휘하게 되었다. 〈삼국연의〉에서 '적로'를 찬양하는 것은 실질적으로 말의 주인인 유비를 칭송하는 것과 마찬가지인 효과를 불러일으키는 것과 같은 것이다. 이로서 '적로'라는 말을 선택하여 유비가 자신이 아끼는 것도 포기하면서까지 사람을 대하는 면목을 보여주었다는 것이다. 또한 이야기 속에서 더 중요한 부분은 바로 유비가 용천자(龍天子)의 명운을 타고난 사람임을 찬양하는 부분으로서, 본래는 주인을 해칠 수 있다는 말이 하늘의 보호를 받아 자신의 목숨이 가장 위급한 시기에 어려움을 돌파해내어 자신의 안녕을 보장해 주는 귀중한 존재로 변모하였다는 것을 이야기에서 묘사하고 있다는 것이다.

'마약단계'의 이야기는 역사 문헌의 근거로 구성된 이야기이지만, 일부 역사학자들은 그 이야기의 사실성에 대하여 많은 의구심이 들고 있기도 하다. 동진(東晉)의 손성(孫盛)은 〈세어〉에서 기록된 내용은 모두 믿을만한 근거가 없다고 부정하고 있는데 그 이유는 만약에 유비가 양양에서 이미 적대적인 세력하에 있었다면 그곳에서 평안하게 계속 지낼 수 없었을 것이라는 점이다. 비록 손성의 의심은 합리적이라고 할지라도 대중들이 이 이야기에 관하여 관심을 가지고 전파하는 것을 막을 수는 없었다. 이 이야기가 광범위하게 퍼질 수 있었던 것은 명마(名馬) 즉 보마(寶馬)에 대한 사람들의 사랑이 있었기 때문이다. 그리고 삼국시대에 두 마리의 보마가 존재하는 것은 바로 여포(呂布)의 적토마(赤兎馬)와 유비의 적로(的盧)이다. 그렇기 때문에 이렇게 기이한 사건을 탄생시킨 신비한 말(馬)이 이야기 속에 존재하는데 사람들이 즐거움을 느끼고 이목을 집중시킬 수밖에 없었을 것이다.

'적로'의 의미는 무엇일까? 남조(南朝) 유의경(劉義慶)의 〈세설신어(世說新語)〉에서 백락(伯樂)이 풀이한 〈상마경(相馬經)〉에서 '하얀 반점이

입속까지 흘러 치아까지 닿아있는 말의 이름은 로(盧)라고 하며, 말에 올라탄 주인은 시장에서 처형당한다는 흉화(凶禍)를 부르는 말.'이라고 설명하였다. 이 얼마나 무서운 말인가?

33

손권(孫權)의 제수(弟嫂)인 서씨(徐氏)가 자신의 남편을 위해 복수를 한 이야기의 진실과 거짓

徐氏報仇(陳榮繪)
서씨 복수하다(진영그림)

〈삼국연의(三國演義)〉는 남성영웅 천하의 소설일까? 꼭 그런 것만은 아니다. 이 이야기에서는 한 여자 영웅과 관련된 이야기를 소개하려고 한다. '재능과 미모를 겸비하여 세상에는 독보적인 존재였으나 간사한 계략에 타격을 받게 되었다. 중용하던 신하들은 반역자들에게 죽임을 당하였으나 손오(孫吳)의 여장부는 그러한 마수에 당하지 않았다.' 이 시는 여영웅(女英雄)을 찬양하는 시로써, 여기에 여장부는 바로 손권의 바로 아래 동생인 손익(孫翊)의 부인 서씨이다. 서씨의 명성은 초선(貂蟬), 대교, 소교(大喬, 小喬)와 손부인(孫夫人) 등 삼국시대의 유명한 미인들보다 낮았지만, 그녀가 세상에 남겼던 일화는 매우 흥미롭고 희귀하여 일찍이 원(元)나라 때 관한경(關漢卿)의 잡극(雜劇) 〈서부인설한만화당(徐夫人雪恨萬華堂)〉에서 그녀의 이름을 찾아볼 수가 있었다.

손익은 매우 용맹하고 강직한 장수이며, 그의 맏형인 손책(孫策)의 모습을 빼 닮았다. 그러던 그가 단양(丹陽) 태수(太守)로 부임하였을 때, 수하들의 비열한 습격을 당하고 말았다. 손익의 부하인 규람(嬀覽), 대원(戴員)은 변홍(邊洪)을 끌어들여 같이 손익을 살해할 계략을 모의하였다. 손익은 단양의 관리들을 모두 모아 연회를 베풀게 되었는데 이날, 손익의 부인 서씨는 손익이 연회에 참석하기 전에 연회에 대한 점괘를 쳤는데 대흉(大凶)을 맞이하는 결과가 나와 손익에게 연회에 참석하지 말라고 권하였다. 그러나 손익은 부인의 말을 듣지 않고 연회에 참석하게 되었고 연회가 끝나 손님들이 돌아갈 무렵 변홍의 칼에 죽임을 당하게 되었다. 이런 어지러운 기회를 틈타 규람과 대원은 모든 죄를 변홍에게 뒤집어씌우고 그를 참수하고 손익의 재산과 하녀들을 갈취하였다. 심지어 규람은 미모의 서씨를 차지하기 위하여 그녀를 위협하면서 이렇게 말하였다. "나를 따르지 않는다면 목숨을 연명하기 힘들 것이오!" 그러자 서씨는 규람에게 "남편이 죽은 지 얼마 되지 않았으니 곧바로 따를 수가 없다. 이달이 끝나는 마지막 날 미망인인 내가 상복을 벗게 되면, 그때 당신을 따르게 되어도 늦지 않는다."라고 답하였다. 이 대답을 들은 규람은 서씨를 기다리기로 하고 돌아갔다. 서씨는 곧바로 손익의 오래된 심복인 손고(孫高)와 부영(傅嬰)을 비밀리에 불러 자신의 상황을 손권에게 알리도록 하고 한편으로는 배신자들을 처단할 복수계획을 모의하였다. 두 심복은 때마침 자신의 주군에게 복수할 수 있는 기회로 생각하여 서씨의 부탁을 들어주었다. 서씨가 규람에게 말한 월말(月末)이 되었을 때, 서씨는 손고와 부영에게 밀실에 숨어 있도록 지시를 하고 손익을 위한 제단을 만들어 제사를 진행하였다. 제사가 끝나자 서씨는 상복을 벗고 목욕을 하여 몸에서 향이 나도록 짙은 화장을 하며 요염함을 풍기도록 하였다. 그러고 나서 자연스럽게 웃고 이야기하며 규람의 경계심을 풀게 하였다. 밤이 깊어지자 서씨는 규람을 자신의 처소로 불러들여 술을 주고받고 나서 두 사람은 밀실로 향하였다. 규람이 밀실에 들어서자마자 서씨는 "손고와 부영 두 장군은 어디 있습니까!"라고 소리쳤고 이에 두 사람은 지니고 있는 칼로 단숨에 규람을 죽여 버렸다. 규람을 제거하고 얼마 지나지 않아 서씨는 연회를 열고 대원을 초대한 다음 그 또한 처단하였다. 자신의 부군(夫君)에 대한 복수를 마친 서씨는 다시 상복으로 갈아입고, 규람과 대원의 머리를 손익의 영전(靈前)에 바쳤다. 때마침 손익의 소식을 접한 손권은 군사를 이끌고 단양에 도착하였다. 그는 단양에 도착하자마자 손고와 부영을 아문장군(牙門將軍)의 직위를 하사하여 단양을 지키도록 명하였다. 그리고 서씨는 자신의 고향에 있는 부모님을 모시도록 보내었다. 이 소식은 온 강동(江東)에 널리 퍼지게 되었다.

이 신비하고 다채로운 이야기는 과연 진실일까 아님 허구일까?

위 이야기의 시작과 끝은 정사 〈삼국지(三國志)〉의 〈손익전(孫翊傳)〉과 〈손소전(孫韶傳)〉과 배주(裵注)의 〈오력(吳曆)〉에 기록되어 있다. 역사일화를 가장 상세하게 기록한 책은 〈오력〉으로 이 이야기를 집필한 호충(胡冲)은 자신의 아버지 호종(胡綜)과 마찬가지로 손오(孫吳)의 주요관직을 역임한 인물이다. 호종은 14세에 손권과 함께 책을 읽은 인물로서, 손권의 '발소(發小)'로 불렸다. 후에 오랫동안 오나라의 군사기밀을 관장하는 역할을 담당하였다. 그의 아들 호충도 문예(文藝)가 뛰어난 인재로서 손오정권 후기 중서성(中書省)의 요직을 거쳤다. 호씨 부자는 모두 역사서 〈삼국지〉에 단편으로 기록이 존재하기도 한다. 그리하여 〈오력〉의 내용은 모두 역사적 사실을 기록한 내용으로 구성되어 있다는 것을 알 수 있다.

역사기록과 〈삼국연의〉의 내용을 비교하였을 때, 서씨와 관련된 이야기는 기본적으로 호충의 〈오력〉 내용과 90% 정도 일치한다. 역사 기록에서도 서부인(徐夫人)이 손익에 대한 흉조(凶兆)의 점괘를 낸 것과 달(月)의 마지막 날 상복을 벗고 규람을 따른다는 거짓말, 그리고 때가 되었을 때 화려하게 자신을 꾸며 적을 마비시켜 경계를 풀도록 한 것은 모두 사실적 근거가 있는 내용이다. 이러한 사실에 근거한 내용 때문에 이 이야기는 허구적 꾸밈이 매우 적으며, 각 이야기의 요소가 실제로 발생하였던 일이라는 것을 알 수 있다.

손익이 자신의 수하들에게 죽임을 당하였을 때, 그는 고작 21세였으며, 부인 서씨의 나이는 20살도 채 되지 않았다. 이렇게 어린 여성이 남편의 죽음과 배신자의 간음이라는 커다란 사건을 겪으면서도 침착하고도 용감하게 고난을 헤쳐 나가는 모습을 보면서 삼국시대의 진정한 젊은 여영웅(女英雄)이라고 칭송하는 것은 합당하다. 손권 가족은 무력을 통하여 가문을 일으킨 세력이라고 할 수 있다. 남성으로는 부친 손견(孫堅), 장남 손책(孫策), 셋째 손익(孫翊)과 당숙부(堂叔父), 당형제(堂兄弟)들이 있으며, 여성으로는 여동생 손부인(孫夫人)이 있다. 이들은 모두 무예가 깊고 용맹함이 넘치는 사람들이다. 이에 더하여 손익의 부인인 서씨(徐氏)도 손권의 가족들처럼 침착하고 용감함을 보여준 것은 아마도 손씨 가족들의 가풍(家風)에 익숙하고 습관이 되어 있었기 때문이라고 생각한다.

34

제갈량(諸葛亮)이 실행한 '박망파화공(博望坡火攻)'의 진실과 거짓

火燒博望坡(取自清康熙年版《三國志演義》)
박망파를 불 태운다(청·강희년판〈삼국지연의〉)

때는 제갈량이 막 산에서 내려와 유비를 따르기 시작할 시기이다. 유비는 제갈량의 조언을 듣고 신야(新野)에서 백성 3천 명을 모집하고 제갈량이 밤낮으로 진법(陣法)을 새로 징집된 병사들에게 가르치고 있었다. 마침 같은 시기 조조(曹操)는 하후돈(夏侯惇)에게 10만 군사를 내어주어 신야를 정복하라는 명령을 내려 하후돈은 신야로 돌격하고 있었다. 유비는 이러한 소식을 듣자마자 모든 군사지휘권을 제갈량에서 위임하여 신야를 방어하도록 지시하였다. 공명은 관우(關羽), 장비(張飛) 등의 장군들을 필두로 박망(博望) 주변에 매복과 화공으로 하후돈을 맞을 준비를 하였다. 박망파(博望坡)에 진입한 하후돈은 제갈량의 계략에 걸려들게 되어 병사들의 뒤쪽에서 큰 함성을 듣게 되었고 앞쪽에는 큰 불길을 마주하게 되었다. 동시에 양옆에 있는 갈대들도 점차 화공으로 인하여 붉게 물들기 시작하였다. 하후돈과 조조가 이끌던 병사들 사방으로는 모두 불길로 막히게 되었으며, 강한 바람으로 인하여 불길은 삽시간에 맹렬한 속도로 하후돈의 방향으로 뻗어 나가고 있었다. 조조군의 병사와 말들은 어찌할 바를 모르고 전사자는 셀 수 없는 정도로 빠르게 늘어갔다. 하후돈을 매복지점까지 유인한 조운(趙雲)은 병사들을 돌려 조조군을 격퇴하기 시작하였다. 매복과 화공에 당한 하후돈은 사방에서 피어오르는 연기에 숨어 도망쳤으며, 이전(李典)도 상황이 매우 나쁘다는 것을 보고 박망성(博望城)으로 황급하게 도주하려 하였지만 큰 불길과 불길 앞에 있는 관우, 조운, 장비가 그를 가로막았다. 그리하여 이전은 혼전(混戰) 중에 말고삐를 놓고 길을 뚫어 탈출에 성공하였다. 조조군의 또 다른 장수인 우금(于禁)은 군량을 실은 차량들이 모두 불탄 것을 보고 곧바로 샛길로 도망쳐버렸다. 반면, 하후란(夏侯蘭)과 한호(韓浩)는 군량을 지키기 위하여 군량차(軍糧車)로 달려들었지만 장비에게 가로막히게 되었다. 장비는 하후란과 몇 합(合)을 채 싸우지도 않고 자신의 창으로 하후란을 죽여 말에서 떨어지게 하였다. 이 광경을 지켜본 한호는 혼비백산하여 도망치게 되었다. 유비군은 해가 뜰 때까지 적군을 토벌하여 대승을 거두게 되었다. 조조군의 시체들은 드넓게 퍼져 평야를 덮었으며 그들의 피는 하천(河川)을 이룰 지경이었다. 후대사람은 '박망전투에서 화공을 사용하니 담소(談笑)를 나누면서 뜻대로 전투를 지휘하는구나. 조조의 간담을 서늘하게 만든 일등공신은 초가집에서 갓 나온 인물이어라!"라는 시를 남기기도 하였다. 이 시가 나온 배경은 〈삼국연의〉에서 제갈량이 은거(隱居)생활을 끝내고 처음으로 자신의 이름을 알린 전투이기 때문이다. 제갈량이 이룩한 찬란한 전공(戰功)은 관우, 장비 등 최전선에서 사투를 벌인 장수들에게도 탄복할 만하였으며, 이 전투로 인하여 제갈량은 유비군에서 절대적인 신임과 발언권을 얻을 수 있게 되었다.

그러나 이렇게 생동감이 넘치고 다채로운 이야기는 매우 안타깝게도 모두 허구로 창조된 이야기이다.

역사서를 찾아보면 박망전투에 관한 구체적인 내용이 존재하는데 이 전투의 지휘관은 제갈량이 아니라 유비라는 것으로 기록되어 있다. 그 이유는 박망전투가 발발하였을 당시 제갈량은 아직 융중(隆中)에서 은거하면서 농사를 짓고 있을 시기이며, 1년 뒤에나 산에서 내려와 유비를 따랐기 때문이다. 이러한 근거는 명(明)나라 시기 양시위(楊時偉)가 편찬한 〈제갈충무서 · 연보(諸葛忠武書 · 年譜)〉에 구체적으로 기술되어 있다. 박망전투에 관한 구체적인 기록은 〈삼국지 · 선주전(三國志 · 先主傳)〉에서 찾아볼 수 있다. '선주(유비)가 신야에 주둔하고 있을 때, 많은 형주(荊州)의 호걸들이 유비를 매일같이 찾아 그를 따랐다. 유표(劉表)는 이러한 일에 점차 유비에 대한 의심이 들어 자신을 위해 하후돈과 우금을 박망에서 저지하라는 명을 내리게 되었다. 이에 얼마 지나지 않아 유비는 자신의 병사들을 매복시키고 화공을 위하여 병사들에게 거짓으로 퇴각하라는 계획을 준비하게 되었다. 유비의 계략은 적중하여 하후돈은 유비의 부대를 쫓아가다 매복에 당하여 크게 패하고 만다.'라는 구체적인 언급이 있으며 〈삼국지〉의 〈李典傳〉에서도 유비가 매복을 통하여 하후돈을 물리쳤다는 전투업적이 기록되어 있다.

그렇다면 유표는 왜 유비를 박망으로 보내었을까? 이는 역사 지리적 관점에서 답을 찾을 수 있다. 유비는 원래 신야현(新野縣)에 주둔하고 있었는데 그곳은 지금의 하남성(河南省) 신야현(新野縣)이다. 유표의 대본영(大本營)이 위치한 양양(襄陽)까지의 직선거리는 백리(百里)가 조금 넘는다. 유비가 이렇게 가까운 위치에 자신과 수하들을 주둔시키고 있는 상황에서 유표는 평안하게 있을 수 없었을 것이다. 반면, 박망현(博望縣)은 지금의 하남성 방성현(方城縣) 서남쪽에 위치한 박망진(博望鎭)이며 신야로부터 북쪽 2백리나 떨어진 곳이다. 또한 이곳은 조조군과 직접 맞닿은 지역이자 본래 신야보다 유표가 위치하고 있는 양양의 거리가 직선거리로 2배나 더 떨어진 곳이다. 유비의 박망으로의 이동을 통하여 유표는 안심하였지만, 유비는 크나큰 위험에 직면하게 되었다. 유비의 이동은 결국 박망전투가 발생하게 된 계기이기도 하다.

원(元)나라 때 〈삼국지평화(三國志平話)〉와 무명작가의 잡극(雜劇)인 〈제갈량박망소둔(諸葛亮博望燒屯)〉은 모두 박망전투에서 화공을 사용하여 큰 전공을 올린 인물은 바로 제갈량이라고 말하고 있다. 〈삼국연의〉에서도 이러한 내용을 다채롭고 구체적이며 생동감 넘치게 각색하였다. 경극(京劇), 천극(川劇) 등의 연극들도 마찬가지로 〈박망파(博望坡)〉 또는 〈장비부형(張飛負荊)〉이라는 이름으로 등장하기도 하였다. 제갈량이 처음 등장하는 장면에서는 모든 이목을 그에게 집중시키는 것이 어쩌면 필수적인 부분이다. 그러기 때문에 박망전투의 공로는 유비에서 제갈량으로 자연스럽게 전이되었으며, 화공이라는 극직 요소를 첨가하여 제갈량의 첫 활약의 폭발력을 첨가한 것이라고 도 할 수 있다. 제갈량을 위해서 불을 질러 적을 박멸해버린 지리적 환경을 만들어내기 위하여 박망현성(博望縣城)을 박망의 산기슭이라고 창조한 부분은 작가의 고심과 심혈을 기울인 대목이라고 볼 수 있다.

35

제갈량(諸葛亮)이 신야(新野)를 불태운 이야기의 진실과 거짓

火燒新野(取自清康熙年版《三國志演義》)
신야를 불 태운다(청·강희년판〈삼국지연의〉)

〈삼국연의(三國演義)〉 중, 제갈량이 가장 화려하게 등장하여 마치 '새로 부임한 관리가 세 개의 횃불처럼 기세등등하다.'라는 중국의 속담처럼 그의 기세는 하늘 높이 솟아 있었다. 여기서 말하는 세 개의 횃불은 〈삼국연의〉에서 나오는 3개의 화공을 지칭하기도 한다.

첫째는 〈삼국연의〉 제39화 '화소박망파(火燒博望坡)'와 이전 제갈량의 융중대책(隆中對策)인 38화 그리고 40화인 '화소신야(火燒新野)'가 있는데 이번 편에서 다룰 내용은 제40화의 이야기를 하려고 한다.

제갈량이 화공으로 박망파에서의 전투를 성공적으로 마치고 유비의 군사들은 신야로 다시 돌아갔다. 박망파에서의 패배를 겪은 조조(曹操)군은 위축되지 않고 다시금 대군을 이끌고 유비가 있는 신야로 진격을 하게 되었는데 이에 공명(孔明)은 관우(關羽), 장비(張飛), 조운(趙雲)에게 각각 매복, 응전, 방화(放火)라는 중책을 담당하라고 지시하였다. 반면 조조군은 조인(曹仁)과 조홍(曹洪)을 필두로 하여 10만의 병력을 이끌고 신야로 향하였다. 조조군이 신야에 당도하였을 때, 날은 이미 저물어가고 있었고 조조군의 군사들은 신야성(新野城)의 모든 문들이 열려 있다는 것을 보게 되었다. 이에 조조군은 아무런 방해를 받지 않고 신야성으로 들어가게 되었다. 조조군이 신야성에 들어갔을 때, 성안에는 한 사람도 보이지 않았으며 마치 공성(空城)과도 같은 모습이었다. 쉴 틈이 없이 진격한 조조군은 배고픔과 지친 병사들에게 휴식을 주기 위하여 빈집에서 자리를 잡고 끼니를 해결하도록 지시하였다. 수장(首長)인 조인과 조홍도 신야성 관아에서 휴식을 취하였다. 조조군이 신야성에 주둔하였던 날 밤은 바람이 매우 심하게 부는 날씨였는데 얼마 지나지 않아 수문(守門) 병사들이 성에서 화재가 발생하였다고 다급하게 보고하였다. 병사의 보고가 끝나지도 않았는데 이미 불길은 서, 남, 북쪽의 3개의 문에서 삽시간에 크게 번지게 되었고 그 불빛은 붉게 달아올랐다. 그날 밤의 불길은 마치 이전의 박망파의 화마(火魔) 장면을 떠올리게 하였다. 조인은 연기와 불길을 뚫고 황급하게 신야성 동문(東門)으로 향하였다.

조조군의 병사들은 서로를 밟아가면서 불길을 피하기 시작하였고, 이 와중에서 수많은 압사(壓死)자가 발생하였다. 결국 조조군은 수많은 병력을 잃고 신야성에서 유비(劉備)군에게 크게 패하여 퇴각하게 되었다.

'화소신야'와 '화소박망파'의 두 이야기는 마치 장소만 다르고 내용은 같은 것처럼 느껴진다. 두 이야기 모두 생동감이 넘치고 다채롭고 독자의 흥미를 끌어올리는 내용으로 구성되어 있다. 하지만 이 이야기 역시 박망파전투와 마찬가지로 완벽히 창조된 허구적 내용이라는 점이 안타까움을 불러일으킨다.

우선, 정사(正史) 〈삼국지(三國志)〉와 다른 역사서에서는 제갈량의 '화소신야'와 같이 신야를 불태운 내용은 존재하지 않는다. 다른 역사서인 〈삼국지·선주전(三國志·先主傳)〉의 기록을 찾아보면, 유비는 하후돈(夏侯惇)과의 박망전투에서 승리를 하고 남쪽 양양(襄陽) 방향으로 부대를 돌려 신야를 지나쳐 한강(漢江)의 북쪽 강안(江岸)에 위치한 번성(樊城)에 자신의 부대를 주둔시킨다. 번성의 강 건너편 남쪽에는 양양성이 위치하여 있다. 박망전투 후 유비군이 번성으로 향하기까지 신야를 불태워 조조군을 물리쳤다는 어떠한 기록도 존재하지 않는다. 이 시기 〈삼국지·선주전〉의 기록에서 가장 주목해야 하는 부분은 유비가 자신의 거처를 번성으로 이동한 다음 제갈량을 찾아가 삼고초려(三顧草廬)를 하였다는 점이다. 박망전투 이후부터 유비가 번성으로 이동하기 전까지는 제갈량이 융중(隆中)을 벗어나 하산하여 유비군을 따르지 않았다는 것이다. 역사적 기록을 토대로 '화소신야'의 사실 여부를 가리는 결론은 명확하게도 예술적으로 창조된 허구적 내용이라는 것을 구분할 수 있다.

원(元)나라 때 〈삼국지평화(三國志平話)〉의 '화소신야' 편에서는 제갈량의 절친한 친구인 서서(徐庶)가 등장한다. 유비가 신야의 태수(太守)

로 부임하였을 때, 유비는 서서를 위해 매일 같이 연회를 열었다. 얼마 지나지 않아 조조(曹操)의 아들인 조인(曹仁)이 10만 대군을 이끌고 번성과 신야를 공략하기 위하여 진군하였다. 서서는 조운(趙雲)을 불러 귓속말로 자신의 계획을 설명한 다음 수국차와 밥을 차려놓고 나서 머리를 풀어헤치고 맨발로 회오리바람이 불도록 제사를 지냈다. 조운은 서서의 지시대로 병사들에게 신야성 외곽을 둘러싼 다음 불화살을 쏘도록 지시하였다. 신야성의 동서남북이 모두 불길에 휩싸이자 조조군은 당황하기 시작하였고 수많은 병사는 불에 타 죽어 나가기 시작하였다. 이러한 결과 조조군은 대패하여 신야성을 포기하고 퇴각하게 되었다. 원나라 때 서서가 주인공으로 등장한 '화소신야'의 이야기는 〈삼국연의〉에서는 제갈량으로 주인공이 바뀌고 말았다.

〈삼국연의〉에서 제갈량의 이미지는 지략의 신이자 절대적인 지성을 가지고 있는 존재이다. 그렇다면 지략의 신이 화려하게 등장하기 위해서는 어떻게 다른 영웅들과는 차별성을 가진 기세와 행위가 있었을까? 작가가 제갈량의 이미지를 독자들에게 삽입하기 위해서 가장 적절하게 창조해낸 도구는 바로 '세 가지의 불'이다.

첫 번째 불은 바로 박망파전투에서 화공을 사용한 '화소박망파', 두 번째로는 이 편에서 이야기한 '화소신야' 마지막으로 동풍(東風)을 빌려 화공을 개시한 '화소적벽(火燒赤壁)'이다. 만일 이전 두 번의 화공이 없었다면, 공명이 제아무리 동풍을 빌려 화공에 성공하였더라도 적벽대전의 공(功)은 주유(周瑜)가 얻었을 것이다. 그러므로 적벽에서의 화공을 사용하기 이전에 제갈량은 주유보다 더 높은 화공 능력을 보유하고 있다는 것을 부각해야 하는 점이 필요했을 것이다. 적벽대전을 포함한 주유의 화공은 한 번뿐이지만 제갈량은 3번

씩이나 화공을 성공한 경험이 있기 때문에 주유보다 더 높은 평가를 받으며 지략의 신이라고 불릴 수밖에 없었다. 이것은 나관중(羅貫中) 선생이 '화소박망파'와 '화소신야'의 이야기를 첨가한 진정한 의도이다.

36

유비(劉備)가 백성들을 데리고 강을 건넌 이야기의 진실과 거짓

攜民渡江(取自清光緒九年版《三國志演義全圖》)
백성을 데리고 강을 건넌다(청·광서구년판〈삼국지연의전도〉)

유비가 조조(曹操)군에게 대승을 거두고 번성(樊城)으로 주둔지를 옮겼는데 조조는 굴복하지 않고 직접 군대를 이끌고 유비를 없애버리기 위하여 번성으로 향하였다. 눈앞에 조조군의 거대한 강병(强兵)들이 집결하는 모습을 본 공명(孔明)은 유비에게 번성을 버리고 한강

(漢江)을 건너 남쪽에 위치한 양양(襄陽)으로 후퇴할 것을 건의하였다. 유비는 자신의 백성들이 조조군에게 해코지당할 것을 걱정하여 사람들을 보내 번성의 백성들에게 원하는 사람은 자신과 함께 번성을 탈출하자고 알렸다. 백성들은 죽어서도 유비를 따르겠다는 뜻이 있었기 때문에 모두 통곡을 하면서 노인을 부축하고 어린아이를 이끌며 도강(渡江)을 하여 남쪽으로 피신하였다. 백성들의 통곡을 지켜본 유비는 슬피울며 마음속으로 자신 때문에 무고한 백성들이 고난을 겪었다는 자책을 한 나머지 강에 뛰어들어 자결하려고 하였다. 유비 주변에 있는 인물들이 다급하게 그를 말려 목숨을 끊지 못하였지만 이 모습을 본 주위 사람들은 비통한 마음을 감추지 못하고 하염없이 눈물을 흘렸다. 유비가 강을 건너 남안(南岸)에 도착하여 반대편 북쪽을 응시하였는데 아직도 수많은 백성이 큰 소리로 울부짖으며 유비가 있는 쪽을 바라보고 있었다. 유비는 황급하게 관우(關羽)를 불러 배의 속력을 더 내어 나머지 백성들도 무사히 강을 건널 수 있도록 지시하였다. 모든 백성이 도강하고 나서야 유비는 강안(江岸)을 떠났다.

이 이야기는 〈삼국연의(三國演義)〉 41화인 '휴민도강(携民渡江)'의 내용이며, 유비의 애민정신과 고귀한 품성을 가장 잘 나타내는 대목이기도 하다. 그렇다면 이 이야기는 과연 실제로 일어난 일일까? 역사서의 기록을 찾아보면서 이 질문의 답을 찾아보자.

〈삼국지·선주전(三國志·先主傳)〉의 기록에 따르면, '건안(建安) 13년(서기 208년) 조조가 직접 대군을 이끌고 형주(荊州)의 유표(劉表)를 공격하려고 남하하였다. 당시에 유비는 한강변 북쪽에 위치한 번성에 주둔하고 있었는데 조조군이 남하하여 자신들을 공격할 것이라는 소식을 전혀 듣지 못하였다. 조조군이 번성 북쪽에서 얼마 떨어지지 않은 완현(宛縣)에 도착하여서야 조조군이 자신들을 공격할 것이라는 소식을 알게 되었다. 그리하여 유비는 서둘러 부하들을 데리고 번성을 버리고 한강을 건너 남쪽으로 피신하였다.'라는 내용에 대한 언급과 명확한 기록이 존재한다. 진수(陳壽)는 유비가 번성을 떠나 강을 건너 양양으로 피신하는 과정을 '수장기중거(遂將基衆去)'라는 5글자로 묘사하였다. 여기서 '중(衆)'이라는 글자의 정확한 함의(含意)는 유비의 수하들 즉, 번성에 주둔하고 있는 자신의 부대원들을 지칭하는 뜻이다. 이 기록에서는 다수의 백성(민중)들을 이끌고 강을 건넜다는 내용은 존재하지 않는다. 이러한 사실에 비추어 〈삼국연의〉에서 이 이야기에 대한 묘사는 모두 역사적 사실근거가 없으며 모두 문학적으로 지어낸 허구이다. 원(元)나라 때 〈삼국지평화(三國志平話)〉에서도 유비가 백성들을 데리고 피신하였다는 비슷한 내용조차 존재하지 않았다.

하지만, 유비가 백성들을 이끌고 남쪽으로 피난하였다는 일화는 전혀 없었던 이야기는 아니며, 역사적 기록에 존재하는 부분도 있다. 그것은 바로 유비가 강을 건넌 후 양양(襄陽)을 지나고 있을 때 있었던 일이다. 〈선주전(先主傳)〉의 기록에 따르면, 유비가 양양을 지나고 있을 때 양양의 사람들과 형주(荊州)의 정부관료들이 유비와 함께 하기로 하였다. 또한 역사서에서 '유비가 당양(當陽)에 도착하였을 때 유비와 같이 있던 사람들의 수는 10만여 명이고 군사물자를 수송하는 차량의 수는 수천 개나 되었으며 그들은 하루에 십여리(十餘里)를 이동하였다.'라고 기록되어 있었다. 유비가 양양을 지나고 나서 그들을 따른 백성과 관료들이 갑자기 10만여 명으로 늘어난 까닭은 무엇일까? 그 이유는 비교적 단순하게 파악할 수 있다. 양양은 형주(荊州) 지역의 군사행정 중심이며 유표가 장기간 거주하면서 집권하여 수

많은 인구와 관료들이 거주하고 있었기 때문이다. 유비의 군대가 남쪽으로 피신하는 광경을 보면서 그들도 자신이 거주하고 있는 양양도 안전하지 못하다는 것을 느꼈을 것이다. 그리하여 그들은 자신의 고향을 등지고 유비를 따라 남쪽으로 함께 피난하였다. 그리고 동정심이 많은 유비는 점차 사람들이 자신에게 모이는 모습을 보고 이와 같은 우렁찬 구호를 외쳤다. "사람들을 구하는 일은 대사(大事)이며, 사람이 근본인 것은 필연적이다. 지금 사람들이 나를 따르는데 본인이 어떻게 이들을 버릴 수가 있는가!"라고 하였다. 이러한 유비의 인품을 보았을 때, '휴민도강'이라는 일은 사실적 근거가 존재하지 않지만 사람들을 이끌고 조조를 피해 남하하였다는 것은 실제로 존재하였던 일이다. 그리하여 〈삼국연의〉에서 유비의 높은 인품과 애민정신을 부각시키기 위하여 사람들을 구출한 시점을 실제보다 앞당겼을 것이다. 이는 나관중(羅貫中) 선생이 이야기를 합리적으로 가공시켰다는 것을 보여주기도 한다. 이러한 가공을 통하여 유비가 사람들을 이끌고 강을 건너 피신하였던 일화는 사람들에게 깊은 감동과 예술적 효과를 남기게 되었다.

'이인위본(以人爲本)', 사람이 곧 근본이라는 말은 중국전통문화에서 강조하는 핵심가치 중의 하나이다. 단순한 예시로 진수(陳壽)가 집필한 〈삼국지〉를 놓고 이야기하자면 가장 먼저 '이인위본'을 제창한 영웅은 바로 조조의 공격으로 생사의 갈림길에 서 있던 유비이다. 이편에서 다룬 이야기가 비록 역사적 근거가 없는 이야기이지만 사람들에게 널리 칭송되며 전파되었던 것은 바로 이러한 핵심가치를 가장 쉽게 이해할 수 있으며 사람들이 의심 없이 유비를 인정하기 때문이다.

37

조운(趙雲)이 혼자서 말을 타고 아두(阿斗)를 구한 이야기의 진실과 거짓

單騎救主(取自清康熙年版《三國志演義》)
조운 혼자서 말을 타고 아두를 구한다(청·강희년판〈삼국지연의〉)

상산(常山) 조자룡(趙子龍)은 〈삼국연의(三國演義)〉에서 가장 매력적인 빛을 발산하는 명장 중의 한 명으로 묘사되고 있다. 조운의 수많은 일화 중, '단기구주(單騎救主)'의 내용은 그의 매력을 최정점(最頂点)으로 소개하는 전기(傳奇)적 이야기이다.

조조(曹操)가 직접 군사를 이끌고 남하하고 있을 때였다. 형주(荊州)의 유종(劉琮)은 조조의 정벌 소식을 듣자마자 황급하게 자리를 버리고 도망쳤다. 유비는 자신의 식솔들과 부하들을 데리고 다급하게 남쪽에 있는 강릉(江陵)으로 피신하였다. 조조의 정예기마병들은 빠르게 유비가 위치한 당양(當陽) 장판(長坂)에 도착하여 그를 추격하기 시작하였다. 조조군은 재빠르게 유비의 군사들을 죽이면서 유비를 쫓았는데 장비는 유비 곁에 밀착하여 엄호하면서 동쪽으로 후퇴하였다. 이때, 유비의 처와 자식들은 그들을 보호하던 조운과 흩어지게 되었다. 자신이 담당하던 사람들이 없어지자 조운은 밤새 격렬한 전투를 벌이고 아침이 밝아오자 또다시 조조군의 진영으로 들어가 유비의 처인 감(甘) 부인과 미(糜) 부인 그리고 아들인 아두(阿斗)를 찾아 나섰다. 조운은 우선 감부인을 먼저 찾아내어 미축(糜竺)에게 인계하여 무사히 유비쪽 진영으로 보냈다. 그러고 나서 또다시 단독으로 조조군의 진영으로 돌진하여 미부인과 아두를 찾아내었다. 미부인은 아두의 안위와 조운에게 짐이 되기 싫은 나머지 우물로 뛰어들어 자결하였다. 조운은 미부인을 구하지 못하였지만 곧바로 갑옷 끈을 풀어 가슴보호대를 바닥에 내려놓았고 가슴팍에 아두를 끌어안은 채 한 손에는 창을 들고 말에 올라 또다시 조조군의 포위망을 뚫을 길을 찾아 나섰다. 돌파구를 찾는 와중에 용감무쌍하게 조조군과 치열한 전투를 벌였고 이 모습을 산 중턱에서 지켜본 조조는 크게 감탄하면서 "마치 진짜 호랑이가 싸우는 것 같다."라고 말하였다. 이윽고 조조는 조운을 죽이지 말고 꼭 생포하라는 명을 내렸다. 조운은 이 기회를 놓치지 않고 조조군의 포위망을 빠져나가 무사히 아두를 유비에게 건네주었다. 자기 아들과 조운이 무사히 돌아온 것을 보고 유비는 크게 감동하였지만, 아두를 땅바닥에 내팽개치면서 "이 어린

애 때문에 나의 대장(大將)을 잃을 뻔하였구나!"라고 말하였다.

본 이야기는 매우 매력적이며 사람들의 흥미를 이끄는 내용으로 꾸며져 있다. 그렇다면 과연 이 이야기는 사실일까? 이에 관련한 대답은 바로 '사실이기도 하고 아니기도 하다'이다. 이러한 답을 도출한 이유는 기본적인 이야기의 골격은 실제로 일어난 일이나 이야기의 덧붙여진 살들은 모두 창조된 허구적 내용이다.

조운이 유비의 아들인 아두를 구한 이야기는 역사서 〈삼국지·조운전(三國志·趙雲傳)〉에 명확하게 기록되어 있다. '유비가 당양 장판에서 조조의 추격을 받았을 때, 자신의 처와 아들을 버리고 남쪽으로 도망쳤다. 조운은 직접 갓난아이를 안고 있었으며, 그 아들은 유비의 아들이자 후에 군주가 되는 유선(劉禪)이다. 조운은 또한 유선의 생모인 감부인(甘夫人)도 보호하여 그들에게 닥친 재난을 피할 수 있도록 하였다.' 이 기록에 비추어 볼 때, 조운은 실제로 혼자 말을 타고 주군(主君)을 구했음을 알 수 있다. 그리하여 이야기의 기본골격인 조운이 아두(阿斗)를 구한 사건은 명확한 사실이다.

하지만, 이야기의 덧붙여진 살들과 다양한 세부적인 내용은 모두 문학적으로 창조된 허구이다. 예를 들어 조운이 반복적으로 조조군의 포위망과 진영을 돌파하여 조조군의 병사들을 죽였다는 내용과 먼저 감부인을 찾아내어 미축(糜竺)에게 인계하였다는 이야기, 그리고 미부인(糜夫人)이 우물로 뛰어들어 자결한 내용과 조조(曹操)가 조운을 생포하라고 지시한 내용 심지어, 유비가 자기 아들을 땅바닥에 내팽개친 이야기는 모두 사실과 다른 창조된 것이다.

'단기구주(單騎救主)'의 이야기가 가장 처음에 등장하였던 때는 원(元)나라 때 〈삼국지평화(三國志平話)〉이다. 여기서 조운이 아두를 구하는 내용은 비교적 상세하게 묘사되었는데 후에 〈삼국연의〉에서

〈삼국지평화〉의 내용을 기초로 하여 다시금 가공한 것이 위에서 설명한 이야기이다. 이 또한 시간이 지나면서 각종 희곡(戲曲)에서 각색하여 상연(上演)하였다. 오늘날까지 광범위하게 전해진 이 이야기는 다양한 각색이 이루어졌지만 일찍부터 사실과 판타지가 적절하게 섞여 있었다.

진실의 골격에서 다양한 허구적 내용을 첨가한 이 이야기는 조운의 비범한 무용(武勇)과 용맹함을 표현하려고 하였다. 특히, 다른 사람과는 비교가 될 수 없는 충성심은 조운의 고귀하고 찬란한 이미지를 완벽하게 구현할 수 있었다. 마찬가지로 조조가 인재를 매우 아끼는 모습을 추가하여 조운이 영웅의 광채(光彩)가 감도는 인물이라는 점을 강조한 것이다. 만일 이러한 작용이 없었다면 조운과 아두는 그저 전투 중에 쓸쓸히 죽어간 사람들로 기록되었을 것이다.

하지만, 이야기의 결말인 유비가 자신의 아들인 아두를 받자마자 바닥에 내팽개친 모습은 조금 과장되었다고 할 수 있다. 그러나 〈삼국지평화〉에서도 위와 같은 결말이 이미 존재하였다. 이러한 결말을 첨가한 이유는 유비가 조운을 매우 중요시한다는 점을 강조하고 싶었기 때문이다. 비록 유비가 자식을 떨어뜨린 일은 허구지만 조운에 대한 마음은 허구가 아니었을 것이다.

38

장판교(長板橋)에서 장비(張飛)가 큰소리친 사건의 진실과 거짓

大鬧長阪坡(取自清光緒九年版《三國志演義全圖》)
장비가 장판파에 큰소리치다(청·광서구년판〈삼국지연의전도〉)

'당양교(當陽橋) 앞에서 세 번의 고함 때문에 조조(曹操)군은 몹시 놀라 퇴각하면서 물속으로 뛰어들게 되었다.' 이 내용은 장비와 관련된 전설적인 이야기이다. 이 이야기는 일찍이 사람들에게 널리 회자되었는데 원(元)나라 때 〈삼국지평화(三國志平話)〉에서도 '장비거교단

수(張飛拒橋斷水)'라는 제목으로 존재하였다. 장비가 20명의 기병을 이끌고 당양 장판교에 도착하여 조운(趙雲)을 추격하던 조조군을 저지하였다. 당시 장비는 조조군의 30만 명의 병사를 맞이하였는데, 장비가 조조군의 진격로를 저지하기 위하여 먼저 맹렬하고 우렁찬 소리를 질렀다. "나는 연(燕)지역 출신 장익덕(張翼德)이라 한다. 자신 있는 자는 나와서 나와 생사를 겨루자!" 이 외침은 마치 귀 앞에서 벼락이 떨어지는 소리가 들리는 듯하였다. 장비는 외침이 끝나자마자 바로 다리를 끊어버렸다. 조조군은 이 소리를 듣고 30여리나 후퇴하게 되었다. 〈삼국지평화〉에서는 이 이야기를 비교적 간략하게 다뤘지만, 나관중(羅貫中)이 집필한 〈삼국연의(三國演義)〉에서는 관우(關羽), 장비, 조운 등과 같은 촉한(蜀漢)의 맹장들의 이미지를 부각하기 위한 작업을 첨가하였다. 그렇다면 단순히 지나칠 수 있는 이야기를 어떻게 장비의 용맹함이 충분히 두드러질 수 있게 만들었을까? 아래 이야기를 보면서 세부적인 가공과 최종적으로 어떻게 영웅들의 이미지를 구축하였는지 알아보자.

조조가 직접 군대를 이끌고 남하하고 있었을 때였다. 유비는 다급하게 후퇴하여 강릉(江陵)으로 향하고 있었다. 형주(荊州)의 관료들과 백성들은 모두 유비를 따라 피난하고 있었다. 유비가 당양(當陽)에 도착하였는데 그와 함께하는 사람들은 10만에 다다랐다. 병사와 백성이 함께 피난하는 관계로 피난 속도는 매우 느렸다. 그리하여 조조군은 유비가 있는 곳까지 추격하게 되었고 유비는 조조군에 맞서 싸웠지만 크게 패하고 말았다. 그 결과 장비는 한편으로는 유비를 보호하면서 조조군과 교전을 하였다. 반면 조운은 흩어진 유비의 아들인 아두(阿斗)와 유비의 부인들을 구하러 조조군의 포위망에 달려들었다. 조운이 조조군에 달려든 것을 보고 사람들은 조운이 조조에게 항복하였다는 오해를 하게 되었고 이 소식을 들은 장비는 크게 분노하여 20여 명의 기마병을 이끌고 조운을 찾아가 문책하려 하였다. 장비는 부하들에게 산속에서 나뭇가지들을 잘라서 말의 꼬리에 매달아 달리게 하였다. 이렇게 한 이유는 흙먼지를 날리면서 적들에게 거대한 병력이 있는 것처럼 위장하기 위해서 였다. 장비가 장판교에 도착하였을 때, 조운은 아두를 구출하여 적들과 혈투를 벌이고 있었다. 조운은 장판교 근처에 도착하였지만 조조군의 포위에 둘러싸여 움직이지를 못하였다. 조운은 장비를 보자마자 큰 소리로 '익덕 나를 구해 주시오!'라고 소리치자 장비는 그제야 조운이 어린 주군을 구하기 위해 그랬다는 것을 깨달았다. 그러고 나서 조운이 무사히 다리를 건널 수 있도록 재빠르게 조운이 있는 쪽으로 향하였다. 한편 문빙(文聘)과 조인(曹仁)이 이끄는 조조군은 맹렬하게 병사들을 죽이면서 조운을 쫓아오고 있었다. 그들은 눈앞에 장비가 몹시 분노하는 표정을 지으면서 눈을 부릅뜨고 창을 치켜들며 말 위에 앉아 있는 모습을 보게 되었다. 다리 동편에 위치한 숲에서는 계속하여 모래안개가 피어오르는 광경을 보고 적의 매복이 있다고 판단하여 더는 앞으로 전진하지 않았다. 조조가 직접 장판교에 도착하자 장비는 우렁찬 소리로 "나는 연(燕)사람인 장익덕이다! 나와 결전할 용기 있는 자가 있는가?"라고 소리쳤다. 장비의 소리가 너무 커 마치 큰 벼락이 치는 것과 같았다. 조조군은 모두 두려워 벌벌 떨었으며, 조조도 수하들에게 가볍게 상대해서는 안 될 적수 같다고 말하였다. 장비는 재차 큰소리로 "연지역 출신 장익덕이 여기 있는데! 나와 결투를 할 사람은 어디 있는가?"라고 외쳤다. 조조는 장비의 기세가 워낙 강하여 마음속으로는 후퇴하고 싶었다. 장비의 말이 끝나자마자 조조군의 후방에 있던 병사들이 슬그머니 움직이려 하자 다시금 "결투를 하자는 것인지 아니면 후퇴를 하자는 것인지 도대체 어찌할 것이냐?" 하고 말하였다. 장비의 외침이 끝나기도 전에 조조 곁에 있던 장수(將帥) 하후걸(夏侯杰)은 간담(肝膽)이 서늘해질 정도로 놀라 말에서 떨어지면서 죽었다. 이러한 모습을 보자 조조도 매우 놀라 말을 돌려 후퇴하기 시작하였다. 이에 다른 장수와 병사들도 조조를 따라 퇴각하였다. 장비는 조조가 후퇴하는 모습을 보고 그제야 다리를 끊고 유비를 쫓아가 합류하게 되었다.

이렇게 전설적인 이야기는 과연 사실일까 아님 허구일까?

〈삼국지·장비전(三國志·張飛傳)〉 기록에 따르면 '조조가 형주에 입성하였을 때, 유비는 강남을 향해 도망치고 있었다. 조조는 유비를 추격하였는데 하루 만에 당양 장판까지 도달하게 되었다. 유비는 조조군이 턱밑까지 추격했다는 소식을 듣고 아내와 자식을 버리고 도망치며 장비에게 기마병 20명을 데리고 추격을 차단하라고 명령하였다. 장판교에 자리 잡은 장비는 다리를 끊고 창을 치켜세운 채 적들을 매섭게 노려보면서 이렇게 말하였다. "나는 장익덕이다. 와서 나와 같이 싸우면서 죽자!"라고 하였다. 이 말을 들은 적들은 감히 앞에 나서서 장비를 상대하지 않고 퇴각하여 장비는 싸움을 면할 수 있게 되었다.

기본적인 이야기의 골격은 사실과 가깝지만, 〈삼국연의〉에서는 다수의 허구와 과장이 첨가되었다. 우선 역사서에서는 본래 도착하자마자 다리를 끊고 조조군을 저지하였지만 〈삼국연의〉에서는 장비가 분노에 찬 세 차례의 외침을 하고서도 다리는 끊어지지 않고 멀쩡하게 그 자리에 있었다. 조조군이 장비의 외침을 듣고 퇴각하고 나서야 다리를 끊고 장비도 유비에게로 향하였다는 내용으로 각색하였다. 그렇기 때문에 조조군이 진정으로 퇴각한 본래 이유는 다리가 끊겨서 더는 앞으로 나아갈 수 없기 때문이 아니라 순수하게 장비의 기세 등등한 모습에 굴복하여 퇴각하였다는 것을 강조하였다. 두 번째로는 장비의 외침에 허구적 요소가 첨가되었다는 점이다. 본래 사실 기록에는 장비가 한 번만 고함을 쳤지만 〈삼국연의〉에서는 그 횟수가 세 번으로 늘어났다. 마지막으로 장비의 외침에 조조 곁에 있던 하후걸이 간담(肝胆)이 마비가 되어 죽었다는 부분이다. 이러한 예술적 허구적 요소들을 첨가한 것은 모두 장비가 호랑이 담을 가진 영웅이라는 점을 부각하기 위함이다. 결국에는 전쟁의 신(神)인 관우(關羽)의 동생 자격이 충분히 있다는 점을 우회적으로 칭송하는 것이다. 장비의 용맹함을 가장 잘 나타내는 이 이야기는 다양한 극본(劇本) 형태로 후대에게 전해지게 되었고 오늘날까지 꾸준한 상연(上演)이 이루어지고 있다.

39

제갈량(諸葛亮)이 동오의 유생들과 설전을 한 이야기의 진실과 거짓

舌戰群儒(取自淸康熙年版《三國志演義》)
제갈량이 유생들과 설전을 한다(청·강희년판〈삼국지연의〉)

'설전군유(舌戰群儒)'는 〈삼국연의(三國演義)〉 제43화에 나오는 이야기이며, 공명(孔明) 선생의 팬들과 관련된 이야기이다. 당시는 유비(劉備)가 장판파(長坂坡)에서 조조(曹操)에게 대패하고 하구(夏口)로 후퇴하고 있을 때였다. 조조의 대군은 매섭게 돌진하고 있었으며, 조조의 계획은 이러한 기세를 등에 업고 강동(江東)의 6군(六郡)을 모두 점령하려는 속셈이었다. 조조에게 유비는 그저 토벌하여 지나치는 대상이며, 반면 유비는 풍전등화와 같은 신세였다. 그리고 그 당시에 동오(東吳)의 각계 사람들도 불안에 떨긴 마찬가지였다. 그리하여 항복을 주장하는 사람들의 의견이 나날이 높아가고 있었다. 제갈량(諸葛亮)은 손유(孫劉) 두 군주가 힘을 합쳐 조조를 대항하여야 한다는 설득을 하기 위하여 동오의 노숙(魯肅)을 찾아가게 되었다. 제갈량이 동오에 도착하였다는 소식을 듣고 동오의 모사(謀士)들이 연이어 찾아와 전쟁이 아닌 항복이 답이라는 논리를 주장하기 위하여 그와 설전을 하였다. 제갈량은 자신이 가지고 있는 초인적인 지혜와 용기 그리고 지략, 나아가 누구와도 비교할 수 없는 천재적인 언변으로 주항파(主降派)들의 논리를 하나씩 무너뜨렸다. 제일 처음으로 동오의 수석모사(首席謀士)인 장소(張昭)를 포함한 7명의 책략가가 제갈량 앞에서 벙어리처럼 말을 이어갈 수 없게 만들었다. 심지어 다른 두 사람은 말조차도 꺼낼 기회도 얻지 못하였다. 그러고 나서 제갈량은 손권(孫權) 앞에서 천하의 대세를 설파하면서 싸움의 득실을 분석하고 명확한 비전이 제시된 방향을 제시하여 결국에는 손권이 유비와 연합하여 조조를 대항한다는 결심을 하도록 만들어내었다. 이로써 천하삼분지계(天下三分地界)의 시초인 적벽(赤壁)대전이 발발할 수 있게 되었다. 제갈량과 7인의 설전에서 그는 끊임없는 웅변과 재치와 논리정연한 말들을 계속 쏟아내어 동오에서 그를 상대할 적수가 없게끔 하였다. 〈삼국연의〉에서 이 장면을 매우 흥미롭게 묘사하였는데 이 이야기는 지금까지도 변론(辯論)을 사랑하는 사람들에게 학습 표본과도 같은 존재로 남게 되었다.

그렇다면 이 이야기는 과연 실제로 발생한 사건일까?

제갈량이 강동(江東)에 도착해서 했던 언행은 〈삼국지·제갈량전(三國志·諸葛亮傳)〉에 자세하게 기록되어 있다. 기록에 따르면 제갈량이 설득한 상대는 손권 단 한 사람이라고 쓰여 있다. 제갈량이 우선 손권에게 지금의 상황은 몹시 위험한 상황이라고 설명하였다. 그러자 손권은 질문하고 제갈량은 대답하였다. 손권이 또다시 질문하자 제갈량이 다시 질문에 대답하였다. 이후 제갈량이 완전히 손권을 설득시키고 손권과 유비의 동맹이 결정되었다. 제갈량이 동오를 방문하였을 때의 역사기록을 찾아봐도 '설전군유'와 비슷한 내용은 어디에도 찾아볼 수가 없었다. 심지어 역사서 〈삼국지(三國志)〉의 다른 부분을 찾아봐도 제갈량이 다수의 사람과 동시에 설전하였다는 기록도 존재하지 않는다. 그리하여 만일 '설전(舌戰)'이라는 표현을 사용하여 이 이야기를 설명하고자 하면 마지못해 '설전손권(舌戰孫權)'이라고 표현할 수 있을 것이다. 역사기록을 확인한 결과 '군유(群儒)'라는 표현은 허구라는 것이 드러났다.

원(元)나라 때 〈삼국지평화(三國志平話)〉에서 이 이야기의 초기형태를 찾아볼 수 있다. 그러나 〈삼국지평화〉에서는 공명 선생의 이미지는 '거칠고 단순한' 원시적인 모습으로 그려내었다. 목청을 높여 고성을 질렀으며, 소매를 걷고 자신의 보검(寶劍)을 들어 계단을 올라가 조조가 보낸 사자를 그 자리에서 죽여 버려 부득이하게 손권과 조조가 서로 싸울 수밖에 없는 환경을 강제로 조성하였다. 〈삼국연의〉에서는 이러한 부분을 근본적으로 개조하였는데 우선은 무력으로 상대를 제압하던 제갈량의 모습을 문예(文藝)와 지식으로 말로써 상대를 제압하는 이미지로 덧씌웠다. 그리고 태연하고 품위 있는 기품과 학구적으로 경륜이 풍만하며 다양한 문학적 언어를 사용하고 여유롭고 자신감이 넘치는 기세를 첨가하여 제갈량의 주위에 '문(文)'이라는 단어가 휘감을 수 있도록 하였다. 이러한 이미지는 이후에 나오는 '초선차전(草船借箭)' 그리고 '등단제풍(登壇祭風)'과 연결되도록 하여 '적벽대전'의 긴장감을 높이는 수단으로 활용될 수 있었다. 나관중(羅貫中)이 이렇게 이야기를 그려낸 것은 근본적인 의도가 있었기 때문이다. 〈삼국연의〉의 기본적인 내용은 '유비를 존경하고 조조를 배척하는' 방향성이 있으므로 삼분지계의 서막인 적벽대전에서 손오(孫吳)와 주유(周瑜)의 화려한 독무대로 이야기를 끝내는 것을 방지하기 위함이다. 구체적으로는 적벽대전이 발발하기 이전 공명 선생이 전투에서 핵심적 역할을 담당하게 하여 나중에 나타난 주유의 용맹함 모습과 쌍벽을 이룰 수 있도록 구성하였다.

만약에 〈삼국연의〉 속 이야기의 원형을 찾는다면, 제갈량의 큰 조카인 제갈각(諸葛恪)을 찾아볼 수 있다. 〈삼국지 · 제갈각전(三國志 · 諸葛恪傳)〉의 기록에서는 그는 사고력과 민첩성이 뛰어나고 특히 즉석 토론의 재주가 뛰어났다. 삼국시대의 토론 고수이자 머리를 가장 잘 쓰는 사람으로서 손오의 태자 손량(孫亮), 손오대신(孫吳大臣) 장소와 범신(范愼) 그리고 촉한(蜀漢)의 사신(使臣) 비의(費禕)도 그의 민첩하고 재치 있는 말솜씨를 당해내지 못하였다. 이 일화는 다음에 나올 '자유지려(子瑜之驢)'에서 자세하게 소개하겠다.

40

육적(陸績)이 부모에게 귤을 가져다 준 이야기 '육적회귤(陸績懷橘)'의 진실과 거짓

懷橘遺親(取自《百孝圖》)
육적 부모에게 귤을 가져다 준다(취자〈백효도〉)

'부모에게 공경하고 형제간의 우애를 다지는 것은 천성이며, 인간에게는 6세부터 시작된다. 어머니가 생각나 소매 속에 귤을 숨겨 가져다 주려고 하였다.' 이 시는 아래에서 설명하려는 효심이 깊은 어린 아이와 관련된 이야기를 묘사하는 시이다. 삼국시대 오국(吳國)에 육적(陸績)이라는 인물이 있었는데 어릴 때부터 총명하고 영리한 아이였다. 그가 6살이 되었을 때, 자신의 부친인 육강(陸康)을 따라 명성이 자자한 원술(袁術)을 알현하였다. 원술은 육적부자(父子)에게 회남(淮南)의 특산물인 귤을 대접하였다. 육적이 귤을 맛보고 그 향과 맛이 매우 달아 몰래 3개를 챙겨 자신의 소매 속에 숨겨두었다. 시간이 되어 자리를 떠나고자 원술에게 작별 인사를 올릴 때 뜻하지 않게 몰래 숨겨둔 귤이 바닥에 떨어져 굴러다니게 되었다. 이 모습을 본 원술은 웃으면서 "육랑(陸郞, 육적)아! 손님으로 여기에 초대받은 사람으로서 어찌하여 귤을 몰래 숨겨가려고 하였느냐?" 하고 묻자 육적은 곧바로 무릎을 꿇고 땅에 엎드려 황급하게 대답하였다. "귤을 저희 어머니께 가져다 드려 맛보시게 하려고 하였습니다." 이에 원술은 육적의 효심에 크게 감동하여 그에게 큰 상을 내렸다. 이 이야기는 〈삼국연의(三國演義)〉 제13화에 등장하는 내용이며, 여기서 등장하는 육적은 훗날 제갈량(諸葛亮)의 '설전군유(舌戰群儒)' 중에 등장하는 인물이다. 제갈량은 육적을 '원술의 연회에서 귤을 품은 아이'라고 지칭하기도 하였다.

그렇다면 육적은 어떤 사람일까? 이 이야기는 과연 사실일까?

서한(西漢)과 동한(東漢)시대를 통틀어 오군(吳郡) 오현(吳縣)은 지금의 강소성(江蘇省) 소주시(蘇州市)이며, 그 중 유명한 고(顧), 육(陸), 주(朱), 장(張)의 4개 성씨 즉 오중사성(吳中四姓)의 사람들이 살았던 곳이다. 역사서 〈삼국지·육적전(三國志·陸績傳)〉에 따르면, 육적은 오현에 육씨 가문 출신이며 손오(孫吳)의 명장(名將) 육손(陸遜)과 친척관계이며, 촌수를 따진다면 육적은 오히려 육손의 당숙(堂叔)이다. 육적의 조부인 육포(陸褒)는 행실이 매우 고결한 사람으로 유명한 인물이며 관직 제의를 거절한 인물이다. 그의 아들인 육강은 동한말기 여강

(廬江) 등 3개의 군(郡)의 태수(太守)를 역임한 인물로서 관료로 명성을 떨치던 인물이다. 육적은 육손보다 군사, 정치 방면의 지위는 부족하지만 문화예술에서는 입지적인 인물이다. 역사 기록에서 육적이라는 인물은 독서를 많이 하여 박학다식하고 천문에 정통하며 유학(儒學) 등 다양한 방면의 재주를 가지고 있다고 설명하였다. 특히 그가 관직에 있을 때, 매우 정직한 사람으로서 직언을 아끼지 않았으며 무력으로 민중을 정복하는 것이 아니라 도덕으로 사람들을 구하자는 방안을 제창하였다. 동시대에 명성이 자자한 우번(虞翻), 방통(龐統) 등의 인물들이 육적보다 나이가 많지만 나이를 건너뛰어 서로 친구의 연을 맺었다. 하지만 아쉽게도 육적은 젊은 나이인 32세에 죽음을 맞이하였다.

본론으로 돌아가서 육적이 '회귤(懷橘; 귤을 생각하며 부모를 떠올린 일화)'는 실제로 있었던 일화이다. 〈육적전〉에 당시의 일이 명확하게 기록되어 있으며, 원(元)나라 때 잡극(雜劇)의 저명한 저자인 왕실보(王實甫)도 〈작빈객육적회귤(作賓客陸績懷橘)〉이라는 제목의 극본을 집필하였다. 이 일화를 계승하여 원나라 때 곽수정(郭守正)이 편찬한 〈이십사효(二十四孝)〉에도 이 이야기가 포함되어 있다. 부모와 자녀 지간의 사랑은 가장 진실하고 직접적이며 원시적인 감정선이자 인간의 천성이라고 할 수 있다. 옛말에는 '백선은 효부터 시작한다(百善孝爲先).'고 하였으며 부모를 공경하는 것은 사람됨에 있어서 가장 기본적인 원칙이다. 그리하여 귤을 감춰 어머니에게 가져다 주려고 하였던 이야기는 어린아이가 자신의 어머니를 공경할 수 있는 가장 순박한 표현이며, 비록 천지를 놀라게 하고 귀신을 울리는 거대한 이야기가 아니지만, 사람들은 이 아이에 대한 순수한 효심에 깊은 감동을 받았다.

효도는 중화민족의 전통적인 미덕중의 하나이다. 고금이래 많은 사람이 선조들의 효행을 학습하고 효와 관련된 일화에 감동하며 존경을 표하고 있다. 육적이 자신의 어머니를 위하여 효심이 충만한 행동을 하였지만, 이는 타인의 물건을 몰래 가져간 일이기도 하여 성실이라는 인품에 반하는 행위이다. 그러므로 이러한 행위를 모방하거나 찬양하려는 일을 지양하여야 한다.

41

조조(曹操)가 두 명의 교여인(喬女人)을 탐한 이야기의 진실과 거짓

二喬畫像(取自清光緒廿五年版《〈三國志演義〉全圖》)
이교화상(청·광서이십오년판〈삼국지연의전도〉)

〈삼국연의(三國演義)〉는 남성성과 그에 따른 기량을 표출하는 세계관으로 그려져 있지만, 과도한 남성성 또는 남성이 골치 아픈 일에 직면하였을 때, 여성 또는 여장부가 출현하여 문제를 해결하는 모습을 종종 보여주며 한편으로는 여성에게 어려운 문제를 해결하도록 부탁하는 일화도 존재하기도 한다. 그 예로 왕윤(王允)이 초선(貂蟬)에게 부탁하여 그녀가 직접 '연환계(連環計)'를 계획하고 실행하는 모습이 있다. 이와 반대로 여성이 매개가 되어 남성들이 움직인 일화도 존재한다. 그것은 바로 공명(孔明)이 여유롭게 주유(周瑜)에게 이야기한 '욕람이교(欲攬二喬)'이다.

때는 조조가 대군을 이끌고 형주(荊州)로 남하하고 있었다. 공명은 동오(東吳)로 향하여 유비(劉備)와 손권(孫權)이 함께 힘을 합쳐 조조를 대항하자고 설득하는 시기였다. 오(吳)나라의 명장 주유가 거짓으로 항복하자고 하며 조조와 맞서는 것을 동의하지 않았다. 소교(小喬)가 주유의 애첩이라는 것을 알고 있는 공명은 한 여성을 예를 들어 이야기를 시작하였다. "내가 듣기로는 조조가 새로 동작대(銅雀臺)를 세워 천하의 미녀들을 뽑는다고 들었다. 오래 전부터 강동(江東)에 교공(喬公)의 두 딸이 있는데 큰 딸의 이름은 대교(大喬)이며 차녀는 소교(小喬)라 하는데 그녀들의 미모는 물고기가 헤엄치는 것을 멈춰 가라앉게 만들고 학이 나는 것을 포기하고 땅으로 떨어지며 심지어 달과 꽃들이 미모에 놀라 숨는다는 말이 있습니다. 그리하여 조조는 이교(二喬; 두 명의 교여인)를 반드시 손에 넣고 동작대에 올리겠다고 맹세하였다고 들었다." 이 이야기를 하자마자 제갈량은 쉬지 않고 주유에게 "그렇다면 장군은 그 두 여인을 조조에게 보내어 그가 여기로 쳐들어오는 것을 막으면 되지 않습니까?"라고 물었다. 그리고 주유의 대답을 채 듣기 전에 또다시 조식(曹植)의 〈동작대부(銅雀臺賦)〉의 시를 읊었다. 그러면서 "좌측과 우측에 옥룡(玉龍)과 금색 봉황(金鳳)으로 조각된 두 개의 대(臺)를 세우고 두 명의 교여인을 남쪽과 동쪽에 세워 밤낮으로 유흥을 즐기겠다."라는 말을 하였고, 이 말을 들은 주유는 매우 격노했고, 함께 조조를 대항하자는 제갈량의 말에 동의하게 되었다.

원(元)나라 때 〈삼국지평화(三國志平話)〉에서 이 이야기를 이렇게 묘사하였다. '손권(孫權)은 이미 제갈량(諸葛亮)이 제안한 공동으로 조조를 대항하는 방안에 대하여 동의하였지만, 주유(周瑜)는 이러한 임무를 받지 않고 소교(小喬)와 매일같이 향락을 즐겼다. 노숙(魯肅)과 제갈량은 주유를 방문하게 되었고 주유를 만난 제갈량은 그에게 이렇게 말하였다. "조조(曹操)가 장안(長安)에 동작궁(銅雀宮)을 건설하여 천하의 미녀들을 강탈하려 한다. 만일 그가 교공(喬公)의 두 딸을 빼앗는다면 이런 불명예는 어찌 감당하려 합니까?"라고 질문하여 그제야 주유가 제갈량의 말에 동의하여 전선(戰線)으로 향하였다. 〈삼국지평화〉에서 묘사하는 내용과 〈삼국연의〉에서 이야기하는 내용을 비교하였을 때, 기존의 이야기를 세밀하게 가공한 〈삼국연의〉의 내용이 문체가 다양하고 이해하기 쉽게 합리적으로 이야기가 구성되어 있다. 또한 적벽대전의 전초전으로서 고귀하고 원대한 새로운 활력제를 첨가하는 이 이야기의 묘사는 절묘한 글재주로서 독자들을 흡입시키는 매력을 가지고 있다.

이렇게 다채롭고 탁월한 글 솜씨를 가지고 있는 이 이야기는 아쉽게도 대부분의 내용들이 허구이며 진실은 미약하게나마 존재하고 있다는 점이다.

조조는 실제로 당시에 거대하고 웅장하며 화려한 동작대(銅雀臺)를 건설하고 있었다. 〈삼국지·무제기(三國志·武帝紀)〉와 다른 역사서에서 본 조조의 업적을 기록하여 사실을 입증하였다.

다른 부분은 모두 창조된 허구인데 우선은 시간상의 거짓이다. 많은 사람이 알고 있듯이 적벽대전은 건안(建安) 13년(서기 208년)에 발발한 전투이다. 하지만 이 시기 조조의 동작대(銅雀臺)는 존재하지 않는다. 동작대를 착공한 시기는 역사서 〈무제기(武帝紀)〉에서 구체적으로 기록되어 있다. 건안 15년(서기 210년) 겨울에 건설이 시작되었으며, 건안 17년(서기 212년) 봄에 완공되었다. 조식(曹植)의 형제들이 작성한 〈동작대부(銅雀臺賦)〉와 〈삼국지조식전(三國志·曹植傳)〉, 배주(裴注)가 인용한 〈위기(魏紀)〉 그리고 〈문예류취(文藝類聚)〉 등의 기록에서 기록한 준공시기와 〈삼국연의〉에서 묘사하고 있는 이 이야기와의 시간 차이는 무려 4년이나 된다. 또한 동작대와 관련된 기록 모두를 찾아봐도 앞서 제갈량이 읊은 '좌측과 우측에 옥룡(玉龍)과 금색 봉황(金鳳)으로 조각된 두 개의 대(臺)를 세우고 두 명의 교여인을 남쪽과 동쪽에 세워 밤낮으로 유흥을 즐기겠다.'라는 시는 존재하지 않는다. 이 구절과 이어서 나오는 총 14절의 내용 또한 존재하지 않으며 이는 〈삼국연의〉에서 이야기를 이끌어가기 위한 도구로서 창조된 것이다. 비록 허구적 내용이 추가되었지만 이러한 부분이 첨가됨으로써 전체적인 이야기가 합리적으로 전개되며 독자들은 이 부분이 거짓인 것을 느끼지 못하고 마치 모든 퍼즐이 맞아 들어가는 느낌을 받을 수 있게 되었다.

역사 기록에 따르면 조조는 다른 사람의 미모의 아내를 탐내어 빼앗는 것을 즐겼다. 그 예로 여포를 공격하여 죽인 후에 그의 부하인 진의록(秦宜祿)의 아내를 강제로 빼앗았다. 그의 아들인 조비(曹丕)도 자신의 부친을 닮아 다른 사람의 아내를 첩으로 삼았다. 원소가 위(魏)나라에 패하게 되자 조비는 원소(袁紹)의 아들인 원희(袁熙)의 아내를 강제로 빼앗았다. 그리하여 당(唐)나라 때의 시인인 두목(杜牧)은 '동풍이 주유의 편이 아니었다면, 봄이 깊어질 때 동작대에 이교(二喬)가 갇혀 있었을 것이다.'라는 구절을 남겼다. 위의 시를 보았을 때, 〈삼국연의〉의 허구가 얼마나 사실적이며 찬란한 명작이 되었는가를 알 수 있다.

42

주유(周瑜)가 제갈근(諸葛瑾)에게 부탁하여 공명(孔明)을 동오(東吳)에 남도록 설득시킨 이야기의 진실과 거짓

勸留孔明(陳榮繪)
권유공명(진영그림)

주유(周瑜)와 공명(孔明)이 서로의 지혜를 활용하여 다투는 일화는 〈삼국연의(三國演義)〉에서 가장 주목받는 부분이다. 이 편에서 다루는 주유가 공명에게 자신과 함께 하자고 권유하는 이야기도 사람들의 이목을 집중시키는 내용중의 하나이다.

공명이 강동(江東)으로 내려와 오(吳)나라에 함께 연합하여 조조를 대항하자고 설득하던 시기이다. 주유는 공명의 지략이 자신을 뛰어넘는 것을 알아보고 속으로 그를 죽일 기회를 찾게 되었다. 이를 알게 된 노숙(魯肅)은 이러한 계획은 적절하지 못하다고 생각하여 공명의 친형제인 제갈근에게 공명을 설득시켜 동오(東吳)에 남아 자신들과 함께 일해 줄 것을 이야기해 보는 방법을 제안하였다. 주유는 노숙이 제안한 방법이 매우 좋다고 생각하여 곧바로 공명의 친형인 제갈근을 불러오게 하였다. 그리고 그에게 "그대의 동생인 공명에게는 매우 뛰어난 재능이 있는데 왜 하필이면 유비를 따르는 것인가? 마침 공명이 강동에 와 있으니 그대가 아낌없이 설득하여 유비를 버리고 우리를 위하여 힘을 보태줄 것을 이야기해 보는 것이 좋을 것 같소! 또한 주공께서 아량을 베풀어 당신의 형제가 서로 만날 수 있도록 해 주니 이 얼마나 좋은 일인가?"라고 말하였다. 이에 제갈근은 곧바로 주유의 제안에 승낙하여 역정(驛亭)에 있는 공명을 만나러 갔다. 이 자리에서 제갈근은 눈물을 흘리며 "자네는 백이(伯夷)와 숙제(叔齊)를 아는가? 두 형제는 굶어 죽어 수양산(首陽山) 아래 묻히게 되었는데 그래도 그들은 한자리에 있게 되었다. 나와 너는 같은 어머니 아래 보살핌을 받았어도 섬기는 군주가 달라 한날 한시 함께 할 수 없으니 같이 지내며 죽어서도 함께 한 백이와 숙제가 얼마나 통탄하게 생각할까?"라고 말하였다. 이에 공명은 "형님은 정을 말하며 동생인 저는 의(義)를 지키고 있습니다. 저와 형님은 모두 한(漢) 황실의 신민(臣民)이니 황실의 핏줄인 유황숙(劉皇叔)을 따르는 것은 당연한 일입니다. 그러니 형님께서 동오(東吳)를 떠나 저와 함께 유황숙을 따른다면 한나라의 신하로서 부끄러움이 없을 뿐더러 형님과 제가 함께 할 수 있으며 나아가 형님께서 말하시는 정과 제가 이야기하는 의리를 동시에 지킬 수 있습니다. 형님 생각은 어떠하십니까?"라고 오히려 제갈근에게 역으로 자신과 함께 하자는 권유를 하였다. 제갈근은 아무런 대답도 하지 않은 채 자리를 떠나 주유를 만나러 갔다. 공명과 있었던 일을 들은 주유는 다른 방법을 고안하여 그를 처리하고자 결심하였다.

이야기의 사실과 거짓을 구분하기 전에 우선은 역사적 기록과 관련된 내용을 구별하여 사실관계를 따져보자.

제갈근의 자는 자유(子瑜)이며 공명의 친형이 맞다. 동한말기(東漢末期) 전란(戰亂)시기 가족들은 고향을 버리고 피난을 떠났으며 이때 형제들은 각기 동분서주하여 헤어지게 되었다. 제갈근은 강동으로 넘어와 손권(孫權)의 제부인 홍자(弘咨)를 알게 되었고 홍자는 손권에게 제갈근을 추천하여 그가 관직에 등용될 수 있도록 하였다. 제갈근은 인정이 넘치고 성실하였으며 학문이 깊고 품위 있는 사람이기에 손권이 특별히 그를 중용하였다. 이러한 보답에 제갈근도 손오정권(孫吳政權)에 충심을 다하였고 특히, 공명과 형제관계임에도 불구하고 원칙을 지키고 공과 사를 분명히 하여 선을 넘는 것을 경계하였다. 그러나 앞서 이야기에 나온 주유의 부탁을 받고 제갈량에게 강동을 위하여 힘을 보태주라는 설득을 한 이야기는 역사서에 명확하게 기록되어 있지는 않았다. 그리하여 〈삼국연의(三國演義)〉의 내용은 사실관계가 명확하지 않기 때문에 이 이야기는 허구인 것으로 판단할 수 있다.

그렇다면 허구적 요소는 어떻게 탄생되었을까? 〈삼국지 · 제갈근전(三國志 · 諸葛瑾傳)〉에서 배주(裴注)가 인용한 〈강표전(江表傳)〉의 기록에서 이 이야기의 근원을 찾을 수가 있다. 제갈근이 남군진(南郡鎭)을 지킬 때, 누군가 손권에게 제갈근이 다른 마음을 가지고 있다고 밀고하였다. 이러한 사실을 알게 된 육손(陸遜)은 손권에게 상소를 올려 제갈근은 다른 마음을 품을 사람이 아니라는 것을 변호하였다. 이에 손권은 육손의 상소에 답하면서 이렇게 이야기하였다. "나는 자유(子瑜)의 사람됨을 매우 잘 알고 있다. 그는 마음속에 다른 것을 품고 다닐 사람이 아니며 이 사실을 증명할 증거도 있다. 과거에 현덕(玄德)이 공명을 여기로 보내었을 때, 내가 자유(子瑜)에게 직접 당신과 공명은 친형제로서 동생은 형을 따라가는 것이 도의상 맞는 것이라고 생각하는데 당신은 어찌 공명에게 여기에 머물러 함께 살자고 이야기를 하지 않는 것이오? 만일 공명이 여기에 남겠다고 하면 내가 친히 현덕에게 편지를 보내어 본인이 원하여 여기에 머무는 것이라고 설명하겠소! 라고 물어보았다. 이에 자유는 나의 동생은 이미 다른 군주를 섬기기로 하였습니다. 군신의 관계로서 다른 의(義)는 존재하지 않기 때문에 동생을 붙잡지 않고 저 또한 떠나지 않습니다! 이렇게 답하였다. 자유의 이 말은 나를 충분히 감동시켰으며 그가 어떻게 지금이라도 다른 마음을 품을 생각을 하겠는가!"라고 육손에게 말하였다.

이러한 기록에 출발하여 〈삼국연의〉는 다양한 역사기록을 각색하고 첨가하여 이 이야기가 탄생하게 되었다. 본래 공명을 설득하라고 이야기한 인물은 주유로 바뀌게 되었고 또한 제갈근은 공명에게 설득조차 하지 않았지만 소설에서는 적극적으로 공명을 설득시키는 모습과 거절되어 벽에 부딪치는 모습을 묘사하였다. 실질적으로 나관중(羅貫中) 선생이 이야기를 이렇게 이끌었던 의도는 제갈량의 뛰어난 지략과 광채를 더하기 위함이다. 반면 같은 형제인 제갈근이 체면을 잃는 것은 그가 관여할 바는 아니며 신경을 쓰는 부분도 아니었던 것이다.

43

주유(周瑜)가 삼강(三江) 입구에서 유비를 죽여야 되겠다는 마음을 가진 이야기의 진실과 거짓

周瑜畫像(取自清康熙年版《三國志演義》)
주유화상(청·강희년판〈삼국지연의〉)

이 편에서도 위의 이야기와 마찬가지로 주유(周瑜)와 관련된 이야기를 하려고 한다. 진수(陳壽)가 쓴 '고곡(顧曲)'의 주유와 소동파(蘇東坡)가 쓴 '웅자영발(雄姿英發)' 그리고 〈삼국연의(三國演義)〉 속 이야기의 공통점은 함께 한 파트너를 죽이려는 마음을 가지고 있으면서 결국에는 그러한 마음을 가진 사람이 자신의 분에 못 이겨 죽는 역할이 등장한다. 이 편에서는 공명(孔明)을 죽이려는 생각도 모자라 제갈량의 주군인 유비도 죽이려고 생각하는 이야기를 다뤄보려고 한다.

때는 제갈량(諸葛亮)이 강동(江東)에서 손권(孫權)과 동맹을 맺고 조조를 대항하는 시기이다. 강동으로 간지 한참이 지났지만 돌아오지 않는 제갈량을 걱정하여, 유비는 미축(糜竺)을 주유의 군영에 보내어 일이 어찌되는지 알아보라고 명하였다. 미축을 만난 주유는 그를 매우 환영하면서 "본인이 유예주(劉豫州)를 만나 같이 계책을 논하는 것을 희망하고 있습니다. 유비께서 친히 여기로 와주시는 것이 내가 바라는 소원입니다."라고 말하였다. 주유의 말을 전해들은 미축은 곧바로 작별을 고하고 주유의 군영을 떠나 유비에게로 돌아갔다. 옆에서 이러한 말을 들은 노숙(魯肅)은 주유에게 "공(公)은 현덕(玄德)을 만나서 무엇을 논하려고 하십니까?"라고 물어보았다. 이에 주유는 "현덕은 사납고 야심이 가득한 영웅(梟雄)이니 반드시 제거를 해야 한다. 본인은 이번 기회에 그를 죽이고 나라에 후환(後患)이 될 일을 없애려고 한다."라고 대답하였다. 노숙은 여러 번 그렇게 해서는 안된다고 주유를 설득하였지만 주유는 노숙의 말을 듣지 않았다. 그때, 미축은 유비에게 주랑(周郞)이 만나고 싶어한다는 주유의 말을 전하였다. 그리하여 유비와 관우는 작은 배를 타고 신속히 강동으로 향하였다. 유비가 강동에 다다르자 주유의 군사가 재빠르게 "유예주가 도착하였습니다."라고 보고하였으며 주유는 "그가 데리고 온 배는 총 몇 척인가?"라고 물어보았다. 이에 병사는 1척의 배에 20여 명의 사람들이 타고 있습니다."라고 대답하였다. 주유는 웃으며 "그가 죽으려고 작정하였구나!"라고 이야기하며 도부수(刀斧手)들에게 미리 매복하고 있으라고 명하였다. 그리고 주유는 자신의 군영 밖으로 나와 유비를 영접하고 연회를 열어 대접을 하였다. 술잔이 여러 번 오고 가고 나서 주유는 몸을 일으켜 유비 등 뒤에 검을 들고 서 있는 관우를 바라보면서 재빠르게 누구인지 물어보았다. 그러자 유비가 "나의 동생인 관운장(關雲長)입니다."라고 대답하였다. 그 이름을 듣고 놀란 주유는 "안량(顔良)과 문추(文醜)를 죽인 사람이 맞소?" 그러자 유비는 "그 사람이 맞습니다."라고 말하였다. 주유는 더욱 놀라 등에 식은땀이 날 정도였다. 관우가 유비에게 눈짓을 하자 유비는 그 뜻을 이해하고 연회를 떠났다. 얼마 지나지 않아 유비일행이 강가에 도착하였는데 배에 타고 있는 공명을 보았다. 공명은 유비에게 "주공은 오늘의 위험을 알았습니까? 만일 관우가 없었다면 주유가 주공에게 해를 가하였을 것입니다."라고 말하였다. 이 말을 듣고 유비는 그제야 상황을 깨닫게 되었다.

이 삼국지판 홍문연(鴻門宴) 이야기는 과연 실제로 존재한 일일까?

이 질문에 답은 일부분은 사실이고 다른 일부분은 허구이다.

이 이야기의 유래는 배주(裵注)가 〈삼국지·선주전(三國志先主傳)〉에서 인용한 〈강표전(江表傳)〉에 등장한다. '유비는 노숙의 제안을 받아들여 악현(鄂縣)에서 번구(樊口)로 이동하였다. 그리고 제갈량을 손오(孫吳)의 사자로 보내어 주유가 수군을 이끌고 서진(西進)하여 번구를 지나도록 하였다. 이 때, 유비가 직접 군사들을 위문하도록 계획하여 주유에게 사람을 보내어 통보하였지만 주유가 "본인은 지금 군사상의 중요한 임무를 수행하고 있으니, 자리를 이동하여 강가에 있는 사자를 영접할 수 없습니다. 만약에 실례가 안된다면 이쪽으로 와주시길 부탁드립니다."라고 하였다. 그리하여 유비는 관우와 장비에게 "주유가 나보러 직접 오라 하던데, 동맹이라서 만일 주유의 제안에 응대를 하지 않으면 동맹같지 않게 생각할 터이니 배 한 척을 타고 직접 주유에게로 가자."라고 하였다. 그리하여 유비는 주유를 만나게 되었고 유비는 자신의 군대를 위문하면서 주유와 함께 부대를 이끌고 전진하여 조조를 대항하였다.'라고 기록되어 있다.

이로서 적벽대전 발발 직전 주유와 유비가 서로 만났다는 것은 사실로 밝혀졌다. 또한 유비는 배 한 척을 타고 주유에게로 향하였던 것도 사실이다. 하지만, 이 이야기 속 다른 부분들은 모두 허구적 요소들이 가득하다. 예를 들어 주유가 유비를 초대한 이유는 유비를 죽이기 위해서가 아니며, 유비가 자리를 떠난 것도 관우의 용맹한 기운 때문에 주유가 굴복하였던 것도 아니다. 실제로는 주유는 이 자리에서 누구도 해치려는 생각조차 하지 않았다는 점이다. 또 다른 허구적 요소는 유비와 주유가 서로 만난 장소는 역사서에서는 악현(鄂縣) 지금의 호북성(湖北省) 악주시(鄂州市) 번구(樊口)라고 기록하였지만 〈삼국연의〉에서는 '삼강구(三江口)'라고 묘사하였다. 본래 '삼강구'라는 지역명은 역사서 〈삼국지(三國志)〉의 어떠한 부분에도 나와 있지 않는다. 다만 후세의 사람들이 장강(長江)연안의 다수의 지역을 '삼강구'의 명칭으로 불렀다. 객관적으로 '삼강구'라는 지역명을 분석하였을 때, '삼강구'의 이름을 쓰는 대부분의 지역들은 〈삼국연의〉에서 이름을 차용하여 명명되었던 것으로 판단된다.

주유를 악역으로 만듦으로써, 유비와 제갈량의 이미지는 자연스럽게 '고귀'하게 표현될 수 있었다. 이는 나관중(羅貫中) 선생의 의도가 자연스럽게 녹아든 부분이기도 하다.

44

장간(蔣幹)이 서찰(書劄)을 훔친 이야기의 진실과 거짓

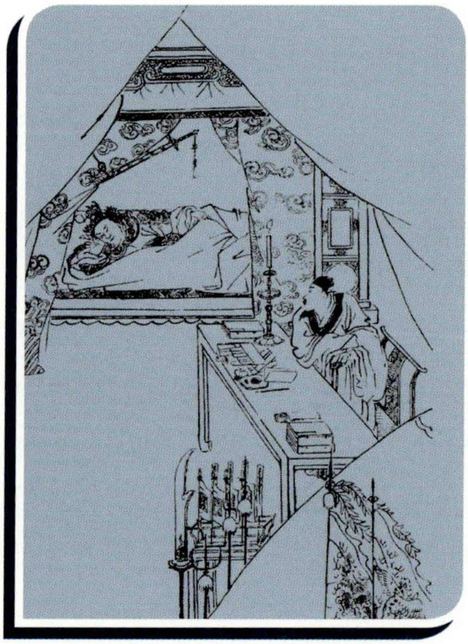

蔣幹盜書(取自清康熙年版《三國志演義》)
장간도서(청 · 강희년판〈삼국지연의〉)

칼과 창 그리고 철과 마필들이 난무하는 격렬한 전투 중에 어떤 사람이 호기롭게 도둑이 되어 물건을 훔치는 일화가 존재한다. 그리고 얼마 지나지 않아 이 도둑이 했던 행위는 타인의 목숨을 좌우할 정도의 심각한 결과를 초래하였다. 이 내용은 〈삼국연의(三國演義)〉에서 코

미디적 요소를 가지고 있는 '장간도서(蔣幹盜書)'라는 이야기이다.

적벽대전이 발발하기 직전 장간(蔣幹)은 직접 조조(曹操)에게 주유(周瑜)의 항복을 받아낼 수 있는 적임자라며 자신을 추천하였다. 주유는 장간이 자신에게 온다는 소식을 듣고 크게 웃으면서 장수들에게 "손님으로 온다니 그렇다면 맞이해야 하겠구나!"라고 말하였다. 그러고 나서 귓속말로 손님을 맞이할 세부적인 사항을 지시하였으며 주유의 명을 들은 장수들은 분부대로 이행하였다. 시간이 지나고 장간이 도착하자 주유는 성대한 연회를 열고 승전(勝戰)한 장군들을 불러 모아 술잔을 돌리면서 장간을 후하게 대접하였다. 이 자리에서 주유는 장수들을 지목하면서 "이들은 강동의 걸출한 호걸들이다. 이렇게 서로 모였으니 군영회(群英會)라고 할 수 있구나."라고 말하였다. 해가 지자 주유는 술자리를 파하고 장군들을 돌려보냈고 이때까지도 장간은 주유에게 항복하라는 말을 한마디도 하지 못하였다. 주유는 연회 자리를 정리하고 나서 "오랜만에 자익(子翼; 장간)과 함께 같은 곳에서 자야 되겠다. 오늘은 늦었으니 외박을 하며 늦게까지 자도록 하자."라고 말하였다. 말이 끝나자마자 거짓으로 취한 척을 하면서 장간을 장막으로 데리고 와서 같이 깊은 잠을 잤다. 호언장담한 장간은 자신의 뜻대로 되지 않자 잠들지 못하고 장막 안에 있는 책상에 올려진 문서를 몰래 훔쳐보았다. 그 문서에는 '채모(蔡瑁)와 장윤(張允) 올림'이라고 쓰여 있었다. 장간은 문서 겉면에 쓰인 이름을 보고 충격을 받아 문서를 읽어 보았다. 그 문서의 내용은 두 사람과 동오(東吳)가 주고받은 밀서였다. 장간은 그 편지를 몰래 옷 속에 숨겨두고 오경(五更)이 되었을 때, 몰래 장막을 빠져 나와 자신과 같이 온 아이를 데리고 원문(轅門)을 통과하여 배를 타고 조조에게로 돌아갔다. 장간이 가져온 문서를 받아본 조조는 크게 분노하여 채모와 장윤 두 사람을 즉각 처형하였다. 그리고 얼마 지나지 않아 조조는 자신이 주유의 계략에 빠졌다는 것을 알아챘지만 자신이 틀렸다는 것을 인정하기 싫어 사람들에게 "두 사람은 군법을 어기고 태만하여 내가 직접 처형하였다."라고 선포하였다.

위 글은 〈삼국연의〉에 쓰인 내용을 요약한 것이다. 과연 이 이야기는 사실일까? 이번 내용 역시 반은 사실이고 반은 허구인 이야기라고 할 수 있다.

사실인 부분은 장간이 조조에게 자신이 주유를 설득시킬 수 있다고 말하여 동오(東吳)로 향하였다는 부분이다. 〈삼국지·주유전(三國志·周瑜傳)〉을 인용한 배주(裵注)의 〈강표전(江表傳)〉에 이러한 기록이 존재한다. 조조는 주유가 젊기 때문에 마음을 쉽게 움직일 수 있다고 생각하였다. 그리하여 언변이 뛰어나며 구강(九江) 출신인 장간에게 주유의 항복을 이끌어내라고 하였다. 주유는 정성을 다하여 장간을 환대하였는데 이는 그에게 자신의 군사적 위세와 호화주택을 자랑하면서, 손오(孫吳)를 향한 굳건한 충심을 보여주기 위함이었다. 장간은 이러한 위세를 보면서 주유의 마음을 움직일 수 없다는 것을 알고 빈손으로 조조에게 돌아갔다. 장간은 조조에게 보고하기를 주유는 '배포가 크며 의지가 강한 사람'이라고 설명하였으며, 어떠한 말을 해도 그를 움직일 수 없다고 하였다.

이 이야기에서 사실이 아닌 부분은 바로 주유가 설계한 계략부분이다. 장간이 주유의 계략에 넘어가 서찰(書劄)을 훔치고 채모와 장윤의 억울한 죽음을 불러일으켰다는 내용들은 모두 허구이다. 이 이야기는 일찍이 원(元)나라 때 〈삼국지평화(三國志平話)〉에서 이렇게 묘사되었다. '장간이 주유를 만나러 갔을 때, 황개(黃蓋)가 억울하게 주유에게 얻어맞는 것을 보았다. 그리하여 장간은 황개를 설득하여 조조에게 투항할 것을 이야기하고 황개는 거짓으로 장간의 설득에 넘어가 조조군에 가담하기로 하였다. 나아가 자신이 보관하고 있는 기밀문서를 장간에게 넘겨주었다. 이 문서는 괴월(蒯越)과 채모가 비밀리에 주유와 내통하고 있는 서신이었으며 이것은 곧바로 조조에게 전달되었다. 〈삼국연의〉에서는 기존에 존재하였던 이야기를 바탕으로 재가공하여 주유가 장간을 초대하여 장막에서 같이 잠드는 것과 거짓으로 취한 척을 하여 장간이 문서를 훔칠 수 있도록 한 장치는 모두 독자들이 이해하기 쉽게 합리적으로 그리고 생동감 있게 구성하기 위함이다.

〈강표전〉에서 장간에 대한 기록은 이러하다. '외모가 출중한 인물로서 언변도 다른 사람보다 뛰어나다고 하여 자신이 강동과 회남(淮南)에서 제일가는 인물이라고 하였다. 그리하여 그가 주유를 설득시킬 수 있다고 하여 조조가 그를 주유가 있는 곳으로 보내었다. 장간이 주유를 보자 자신보다 더 화려하고 언변이 뛰어나 그를 설득할 수가 없었다.' 실제 역사서에서는 모두 다 총명하며 좋은 이미지만 기록하였지만, 〈삼국연의〉에서는 밝은 면은 모두 지우고 추악한 면모들을 부각시키고 있다. 우선, 장간이 직접 자신을 추천하면서 "나의 3촌(3寸) 길이도 되지 않는 혀로, 강동으로 가서 거기 사람들을 모두 여기로 항복하도록 하겠다."라는 말과 조조가 항복을 위해 무엇을 가져가겠냐는 질문에 "어린아이 한 명과 두 사람이 타고 갈 수 있는 작은 배면 충분하다."라는 말을 하였다는 점이다. 그리하여 이렇게 자신만만 하고 큰 공을 세우기 좋아하는 사람은 결국에 자기 자신도 모르고 적도 모르는 우둔한 사람으로 표현하게 되었다. 이러한 인물이 탄생하게 된 깊은 의도가 존재하는데 그것은 바로 조조가 의심이 많고 사람들을 쉽게 죽이며 자신이 틀렸다는 것을 인정하기 싫어하는 간사한 이미지를 첨가시키기 위함이다.

45

제갈량(諸葛亮)이 짚단을 쌓은 배를 이용하여 화살을 취한 '초선차전(草船借箭)' 이야기의 진실과 거짓

草船借箭(取自清康熙年版《三國志演義》)
초선차전(청·강희년판〈삼국지연의〉)

적벽대전 직전 공명(孔明) 선생은 매우 바쁘게 지냈다. '설전군유(舌戰群儒)'라는 치열한 설전을 마치고 나서 곧바로 초선차전(草船借箭)을 계획하여 자신의 신기한 묘수와 천하를 아우르는 최고의 대담함을 뽐내었다.

당시에는 주유(周瑜)가 제갈량의 재능과 지혜를 시기하여 고의로 그에게 어려운 문제를 내어 만일 실패한다면 이 기회를 빌려 그를 죽이려고 호시탐탐 기회를 노리면서 그를 곤란하게 만들었다. 그리하여 제갈량에게 10일 이내에 10만 개의 화살을 만들라고 명하였고 이를 지키지 않았을 경우 군법으로 다스리겠다고 말하였다. 주유는 동오(東吳)의 군대를 이끌고 전투를 나서기 때문에 외부에서 온 손님은 당연히 지원을 담당하여야 한다고 하였다. 만일 주어진 임무를 달성하지 못하였을 때는 당연히 문책을 당하고 참수를 하여야 한다는 것이 그의 생각으로 상대에게는 무자비한 행패이자 협박이었다. 하지만 공명은 이러한 생각은 마음속에 담아두지 않고 주유의 제안에 바로 응하였다. 심지어는 10일의 시간이 아니라 3일이면 충분하다고 말하였다. 그 이유는 천문과 지리에 뛰어난 제갈량은 일찍이 3일 후 큰 안개가 생길 것이라고 판단하여 노숙(魯肅)에게 짚단을 가득 실은 배 20척을 빌렸다. 제갈량이 예측한대로 날이 어두워지고 큰 안개가 끼자 그는 노숙과 함께 배를 타고 화살을 구하러 가자고 초청하였다. 제갈량의 지시를 받은 배들은 일제히 우렁찬 함성과 북소리를 내지르면서 조조군의 진영으로 향하였다. 이에 조조는 소리가 나는 방향으로 활을 사용하여 공격하라고 지시하였다. 이윽고, 날이 밝고 안개가 걷히자 짚단을 가득 실은 배에는 조조가 쏜 화살들이 가득 꽂혀 있었고 제갈량이 이끌고 온 배들은 만선(滿船)하여 되돌아오게 되었다. 결국 제갈량은 유유자적하게 깊은 밤에 배를 이끌고 다녀와 주유가 제시한 어려운 난제를 한 번에 해결하게 되었다. 이 이야기는 〈삼국연의(三國演義)〉에서 사람들이 가장 널리 알고 있는 유명한 이야기이다.

〈삼국연의〉에서 가장 유명하고 사람들에게 익숙한 이야기이지만 안타깝게도 이렇게 경탄할만한 지략을 활용한 일화는 손권(孫權)이 하였던 일을 공명 선생에게 덧씌운 것으로 확인되었다.

〈삼국지·오주전(三國志·吳主傳)〉을 인용한 배주(裵注)가 편찬한 〈위략(魏略)〉의 기록에 따르면 '건안(建安) 18년(서기 213년) 조조가 유수(濡須)에서 손권군을 공격하려고 할 때였다. 손권은 큰 배를 타고 조조군의 동향을 정찰하러 나갔는데 이를 발견한 조조는 그 배를 향하여 마구잡이로 활을 쏘라고 지시하였다. 대량의 화살이 손권이 타고 있는 배 한 쪽으로만 박히게 되어 결국 배가 기울어져 침몰의 위기에 있을때 손권은 얼른 배를 돌려 반대편에 조조군의 화살을 맞게 되었고 배가 평행을 되찾자 그제서야 자신의 영지로 돌아갈 수 있게 되었다.'라고 기록되어 있다. 이러한 기록에서 〈삼국연의〉와 다른 3가지의 포인트를 찾을 수 있는데 우선은 사건의 당사자는 제갈량이 아닌 손권이라는 것을 알 수 있다. 다음으로 이러한 사건이 발생한 시간이다. 역사서에서는 건안 18년이라고 기록하였는데 이는 적벽대전이 발발하고 5년이 지난 시점이다. 마지막으로 사건이 발생한 지점인데 〈삼국연의〉에서는 적벽이라고 묘사하였지만 역사기록에서는 유수지역 지금의 안휘성(安徽省) 함산현(含山縣) 서남부라고 쓰여 있다. 이렇게 인물, 시간, 장소가 각기 다르므로 〈삼국연의〉에서 묘사한 이 이야기가 과연 사실인지 아님 허구인지는 이 책을 읽고 있는 독자들이 직접 판단할 수 있을 것이다.

앞서 이야기한 '설전군유(舌戰群濡)'와 마찬가지로 이 이야기의 초기형태는 원(元)나라 때 〈삼국지평화(三國志平話)〉에서 출현하였다. 여기서도 사건의 당사자를 손권에서 주유로 변경하였으며, 주유가 장막이 설치된 배를 타고 조조군을 염탐하였는데 조조는 주유가 타고 있는 배를 쏘라고 명하여 배의 좌측면에 무수한 화살이 꽂히게 되었다. 주유는 다급히 배를 돌리라고 명하여 이번에는 우측에 화살들이 박히게 하였다. 그리하여 주유가 타고 있는 배에는 화살들이 가득하게 꽂히게 되었고 주유가 자신의 군영에 도착하여 화살의 개수를 세어보니 약 백만 개 정도 되어 주유는 기쁘게 웃으며 "승상(丞相), 활을 보내주어 감사합니다!"라고 말하였다.

〈삼국지평화〉에서의 묘사는 실제로 발생된 사실보다 덜 각색되었다는 것을 알 수 있다. 민속속담을 인용하여 설명하자면 '같은 솥단지'에 있는 사람들로서 이야기의 인물이 각색이 되어도 손권과 주유는 같은 정치집단에 있는 인물이라는 점이다. 하지만, 나관중(羅貫中)은 기존의 〈삼국지평화〉의 내용을 그대로 옮겨오지 않고 이야기를 완전히 뜯어고치는 각색을 진행하였다. 그는 주인공, 사건발생의 이유, 과정, 시간과 공간이라는 이야기의 5대요소를 전체적으로 뒤집어 묘사하였다. 그리하여 주인공은 손권에서 다른 나라의 사람인 제갈량으로, 사건이 발생된 이유는 정적(政敵)이 악의로 내어준 난제를 해결하는 것으로, 이야기의 진행과정은 과거의 단순함을 신기하면서도 다채로운 기복이 첨가된 내용으로, 사건발생의 시간과 장소는 5년을 앞당겨 유수(濡須)가 아닌 적벽(赤壁)으로 변경하였다. 이러한 가공을 통하여 적벽대전과 아무런 관계도 없는 사건이 적벽대전이 승리할 수 있었던 핵심적인 역할을 한 사건으로 변모하게 되었다. 이로서 본래 주유가 가져가야 하는 적벽대전의 공로는 제갈량도 절반을 가져갈 수 있도록 하는 효과를 주게 되었다.

46

황개(黃蓋)의 '고육계(苦肉計)' 이야기의 진실과 거짓

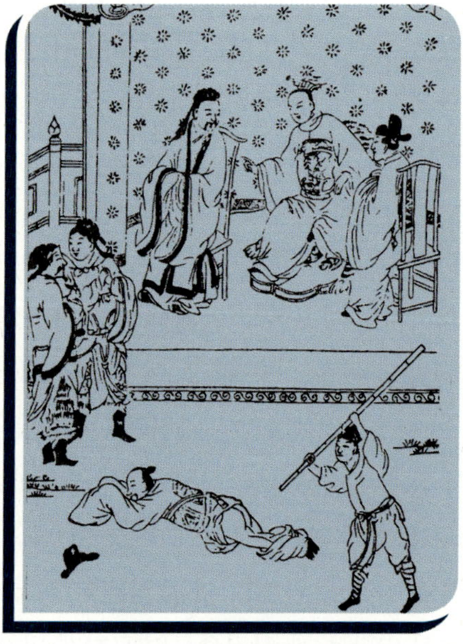

苦肉計(取自明崇禎年版《英雄譜》)
고육계(명·숭정년판〈영웅보〉)

'고육계(苦肉計)'란 고의로 자신에게 고통을 주어 경쟁상대에게 잘못된 판단을 하게 만드는 계책이다. 원(元)나라 때 관한경(關漢卿)이 집필한 잡극(雜劇) 〈관대왕독부단도회(關大王獨赴單刀會)〉에서 '황개를 죽이지 않고 고육계를 활용하여 적에게 군량을 더하려고 하였다.'라는 구절이 있다. 과연 이야기는 어떻게 진행되었으며 결말은 무엇일까? 〈삼국연의(三國演義)〉 속 이야기를 같이 살펴보자.

조조(曹操)와의 일전을 앞두고 주유(周瑜)는 밤늦게까지 자신의 천막에 앉아 있었다. 이때, 황개(黃蓋)가 들어와 주유를 만나 이렇게 말하였다. "적들은 많고 우리군은 열세이니 시간을 오래 끌면 안 됩니다. 어찌하여 화공을 사용하지 않으십니까?" 이 말에 주유는 "나도 그대와 같은 생각을 하고 있지만 나를 위해 계략을 수행해줄 믿을 만한 사람이 없소이다." 이에 황개는 "그 계책을 제가 기꺼이 받들겠습니다." 주유가 대답하기를 "고통이 없이 어찌하여 상대방을 믿게 만들겠습니까?" 황개는 "본인은 손씨(孫氏) 가문의 은덕을 받은 사람입니다. 그 은덕을 보답하기 위해 본인의 간뇌(肝腦)가 쏟아지더라도 아무런 후회도 없습니다." 황개의 결연한 의지와 말을 들은 주유는 그에게 감사하며 "당신이 고육계를 직접 수행해 주신다면 온 강동(江東)이 당신에게 감사할 것입니다."라고 말하였다.

다음날 주유는 북을 울려 장수들을 소집하였다. 이 자리에서 각 장수에게 3개월 치 군량을 지급할 테니 적들과 전투준비를 하라고 명하였다. 아직 주유의 말도 끝나지 않았지만 황개가 갑자기 앞으로 나와 "3개월 치가 아니라 30개월 치를 주어도 적들을 상대할 수 없다! 이번 달 내로 조조군을 꺾어낸다면 다행이고 만일 그렇지 못한다면 장자포(長子布)의 말대로 무기와 갑옷을 내려놓고 북쪽을 향하여 항복을 하여야 한다!"라고 말하였다. 이러한 말을 들은 주유는 크게 분노하여 황개 좌우에 있는 장수들에게 그의 옷을 벗기고 땅에 눕혀 등에 곤장 50대를 치라고 하였다. 곤장을 맞은 황개는 살이 터지고 선홍색 피를 흘리면서 몇 번의 혼절을 하면서 그의 처소로 겨우 돌아갈 수 있었다. 그를 문병하러 온 사람들은 그저 하염없이 눈물을 흘렸다.

이어서 감택(闞澤)이 황개를 대신하여 조조에게 거짓으로 투항한다는 밀서를 작성하여 보내었다. 이를 받아본 조조는 그 편지를 진짜로 받아들여 주유와 황개 그리고 감택이 설계한 계략은 그대로 들어맞게 되었다. 그리하여 주유가 화공을 사용할 수 있는 기회를 잡을 수 있게 되었고 조조는 적벽전투에서 크게 패하게 되었다.

이 이야기는 과연 사실일까? '고육계'의 '고육'과 '계'를 나누어 사실관계를 따져보자.

우선 '계'의 부분은 완벽하게도 사실이다. 황개의 희생으로 조조에게 거짓으로 항복을 하였으며 이를 통하여 화공을 사용할 수 있게 되었다. 〈삼국지·주유전(三國志·周瑜傳)〉의 기록에 따르면 '손권이 주유와 정보(程普) 등에게 유비와 힘을 합치고 조조를 대항하라고 명하여 그들은 적벽에서 마주하게 되었다. 주유는 자신의 부하인 황개가 "적들의 수는 많고 우리의 병력은 적으니 오래 버티지 못할 것이다. 조조군의 전함들을 보니 모두 앞뒤가 묶여져 있으니 불태워 버리는 것이 적절할 것 같다."라고 하였으며, 조조에게 우선 편지를 보내어 거짓으로 항복을 고하였다.

반면, '고육' 부분은 순수하게 창작된 허구이다. 황개가 곤장 50대를 맞고 피부가 찢어지고 살점이 떨어져 나가 피가 흘러내리고 몇 번의 기절을 한 부분은 정식 역사서에 기록되어 있지 않는 이야기이다. 이는 곧 작가가 자신의 붓으로 무에서 유를 창조해낸 이야기인 것이다. 이 부분은 모두 다 창조된 거짓이지만 허구적 내용들이 모두 이치에 들어맞으며 생동감이 넘치므로 후대의 많은 독자가 모두 실제 일어난 일로 받아들이면서 마음 깊숙이 이 이야기를 담아두게 되었다.

원(元)나라 때 〈삼국지평화(三國志平話)〉에서도 황개가 스스로 고통을 받은 내용이 묘사되어 있다. 하지만 이는 〈삼국연의〉와는 매우 다르게 그려져 있다. 거기서는 '주유가 관료들을 불러 모아 조조군을 물리칠 수 있는 방안을 물어보았다. 이에 황개가 앞에 나와서 "조조의 군량을 끊으면 조조는 한 달을 버티지 못하고 자멸할 것이다. 즉 길을 끊고 군량을 멸한다는 계책이다."라고 말하였다. 주유는 이를 듣고 크게 분노하여 "황개의 그러한 계책은 맞지도 않고 해서도 안 된다!"라고 하면서 몽둥이 60대를 치라고 명하였다.' 이를 비교하여 나관중(羅貫中)이 세밀하게 묘사하여 다듬은 〈삼국연의〉는 내용이 보다 다채롭고 예술적인 감성을 크게 끌어올렸다.

나관중 선생은 글을 집필할 때 쓰인 수많은 시간과 먹과 노력을 통하여 주유와 황개의 지략과 무략, 그리고 그들이 자신의 나라를 위하여 무한히 충성한 마음들을 칭송하였다. 그러나 독자들이 주의하여야 할 부분은 이 이야기에서 그들의 칭송과 찬양뿐만 아니라 이와 동시에 적절하게 '유비를 존경'하는 자신만의 주장을 삽입하였다는 것이다. 그리하여 이야기 중간에 공명 선생이 등장하여 '고육계'에 대한 말을 남기게 되었다. 주유와 황개가 서로 죽이 맞아서 거짓연기를 펼치면서 조조군과 손권군의 수많은 장수를 속일 수 있게 되었고 심지어 당대 최고의 간사함과 의심이 많은 조조도 속일 수 있게 되었다. 하지만 희대의 거짓 연극은 공명 선생마저 속일 수는 없었다. 그는 노숙에게 "고육계를 사용하지 않고서야 어떻게 조조를 기만할 수 있겠소?"라고 한 수 알려주기도 하였다. 제갈량의 이 두 마디의 말은 앞서 가려진 비밀스러운 계책의 모습이 드러났을 뿐만 아니라 제갈량의 지략이 다른 누구보다 출중하다는 것을 보여주는 대목이다. 그렇기 때문에 주유는 "하늘이 어찌 주유를 내었고 제갈량을 세상에 내놓게 되었나."라는 탄식을 할 수밖에 없었다. 제갈량이 고육계를 단번에 알아챈 것과 주유가 이렇게 비통하게 탄식을 한 것은 나관중 선생의 위대한 작문 실력을 뽐내는 부분이기도 하다.

47

감택(闞澤)이 거짓 항복서를 건넨 이야기의 진실과 거짓

闞澤密獻詐降書(取自清康熙年版《三國志演義》)
감택밀헌사항서(청·강희년판〈삼국지연의〉)

〈삼국연의(三國演義)〉 속 대전(大戰)을 꼽는다면 당연히 적벽(赤壁)전투가 으뜸이다. 물과 불이 서로 교차하는 전투장면은 사람들의 이목을 단숨에 집중시키며, 그 속에서 표출되는 지략과 담력 그리고 언변과 다양하면서 끊임없이 출현하는 계략 속의 계책들은 독자들의 심금을 울리게 만들었다. 이 편에서 이야기할 내용은 바로 이 대전과 관련된 일화이다.

때는 황개(黃蓋)가 주유의 명으로 얻어맞고 나서 자신의 처소에서 와병 중이었다. 그때, 감택이 병문안을 오자 황개는 주위 사람들을 물러가게 하고 "본인은 오(吳)나라 삼대(三代) 주군들을 걸쳐 은혜를 얻었으나 보답할 길이 없어 이렇게 자신을 헌신하면서 조조를 물리치기 위한 계략을 수행하고 있습니다. 그리하여 본인이 조조군으로 들어가는, 아무나 할 수 없는 충복이 되겠습니다. 공(公; 감택)은 마음속에 충심이 가득하시니 내가 이렇게 속에 있는 말을 꺼내어 알려주는 겁니다."라고 하였다. 이 말을 들은 감택은 "그렇다면 내가 조조에게 가서 거짓 항복서를 건네주어야 합니까?"라고 하자 황개는 "내 뜻은 그렇다오. 혹여나 이의가 있습니까?" 하면서 부탁하였다. 감택의 자(字)는 덕윤(德潤)이며 회계(會稽) 음산(陰山) 사람이다. 어릴 때 집안이 어려웠지만 공부하기를 좋아하여 다른 사람의 일을 도와주면서 책을 빌려 독서를 하였다. 한 번 본 내용은 절대 잊지 않았다. 언변이 뛰어나며 담력도 가지고 있는 인물이다. 손권(孫權)이 참모를 모집할 때, 황개와 함께 하여 서로를 도와주는 사이가 되었다. 그리하여 감택은 황개의 부탁을 받고 항복서를 가지고 야밤에 어부 복장을 하고 작은 배를 타고 조조군의 수군(水軍) 영채(營寨)로 향하였다. 이윽고 조조를 만나 황개의 항복서를 건네주었고 자신의 지략과 담력 그리고 언변을 활용하여 조조가 황개의 투항을 믿도록 만들었다. 자신에게 주어진 임무를 무사히 마치고 감택은 조조군을 빠져나와 다시 강동(江東)으로 돌아오게 되었다. 감택은 여기서 그치지 않고 감녕(甘寧)의 처소로 가서 다시금 자신의 재능을 발휘하여 조조군의 밀정으로 와 있는 채중(蔡中)과 채화(蔡和) 두 사람을 속여 감택과 감녕도 조조군에 투항하기로 마음을 정했다는 소식을 조조에게 간접적으로 전하게 만들었다. 감녕의 뜻대로 채씨 형제는 즉각 서신을 작성하여 조조에게 '감녕과 감택도 내통하기로 하였다.'라는 편지를 보내었다. 마지막으로 감택은 자신이 직접 편지를 작성하여 '황개가 즉시 조조군으로 넘어가고 싶었지만 시일이 마땅치 않아 가지 못하였습니다. 하지만 뱃머리에 푸른 깃발이 달린 배는 황개임을 알고 받아주십시오'라는 내용을 조조에게 보내었다. 이렇게 하여 적벽대전의 화룡점정인 화공(火攻)의 초석이 마련되었다.

이렇게 곡절이 많고 다채로운 내용은 아쉽게도 창조된 허구적 이야기이다.

감택과 관련된 내용은 역사서 〈삼국지(三國志)〉의 〈감택전(闞澤傳)〉에 기록되어 있다. 역사기록 또는 다른 부분을 찾아보아도 황개의 사항서(詐降書)를 전달하였다는 기록은 존재하지 않는다. 위의 〈삼국연의〉에서 쓰인 감택의 자(字)인 덕윤과 그가 회계 산음 출신의 사람이라는 내용 그리고 집안이 가난하나 학습하기 좋아하는 천성(天性)을 가지고 있는 인물이라는 것 외에 모든 감택과 관련된 내용들은 〈삼국연의〉에서 창조된 이야기이며 이는 모두 사실성이 결여된 내용들이다.

예를 들어 〈삼국연의〉에서 이야기하고 있는 감택은 '언변이 뛰어나며 담력을 다소 가지고 있는 사람'이라고 언급된 부분은 어떠한 사실적 근거도 없으며 역사서에서도 이와 관련된 기록이 존재하지 않는 온전히 창작된 내용이다. 감택은 언변이 뛰어난 인물로 묘사됨에도 불구하고 역사서 〈삼국지·설종전(三國志·薛綜傳)〉의 기록에서는 '촉한(蜀漢)의 특사 장봉(張奉)이 손권의 면전에서 감택의 성(姓)과 이름을 가지고 놀려대며 그를 우롱하였는데 반면 감택은 아무런 대답을 하지 못하였다.'라고 기록하였다. 이러한 일반적인 언변의 수준을 요구하는 대답도 하지 못하는 인물이 과연 언변이 뛰어나다고 할 수 있는 것인가?

또 다시 예를 들어 〈삼국연의〉에서 '사람들의 일을 해 주면서, 책을 빌려 독서를 하고 한 번 본 내용들은 잊지 않았다."라는 구절은 사서 〈감택전(闞澤傳)〉의 본문을 차용하였다는 것을 알 수 있다. '감택은 대대로 농사로 가업을 이어온 집안이나 감택은 공부를 하기 좋아하였다. 하지만, 집안이 가난하여 책과 종이 그리고 붓을 살 돈이 없어 감택은 사람들을 대신하여 서적을 대신 필사해 주어 종이와 붓을 살 돈을 마련하였다. 그가 매번 서적 필사를 마칠 때마다 책의 내용을 통째로 암기하여 기억하였다.'라고 기록되어 있다. 이는 〈삼국연의〉에서 묘사하고 있는 것과 완전히 다른 내용이며 역사서의 본문을 오독(誤讀)하여 탄생된 내용으로 판단된다.

실제로 역사서에서는 감택의 두 가지 장점을 이야기 하였는데 첫째는 선한 성격과 둘째는 박학다식하다는 점이다. 그리하여 그는 손오(孫吳)의 저명한 유학(儒學)자이며, 논리적으로 자신의 주장을 펼칠 수 있었을 것이다. 나아가 이러한 사람 됨됨이 때문에 손권은 감택을 태자(太子)의 수석지도(首席指導) 선생인 태자태박(太子太博)에 임명하였다.

48

관우(關羽)가 화용도(華容道)에서 조조(曹操)를 놓아준 이야기의 진실과 거짓

關雲長義釋曹操(取自清光緒九年版《三國志演義全圖》)
관운장의석조조(청·광서구년판〈삼국지연의전도〉)

조조(曹操)가 적벽(赤壁)전투에서 패하고 나서 황급하게 남군(南郡)의 강릉(江陵) 방향으로 퇴각하고 있을 때였다. 그때 조조는 두 갈래 길을 선택하여야 했는데 한쪽은 지형이 평탄하고 큰 길이였으며, 나머지 길은 산새가 험하고 위험한 좁은 길이였지만 큰 길보다는 50리나 거리를 단축할 수 있었다. 의심이 많은 조조는 큰길이 너무 조용하고 아무런 움직임이 감지되지 않자 매복이 있을 것이라고 판단하고 화용도(華容道)라는 좁은 길을 선택하여 도주하였다. 제갈공명(諸葛孔明)은 이를 미리 파악하고 일찍이 정예병사들을 화용도에 배치하여 조조를 기다려 포획할 준비를 하였다. 조조는 화용도에 도착하자 말을 힘차게 채찍질하면서 크게 웃으며 이렇게 말하였다. "사람들이 주유(周瑜)와 제갈량(諸葛亮)이 뛰어난 지략가라고 하지만 내가 봤을 때 나보다 무능하구나. 내가 만일 군사(軍師)라면 필히 여기에다가 매복을 준비해 놓았을 터." 하지만, 이러한 조조의 말이 채 끝나기도 전에 큰 함성소리와 함께 양쪽에서 5백 명의 병사들이 칼을 들고 조조를 덮쳤다. 조조를 급습한 병사들의 수장은 바로 관우(關羽)였는데 그는 자신의 적토마(赤兎馬)를 타고 청룡언월도(靑龍偃月刀)를 들고 적들의 도주로를 차단하였다. 그러고 나서 "관우가 군사(軍師)의 명을 받아 여기서 오랜 시간 승상(丞相)을 기다리고 있었습니다."라고 말하였다. 조조군은 몹시 공포에 질리게 되었고 조조는 관우에게 옛정을 생각하여 자신을 놓아줄 것을 애걸하였다. 조조가 이렇게 행동한 이유는 바로 관우가 신의(信義)를 매우 중시하는 인물임을 잘 알기 때문이었다. 그리고 조조는 〈춘추(春秋)〉에서 유공(庾公)이 자탁(子濯)을 추격하는 이야기를 시작하였다. 본래 유공은 자신에게 활쏘기를 가르친 선생인 자탁을 알아보고 비록 적이지만 그를 놓아주는 이야기를 함으로써 관우의 마음을 흔들려고 이 이야기를 관우에게 꺼내든 것이다. 조조의 이야기를 듣고 관우는 과거 조조에게서 보답을 받은 일과 자신 앞에 있는 조조군이 모두 망연자실하게 그리고 멍하니 눈물을 흘리고 있는 모습에 마음이 흔들려 결국에는 자신의 말을 뒤로 돌리고 다른 부하들에게는 사방으로 흩어져 조조군에게 길을 내어

주라고 명하여 조조와 그의 병사들은 그곳에서 도망칠 수 있게 되었다.

본 이야기는 〈삼국연의〉에서 '화용도방조(華容道放曹)'라는 이야기의 내용이다. 과연 이는 실제로 발생된 일일까?

역사서 〈삼국지·무제기(三國志·武帝紀)〉를 배주(裴注)가 인용하여 집필한 〈산양공재기(山陽公載記)〉에서 조조가 적벽전투에 패하고 나서의 이후 상황들을 자세하게 기록하고 있다. '조조의 군함들이 유비에 의해 화공으로 소실되고, 조조는 군사들을 이끌고 화용도를 지나 도보로 퇴각하고 있었다. 그러나 화용도의 길은 진창이어서 길은 쉽게 지나다닐 수 없었으며 바람까지 크게 불어 병사들이 더욱더 지쳐만 갔다. 병사들에게 풀을 베어 진흙탕을 메우게 하니 말을 타고 겨우 진창을 빠져나갈 수 있었는데 이 와중에 사람과 말에 밟히거나 진창에 빠져 죽는 병사들이 수없이 늘어만 갔다. 조조군은 겨우 진창길인 화용도를 빠져나가자 조조는 크게 기뻐하며 자신의 부하들에게 "유비는 과연 나의 적수이구나. 하지만, 그가 한발 늦어버렸다. 만일 유비가 조금 더 빨리 불을 질렀다면 나는 살아남지 못하였을 것이다!"라고 말하였다. 당시에 화용도의 길로 도망치는 조조군을 향하여 유비군이 화공을 사용하여 조조군을 괴멸시키려 하였지만 화공은 조조가 있는 곳까지 미치지 않았다.'라고 기록되어 있다. 이 역사기록은 〈삼국연의〉에서 묘사한 이야기의 기초적 근원이라고 할 수 있다. 하지만 실제 역사기록과 〈삼국연의〉를 비교하였을 때, 조조가 화용도를 지나 퇴각한 것은 사실이나 관우가 조조를 놓아준 것은 실제로 일어난 일은 아니다. 그 이유는 이 시기를 기록한 역사서는 관우의 이름을 단 한 번도 거론하지 않았기 때문이다.

'화용도방조' 이야기의 초기 원형은 원(元)나라 때 〈삼국지평화(三國

志平話)〉에서 시작되었다. '조조가 화용로(華容路)를 지나면서 길을 찾아가고 있었다. 조조가 20리도 채 지나지 않아 관우가 이끄는 5백 명의 병사들이 그를 막아섰다. 조조는 예의를 갖추며 관우에게 "조조를 봐서 수정후(壽亭侯)는 은혜를 베풀어주시오."라고 하자 관우는 "군사의 준엄한 명령을 수행 중입니다."라고 대답하였다. 관우가 이 말을 하던 중에 조조는 갑자기 진격하여 적의 병사들을 돌파하였고 이윽고 흙먼지가 날리자 이를 활용하여 무사히 빠져나갈 수 있게 되었다.'라고 이 이야기를 묘사하였다. 나관중(羅貫中)은 이 이야기를 기초로 하고 다시금 재가공하여 이야기를 보다 세밀하게 묘사하였다. 허구적 요소들을 각 이야기의 연결고리마다 추가하여 독자들이 쉽게 감정을 이입할 수 있도록 하는 환경을 마련하였다. 특히 이 이야기에서 가장 특출한 부분은 〈삼국지관우전(삼국지관우전)〉에서 배주가 인용한 〈강표전〉 중 '관우가 평소에 〈좌씨전(左氏傳)〉을 좋아하였다.'는 기록을 토대로 조조가 춘추(春秋)시대의 이야기를 빌려 관우의 마음을 움직이려고 하였다는 점이다. 이러한 고전을 첨가하여 이야기가 더욱더 생동감이 넘치며, 아름다움을 표현하였으며 나아가 관우가 평소에 신봉하는 유가(儒家)의 경전인 〈춘추〉 속의 대의(大義)라는 사람의 됨됨이에 관한 소양을 독자들에게 보여줄 수 있게 되었다. 이는 곧 기존에 존재하는 이야기를 각색하여 예술적 문학작품으로 승화시키는 신들린 듯한 필치라고도 할 수 있다.

이렇게 생동감이 넘치는 감정선과 묘사하는 주제가 뚜렷한 이야기는 사람들의 사랑을 받아 경극(京劇), 천극(川劇), 곤곡(崑曲), 예극(豫劇), 진강(秦腔) 등의 다양한 극본에서 〈화용도(華容道)〉라는 동일한 제목으로 탄생되었으며, 지금까지도 다양한 연극무대에서 꾸준히 상연되고 있다.

그러나 한편으로는 관우가 은혜를 보답하는 차원에서 조조를 놓아준 것은 유비에 대한 충성심을 상실하였다는 것으로 이야기하여 그에 대한 부정적 이미지를 만들었다는 주장을 하는 일부의 사람들도 존재한다.

49

제갈량(諸葛亮)이 주유(周瑜)를 세 번이나 화나게 만든 이야기의 진실과 거짓

三氣周瑜(取自清康熙年版《三國志演義》)
삼기주유(청·강희년판〈삼국지연의〉)

〈삼국연의(三國演義)〉에서 관료들의 이미지를 묘사하는 부분에서 대부분 위대한 문신(文臣)에서는 공명(孔明) 선생이 으뜸이며, 이를 제외한 사람들 중에서는 주유(周瑜)가 가장 대단한 인물이다. 이렇게 인물의 능력을 나눌 수 있는 가장 큰 계기는 바로 유명한 '삼기주유(三

氣周瑜)'의 일화가 존재하였기 때문이며, 이러한 높고 낮음에 대한 차이를 통하여 〈삼국연의〉 속 문신들 간의 예술적 결정체가 탄생할 수 있게 되었다.

적벽대전에서 유비(劉備)와 손권(孫權)의 연합군이 대승을 거두고 나서 승전결과물을 두고 서로 암투를 벌이고 있을 때였다. 모두 자신들에게 유리한 결과물을 얻기 위하여 각기 최고의 관료들인 제갈량과 주유를 내세웠다. 이러한 상황배경 속에서 이들은 다시금 서로 지략을 뽐내는 대결을 시작하였다. 이들의 대결은 연속적으로 세 차례나 이루어졌으며, 승패의 결과는 모두 제갈량이 승리를 얻어갔다.

첫 번째 대결은 서로 목표점령지를 차지하는 대결로서 주유는 먼저 남군(南郡)을 공격하여 승리하였을 경우 자신들이 그 지역을 차지하고 만일 패배하여 유비가 다시 공격하여 승리하였을 경우, 유비가 차지하는 것으로 서로 합의를 하였다. 공격의 우선권을 가지고 있던 주유는 자신 있게 공격을 감행하였지만 조인(曹仁)이 버티고 있는 강릉(江陵)지역을 정복하기에는 많은 어려움을 겪었다. 제갈량은 이러한 기회를 놓치지 않고 형주(荊州)와 강남(江南) 등의 4군(四郡)을 차지하여 영토를 크게 확장할 수 있었다. 이러한 소식을 들은 주유는 몹시 분노하여 과거에 화살을 맞은 상처가 찢어지면서 그만 낙마하는 사고를 당한다. 곧이어 제갈량과 주유의 두 번째 결투는 서로 원하는 미녀를 차지하는 싸움이었다. 주유는 손권의 여동생을 유비에게 결혼시켜 그를 영원히 손오(孫吳)에 묶어두려는 계략을 손권에게 설명하였고 이를 곧바로 실행에 옮겼다. 그러나 천하의 제갈량은 이러한 주유의 계략을 눈치 채고 장계취계(將計就計)를 하여 손권의 여동생과 유비가 성공적으로 결혼을 하였을 뿐만 아니라 무사히 형주로

귀환할 수 있게 되었다. 심지어 주유가 유비를 뒤쫓을 때, 촉국(蜀國)의 병사들은 공명의 지시에 따라 "주유의 묘수 덕분에 부인도 얻고 병사도 굴복시킬 수 있었다."라는 비웃음 섞인 조롱도 보냈다. 이러한 수모를 겪은 주유는 다시금 활에 맞은 상처가 아물지 않고 터지게 되었다. 마지막 대결은 또 다시 땅을 차지하기 위한 서로간의 대결이었다. 유비는 서천(西川) 지역을 공략하고 난 다음 돌려주겠다는 사유로 손오(孫吳)에게 형주를 빌리기로 하였다. 이에 주유는 형주를 지나 유비가 서천지역을 공격하는 것을 도와주는 것을 빌미로 형주를 되돌려 받으려고 하였다. 이 또한 주유의 계략이 제갈량에게 간파되어 오히려 주유가 형주성에서 유비군에게 포위되는 상황이 벌어졌다. 자신이 속았다는 것에 매우 분노한 주유는 과거에 부상을 입은 부위의 상처가 다시금 재발하여 사망에 이르렀다.

이렇게 훌륭한 이야기는 과연 사실일까? 답은 모두 다 실제로 일어난 일이 아닌 허구라는 것이다.

우선 역사서 〈삼국지(三國志)〉 속 〈주유전(周瑜傳)〉을 살펴보면, 앞선 이야기와 같이 주유는 제갈량과 지략대결을 하였다는 기록이 존재하지 않는다. 또한 제갈량 때문에 화병을 얻었다는 기록도 존재하지 않는다. 역사서는 주유가 죽음을 맞이한 이유로서 '손권에게 공무보고를 마치고 자신의 영지인 강릉(江陵)으로 돌아가던 중에 중병을 얻어 죽게 되었다.'라고 하였으며 제갈량과는 아무런 관계가 없는 것으로 기록하였다.

다음으로 역사기록에서 주유는 〈삼국연의〉에서와 같이 자신이 당한 일을 늘 마음속에 담아두는 소심한 성격이 아니라는 것으로 말하고 있다. 〈주유전〉의 기록에서는 그는 '아량이 넓은 사람'이라고 나타내고 있으며, 이를 뒷받침할 근거로서 '유일하게 정보(程普)와만 불화가 있었다.'라는 기록이다. 정보와의 불화도 배주(裴注)가 집필한 〈강표전(江表傳)〉에서 그 이유를 자세하게 기록하였다. '노장 정보는 나이가 많다는 이유로 그리고 자신의 완고한 성격 때문에 늘 젊은 주유를 시기하였다. 그리하여 시종일관 주유의 안건을 동의하지 않고 그와 사사건건 대립하였다. 그러나 후에 정보는 자신이 잘못되었음을 인정하고 주유를 존경하면서 따르게 되었다.' 또한 정보는 주유의 사람 됨됨이에 감탄하면서 "주공근(周公瑾)과 교류하는 것은 마치 오래 숙성된 탁주를 마시는 것과 같다. 자신도 모르는 순간 그에게 감화(感化) 되어버린다!"라고 말하였던 기록이 존재한다.

'삼기주유' 이야기의 원형은 원(元)나라 때 〈삼국지평화(三國志平話)〉에서 찾아 볼 수 있으며, 〈삼국연의〉에서 이 이야기를 각색하였다. 이러한 각색들은 〈삼국연의〉에서 주유를 한 수 아래로 만들고 반면 제갈량은 다른 이들보다 더 높은 우위에 있는 존재로 부각시켰다. 그 예로 '설전군유(舌戰群儒)'를 필두로 '초선차전(草船借箭)'과 그리고 '등단제풍(登壇祭風)'의 이야기를 함으로써 적벽대전 이전에 이미 공명은 주유의 머리 위에 있는 존재로 부각시켰다. 적벽대전 후에도 제갈량은 세 가지의 주유를 분노케 하는 일화를 만들어 주유는 더 이상 공명을 넘어설 수 없는 존재일 뿐만 아니라 심지어 공명이 주유의 목숨을 걷어가는 존재로 만들게 되었다. 그리하여 민간에서 널리 구전되는 "삼국연의에서 두, 세 번만에 주유를 보내버렸다."라는 말도 생겨나게 되었다. 이러한 의도는 작가인 나관중 선생이 제갈량은 천하의 제일가는 사람이며, 전무후무한 인물이라는 의도를 충분히 설명할 수 있었으며, 나아가 소설의 근본적 방향성인 '유비를 존경하다(尊劉)'를 독자들이 인식하도록 한 것이다. 이것은 얼마나 나관중 선생의 필력이 대단한 것인지 잘 보여주는 대표적인 예이다. 하지만 약간의 아쉬움이라고 할 수 있는 부분은 사람들이 소설을 쓴 것은 돈을 벌기 위함이지만 여기에선 사람들의 목숨을 들었다 놓았다 하는 것이다!

50

유비(劉備)가 형주(荊州)를 빌린 이야기의 진실과 거짓

諸葛亮巧辭魯肅(取自清康熙年版《三國志演義》)
제갈량교사노숙(청·강희년판〈삼국지연의〉)

'유비가 형주를 빌리기만 하였고 돌려주지 않았다.'라는 말은 민간에서 널리 퍼진 속어이다. 이 말의 근원은 바로 〈삼국연의(三國演義)〉에서 유비가 손권(孫權)에게 형주를 빌린 이야기에서 시작된다. 소설에서는 적벽전투 후, 손오(孫吳)는 자신들이 수많은 자산을 투입하여 전쟁을 진행하였기 때문에 형주지역은 당연히 자신들의 차지라고 생각하였다. 그러나 유비가 형주의 제군(諸郡)지역을 차지하려 하자 주유(周瑜)는 이를 참지 못하고 곧바로 노숙(魯肅)을 보내어 다른 사람이 점령한 자신들의 권리를 되찾으려고 하였다. 그렇다면 결과는 어찌 되었을까?

노숙이 형주를 돌려받기 위하여 처음 유비를 방문하였을 때, 그를 맞이한 사람은 제갈량(諸葛亮)이었다. 제갈량의 뛰어난 말재간을 당해낼 수 없던 순박한 노숙은 결국 별 말없이 빈손으로 돌아가게 되었다. 노숙이 두 번째로 방문하였을 때, 제갈량은 형주는 본래 한왕조(漢朝)의 땅이며, 황제의 숙부인 유비가 마땅히 차지하여야 하는 땅이라고 설명하였다. 또한 본래 형주지역을 차지하고 있던 유표(劉表)는 유비와 같은 성씨이자 같은 직계인 형제로 아우가 형의 가업을 물려받는 것이 당연한 이치이므로 형주는 곧 유비의 관할이라는 논리를 펼쳤다. 이러한 설명을 들은 노숙은 또다시 뜻을 이루지 못하고 빈손으로 되돌아갔다. 주유는 노숙을 보내는 방법 말고 미인계(美人計)를 사용하여 유비를 사로잡으려고 하였지만 결국엔 '부인을 바치고 병사들도 굴복시켰다.'는 굴욕을 맞보게 되었다. 이에 주유는 크게 분노하였고 어쩔 수 없이 다시금 노숙을 유비에게로 보내어 빚을 받아내려고 하였다. 이번에는 제갈량이 아닌 유비가 직접 노숙을 맞이하였고 이때 유비는 자신이 난처한 상황에 빠졌다면서 고의로 통곡하는 모습을 보여주었다. 노숙은 또다시 제갈량과 유비가 주제를 벗어나 슬픔을 내세우면서 마치 구렁이가 담 넘어가듯이 슬그머니 넘어가자 원하는 바를 이루지 못하고 되돌아 갈 수밖에 없었다. 이렇게 형주를 되돌려 받으려 하는 세 번의 협상이 실패로 돌아가자 결국 주유는 '지나간다는 핑계로 적들을 섬멸하는' 작전을 끄집어내어 무력으로 형주를 차지하려고 하였다. 하지만 이러한 계략 또한 제갈량에게 간파되어 공개적으로 망신을 당하고 자신의 분을 이기지 못한 주유는 세상을 떠나게 되었다. 손권과 유비 양측의 형주를 되돌려 받으려 한 이야기는 결국 유비의 완승으로 이야기의 끝이 나게 된다.

〈삼국연의〉 속의 위 이야기는 과연 사실일까 아님 거짓일까? 우선 역사적 사실을 파악하면서 진실을 찾아가보자.

적벽대전 후, 형주지역의 북부 남양군(南陽郡)을 제외한 7개의 군(郡)은 조조(曹操)군의 점령에서 벗어나게 되었다. 그리하여 손오(孫吳)는 형주의 중부와 남부 그리고 강하(江夏)의 2군(郡)을 차지하게 되었고, 유비는 남부의 4군(郡) 장사(長沙), 영릉(零陵), 무릉(武陵) 그리고 계양(桂陽)을 차지하게 되었다. 실질적으로 유비가 취한 지역이 크지만 여기서 만족하지 않고 손권이 차지하고 있는 남군(南郡)까지도 탐하였다. 그 이유는 바로 남군의 북쪽은 요충지 양양(襄陽)을 지킬 수 있는 한수(漢水)가 위치해 있으며, 남쪽에도 강릉(江陵)이라는 지금의 호북성(湖北省) 형주시(荊州市) 형주구(荊州區)가 위치해 있기 때문이다. 북쪽은 한(漢)나라의 수도인 낙양(洛陽)과 통하는 길의 요충지였다. 마지막으로 장강(長江) 본류에 위치하고 있기 때문에 서쪽으로는 삼협(三峽)으로 나갈 수 있었으며, 이는 곧 익주(益州)로 뻗어나갈 수 있는 필수 수로(水路)인 지역이다. 이렇게 교통과 군사적으로 요충지인 남군을 차지하지 않는다면, 제갈량이 '융중대(隆中隊)'에서 이야기한 형주와 익주를 차지하고 나서 두 갈래로 중원(中原)을 차지한다는 계획은 실현할 수가 없었다. 그리하여 제갈량과 유비는 각고의 방법을 구상하여 남군을 차지하는 것이 그들의 제일 시급한 목표였다. 하지만 이미 남군은 손권이 가지고 있는 상황에서 '어떻게 가져올 것인가?'의 방법에서 자신들이 가장 손해를 적게 볼 수 있는 방법을 선택하였다. 그리하여 후세에서도 널리 알려진 '차형주(借荊州)'의 이야기가 탄생되게 되었다.

유비가 형주를 빌린 이야기는 사람들에게 널리 퍼지게 되었지만 반면에 이를 오해하는 사람들도 많이 늘어갔다. 일부 사람들은 유비가 전체 형주를 손권에게서 빌린 것으로 이해하고 있기도 하다. 심지어 청(淸)나라 때 학자 조익(趙翼)은 더 극단적인 해석을 하였는데 그는 본래 유비가 형주를 빌린 것은 순전히 손오(孫吳)의 유언비어라고 주장하였다. 그러나 사실 삼국시대 형주의 행정중심은 남군이었으며 유표가 형주를 다스릴 때도 자신의 거처를 남군(南郡)의 양양(襄陽)으로 하였다. 유비도 유표와 마찬가지로 남군을 손오에게 빌렸을 시기 자신이 업무를 집행하는 형주목관서(荊州牧官署)를 남군의 공안(公安)과 강릉(江陵)에 설치하였다. 그러므로 역사서에서 이야기하고 있는 '유비가 남군을 빌린' 이야기는 곧 '형주를 빌리다.'라고 불리게 되었다. 당초 유비가 남군을 빌려달라는 요청을 하였지만 주유는 필사적으로 반대를 하여 원하는 바를 얻어내지 못하였다. 하지만 주유가 세상을 떠나고 그의 후임으로 임명된 노숙은 손오가 직면하고 있는 북방의 조조에 대한 압박을 분산시키기 위하여 남군을 유비에게 빌려주는 것에 찬성하여 유비는 결국 자신들이 그토록 원하는 남군을 차지할 수 있게 되었다. 이를 계기로 유비는 삼협을 넘어 파촉(巴蜀)으로 진입할 수 있게 되었으며, 관우(關羽)는 남군의 강릉에서 형주를 지키는 명을 받들게 되었다. 후에 여몽(呂蒙)이 병사들을 이끌고 관우를 죽이자 유비는 복수를 다짐하며 대군을 이끌고 동쪽으로의 공격을 감행하는 중대한 사건들이 모두 이 지역에서 시작하게 되었다.

결론적으로 '차형주'의 이야기는 반은 맞고 반은 틀린 것이다. 사실인 부분은 손오가 유비에게 형주 남군을 빌려준 것이며, 반대로 거짓은 손오는 형주의 일부분만 빌려주었을 뿐인데 이 사실이 부풀려져 전체 형주지역을 빌려준 것으로 과장되었다는 점이다.

51

관우(關羽)가 황충(黃忠)을 의(義)로써 풀어준 이야기의 진실과 거짓

義釋黃忠(取自清康熙年版《三國志演義》)
의석황충(청 · 강희년판〈삼국지연의〉)

관우 관운장(關雲長), 황충 황한승(黃漢升) 이 두 인물은 촉한(蜀漢)의 오호상장(五虎上將)에 포함되는 사람들이다. 한 명은 세상에서 절대적인 무예를 가지고 있으며, 또 다른 사람은 용맹하며 전투를 승리로 이끄는 맹장이다. 두 사람은 공통으로 치명적인 대도(大刀)를 보유하고 있다. 이렇게 무시무시한 두 사람이 서로 대결을 벌인다면 이는 곧 사람들의 이목을 단숨에 집중시킬 수 있을 것이다. 그리하여 이 편에서는 '의석황충(義釋黃忠)'이라는 〈삼국연의(三國演義)〉에서 가장 걸출한 이야기를 해 보려 한다.

관우는 명을 받들어 황충이 있는 장사(長沙)를 공격하였다. 이에 두 사람은 장사성에서 맞닥뜨리며 격렬한 일전을 시작하였다. 그렇다면 이 전투에서 승리한 사람은 과연 누구일까? 첫 전투에서 두 맹장들은 백여 차례 이상 싸웠지만 승부를 가리지 못하였다. 이어서 재대결을 펼치게 되었고 관우는 대검을 끌면서 자신만의 필살기를 사용하여 황충을 상대하였다. 얼마 지나지 않아 황충은 관우의 계략에 걸려 관우를 쫓다가 말의 앞다리가 관우의 칼에 걸려 낙마하게 되었다. 땅바닥에 떨어진 황충을 본 관우는 장군들에게 암묵적으로 지켜지는 공정한 대결원칙에 의해 황충을 죽이지 않았다. 그러나 황충은 패배를 인정하지 않고 말을 갈아 탄 뒤에 다시 관우와 대결을 펼쳤다. 그들의 세 번째 전투에서 장사태수(長沙太守)인 한현(韓玄)은 황충의 필살기인 백보(百步) 밖에서 활을 쏘아 관우를 죽이라는 명을 내렸지만, 황충은 공정한 대결원칙에 의해 자신의 목숨을 살려준 관우에게 의(義)를 보답하고자 관우를 직접 겨냥하지 않고 관우의 투구에 달린 술을 맞추기만 하였다. 이러한 사실을 알게 된 한현은 매우 분노하여 황충이 적과 내통하였다는 죄를 씌워 그를 죽이려고 하였다. 하지만 다행히 위연(魏延)이 먼저 손을 써 한현을 죽여 황충의 목숨을 구할 수 있게 되었다. 그 후, 유비의 간절한 요청을 받아들여 황충은 유비를 따르게 되었고 과거 자신과 격렬한 결투를 벌인 관우와 전우가 되었다.

위 이야기는 과연 실제로 일어난 일일까? 이 질문의 답은 순수한 허구다 라고 답할 수 있다.

우선 역사서 〈삼국지(三國志)〉에서 〈관우전(關羽傳)〉 그리고 〈황충전(黃忠傳)〉의 기록이나 또는 관련된 다른 기록들을 찾아보아도 두 사람이 장사에서 교전을 하였다는 기록은 존재하지 않는다. 〈관우전〉에서 당시의 내용을 명확하게 기록하였는데 적벽전투 이후 유비가 장강(長江) 이남의 장사 등의 지역을 점령할 때, 관우를 양양(襄陽)태수로 임명하여 장강 이북의 지역을 수비하게 하였다. 장사와 양양은 직선거리로 8백리나 떨어져 있었으며, 유비군이 장사를 공격하는 과정에서 관우는 현장에 참여하지 않았다. 관우의 무공과 능력이 신과 같다고 하더라도 그가 자신의 몸을 분리하는 마술을 부리지 않았을 것이다.

원(元)나라 때 극본인 〈삼국지평화(三國志平話)〉와 잡극(雜劇)인 〈주봉추방략사군(走鳳雛龐掠四郡)〉에서 이미 관우와 황충간의 결투에 관한 이야기의 초기형태가 존재한다. 특히 〈삼국지평화〉에서 장비(張飛), 위연(魏延) 그리고 관우가 황충을 상대하는 장면이 포함되어 있다. 황충이 말에서 떨어졌을 때, 각기 3명의 장수들이 황충을 공격하는 부분을 묘사하여 황충이 쉽사리 당해낼 수 없는 용감한 맹장이라고 표현하였다. 그러나 〈삼국연의〉에서는 이렇게 3명의 장수들이 돌아가면서 전투하는 복잡한 장면들을 제거하면서 새로운 스토리라인을 그려내었다. 그리하여 '영웅들의 만남에서 서로를 인정하다.'라는 이야기가 만들어지게 되었다. 나관중(羅貫中)은 소설 속에서 관우를 제일(第一)의 명장인 이미지를 구성하기 위하여 허구적인 내용을 아낌없이 추가하고 나아가 자신의 필력을 십분 활용하여 미화시켰다. 그리고 동생인 장비는 이미 엄안에게 예의를 베풀었던 과거가 존재하기 때문에 비록 허구적으로 만들어진 이야기일지라도 관우와 마찬가지로 황충을 놓아준 것으로 주인공으로서의 빛을 보게 하였다.

관우는 직접 황충과 무예를 겨뤄 본 적은 없었으나 황충 때문에 화를 내었던 적은 실제로 존재한다. 유비가 한중왕(漢中王)에 올랐을 때, 특사인 비시(費詩)를 파견하여 형주(荊州)에서 관우를 전장군(前將軍)으로 승진시키면서 그에 따른 임무를 받들 것을 선포하였다. 관우는 황충도 자신과 동급인 후장군(后將軍)으로 임명되었다는 소식을 듣고 화를 내면서 "대장부는 노병과 같은 위치에 있는 것이 합당하지 않다!"라고 말하면서 유비의 명을 받드는 것을 거부하였다. 이에 특사 비시는 크게 대로한 관우를 달래면서 이 명을 받들어야 하는 사실과 도리(道理), 그리고 의(義)를 유연하면서도 강하게 설명하였다. 이야기를 들은 관우는 자신이 완고한 마음을 가졌다는 것에 크게 놀라 아무 말 없이 명을 받들었을 뿐만 아니라 공을 세워 과오를 벌충하기 위하여 직접 대군을 이끌고 칠군(七軍)을 수몰시키고 번성(樊城)을 공격하였다. 과연 비시는 어떠한 말로 관우를 움직였는지 〈삼국연의〉 제 73화의 이야기와 역사기록을 통하여 추후에 설명하는 내용들을 알아보자.

52

유비(劉備)가 감로사(甘露寺)에서 상견례를 한 이야기의 진실과 거짓

甘露寺招親(取自清光緒九年版《三國志演義全圖》)
감로사초친(청·광서구년판〈삼국지연의전도〉)

〈삼국연의(三國演義)〉의 이야기 중, 대부분의 이야기들은 남자들의 쟁투를 그린 장면과 전장에서의 서로 사투를 벌인 모습 또는 묘당(廟堂)에서의 피 튀기는 설전을 벌인 이야기들로 구성이 되어 있다. 하지만 이 편에서는 〈삼국연의〉에서 소수로 등장하는 남녀 간의 혼인과 관련된 이야기를 해 보려고 한다. 소설에서 남녀 간의 낭만적인 이야기를 말해 보라고 하였을 때, 대다수의 사람들은 '감로사초친(甘露寺招親)'의 이야기를 말할 것이다.

때는 주유(周瑜)가 노숙(魯肅)을 보내어 형주(荊州)를 되돌려 받으려고 하였지만 번번이 실패하여 주유의 분노가 극에 달하고 있을 시기이다. 주유는 유비의 반려자인 감부인(甘夫人)이 세상을 떠난 것을 알고 손권(孫權)에게 이와 관련된 계책을 이야기하였다. 그 계략은 바로 손권의 여동생을 유비와 혼인한다는 빌미로 유비를 동오(東吳)로 초대하고 이 기회에 그를 인질로 잡아 형주를 되돌려 받는다는 것이었다. 그러나 제갈량(諸葛亮)은 이러한 주유의 계략을 간파하고 장계취계(將計就計)로 그들을 대응하기로 하였다. 이에 제갈량은 먼저 자신의 묘안이 들어 있는 3개의 금낭(錦囊)을 준비하였고, 때가 되었을 때 조운(趙雲)에게 묘책을 실행하라고 전하였다.

제갈량의 첫 번째 묘수는 바로 조운이 유비를 보호하면서 손권의 영지인 남서(南徐)로 향하게 되었는데 목적지로 향하던 중, 일부러 사람들이 많이 모이는 시장에 들러 예물을 구입하였다. 그리하여 유가(劉家)와 손가(孫家)가 서로 혼인한다는 이야기가 온 동네에 널리 퍼지게 되었다. 또 다른 묘책으로서 유비가 동오(東吳)에 도착하자마자 교국로(喬國老)를 만나게 하여 유비의 혼인 소식을 가장 빠르게 손오(孫吳)의 국모인 오국태(吳國太)에게 소식이 전해질 수 있도록 하였다. 그리하여 오국태는 자신의 사윗감이 어떠한 사람인지 알아보기 위하여 유비를 감로사로 초대하였고 오국태의 이러한 결정에 손권도 마지못해 따를 수밖에 없었다. 두 사람이 서로 만나는 날 손권은 미리 유비를 죽일 수 있게 도부수(刀斧手)들을 비밀리에 배치시켰지만 교국로가 시종일관 유비의 곁을 떠나지 않고 맴돌아 실행에 옮기지는 못하였다. 그리고 이 자리에서 오국태는 유비의 비범함을 보고 기쁨을 감추지 못한 채 "내 딸의 사위로서 손색이 없구나!"라는 말을 하면서 곧바로 자신의 딸을 유비에게 시집 보내도록 결정하였다. 이로서 후세의 사람들이 '용봉정상(龍鳳呈祥)'이라 부르는 국경을 뛰어넘는 혼인이 이루어지게 되었다.

그렇다면 과연 이렇게 낭만적인 이야기는 실제로 존재하였을까? 이 질문에 대한 답은 반은 참이고 반은 거짓이다.

유비와 손부인의 결혼과 관련된 내용은 역사서에 명확하게 기록되어 있다. 역사서 〈삼국지(三國志)〉 속 〈선주전(先主傳)〉의 기록에 따르면 '손권은 여동생을 보내어 우호를 공고히 하였다.'라고 하였으며, 또 다른 기록인 〈법정전(法正傳)〉에서는 '손권은 자신의 여동생을 유비와 혼인시켰다. 손권의 여동생은 재능이 뛰어나고 민첩하며 강골인 성격을 가지고 있으며, 남자와 같은 면모를 가지고 있어 그를 받들던 백여 명의 하인들은 모두 칼을 들고 시중을 들었다. 이러한 모습에 유비는 매번 내실로 들어갈 때마다 두려움을 느꼈다.'라는 기록이 존재한다. 위와 같은 기록에 따라 서로 혼인이라는 이야기의 기초적인 내용은 사실임을 알 수 있다.

하지만, 이야기의 전개부분은 모두 각색과 수정 그리고 창조가 이루어졌다. 우선은 서로의 상견례가 이루어진 장소인 감로사는 손오(孫吳)의 감로년(甘露年)에 건설이 되어 그 이름이 붙여졌으며, 후에 당(唐)나라 때 이덕유(李德裕)가 재건하였다. 본래 '감로(甘露)'는 손권의 손자인 손호(孫皓)의 연호이기 때문에 〈삼국연의〉에서 등장하는 인물들이 모두 시대를 뛰어넘어 감로사에서 만나는 것은 근본적으로 불가능한 사실이다. 여기에다가 〈삼국연의〉 제 44화에 등장하여 손권 생모의 여동생이라고 하는 인물이자 유비와의 상견례를 주도한 오국태는 본래 실존인물이 아니다. 역사서 〈삼국지(三國志)〉의 기록에 따르면 손권의 생모인 오부인(吳夫人)의 가족관계에서 여동생이 아니라 남동생인 오경(吳景)만 존재하였다. 그리하여 위의 이야기에서 거론되는 상견례 장소와 인물들은 모두 허구이며 실제로 일어나지도 만나지도 않았던 일이다.

유비와 손부인과의 혼인이야기는 원(元)나라 때 〈삼국지평화(三國志平話)〉에서도 이미 존재하였다. 여기서 묘사하는 상견례 장소는 〈삼국연의〉와는 다르게 남서(南徐)에 위치한 감로사가 아닌 '건강부(健康府)'의 성안에서 이루어졌으며 내용 또한 비교적 간략하게 거론하였다. 이러한 내용은 나관중(羅貫中)의 손에 거쳐 보다 풍부하게 각색되어 당송(唐宋)시기에 나날이 유명해지는 명소인 진강(鎭江)의 감로사로 바뀌게 되었으며, 세부적인 내용도 과거의 버전보다 이야기의 내용을 탄탄하게 구성하였고 각 등장인물들에 대한 특징을 세밀하게 표현하였다. 그리하여 과거에 비교적 간단하게 거론만 하고 넘어간 일화가 나관중을 통해서 한 편의 예술적 매력을 풍부하게 지니고 있는 완벽한 이야기로 거듭나게 되었다.

문학 속의 곡절은 사람들을 감동시키지만, 역사에서 실제로 있었던 유비와 손부인의 결혼은 서로 인연 또는 사랑으로 맺어진 것이 아니라 순전히 정치적으로 정략결혼을 진행한 사이이다. 그렇기 때문에 이 둘은 비극적인 결말을 피할 수 없었는데, 결국 손권과 유비 간의 정치적인 관계가 악화되자 손부인은 유비와의 관계를 단절하고 혼자서 강동(江東)으로 돌아오게 되어 각자의 길을 걷게 되었고 그 후로 다시는 서로 만나지 않게 되었다. 고대의 여성의 사회적 지위는 매우 낮았기 때문에 종종 정치세계에서 도구이자 발판으로 쓰이게 되는 상황이 발생되어지곤 하였다. 하지만 손부인과 같은 '재능이 뛰어나고 민첩하며, 강골'인 여성은 최후에 유비를 떠나 동오로 돌아오는 선택을 하여 자신의 불행한 혼인생활에 대한 항의를 하였을 것이다.

53

주유(周瑜)가 유비(劉備)에게 부인을 바치고 자신의 병사들마저 굴복시키게 만든 이야기의 진실과 거짓

孫夫人斥退追兵(取自清光緒九年版《三國志演義全圖》)
손부인척퇴추병(청·광서구년판〈삼국지연의전도〉)

'부인을 바치고 병사들을 굴복시킨' 이야기는 삼국이야기에서 사람들에게 많이 회자되는 유명한 일화이다. 후세의 사람들은 이 이야기를 다른 사람을 이기려다가 결국에는 자신이 더 큰 손해를 입는다는 뜻의 성어(成語)로 만들기도 하였다.

유비(劉備)가 형주(荊州)를 끝까지 손오(孫吳)에게 돌려주지 않자 주유(周瑜)는 손권(孫權)에게 자신의 계책을 이야기하였다. 그것은 바로 거짓으로 손권의 여동생을 유비에게 시집보내는 것으로 허락하고 이러한 구실로 유비를 손오(孫吳)로 불러내어 인질로 삼아 형주를 받아내는 즉시 풀어주자는 것이었다. 하지만, 주유보다 제갈량(諸葛亮)이 한 수 위에 있는 인물이기에 이를 간파하고 조운(趙雲)을 불러 유비와 함께 손오(孫吳)에서 신부를 맞이하라고 지시하였으며, 3개 묘안이 들어 있는 금낭(錦囊)을 주어 필요할 때 사용하여 주유가 아무런 행동을 할 수 없게 묶어두도록 하였다.

첫 번째 금낭에 들어 있는 묘계(妙計)는 바로 유비에게 교국로(喬國老)를 만나게 하려는 것이었다. 그리고 동시에 유비를 수행하는 군사들에게 시장에 들러 예단을 구매하면서 유비가 손오(孫吳)의 사람과 혼인한다는 소문이 널리 퍼지도록 하였다. 제갈량의 묘책은 주유가 단순히 미인계를 사용하려던 거짓결혼을 정식결혼으로 만들어 버렸다.

두 번째 금낭에 들어 있는 묘책은 유비에게 형주에서 다급한 일이 발생되었다는 것을 알려주는 것이었다. 이렇게 하여 손권과 주유에게 끊임없이 향락과 유혹을 느끼게 해 여기에 심취해 있을 때 유비를 깨우기 위함이며, 결국에는 유비는 선친의 제사를 해야 된다는 명목으로 손부인(孫夫人)을 데리고 손오(孫吳)를 빠져나올 수 있게 되었다.

마지막 세 번째 금낭에는 유비가 울면서 손부인에게 사실은 주유가 그녀를 이용하여 미인계를 썼다는 사실을 고하는 것이었다. 그리하여 손부인의 분노를 이끌어내어 그녀가 손오(孫吳) 병사들 면전에서 크게 욕을 하면서 유비를 쫓는 것을 포기하게 만드는 것이었다.

유비가 형주지역에 입성하자 제갈량은 배를 타고 유비를 영접하였다. 주유는 자신의 계략이 실패로 돌아가자 직접 황개(黃蓋), 한당(韓當), 서성(徐盛), 정봉(丁奉) 등의 장군들과 수군을 이끌고 유비를 추격하였다. 이에 제갈량은 곧바로 배를 버리고 강가로 상륙하여 마차를 타고 도망쳤다. 주유도 신속히 강안(江岸)에 도착하여 멈추지 않고 추격하였고, 멀리서 유비가 시야에 보이기 시작하였다. 주유가 유비를 다 잡았다고 생각하였을 때, 갑자기 큰 북소리가 울리면서 한 무리의 사람들과 관운장(關雲長)이 자신의 검을 들고 손오(孫吳)의 병사들을 공격하였다. 이러한 공격에 주유는 겁을 먹고 황급하게 말을 돌려 도망치기 시작하였다. 이때, 황충(黃忠)과 위연(魏延)이 병사들을 이끌고 양 측면에서 적들을 소탕하였다. 주유와 손오(孫吳)의 장수들은 이 전투에서 대패하여 다급하게 배를 타고 후퇴하였다. 촉군(蜀軍)들은 강가에서 도망치는 오군(吳軍)을 바라보면서 "주랑(周郞)의 묘안 덕분에 부인을 주고 병사들도 굴복시키는구나!"라고 소리쳤다. 이 말을 들은 주유는 속으로 탄식하며 "나의 계략이 성공하지 못했는데 무슨 면목으로 주군을 뵙겠는가!"라고 말하였다. 주유는 분노와 치욕이 뒤섞인 말로 큰 소리를 지르면서 배에서 쓰러지게 되었고 인사불성이 되었다.

〈삼국연의〉 속 이 유명한 일화는 순수한 거짓이며 창조된 이야기이다.

손가(孫家)와 유가(劉家)가 서로 결혼을 하게 된 이유는 역사서에 명확하게 기록되어 있다. '적벽전투 후, 유비가 형주(荊州) 4군(四郡)을 차지하여 자신의 세력이 나날이 커져만 갔다. 이런 상황에서 모든 사람들이 유비를 형주목(荊州牧)으로 추대하여 공안(公安) 지역을 다스리도록 부탁하였다. 손권은 이렇게 유비의 세력이 커가는 것을 두려워한 나머지 자신의 여동생을 유비와 혼인시켜 우호를 공고하게 만들려고 하였다.' 이러한 기록에 따라서 〈삼국연의〉에서 이야기하는 미인계는 실제로 존재하지 않는 이야기라는 것을 알 수 있다.

유비를 손오(孫吳)의 인질로 삼으려는 의도와 관련된 기록은 이러하다. '유비가 손오의 경구(京口)로 가서 형주의 관할권을 넘겨달라는 부탁을 하였다. 이때, 주유는 손권에게 유비가 오면 많은 미녀를 유비 곁에 두어 그의 의지를 흐리게 만들고 관우(關羽)와 장비(張飛)도 우리를 위해 활약하도록 한다'. 여범(呂范)도 비밀리에 손권에게 유비를 감금하자고 건의하기도 하였다. 하지만, 손권은 조조가 아직도 북방에서 거대한 세력으로 유지하고 있으며, 유비를 납치한다고 하더라도 계획대로 진행되지 못할 수 있다는 점과 마지막으로 노숙(魯肅)이 강력하게 주유와 여범의 계획을 반대하기 때문에 최종적으로 실행에 옮기지 않았다. 시간이 흐른 후에 유비는 방통에게 "당신은 주유의 휘하로 조조를 대항하는 업적을 세웠다고 들었습니다. 내가 오나라에 갔을 때, 소문으로는 주유가 손권에게 비밀리에 나를 붙잡아 두라고 하였다는데 이것이 사실입니까?"라고 물었다. 이에 방통은 "그러합니다."라고 대답하였다.

손권이 자신의 여동생과 유비를 혼인시킨 이유는 두 진영의 동맹을 탄탄하게 만들려는 수단으로 활용하기 위함이었다. 비록 주유와 여범이 다른 계략을 구상하였지만, 손권은 자신의 여동생을 이용하면서까지 계략을 수행하려는 의지가 없었으므로 〈삼국연의〉 속의 이야기인 '부인을 바치고 병사들을 굴복시켰다'는 이야기는 허구적 창작이야기라 할 수 있다.

54

노숙(魯肅)이 주유(周瑜)의 유체(遺體)를 고향으로 되돌아 갈 수 있게 배웅해 준 이야기의 진실과 거짓

魯肅畫像(取自清光緒廿五年版《〈三國志演義〉全圖》)
노숙화상(청·광서이십오년판〈삼국지연의전도〉)

주유(周瑜)가 죽은 뒤, 노숙(魯肅)은 그의 시신이 고향으로 되돌아 갈 수 있도록 호송하였는데 이 이야기는 〈삼국연의(三國演義)〉에서 주유와 관련된 가장 비참한 내용이다.

36세의 주유는 "하늘은 어찌 주유를 낳고, 제갈량도 만들었는가"라는 장탄식을 하고 파구(巴丘)에서 세상을 떠났다. 그가 죽기 전에 노숙을 자신의 후계자로 지목을 하였으며, 손권은 주유가 죽었다는 소식을 듣고 곧바로 노숙을 도독(都督)으로 임명하고 군사의 총지휘권을 넘겨주면서 주유의 영구(靈柩)를 호송하여 동오(東吳)에서 장례를 치를 수 있도록 하라고 명령하였다. 공명(孔明)은 주유의 영구가 시상(柴桑)에 도착하였다는 소식을 듣자마자 곧바로 조문을 나갔다. 제갈량이 조문을 마치고 되돌아가려 할 때 강변에 있던 사람이 그를 붙잡았다. 이윽고 이 사람은 "너는 주유를 화나게 하여 죽음으로 몰고갔는데 여기서 조문을 하는 것을 보니 동오에 인물이 없어진 것을 보고 기만하러 온 것이냐!"라고 말하였다. 이렇게 제갈량에게 이야기한 인물은 바로 봉추(鳳雛)라고 불렸던 방통(龐統)이었다. 두 사람은 웃으면서 함께 배에 올라 각자 속에 있는 이야기를 나누었다. 이 자리에서 공명은 방통에게 동오에서 자신의 뜻을 펼치지 못하는 것 같으면, 형주(荊州)에 있는 현덕주공(玄德主公)을 보필하는 것을 환영한다는 말을 남기고 서로 작별을 고하였다. 노숙이 주유의 영구를 무호(蕪湖)까지 호송하자 손권이 직접 나와 주유의 시신을 영접하였다. 그리고 나서 통곡을 하면서 장례를 치렀고 후에 주유의 고향에 안장시켰다.

이렇게 감동적인 이야기이지만 실질적인 측면에서는 다수의 문제점이 발견된다. 그렇다면 역사서를 보면서 진실을 찾아가보자.

주유의 영구를 호송한 사람은 과연 누구일까? 이에 해당하는 답에 있어서 노숙은 아니라는 것은 절대적이며 〈삼국연의〉에서 묘사하고 있는 내용은 순전히 허구이다. 그러나 역사기록에서 주유의 유해를 최선을 다하여 호송하였다는 기록이 존재하며, 다른 사람이 아닌 바로 봉추 선생인 방통이었다고 기록되어 있다. 〈삼국지방통전(三國志龐統傳)〉의 기록에 따르면 '방통의 자는 사원(士元)이며 양양(襄陽) 지금의 호북성(湖北省) 양양현(襄陽縣) 사람이다. 그가 지냈던 남군(南郡) 정부에서 군사의 공로를 기록하는 직무(功曹)를 담당하였다. 후에 주유와 유비가 동맹하여 주유가 남군태수(太守)의 직을 겸직하였을 때는 주유의 부하가 되었다. 주유가 세상을 떠난 뒤 방통은 주유의 영구를 호송하여 손오(孫吳)의 행정중심인 오현(吳縣), 지금의 강소성(江蘇省) 소주시(蘇州市)에 무사히 영면할 수 있도록 하였다. 이러한 사건으로 손오의 인사(人士)들이 방통의 명성을 들을 수 있게 되었고, 모든 장례를 마치고 방통이 자신이 본래 속해 있던 서쪽의 남군으로 돌아갈 때, 오현의 사람들이 모두 오현성(吳縣城)의 서문인 창문(昌門; 지금의 창문(閶門) 지역)으로 나와 그를 배웅하였다.' 한다.

그렇다면 왜 방통이 주유의 영구를 호송하였을까? 우선은 그가 담당했던 직무가 바로 공조(功曹)와 군정부(郡政府)에서 인사와 관료들의 장례문제를 처리하는 업무이기 때문이다. 나아가 더 중요한 부분은 한(漢)나라 때 지방 군현(郡縣)의 정부를 담당하는 행정장관(行政長官)은 그 지역의 인재를 직접 뽑아 관직을 수여할 수 있는 권한이 있었으며, 이 과정에서 중앙정부의 승인은 필요하지 않았다. 그러므로 군현의 행정장관과 그가 뽑은 부하들의 관계는 군신(君臣)과도 같은 친밀한 관계를 형성하고 있었다. 이러한 상관관계 때문에 행정장관이 뽑은 부하는 자신의 주군과도 같은 사람이 죽었을 때, 장례를 도맡아 책임지는 것은 당연한 것이며 이는 곧 자신의 충심의 정도를 표현하는 방법으로도 말할 수 있다. 그리하여 방통이 이렇게까지 주유를 모신 행동은 이상할 것이 없는 것이다.

주유의 영구는 과연 어디에 안장이 되어 있을까? 위에서 거론한 역사서에서 이미 우리에게 이 질문에 대한 답을 주고 있다. 당시에 손오 정권의 행정중심인 오현, 즉 소주에 매장이 되었다는 기록에 따라서 주유는 자신의 고향에 안장되지 않았다는 것을 알 수 있다. 본래 주유는 여강군(廬江郡) 서현(舒縣) 출신이다. 그의 고향인 서현의 정확한 위치는 지금의 장강(長江) 북쪽에 위치한 안휘성(安徽省) 여강현(廬江縣)이다.

위에 내용들을 보았을 때는 〈삼국연의〉 속 내용들이 모두 허구라고 생각되지만, 실제로 일어난 일들도 다수 존재한다. 첫째는 손권이 직접 무호(蕪湖)로 와서 주유의 영구를 영접하였다는 것과 두 번째로는 주유가 36세의 나이로 세상을 떠났다는 점은 모두 실제 기록과 동일한 부분이다. 역사적 사실기록과 아이러니한 부분은 방통이 유비군에 가담한 뒤로 그가 죽은 나이는 그가 직접 배웅한 주군인 주유와 같은 나이인 36세라는 점이다.

원(元)나라 때 〈삼국지평화(三國志平話)〉에서 다루고 있는 내용이 보다 사실과 가까우며, 여기서는 방통이 주유의 영구를 호송하였다고 묘사하였다. 반면 〈삼국연의〉에서는 노숙의 충심과 의리를 부각시키려고 내용을 다소 각색하였다. 이렇게 이야기를 구성한 이유는 바로 〈삼국연의〉에서 지속적으로 노숙의 지력은 제갈량과 주유보다 낮으나 도덕적 인품은 타의 추종을 불허하는 인물로 묘사되었기 때문이다.

55

조조(曹操)가 수염을 자르고 도포를 버린 이야기의 진실과 거짓

曹阿瞞割須棄袍(取自清康熙年版《三國志演義》)
조아만할수기포(청·강희년판〈삼국지연의〉)

〈삼국연의(三國演義)〉 속에서 조조의 가장 비참한 장면을 꼽으라고 한다면 바로 '할수기포(割須棄袍)'의 이야기가 가장 먼저 떠오를 것이다.

당시에 마초(馬超)는 조조(曹操)가 죽인 자신의 아버지와 동생의 복수를 하기 위하여 한수(韓遂)와 함께 20만 서량대군(西凉大軍)을 기병

(起兵)하여 장안(長安)을 탈취하고 동관(潼關)을 점령하였다. 이에 조조도 자신이 직접 대군을 이끌고 적들과 대치하기 시작하였다. 멀리서 마초의 모습이 생생하게 보였는데 마치 화장을 한 것처럼 얼굴은 새하얗고 입술은 붉었다. 넓은 어깨와 가는 허리를 가지고 있는 마초는 하얀 도포에 은색 갑옷을 입고 있었으며 손에는 장창(長槍)을 들고 있었다. 조조와 대치하기 전에는 우금(于禁)과 장합(張郃)을 죽이고 이통(李通)마저 찔러 죽여 말에서 떨어뜨렸다. 조조와 대치하고 있는 마초는 자신의 장창을 휘두르면서 서량병사들과 함께 맹렬하게 돌격하여 조조군을 공격하기 시작하였다. 마초와 좌우 장군들이 지휘하는 서량병사들의 기세가 워낙 높아 조조군은 마초군을 쉽사리 막지 못하였다. 이때, 마초와 방덕(龐德) 그리고 마대(馬岱)가 기병 백여 명을 이끌고 조조를 죽이러 직접 조조군의 본진 안으로 진격하였다. 조조는 난전(亂戰) 속에서 서량군대의 "홍색 도포를 입고 있는 사람이 바로 조조다!"라는 외침을 듣자마자 다급하게 자신의 도포를 벗어 던졌다. 그러고 나서 다시금 서량병사들의 "수염이 긴 사람이 바로 조조다!"라는 외침을 듣자 자신이 들고 있는 검으로 수염을 잘라 버렸다. 조조가 수염을 잘랐다는 말을 들은 서량병사는 곧바로 이 소식을 마초에게 보고하여 마초는 "수염이 짧은 사람이 조조다!"라는 외침과 함께 추포령(追捕令)을 내려 병사들에게 조조를 잡아오라고 시켰다. 한편 자신의 추포령을 접한 조조는 황급히 주변에 있는 깃발을 내리고 그 깃발로 자신의 턱을 가려 도망칠 수 있게 되었다. 후세의 사람은 이러한 광경을 '동관전투에서 패배하여 그저 바라만 보고 바람같이 도망쳤네. 맹덕(孟德)은 황급하게 비단포를 내던지고 검으로 수염까지 잘라버리게 되어 간담이 서늘하게 되었으니 마초의 명성은 하늘같이 드높아 지리라.'라는 시로 남기게 되었다.

일찍이 원(元)나라 때 무명작가가 집필한 잡극(雜劇) 〈조조야주진창로(曹操夜走陳倉路)〉라는 작품에서 마초가 조조를 죽이려는 과정에서 조조가 '수염을 자르고 도포를 바꿔 입는' 내용이 존재하였다. 〈삼국지평화(三國志平話)〉에서도 위의 내용이 존재하였는데 여기서 마초를 '얼굴은 살아있는 게와 같고 눈은 명랑하게 빛나는 별과 같으며 몸에는 상복을 걸치고 있었다.'라고 묘사하였다. 또한 책에서는 '마초가 하후돈(夏侯惇)을 죽이고 나서 "조조를 잡아온 자에게 만금(萬金)을 하사하겠다."라고 자신의 군사들에게 말하였다. 이에 조조는 이 소식을 듣고 황급히 자신이 들고 있는 칼로 수염을 자르고 옷을 갈아입었다.'라고 당시의 내용을 집필하였다. 〈삼국연의〉는 이러한 기본 내용을 기초로 재 각색하여 보다 완성도 높은 구성으로 생동감을 추가하여 독자들의 감탄을 불러일으켰다.

그렇다면 과연 조조는 진짜로 동관(潼關)에서 위의 묘사와 같이 여러 수모와 낭패를 당하였는가?

정사 〈삼국지(三國志)〉와 〈후한서(後漢書)〉에서 이 이야기와 관련된 기록이 존재하여 아래 실제로 일어난 사실을 나열해 보았다.

우선, 조조와 마초는 건안(建安) 16년(서기 211년) 가을에 동관에서 서로의 생사를 운명 짓는 전투를 벌였다는 일은 사실이다. 조조군은 초기에 이득을 얻을 정도로 전투를 이끌어 나가지 못하였지만, 결국에는 결정적인 한방을 통하여 승리로 이끌었다.

두 번째, 동관전투가 발발한 이유는 마초가 자신의 부친과 동생을 위한 복수가 아닌 조조가 마초의 세력을 숙청하기 위한 전투였다. 결과적으로 마초의 부친인 마등(馬騰)과 마씨(馬氏)일가 200명은 전투가 끝난 후 2년이 지난 5월에 조조가 형을 집행하였다.

세 번째, 조조가 동관전투에서 비참한 일을 겪은 것은 사실이다.

하지만 '할수기포'와 같은 일이 아닌 '배를 버리고 화살을 피하였던 분선피전(奔船避箭)'의 일이었다. 내용은 조조가 황하(黃河)를 건널 때 마초의 기병들에게 강력한 공격을 받고 있었다. 이에 허저(許褚)가 목숨을 내걸고 조조가 타고 있는 배를 지켰으며, 이 과정에서 말안장을 들고 날아오는 화살들을 막았다. 역사기록에서는 이러한 조조가 위협을 당하였다는 기록은 존재하지만, 〈삼국연의〉에서 이야기하는 '수염을 자르고 도포를 버린' 일과 같은 내용은 존재하지 않는다.

위의 역사기록들을 정리하여 보았을 때, 조조가 동관전투에서 '할수기포'와 같은 일을 하였다는 것은 순전히 허구라는 것을 알 수 있다.

과거 사람들은 효도를 가장 우선적인 가치로 생각하여 '신체발부, 수지부모, 불감훼상(身體髮膚, 受之父母, 不敢毀傷)'이라는 교훈을 남기기도 하였다. 나관중(羅貫中)은 '할수기포'라는 이야기를 삽입하여 조조의 전투에 대한 능력을 부정하면서 효도의 근본적인 가치를 흔들어 그의 이미지를 끌어내렸다. 이러한 묘사는 조조의 간사하고 사악한 이미지를 가중시키고 나아가 극악무도한 악역이라는 것을 독자들에게 각인시키기 위함이다. 하지만, 역사적 사실 속 조조의 이미지는 위와 같이 간사하지도 않을 뿐더러 효도라는 인본적 가치를 무시하고 부정하는 인물이 아니며 그러한 일을 자행하지도 않았다. 그럼에도 불구하고 사람들은 〈삼국연의〉 속 이야기들을 곱씹으면서 감동을 받고 허구적 내용들을 마음속 깊숙이 흡수하는 결과를 낳는 정교하고 신통한 글 솜씨를 나관중 선생이 얼마나 잘 발휘하였는가를 알 수 있는 대목이기도 하다.

56

장송(張松)이 지도를 헌납한 이야기의 진실과 거짓

張松獻地圖(取自清光緒廿五年版《〈三國志演義〉全圖》)
장송헌지도(청·광서이십오년판〈삼국지연의전도〉)

익주목(益州牧) 유장(劉璋)이 북쪽에 위치한 한중(漢中)의 장노(張魯)가 자신이 위치하고 있는 서천(西川)을 공격한다는 소식을 듣고 근심이 쌓여만 갔다. 유장의 막료(幕僚)이자 별가(別駕)로 있는 장송(張松)이 계책을 세워 조조(曹操)가 장노(張魯)를 공격할 수 있게 하는 방법을 유장에게 이야기하였다. 장송의 이야기를 들은 유장은 크게 기뻐하며 값진 선물들을 준비하였다. 그러고 나서 장송을 사자로 임명하여 조조가 있는 허도(許都)로 보내어 자신의 계략을 완수하도록 명하였다. 그러나 마음속에 다른 마음을 품고 있던 장송은 출발 직전 서천의 지리도(地理圖)을 몰래 그려 조조에게 바치려고 하였다. 소식통을 통하여 장송의 본래 계략과 암암리에 다른 계획을 진행하고 있다는 이야기는 형주(荊州)에 있는 공명(孔明)에게 전해지게 되었고 즉시 정보원을 허도로 보내어 장송의 동향을 파악하도록 시켰다. 장송이 허도에 도착하였을 때, 조조는 때마침 마초를 물리친 상황이라 자만감이 드높았으며, 나아가 장송의 추악한 외모에 반감이 생겨 그를 냉대하였다. 이에 장송은 본래 계획을 철회하고 형주로 방향을 돌려 서천의 지도를 유비에게 헌납하려고 마음먹었다. 일찍이 이러한 소식을 접한 유비는 장송을 융성하게 대접하여 그의 방문을 환영하였다. 이러한 환대에 장송은 곧바로 서천의 지도를 유비에게 건네주고 서천을 공격하라고 그에게 권하였다. 유장이 있는 성도(成都)로 돌아온 장송은 유장을 설득하여 자신들의 지원군이 될 수 있도록 만들었다. 그리하여 유비는 땅을 짚고 헤엄치듯이 손쉽게 서천을 차지할 기회를 맞이하게 되었다.

위 이야기는 〈삼국지평화(三國志平話)〉와 〈삼국연의(三國演義)〉 속 '장송헌지도(張松獻地圖)'의 이야기이다. 과연 이 이야기는 두 소설에서처럼 실제로 일어난 일일까?

장송에 관한 이야기는 정사 〈삼국지(三國志)〉와 〈화양국지(華陽國志)〉 등의 역사서에 기록되어 있다. 하지만 장송에 관련된 전문적인 기록은 존재하지 않지만 역사서의 〈선주전(先主傳)〉과 〈유장전(劉璋傳)〉 그리고 배송(裵松)이 해석한 글들에 분산되어 존재하고 있다. 우선, 장송은 익주(益州)의 중심부인 촉군(蜀郡; 지금의 성도시(成都市)) 출신이다. 동한말기(東漢末期) 그와 형인 장숙(張肅)이 모두 익주목(益州牧)인 유장(劉璋)의 밑에서 요직을 담당하였다. 장송은 주정부(州政府)의 별가(別駕)로서 기록물관리와 중요한 업무를 도맡아 담당하였다. 이러한 유장의 장송과 장숙에 대한 깊은 신임은 자연스럽게 사력을 다하여 주군에게 충성을 다해야 하지만, 장송의 사람 됨됨이는 그렇지 못하였다. 비록 그의 능력이 영민하고 출중하여도 품행이 '방탕하고 정조가 없다.' 즉 현세의 사람들이 말하는 근본이 없는 사람처럼 행동한다는 평가를 받고 있었다. 장송은 유장이 베푸는 풍족한 봉록과 혜택을 받고 있었지만, 유비에게 붙어 나라를 팔아먹는 행위를 하여 그의 형인 장숙도 장송의 모습에 두려움을 느낀 나머지 이러한 행위를 유장에게 고발하게 되었다. 그리하여 이러한 사람됨의 말로는 유비가 성도를 차지하기도 전에 유장이 먼저 손을 써 장송의 머리를 베어버리는 결과로 나타나게 되었다. 결국에는 총명함 때문에 스스로 잡아먹히게 되는 전형적인 결과로 나타나게 되었다.

지도를 헌납한 이야기의 기록은 〈삼국지·선주전(三國志·先主傳)〉을 인용한 〈오서(吳書)〉에 기록되어 있다. '유비는 우선 장송이라는 인재를 얻고 후에 법정(法正)을 얻었다. 그리고 그들을 후하게 대접하고 따듯하게 맞이해 주었다. 유비는 익주의 지리와 병기(兵器), 부고(府庫)와 인마(人馬)에 대한 상황들 그리고 요충지에 대한 위치를 물어보았다. 이에 장송과 법정은 구체적인 설명과 지리도를 그려 익주(益州) 지역에 대한 상세한 정보를 얻을 수가 있었다.'라고 기록하였다. 이러한 기록이 존재함에도 불구하고 사마광(司馬光)의 〈자치통감(資治通鑑)〉에서는 위의 기록이 잘못되었다고 비판하였다. 〈자치통감〉에서 유장과 유비 두 사람의 역사기록에 따르면 법정이 유비를 만나기 전까지는 장송이 유비를 만난 적이 없다고 주장하였다. 이에 〈오서〉의 내용은 오류가 존재하며 신뢰할 수 없는 근거라고 하였다. 객관적인 측면에서 보면 사마광의 이러한 주장의 개연성은 매우 높다고 생각된다. 그 이유는 바로 법정이 유장의 명을 받아 형주에 있는 유비를 만나기 전까지 어느 역사서에서도 장송이 사적으로 형주로 가서 유비를 만났다는 기록은 존재하지 않기 때문이다. 위의 사실들에 비추어 '장송이 지도를 헌납하였다.'라는 이야기는 시간적 사실성이 매우 결여되는 문제를 가지고 있다는 점과 실제로 지도를 유비에게 바친 사람은 장송이 아닌 것을 뒷받침해 주고 있다는 것이다. 그렇다면 과연 장송이 아니라 다른 제3자가 지도를 헌납하였을 가능성은 있는가? 이러한 질문에 역사서에서는 우리에게 작은 실마리를 던져주고 있다. 사서 〈오서(吳書)〉에서는 '장송 등의 사람이 말과 그림으로 알려주었다.'라는 기록에 따라 장송뿐만 아니라 그와 같이 참여한 법정도 지도를 그려 유비에게 헌납하였다는 것을 알 수 있다. 더 깊이 생각해 보면 장송은 단순히 말로서 설명만 하고 법정이 그림을 그려주었을 가능성도 존재한다. 결과적으로 지도를 그려주고 그것을 헌납한 것은 모두 사실에 근거한 일이나 지도를 유비에게 헌납한 사람은 장송이 아닐 수도 있다는 점이 존재한다는 것이다.

57

조운(趙雲)이 강을 막고 아두(阿斗)를 탈취한 이야기의 진실과 거짓

截江奪阿鬥(取自清康熙年版《三國志演義》)
절강탈아두(청·강희년판〈삼국지연의〉)

'절강탈아두(截江奪阿斗)'의 이야기는 조운의 고귀한 이미지를 잘 표현하는 유명한 일화중의 하나이며 희극(戲劇)에서도 〈절강탈두(截江奪斗)〉 또는 약칭으로 〈탈두(奪斗)〉라는 극본이 존재하는 내용이기도 하다. 아래의 내용은 〈삼국연의(三國演義)〉 속 이야기를 요약한 내용이다.

손부인(孫夫人)은 자신의 모친이 병에 걸려 위급하다는 소식을 듣고 7살이 된 아두를 마차에 태우고 30여 명의 수행원들과 함께 형주성(荊州城)을 떠나 강변에 도착하여 배에 올랐다. 배가 막 떠나려고 하려는 찰나에 멀리서 어떤 사람이 큰 소리로 "배를 세우고, 세자와 부인은 떠나는 것을 멈추시오!"라고 말하였다. 손부인은 멀리서 이렇게 소리친 사람을 바라보았는데 그는 바로 조운이었다. 군사들은 일제히 배를 움직이게 만들었고 바람과 물결이 매우 빠르게 배를 이동시켰다. 조운은 배를 따라 강변을 10여리 동안 내달렸고 앞에 나타난 작은 어선을 발견하고 얼른 말을 버리고 어선에 올라타 손부인이 타고 있는 큰 배를 추격하기 시작하였다. 조운이 타고 있는 어선이 점차 가까워오자 오(吳)나라의 병사들은 창으로 조운을 마구잡이로 찔러댔다. 이에 조운은 자신이 들고 있는 검으로 적들의 찌르기 공격을 막아내고 손부인이 타고 있는 배에 올라 탈 수 있게 되었다. 배에서 손부인이 아두를 안고 있는 모습을 발견하고서 얼른 낚아채 선수(船首)로 달려갔다. 조운은 강안(江岸)으로 도망치려 하였지만 도와줄 사람이 없어 배 안에서 나아갈 수도 후퇴할 수도 없었다. 절체절명 위기의 순간 때마침 하류의 항구(港口) 쪽에서 배 십여 척이 다가오는 것을 발견하였다. 그 배에 타고 있는 사람은 장비였으며 손부인이 아두를 데리고 떠나며 조운이 이를 추격하고 있다는 소식을 듣자마자 유강협(油江峽) 입구에 도착하여 오선(吳船)을 막으려고 하였으며, 즉시 정면으로 충돌하여 손부인이 타고 있는 배를 막아 세웠다. 장비는 서둘러 오선(吳船)을 제압하고 아두를 안고 조운과 함께 자신이 타고 있었던 배로 되돌아갔다. 그러고 나서 손부인과 군선 다섯 척은 오(吳)나라로 되돌아 갈 수 있도록 풀어주었다. 이러한 일화에 후대 사람은 자룡(子龍)의 용맹함을 '과거 당양(當陽)에서 주군을 구하고 지금은 강을 맨몸으로 날아오른다. 배에 있던 오군(吳軍)들은 간담이 서늘해지고 자룡의 용맹함은 세상의 무쌍(無雙)이다!'라는 시로 남겼다.

〈삼국연의〉의 내용과 다르게 초기 원(元)나라 때 〈삼국지평화(三國志平話)〉에서는 다른 내용으로 이 이야기를 묘사하였다.

유비와 군사들이 형주를 떠나고 20리 주변에 다른 군영(軍營)이 존재하지 않았다. 이에 제갈량(諸葛亮)은 신속하게 장비에게 명령을 내렸다. 은밀하게 내린 명령은 바로 1천명의 병사들을 강가에 매복시키라는 것이었다. 장비가 제갈량의 명을 듣고 얼마 지나지 않아 삼경(三更)이 되었을 때, 마침 북쪽에서 병사들이 다가오는 것을 발견하였다. 적들의 병력은 약 3천이 되었으며, 손부인이 마차에서 아두를 안고 있었으며 오군에 투항할 심산으로 도망가는 모습을 보게 되었다. 말안장에 올라타고 있는 장비는 곧바로 "부인은 황숙(皇叔)이 서천(西川)에서 곤경에 빠졌다는 소식을 듣자마자 아두를 안고 강남(江南)으로 투항하려고 하시는군요!"라고 말하였다. 장비의 일침을 들은 손부인은 몹시 수치스럽고 창피한 마음에 강에 뛰어들어 자결하였다.

앞서 〈삼국연의〉와 〈삼국지평화〉의 내용을 비교하면 총 세 가지 부분이 각기 다른 것을 알 수 있다. 먼저 아두를 당시 구출한 사람은 장비 혼자이며 조운과 장비가 합동으로 아두를 되찾은 것이 아니라는 점과 손부인이 강이 아닌 육지에서 마차를 타고 이동하고 있었다는 점이다. 마지막으로 〈삼국지평화〉에서는 장비의 말에 손부인은 곧바로 강에 뛰어들어 목숨을 끊었다고 하였지만 〈삼국연의〉에서는 강동으로 돌아갔다라고 되어 있다는 점이다.

그렇다면 이 두 개의 이야기 중, 어느 설명이 더 진실에 가까운 것일까?

역사서 〈삼국지·조운전(三國志·趙雲傳)〉을 배주(裵注)가 인용한 〈조운별전(趙雲別傳)〉에 따르면 '선주(先主; 유비)가 익주에 입성하였고 조운은 형주에 남아 사마(司馬)직무를 담당하였다. 손권(孫權)은 유비가 서쪽 정벌을 나갔다는 소식을 듣고 대규모의 선단을 보내어 자신의 여동생을 데려오려 하였다. 이에 손부인은 세자인 아두를 오나라에 데리고 가려 하였으며 조운과 장비는 병사들을 이끌고 강을 막아 아두를 다시 되찾게 되었다.'라고 기록하였다. 또 다른 기록인 〈이주비자전(二主妃子傳)〉을 배주가 인용한 〈한진춘추(漢晉春秋)〉에서도 비슷한 내용이 존재한다. 역사서의 기록들을 분석하였을 때, 아두를 되찾은 사람은 바로 조운과 장비라는 것을 알 수 있으며, 장소 또한 육지가 아닌 장강(長江)에서 일어난 일인 것을 알 수 있다. 그리고 손부인의 결말은 〈삼국지평화〉에서 이야기하는 자결한 것이 아닌 것으로도 판명된다. 이에 〈삼국연의〉의 내용이 보다 진실에 가까운 내용이라는 것이 밝혀졌다. 다만, 이야기의 기본적인 내용은 진실에 가까우나 이야기의 세부적 묘사나 다른 추가적인 내용들은 모두 허구적으로 덧붙여진 내용들로서 이야기의 곡절과 혈투들을 첨가하여 독자들의 마음과 이목을 하나로 모을 수 있었다.

조운이 성공적으로 아두를 되찾은 일은 유비에게는 매우 기쁘고 다행스러운 일이다. 반면 손부인에게는 매우 비극적이며 안타까운 일인 것이다. 이러한 연유는 손부인이 유비에게 시집을 간 이유는 정치적인 이유로 정략결혼을 한 것이기 때문이다. 후에 손권과 유비의 관계가 악화되자 한쪽은 자신의 남편이며, 다른 한쪽은 자신의 친오빠인 관계에서 선택을 하여야 한다는 손부인의 입장은 매우 난처하였을 것이다. 그러기에 그가 자신의 친가를 방문하기 위하여 강동으로 향하면서 아두를 데리고 가는 것은 유비에게 있어서 상처를 주는 것과도 같은 행동이 되어 일말의 애정이 있었던 두 사람의 관계는 이 일 이후로 서로의 관계를 단절하게 되었다. 그리하여 후대의 사람들이 감탄하며 회자하였던 '용봉정상(龍鳳呈祥)'의 국경을 뛰어넘는 혼인은 파국을 맞이하게 되었으며 손부인과 유비는 각자의 길을 걸으며 다시는 만나지 않게 되었다. 이 얼마나 탄식을 불러일으키는 일인가!

58

방통(龐統)이 낙봉파(落鳳坡)에서 죽게 된 이야기의 진실과 거짓

龐統畫像(取自清康熙年版《三國志演義》)
방통화상(청·강희년판〈삼국지연의〉)

낙봉파(落鳳坡)는 〈삼국연의(三國演義)〉에 나오는 작은 고을의 이름이다. 소설에서 봉추(鳳雛) 선생인 방통(龐統)이 활에 맞아 죽음을 맞이하는 생동감 넘치는 이야기의 장소가 바로 이 지역으로 묘사되어 후대의 사람들에게 유명한 명승지(名勝地)로 자리잡게 되었다.

적벽(赤壁)전투 이후 방통은 유비(劉備)를 따라 익주(益州)로 들어오게 되었다. 곧이어 유비군은 성도(成都)를 공격하여 이 지역을 차지하고 있는 유장(劉璋)의 관할권을 차지하려는 사전작업을 준비하고 있었다. 방통은 유비군이 계획대로 전투에서 승리할 수 있도록 다양한 계책들을 제시하였는데 이러한 계략은 연이어 적중하여 유비군이 순조롭게 익주지역을 점령할 수 있게 되었다. 그러나 유비군이 성도지역 북쪽에 위치한 락성(雒城)을 공격하려 하였을 때, 생각지도 못한 완강한 저항을 맞닥뜨리게 되었다. 방통은 자신의 계획대로 일이 진행되지 않자 몹시 초초해 하며 군사들에게 강공(强攻)할 것을 건의하였다. 그러나 상대방의 대장(大將)인 장임(張任)은 병마(兵馬) 3천을 이끌고 유비군이 통과하여야 하는 작은 길목에 매복을 준비해 놓았다. 때마침 양쪽으로 산새가 험하고 좁은 길 사이로 수풀이 우거져 어지럽게 덮인 지역을 방통이 병사들을 이끌고 지나가고 있었다. 이 시기는 여름의 끝자락이자 가을로 접어드는 시기여서 나무들이 무성하게 자라 있었다. 길을 지나던 방통은 말을 멈추고 "여기는 어디인가?"라고 주변의 군사들에게 물어보았고, 이에 병사들 중에 한 명이 "여기의 지명은 '낙봉파'입니다."라고 대답하였다. 대답을 들은 방통은 크게 놀라며 "나의 별칭이 봉추인데 지역명이 낙봉파이니 나에게는 매우 불리한 지역이구나!"라고 하면서 황급하게 병사들에게 퇴각명령을 내렸다. 그러자 산중턱에서 포성이 들리고 좌우에 있는 산에서 화살들이 벌떼같이 쏟아져 내려 방통은 그 자리에서 활에 맞아 그의 나이 36세에 세상을 떠나게 되었다. 유비는 방통이 죽었다는 소식을 듣자 하염없이 통곡을 했다. 그때 형주(荊州)에 있던 제갈량(諸葛亮)은 서쪽하늘에 있던 크고 밝았던 별이 하늘에서 떨어져 빛이 사라지게 되어 울면서 "통재로다! 방사원(龐士元)의 명이 다하였구나!"라고 말하였다. 며칠 뒤, 현덕(玄德)에게 서신이 도착하였는데 내용은 '칠월 칠석에 군사 방통이 낙봉파에서 활을 맞아 장임에게 죽임을 당하였다.'는 내용이었다. 편지를 받아 본 공명은 대성통곡을 하고 다른 관료들도 상심하여 하염없이 눈물을 흘리게 되었다.

이렇게 비정한 이야기는 과연 실제로 일어난 일일까? 이 질문에 대한 답은 반은 사실이고 반은 사실이 아니라고 할 수 있다.

역사서 〈삼국지 · 방통전(三國志 · 龐統傳)〉의 기록에서 방통의 자는 사원(士元)이며 양양(襄陽) 사람이라고 기록하였다. 소년시대의 방통은 순박하고 굼뜬 인물이었으나, 타인의 재능을 잘 감별하는 능력이 있어 사마휘(司馬徽)가 그의 능력을 알아보고 청년시절에는 수재가 되겠다고 하였다. 당시에 유명한 방덕공(龐德公)이 제갈량을 '와룡(臥龍)'이라 평가하였을 때, 방통도 '봉추(鳳雛)'라는 칭호로 명하여 그가 어릴 적부터 걸출한 인재임을 확인시켜 주었다. 실제로 방통은 유비를 따라 익주로 들어갔으며 성도 원정에서 활을 맞아 희생되었다고 기록되어 있다. 하지만 역사기록에서 방통이 죽은 지역은 '방통이 락현(雒縣)성을 포위하면서 병사들을 지휘하고 있을 때 활에 맞아 그 자리에서 죽게 되었다.'라고 기록하여 〈삼국연의〉에서 묘사하고 있는 '낙봉파'에서 죽었다는 것은 사실이 아니라고 말하고 있다.

락현은 지금의 사천성(四川省) 광한시(廣漢市)이다. 반면 낙봉파라는 지역은 동한삼국(東漢三國)시대에는 출현하지 않은 지명이며, 민간에서 전해져 오는 방통이 죽은 지역인 낙봉파는 지금의 사천성 나강현(羅江縣) 북쪽에서 멀지 않은 지역이라고 알려져 있다. 하지만, 이 지역은 낙현에서 100리나 떨어진 지역임으로 두 지역이 가까운 지역이라고는 할 수 없으며 하나의 권역이라고도 할 수 없다.

사실 방통이 죽은 '낙봉파'의 내용은 나관중(羅貫中) 선생이 '봉추'

라는 예명에서 시작하였으며 이를 서로 연결하여 전개한 이야기라고 할 수 있다. 원(元)나라 때 〈삼국지평화(三國志平話)〉에서 방통이 활을 맞아 죽은 지역은 락성(雒城)이라고 하였지만, 이 이야기가 나관중 선생의 손에서는 '낙봉파'로 변하게 되었다. 〈삼국연의〉에서 각색한 이야기가 아주 자연스러우며 생동감이 넘치므로 독자들은 쉽게 이러한 허구적 내용들을 진실로 믿게 되어 후대에게 많은 영향을 끼치게 되었다. 이러한 결과 현재의 나강현 낙봉파에는 전설과도 같은 방통의 '혈분(血墳)'이라는 석비(石碑)가 존재하여 〈삼국연의〉의 내용이 얼마나 후대사람들에게 영향을 주었는지 증명하고 있다.

한편 역사기록에서는 방통이 과거 주유(周瑜)가 남군(南郡) 태수(太守)시절 주요 막료(幕僚)의 직책을 담당하였으며 주유가 병사하였을 때, 방통이 직접 그의 시신을 호송하여 오현(吳縣; 지금의 강소성(江蘇省) 소주시(蘇州市))으로 무사히 안장될 수 있도록 하였다. 우연의 일치와도 같은 일은 주유가 36세의 나이에 세상을 떠나게 되었고 방통도 마찬가지로 36세의 명을 다하게 되었다는 것이다. 36세의 나이는 두 영웅이 지나갈 수 없는 마치 아홉수와도 같은 운명인지도 모른다는 생각을 하게 된다.

59

장비(張飛)가 엄안(嚴顔)을 풀어준 이야기의 진실과 거짓

義釋嚴顔(取自明崇禎年版《英雄譜》)
의석엄안(명·숭정년판〈영웅보〉)

장비(張飛), 장삼야(張三爺)는 〈삼국연의(三國演義)〉에서 근엄하고 당당한 무장으로 묘사되는 인물이다. 그의 전투업적 중 가장 특출하고 화려한 대목은 바로 '의석엄안(義釋嚴顔)'일 것이다. 아래의 내용은 소설에서 묘사하고 있는 내용을 요약한 부분이다.

장비가 파군성(巴郡城)을 공격하였을 때, 그는 계책을 세워 적장을 낚는 전략을 세워 그 결과 적군의 대장인 엄안(嚴顔)을 생포할 수 있게 되었다. 장비의 부하들은 엄안을 대청(大廳)으로 끌고 왔으며, 장비는 대청 윗자리에 앉아 엄안을 심문하였다. 생포된 적장 엄안은 장비 앞에서 무릎을 꿇지 않았고 장비는 눈을 부릅뜨고 이를 갈면서 크게 분노하여 이렇게 외쳤다 "대장은 여기까지 왔으면서 어찌 항복을 하지 않는 것이오? 아직까지 저항하는 것인가?"라고 물었다. 엄안은 장비의 이런 모습을 전혀 두려워하지 않은 채 "너희들은 아무런 명분 없이 내 지역을 침범하였다. 나의 머리가 잘려 죽을지언정 항복하는 장군은 없을 것이다!"라고 대답하였다. 장비는 또다시 크게 분노하면서 좌우에 있는 사람들에게 그를 참수하라고 명하였다. 그러자 엄안은 "도적놈아! 머리를 벨 테면 베어라, 어찌하여 화만 내는가?"라고 말하였다. 장비는 엄안의 기개가 넘치는 목소리와 얼굴색이 하나도 변하지 않고 오히려 화를 내며 기백있는 모습을 보고 부하들에게 얼른 참수하는 것을 멈추라고 하였다. 그러고 나서 자신이 직접 엄안의 포박을 풀어주고 자신의 옷을 건네주고 엄안을 부축하여 대청에서 가장 높은 자리에 앉게 하였다. 이윽고 머리를 낮추고 절을 하면서 "그동안의 무례한 언행을 용서해 주십시오, 노장이 호걸이라는 것을 제가 과거에 익히 들었습니다."라고 말하였다. 장비의 이러한 예절에 감복한 엄안은 유비군에 항복하기로 마음을 먹게 되었다. 이러한 일화는 후대 사람들이 장비를 찬양하면서 '오로지 의기(義氣)로서 군민을 설득시켜 용맹함이 탁월한 엄안을 얻게 되었구나, 오늘날도 파촉(巴蜀)에 사당을 세워 매해 봄날마다 단체로 술과 닭 그리고 돼지를 제물로 바쳐 기린다."라는 시를 남겼다.

사실 이 이야기는 일찍이 〈삼국연의〉 이전에 존재했던 내용이다.

원(元)나라 때 〈삼국지평화(三國志平話)〉에서 초기형태의 이야기가 거론되었다. 여기서 '엄안이 전투 중에 낙마하여 장비에게 사로잡히게 되는 상황을 묘사하였다. 엄안이 생포되자 사람들은 큰 소리로 "처형하라!"라고 외치게 되었는데 이에 엄안은 웃으면서 "대장부에게 목숨은 아무것도 아니다. 목숨에 연연하지 않겠다!"라고 말하였다. 엄안의 말을 들은 장비는, "엄안은 대장부이다!"라고 말하면서 그의 포박을 풀어주고 즉시 석방하였다.'라고 묘사하였다.

〈삼국지평화〉보다 〈삼국연의〉의 내용이 보다 자세하게 묘사되어 있다. 그렇다면 과연 〈삼국연의〉의 이야기는 실제로 일어난 일일까?

우선 역사서 〈삼국지장비전(삼국지장비전)〉의 기록을 확인하면서 사실관계를 따져보자. '선주(先主; 유비)가 익주로 진출하여 유장을 공격하기 시작하였다. 장비와 제갈량은 물길이 바뀌기를 기다리면서 추후에 합류하기로 하여 각자의 군현(郡縣)에서 대기하기로 하였다. 후에 장비가 강주(江州)와 유장군의 장수인 파군(巴郡) 태수(太守) 엄안을 물리쳐 그를 생포하게 되었다. 장비가 엄안에게 "대군이 여기까지 들어왔는데 어찌하여 항복을 하지 않느냐?"라고 묻자 엄안은 "너와 다른 장수들이 우리 땅을 침탈하였다. 우리지역의 장수들은 패배하여 목이 잘릴지언정 적군에게 항복하는 장수는 없다!"라고 대답하였다. 이에 장비는 크게 분노하여 좌우에 있는 병사들에게 엄안의 목을 치라고 명하였으나 엄안은 안색이 하나도 변하지 않은 채 "머리를 베려면 빨리 베어라, 뭐가 분노하고 두렵느냐!"라고 말하였다. 이 말을 들은 장비는 엄안을 석방시키고 그를 빈객(賓客)으로 모시게 되었다. 장비는 엄안의 마음을 얻어 그를 유비군에 가담시키며, 과거 서로 전투를 극복하여 성도(成都)에서 유비와 합류할 수 있게 되었다.'라고 기록하였다. 이러한 기록을 토대로 장비가 엄안을 풀어주었다는 이야기는 사실이며 두 사람간의 대화도 〈삼국연의〉에서 묘사하고 있는 내용과 큰 틀에서 차이가 없다는 것을 확인할 수가 있었다.

우리는 이 이야기가 실제로 일어난 일임을 역사서를 통하여 알아보았다. 그렇다면 이 내용이 우리에게 설명하는 것은 과연 무엇일까? 일반인들이 생각하는 장비의 모습은 〈수호지〉의 이규(李逵), 〈설당연의전전(說唐演義全傳)〉에 나오는 정교금(程咬金)과 같은 경솔하고 거친 사람이라고 생각할 것이다. 하지만, 장비가 이러한 사람이라고 생각하는 것은 틀린 생각이며, 이러한 편견을 깨주는 것이 바로 이 이야기에서 저자가 독자들에게 증명해 주는 부분이다. 그렇다면 장비가 본래 어떠한 인물인지 설명해 주는 두 가지의 근거를 이야기해 보려 한다.

우선, 장비는 마음이 넓은 사람이며 도량과 기개가 비범한 군자(君子)이다. 장비가 전쟁에서 승리하여 적장 엄안이 포박이 된 상태로 장비보다 아래에 서있게 되었다. 나아가 엄안은 불손한 언사로 장비의 심기를 지속적으로 건드렸는데 만일 장비가 자신의 성격대로 하였다면 즉시 엄안을 죽이고 분노를 표출하였을 것이다. 하지만, 장비는 자신의 아량을 베풀어 엄안을 풀어주게 되었으며, 그에게 절을 올려 고귀한 군자와도 같은 행위를 하였다. 이를 두고 역사학자 진수(陳壽)는 장비를 크게 찬양하며 '국사(國士) 같은 기풍' 즉 국가급의 걸출한 인재의 모범을 가지고 있는 인물이라고 말하였다.

다음으로는 장비는 거칠지만 세심하고 사고가 깊은 인물이라는 점이다. 엄안은 익주지역 출신의 고위 장수이다. 그를 풀어주었을 때, 익주 본토출신 사람들의 지지를 받을 수 있다고 판단하였을 것이다. 이는 정치적으로 큰 상징성을 가지고 있는 행위를 장비가 결정하여 실행하였다는 것이다. 나아가 이러한 결정이 있기까지 엄안이 충분히 죽음을 불사한 강직한 정신을 이끌어낸 다음 그를 석방하여 유비군에 투항할 수 있도록 만들었다. 이는 장비가 엄안에게 투항할 수 있는 명분과 장수의 자존심을 살려주는 계기가 되었으며 이를 통하여 엄안은 더욱 유비군에게 헌신할 수 있도록 유도하는 효과를 불러일으켰다. 결과적으로 장비는 엄안과 함께 병사들을 신속하게 서쪽으로 이동할 수 있는 돌파구를 마련하여 파죽지세로 유비가 있는 성도로 신속히 합류할 수 있게 되었다. 후대의 사람들은 이를 두고 "장비가 계략을 내었는데 거칠면서 세밀하구나."라는 속어(俗語)를 남기기도 하였다.

60

장비(張飛)가 마초(馬超)와 야간전투를 벌인 이야기의 진실과 거짓

夜戰馬超(取自淸康熙年版《三國志演義》)
야전마초(청·강희년판〈삼국지연의〉)

〈삼국연의(三國演義)〉에서 무장들간의 치열한 1:1전투는 자주 등장하는 장면이다. 그 중에서 제일 유명한 전투들은 태사자(太史慈)와 손책(孫策)이 나뒹굴면서 치열하게 싸우는 장면, 관우(關羽)가 장사(長沙)에서 황충과 맞붙은 전투와 허저(許褚)가 나체 상태로 마초(馬超)와 결전을 벌인 이야기, 그리고 가맹관(葭萌關)에서 장비가 마초와 사투를 벌인 이야기가 존재한다. 그렇다면 장비와 마초는 과연 어떻게 독자들의 피를 끓게 만들며 훌륭한 내용에 감탄을 연발하게 하였는지 〈삼국연의(三國演義)〉 속 내용을 살펴보자.

본 내용은 〈삼국연의〉 제 67화의 이야기이다. 유비(劉備)가 성도(成都)를 공격하던 때를 노려 장노(張魯)는 마초를 보내어 가맹관 공격을 지시하였다. 유비와 제갈량(諸葛亮)이 직접 대군을 지휘하고 장비와 위연(魏延)은 선봉에서 적의 공격을 대항하였다. 이윽고 가맹관 아래 장비와 마초 두 빠르고 사나운 맹장들이 만나 격돌하기 시작하였는데 날이 밝은 오후에 첫 전투가 이루어졌다. 마초는 단신으로 나와 장비에게 말을 타고 나오라고 하였고 장비는 창을 들고 큰소리로 "연(燕)사람 장익덕(張翼德)이 여기 있다!"라고 하였다. 이에 마초는 "우리 가문은 대대로 무공(武功)을 세워온 집안인데 한낱 촌놈이 나온 것이냐!"라고 말하였고 장비는 매우 분노하기 시작하였다. 두 사람의 말과 창이 서로 교차하면서 싸움이 시작되었고 약 100여 합을 싸우고도 승부가 결정되지 않았다. 멀리서 두 사람의 싸움을 지켜보던 현덕(玄德)은 감탄하며 "호랑이들이 서로 싸우는 것 같구나!"라고 말하였고 한편으로는 장비가 싸움에서 패배할 것을 두려워한 나머지 급하게 징을 울려 군사들을 집합시켰다. 징소리를 들은 장비는 자신의 진영으로 돌아와 잠시 휴식을 취하면서 말의 편자를 갈아주었다. 이윽고 투구를 벗어 던지고 머리에 두건을 감아 메고 말을 타고 마초와 다시금 결전에 나섰다. 장비와 마초는 또다시 100여 합이나 싸웠고 유비도 첫 싸움과 마찬가지로 징을 울려 장비를 다시 되돌아오도록 하여 두 사람의 싸움은 잠시 소강상태로 멈추게 되었다. 날이 저물자 마초는 자신이 타고 있는 말을 바꾸고 다시금 적진 앞으로 다가와 큰소리로 "장비야! 밤에도 싸우지 않겠느냐?"라고 말하였다. 이에 장비는 더욱더 화가 나 말을 바꾸고 마초를 상대하러 달려나가면서 "오늘 너를 잡아내지 못한다면 맹세코 이 싸움을 끝내지 않을 것이다!"라고 하였고 이 말을 들은 마초도 "오늘 너에게 승리할 때까지 본진에 돌아가지 않을 것이다!"라고 소리쳤다. 장비와 마초의 병사들은 천 백여 개가 넘는 횃불에 불을 붙여 주변을 대낮같이 밝게 만들었다. 두 장수는 맹렬하게 교전하였지만 20여 합을 싸워도 서로의 승패를 가를 수가 없었다. 전투를 지켜보던 유비는 용맹하고 무공이 뛰어난 마초라는 인재를 아끼는 마음에 제갈량이 제시한 계략을 실행시켜 결국에는 마초를 설득시켜 유비군에 가담할 수 있도록 하여 마초와의 결전은 막을 내리게 되었으며 촉한(蜀漢)의 '오호상장(五虎上將)'의 마지막 퍼즐을 끼워 맞출 수 있게 되었다.

이렇게 화려한 일전은 아쉽게도 모두 허구적으로 창조된 이야기이다. 역사기록에서는 장비와 마초가 가맹관에서 서로 교전을 하였다는 내용이 존재하지 않는다. 그러나 작가는 완전히 없는 이야기를 창조적으로 집필한 것이 아니라 역사기록에서 제갈량이 보낸 편지 한통에서 이 이야기를 각색하여 완성하였다.

〈삼국지·관우전(三國志·關羽傳)〉의 기록에서 관우(關羽)가 동쪽의 형주(荊州)를 수비하고 있을 때, 마초가 익주(益州)에 있던 유비에게 투항하였다. 관우와 마초는 서로 일면식이 없는 관계로 마초가 유비군에 가담하기로 하였다는 소식을 듣고 즉시 제갈량에게 편지를 보내어 마초의 무공은 누구와 비교할 수 있는지 물어보게 되었다. 이에 제갈량은 회신을 보내어 마초는 문무를 겸비한 사람으로서 기백이 보통사람을 뛰어넘으며 영걸(英傑)이라고 할 수 있으며 '장비와 우위를 다툴 수 있을 것입니다.' 하지만 미염공(美髥公; 관우)과는 비교할 수 없는 대상이라는 내용이 있었다. 여기서 '장비와 우위를 다툴 수 있을 것입니다.'라는 뜻은 기마 상태에서 서로 싸웠을 때 승부를 가릴 수 없다고 말하는 뜻으로 나관중(羅貫中) 선생은 공명(孔明) 선생이 남긴 이 한마디를 놓치지 않고 자신의 비범한 예술적 상상력을 더하여 위와 같이 화려하고도 아름다운 전투장면을 남기게 되었다.

그렇다면, 나관중은 자신의 붓으로 이렇게 화려한 장면을 남긴 이유는 과연 무엇일까?

표면적인 이유로서는 장비와 마초 두 장군이 비범한 무공을 가지고 있는 효장(驍將)이라는 점을 부각시키기 위함이다. 한 걸음 더 나아가서 심층적인 이유는 두 가지로 나눌 수 있다. 첫째는 유비의 인의(仁義)를 부각시키기 위함이고, 두 번째로는 제갈량의 뛰어난 지략을 찬양하기 위함이다. 〈삼국연의(三國演義)〉에서 유비는 장비의 안전을 걱정하여 지속적으로 징을 울려 그를 보호하였다. 나아가 마초의 능력을 높이 평가하여 밤낮으로 자신을 대항하던 적장이 투항하자 유비는 열렬히 환영하고 크게 환대하였다. 이렇게 용맹하고 사나운 장수일지라도 결국에는 공명의 탁월한 묘수에 걸려들어 힘을 쓰지 않고도 마초를 같은 편으로 끌어들일 수 있게 되었다는 것이 이 이야기가 독자들에게 전하고 싶은 함의이자 전체 소설의 방향성인 '유비를 찬양하고 조조를 배척하는' 작가의 주지(主旨)를 강화시키는 이야기로 설명할 수 있다.

61

제갈근(諸葛瑾)이 명을 받아 형주(荊州)를 받아내려는 이야기의 진실과 거짓

諸葛瑾畫像(取自清光緒廿五年版《〈三國志演義〉全圖》)
제갈근화상(청·광서이십오년판〈삼국지연의전도〉)

완벽한 이미지를 가지고 있는 제갈량(諸葛亮)에게 아쉬운 점을 꼽는다면 그것은 바로 자신의 친형인 제갈근(諸葛瑾)과 각기 다른 지역에서 다른 주군을 모시면서 서로의 길을 나아가고 있다는 점이다. 〈삼국연의(三國演義)〉에서 제갈근이 주인공으로 등장하는 '색환형주

(索還荊州)'의 내용을 알아보면서 두 형제가 어떻게 각자의 주군을 위하여 행동하였는지 알아보자.

유비(劉備)가 서천(西川)지역을 차지하였다는 소식을 들은 손권(孫權)은 형주를 유비에게서 돌려받을 생각을 하기 시작하였다. 그리하여 손권은 장소(張昭)의 계획을 듣고 거짓으로 제갈근의 가족들을 가두고 그를 서천으로 보내어 유비와 형주를 돌려받는 협상을 진행하도록 시켰다. 제갈근이 성도(成都)에 도착하자 유비와 제갈량은 대책회의를 하고 나서 제갈량은 곧이어 자신의 형을 만나게 되었다. 제갈근은 자신의 동생인 제갈량에게 도움을 청하였으며 제갈량도 형의 부탁을 들어주기로 하였다. 두 사람은 유비를 만나 형주를 돌려받는 이야기를 꺼내었지만 단칼에 거절당했다. 그러자 공명이 울면서 재차 형주를 돌려주는 것을 허락해 달라고 부탁하여 유비는 마지못해 형주의 절반인 장사(長沙), 영릉(零陵), 계양(桂陽) 3군(郡)을 손권에게 돌려주는 것을 허락하였다. 유비의 편지를 들고 제갈근은 곧바로 형주로 가서 관우에게 유비가 허락한 지역의 관할권을 넘겨달라고 이야기하였지만 뜻밖에도 관우의 태도가 매우 완고하여 관할권을 넘겨줄 수 없다고 대답하였고 심지어 제갈근을 죽여버리겠다고 하였다. 제갈근은 어쩔 수 없이 유비가 있는 서천(西川)으로 되돌아와 울면서 관우가 자신을 죽일뻔한 일을 유비에게 고하였다. 이에 현덕(玄德)은 "자신의 동생이 성격이 급하여 막말을 하였구나. 자유(子瑜; 제갈근)는 잠시 되돌아가 기다리고 내가 동천(東川)과 한중(漢中)의 부속 군(郡)들을 점령하고 나서 관우에게 이 지역을 수비하도록 명할 터이니 그때 가서 형주를 되돌려 주겠소."라고 말하였다. 그리하여 제갈근은 동오(東吳)로 되돌아가 손권에게 그동안의 경과를 보고하였다. 이야기를 들은 손권은 크게 분노하면서 "자네가 유비를 찾아가 반복적으로 분주(奔走)한 것이 제갈량의 계략은 아니오?"라고 물었다. 제갈근은 "아닙니다. 내 동생은 울면서 적극적으로 현덕을 설득하였고 이에 형주의 3군을 돌려받는 약속을 받아내었습니다. 하지만, 관우가 완고하게 반대하여 이를 성사시키지 못하였습니다."라고 대답하였다. 손권은 "그렇다면 우선 유비가 3개의 군을 주기로 하였으니 장사, 영릉, 계양에 관리들을 파견하고 어찌되는지 상황을 지켜보자."라고 말하였으며 동시에 제갈근의 가족들을 풀어주고 앞서 말한대로 관리들을 즉시 파견하였다. 얼마 지나지 않아 손권이 파견하였던 관리들은 모두 관우가 강제로 내쫓아 다시 되돌아오게 되었다. 결국에는 제갈근이 맡았던 임무는 모두 동생인 공명의 계략에 의하여 성과를 얻어내지 못하고 뜻은 모두 물거품이 되었다.

과연 동생이 자신의 형을 기만한 이야기는 사실일까?

위 이야기는 역사서 〈삼국지(三國志)〉의 〈오주전(吳州傳)〉과 〈선주전(先主傳)〉에 자세히 기록되어 있으며 두 기록 모두 기본적인 내용은 동일하게 기술하였다. 기록에 따르면 '건안(建安) 19년(서기 214년) 유비가 촉(蜀) 지역에 거주하기 시작하자 손권은 유비가 익주(益州) 지역을 점령하였다고 판단하여 제갈근에게 형주지역을 되돌려 받아오라고 명하였다. 유비는 "우리군이 량주(凉州)를 점령할 계획을 가지고 있어 성공적으로 량주지역을 얻어내면 그때 형주를 오군에게 돌려주겠다."라고 말하면서 제갈근의 요청을 거절하였다. 그리하여 혼자 손권의 특사로 형주를 받아내는 명을 받은 제갈근은 유비의 거절에 뜻을 이루지 못하고 돌아왔다.'라고 역사서는 이렇게 기록하였다.

기본적인 이야기의 토대는 역사적 사실과 〈삼국연의〉는 일치하는 것으로 알 수 있다. 하지만, 소설에서 다양한 허구적 요소가 출현하고 있다는 점을 찾아낼 수가 있다. 우선 장소가 제갈근의 가족들을 감금하였다는 점과 공명이 자신의 친형을 속이기 위해 계략을 내었다는 점, 그리고 유비가 거짓으로 서신을 작성하여 동오에게 형주의 3개 지역을 내주려고 하였다는 점과 마지막으로 관우가 유비의 편지를 받아보게 되어도 이를 믿지 않고 거절하였다는 부분 등이 존재한다. 위에서 이야기한 부분은 역사적 사실과 거리가 먼 문학적 창조물이라 할 수 있다.

결과적으로 이 이야기의 진실과 거짓은 사실과 허구가 혼재되어 있는 반은 맞고 반은 틀리다 라고 할 수 있다.

〈삼국연의〉에서 허구적 요소를 가미하여 이야기를 이끌어가는 의도는 두 가지로 정리할 수 있다. 첫째는 이야기의 곡절과 생동감을 끌어올려 독자들의 이목을 집중시키려는 부분이다. 두 번째 작용은 제갈량의 지혜를 돋보이게 하는 스포트라이트라는 것이다. 그러나 세상의 모든 일이 과도하면 오히려 부작용이 생기듯이 반복적으로 이 이야기를 읽으면서 곱씹게 되면 이런 생각이 문득 들기 마련이다. 충실하고 성실한 제갈근은 공명 선생이 마련한 계략에 번번히 막혀 먼 거리를 돌고 돌아 여러가지의 원망과 나아가 관우가 목을 베어버리겠다는 살해 위협까지 받게 되었다. 심지어는 계획대로 형주를 받아내지 못하여 분노하고 있는 손권 앞에서 자신의 동생을 위하여 좋은 말을 하였다는 것이다. 비록 두 나라가 영토를 확장하기 위하여 투쟁를 멈추지 않고 각기 다른 주군을 모시고 있는 사람일지라도 공명 선생의 언행은 자신의 친형제에게 교활한 모습을 보여주며 오히려 부정적인 영향을 주는 것 같은 생각이 떠오른다.

62

관우(關羽)가 혼자서 칼만 들고 연회에 갔던 이야기의 진실과 거짓

單刀赴會(取自明崇禎年版《英雄譜》)
단도부회(명·숭정년판〈영웅보〉)

〈삼국연의(三國演義)〉에서 가장 뛰어난 무장을 꼽으라고 하면 당연히 관운장(關雲長)이라 할 수 있다. 그렇다면 관우의 일화 중에 가장 화려한 장면을 꼽으라고 하면 그것은 바로 단도부회(單刀赴會)일 것이다. 〈삼국연의〉 제 66화에 등장하는 이 이야기는 다양한 묘사를 사용하여 관우라는 장수의 신과 같은 능력과 기품이 넘치는 풍모를 설명하였다. 그리하여 독자들의 이목을 사로잡는 '단도부회' 이야기는 민간에 널리 퍼져 회자되기 시작하였다.

본 이야기의 원형 기록은 역사서 〈삼국지·노숙전(三國志·魯肅傳)〉에 기록되어 있다. '노숙이 익양(益陽)으로 가서 관우군과 서로 대치하고 있었던 때였다. 노숙은 관우를 독대하기 위하여 초대를 하였고 서로의 병사들은 백보(百步) 거리에 주둔하고 있었지만, 초대에 응한 장수들은 혼자서 칼만 들고 중간지역에서 서로 만나게 되었다.'라고 기록하였다. 관우가 혼자서 칼을 들고 적장을 만난 이야기는 실제 역사 기록에도 존재하는 사실이지만, 이 내용의 세 가지 요소를 주의하면서 이야기를 살펴보아야 한다. 우선 관우와 노숙이 서로 만난 지점은 소설에서 묘사하는 노숙의 주둔지가 아닌 중간지점이라는 것이다. 두 번째로 '칼만 들고 향하였다.'는 점은 두 장수 모두 자신이 사용하는 칼만 들고 만났으며 소설에서 이야기하는 관우만 혼자서 칼을 들고 노숙을 만났다는 것은 사실이 아니다. 마지막으로 역사서에서 대담한 영웅이라고 칭송하는 인물은 관우가 아니라 노숙이라는 점이며 그 이유는 두 사람의 무공능력이 상당수준 차이가 있었기 때문이다.

〈삼국연의〉의 내용과 역사서의 내용이 서로 다른 이유는 바로 송원(宋元)시대 '유비를 찬양하며 조조를 배척하는' 사상이 유행하면서부터 이 이야기가 점차 각색되었기 때문이다. 그 예로 원(元)나라시대의 〈삼국지평화(三國志平話)〉의 단도회(單刀會) 편에서는 '관우는 갑옷을 입지 않고 허리에 칼 한 개를 차고 몇십 명을 데리고 노숙의 영채(營寨)로 가서 노숙을 만났다. 그는 거기서 완전 무장된 적병사 3천 명 앞에서 아무렇지도 않게 행동하였으며, 심지어 상대방의 악단연주 실력이 부족하다는 점을 꼬집어 노숙에게 화를 내었다. 이에 노숙은 두려움에 떨던 나머지 관우에게 용서를 구하였고 관우는 으스대며 자리를 떠났다.'라고 기존내용의 많은 부분을 각색하였다. 관한경(關漢卿)의 잡극(雜劇) 〈관대왕독부단도회(關大王獨赴單刀會)〉에서도 혼자서 호랑이 굴로 들어간 대담한 영웅이라고 묘사하였다.

나관중(羅貫中)의 〈삼국연의〉에 이르러서 기존에 많은 각색이 이루어진 내용들을 토대로 관우의 위대한 이미지를 덧씌워 보다 풍부하고 세밀한 '단도회'의 이야기를 집필하게 되었다. 소설에서는 '손권(孫權)이 유비에게 형주(荊州)의 3군(郡)을 되돌려 달라고 요구하였지만 뜻대로 되지 않아 노숙이 계책을 내게 되었다. 그것은 바로 오군(吳軍)이 우선 육구(陸口)에 주둔한 다음 사람을 보내어 관우에게 연회에 참석하라고 초대하는 것이었다. 만일 관우가 온다면 우선 좋은 말로 설득시켜 3군(郡) 지역을 되돌려 달라고 하고 원하는 바를 이루어내지 못한다면 미리 매복시킨 도부수(刀斧手)들이 일제히 관우를 공격하여 그를 제거해 버리자는 계책이었다. 이러한 노숙의 아이디어를 들은 손권은 묘수라고 생각하여 즉시 실행에 옮기도록 하였다. 그리하여 노숙은 육구에 군사들을 주둔시키고 관우를 초대하는 편지와 배를 형주로 보내어 자신의 영채(營寨) 밖 강변에 있는 정자로 그를 초대하였다. 노숙의 편지를 받은 관우는 곧바로 칼만 들고 연회에 참석하기로 하였다. 다음날 날이 밝자마자 장강(長江)에서 배가 들어오는 것이 보였고 배에는 선원 몇 명이 타고 있었다. 그리고 배의 앞머리에는 붉은색 깃발에 '관(關)'이라는 글자가 쓰여져 있었다. 푸른 보자기와 녹색 두루마기를 입은 관우는 배에 올라탔으며, 그리고 주위에는 대도(大刀)를 차고 있는 7~8명의 관서(關西) 출신의 대장부들이 있었다. 연회에 도착한 관우는 노숙을 만나 서로 술을 나누었고 술을 반쯤 마셨을 때, 노숙은 직접적으로 형주를 되돌려 받아내려는 이야기를 시작하였다. 두 사람의 합의가 이뤄지지 않자 관우는 안색을 바꾸고 일어나 주창(周倉)이 들고 있던 대도(大刀)를 오른손에 들고 왼손에는 노숙을 잡아챘다. 노숙은 몹시 놀라 혼이 빠질 정도였으며 관우와 함께 강변으로 강제로 끌려갔다. 관우가 배에 올라타자 그제서야 노숙을 놔 주었으며, 관우는 뱃머리에서 노숙과 작별을 고하였다. 정신이 없을 정도로 놀란 노숙은 그저 관우의 배가 사라져만 가는 것을 지켜만 보았다.'

역사서와 〈삼국연의〉의 내용을 비교하였을 때, 앞서 이야기한 세 가지의 부분이 다르다는 것을 알 수 있다. 우선은 역사서의 내용과 다른 〈삼국지평화(三國志平話)〉의 내용을 인용하여 두 장수가 만났던 지역은 노숙의 대본영(大本營)이 위치한 육구(陸口)라는 점과 두 번째의 '칼만 들고 갔다.'라는 이야기는 일반 보통의 무기가 아닌 관우의 청룡언월도(青龍偃月刀)로 변하였다는 것과 마지막으로 관우를 일방적으로 칭송하고 노숙을 마치 쥐의 담력을 가진 인물로 묘사하였다는 것이다. 이 책의 앞선 내용들과 마찬가지로 이 편에서 거론하는 '단도회'의 이야기도 진실과 허구가 반반 뒤섞인 이야기라고 할 수 있으며, 전편과 동일하게 역사서에서 기록하고 있는 '단도(單刀)'라는 두 글자를 오독(誤讀)하여 허구적 내용들이 탄생하고 사실적 내용들이 각색되었다는 점이다.

63

장료(張遼)가 소요진(逍遙津)에서 소수의 병사로 적군을 막아낸 이야기의 진실과 거짓

張遼威震逍遙津(取自清康熙年版《三國志演義》)
장료위진소요진(청·강희년판〈삼국지연의〉)

두 세력이 교전을 하였을 때, 일반적으로 병력이 많은 쪽이 전쟁의 주도권을 가지게 마련이다. 하지만 삼국시대에서는 소수의 병력으로 다수를 격파한 신비롭고 믿을 수 없는 전투가 다수 출현한다. 이 편에서는 그 예시로 가장 유명한 일화 중의 하나인 장료(張遼)의 위진소요진(威震逍遙津) 이야기를 다뤄보려고 한다.

장료가 합비(合肥)를 지키고 있을 때, 조조(曹操)는 목갑(木匣)을 보내었다. 목갑의 측면에는 '도적이 오면 열어보라'라고 적혀져 있었으며, 마침 손권(孫權)이 10만 대군을 이끌고 합비를 쳐들어 왔고 장료는 조조가 하사한 목갑을 열어 보았다. 그 안에는 편지가 들어 있었는데 '만일 손권이 오면 장료와 이전(李典) 두 장수는 출전하여 응전하고 악진(樂進)은 남아서 성을 수비하라'라고 적혀 있었다.

장료는 "주공께서 원정을 나간 이 상황에서 오(吳)군이 필시 나를 칠 것을 알고 계셨구나, 오늘 내가 적들을 상대해 주러 나가 전력을 다하여 적들의 선봉을 꺾어내어 민심을 안정시키면 이 지역을 충분히 수비할 수 있을 것이다."라고 말하였다. 하지만 조조가 이른 대로 함께 선봉에 나가야 되는 이전은 장료와 화목하지 않아 장료의 말에 아무런 답을 하지 않았다.

그러자 악진은 "적들의 숫자가 많아 아군이 불리한 상황에서 선불리 밖에서 응전하는 것이 어려울 것임으로 수비만 하는 것이 옳다고 생각하오."라고 말하였다. 이에 장료는 "나는 오늘 기꺼이 나가서 결사항전 하겠다!"라고 말하였고 이전은 자리에서 일어나면서 "장군의 생각이 그러하다면, 제가 감히 말하건대 과거의 일은 다 잊는 것이 어떠하십니까?"라고 장료에게 말하였다. 장료는 크게 기뻐하며 "만성(曼成; 이전)이 협력을 해준다면, 우선 소요진(逍遙津) 북쪽에 매복을 하고 오군이 쳐들어 왔을 때 먼저 소사교(小師橋)를 끊고 나와 문겸(文謙; 악진)이 협공을 하겠다."라고 말하였다.

때가 되어 손권이 합비를 공격하였고 손권군의 여몽(呂蒙)과 감녕(甘寧)이 선봉에 서서 진격하였다. 이에 악진은 손권군의 선봉대와 전투를 하고 나서 거짓으로 후퇴를 하여 적들을 유인하였다. 때마침 선봉대의 승전소식을 들은 손권은 다른 병사들을 다그치면서 곧바로 소요진 북쪽으로 진격하라는 명령을 내렸다. 조조군이 미리 매복한 위치에 손권과 그의 병사들이 다다르자 연주포(連珠炮) 소리와 함께 좌측에서 장료 그리고 우측에서는 이전이 협공을 하였다.

손권은 다급하게 여몽과 감녕을 다시 불러들여 자신을 구하라고 하였지만 장료의 병사들이 이미 코앞까지 들어와 있었다. 손권 주위에 능통(凌統)과 300명의 기마병이 지키고 있었는데 그들은 조조군을 당해내지 못하였다. 그러기에 능통은 "주군은 어찌하여 소사교를 건너지 않으십니까!"라고 크게 외쳤다. 손권은 재빨리 소사교로 향하였지만 이미 다리의 남쪽이 끊어진 상태이기에 건널 수가 없었다. 이에 능통은 큰소리로 손권에게 힘을 실어주면서 "주공! 말을 뒤로 뺀 다음 다시 앞으로 달려나가 다리를 건너십시오!"라고 말하였다. 이 말을 듣고 손권은 말을 뒤로 잠시 뺀 다음 힘껏 편자를 내리쳐 말이 끊어진 다리를 뛰어오르도록 하였다. 그리하여 손권은 성공적으로 피신하게 되었다. 이 전투로 인하여 수많은 강남(江南) 사람이 죽임을 당하였고 오(吳)나라에 장료의 명성이 널리 알려지게 되어 어린아이도 간밤에 크게 울어버릴 정도로 무서운 이름이 되었다.

역사서 〈삼국지(三國志)〉의 〈장료전(張遼傳)〉과 〈능통전(凌統傳)〉 그리고 〈오주전(吳主傳)〉에서 조조군과 손권군이 격돌한 소요진전투의 기록이 존재한다. 사실을 기록한 역사서와 소설 〈삼국연의〉를 비교하였을 때, 이 이야기의 진실과 거짓은 반반으로 나뉘게 된다. 우선 장료가 적은 병사들을 이끌고 자신보다 많은 적군을 상대로 승리를 거두었다는 것은 사실이다. 하지만, 전투과정에서는 역사적 사실과 다른 부분이 다수 존재한다. 가장 큰 허구적 내용은 본래 역사기록에서는 손권이 후퇴하면서 장료가 성밖으로 나가 적들을 추격하였다고 설명하지만 소설에서는 이를 두고 거짓으로 후퇴하여 적들을 공격하였다는 것으로 둔갑하였다.

진수(陳壽)는 장료를 조위(曹魏)의 조조 일족을 제외한 '오자양장(五子良將)' 중 으뜸이라고 기록하였다. 또한, 그의 무예는 보통을 뛰어넘고 담량과 학식을 겸비하여 명장의 필수적 요소를 두루 겸비하였다고 묘사하였다. 이렇게 뛰어난 재능을 가지고 있는 장료도 자신의 인생의 앞부분은 악인에게 시달림을 받고 살아오다 병주자사(幷州刺史) 정원(丁原)에게 등용되었으며, 이후 동탁의 폭정과 여포를 따라 반복적으로 자신의 주군을 바꾸다가 결국에는 조조를 섬기게 되어 인생의 후반부를 화려하게 장식할 수 있게 되어 화하(華夏)지역에서 자신의 위용을 떨칠 수 있게 되었다.

장료가 전쟁을 승리로 이끌 수 있게 된 가장 결정적인 이유는 바로 하비성을 감싸고 있는 못(池)이 아주 견고하기 때문이다. 이 때문에 수비하기는 용이하나 반면 공격하기는 매우 어려운 구조로 되어 있다. 두 번째로는 장료가 조조의 지령을 충실히 수행하였다는 점이다. 우선 손권의 부대가 자리잡기 전에 800여 명의 용사들을 성밖으로 보내어 적의 선봉대를 격파하게 한 다음 다시 후퇴하여 성을 공고히 지키고 또 다시 10여 일이 지난 뒤에 손권군이 후퇴하는 기회를 잡아 기습을 하여 공격하는 상황에 맞는 정확한 전술을 구사하였다는 것이다. 주공! 가장 당연한 요소로서 병사들을 이끄는 장수 장료는 대담하며 계책을 잘 구사하고, 판단력이 정확하고 빠르며, 솔선수범과 신중하고 세심한 인품을 가지고 있는 명장이라는 점이 전투를 승리로 이끌어낸 중요한 요소이기도 하다.

오늘날 안휘성(安徽省) 합비시(合肥市)에는 소요진공원이 존재하며,

현재까지도 많은 사람은 과거에 전투가 벌어진 유적지를 감상하면서 소요(逍遙)를 즐기고 있다.

64

감녕(甘寧)이 백명의 기마대를 이끌고 조조군의 영채(營寨)를 약탈한 이야기의 진실과 거짓

甘寧百騎劫魏營(取自清康熙年版《三國志演義》)
감녕백기겁위영(청·강희년판〈삼국지연의〉)

삼국시대의 명장들은 몸집이 크고 그만큼의 큰 담력을 가지고 있는 사람들이다. 이들 중에서 하늘을 담을 수 있는 담력을 가지고 있는 장수가 존재하는데 단지 100명의 기마병만을 데리고 무려 40만 대군이 주둔하고 있는 조조군의 군영(軍營)을 약탈한 인물이 존재한다. 그 장수는 바로 손오(孫吳)군의 명장 감녕(甘寧)이다.

손권(孫權)이 유수구(濡須口)에 주둔하고 있을 때, 조조(曹操)가 직접 40만 대군을 이끌고 합비(合肥)를 지원하러 온다는 소식을 갑작스럽게 듣게 되었다. 손권은 다른 장수들에게 "누가 선봉에 서서 합비 지원군의 사기를 꺾을 장수가 있는가?"라고 물었다. 이에 능통(凌統)이 3천 명의 병사를 이끌고 조조군의 선봉대와 교전을 하였지만 승부를 가리지 못하고 되돌아 오게 되었다. 그러자 감녕이 손권에게 고하기를 "이 감녕이 오늘밤 100명의 기마병을 이끌고 조조의 군영을 약탈하도록 하겠습니다. 만일 기마병사 한명이라도 잃는다면 나의 공으로 치지 않겠습니다"라고 하였다. 손권은 정예 기마병사 백명을 뽑아 감녕에게 내어주었고 술과 고기를 주어 그들의 사기를 북돋아 주었다. 감녕이 자신의 본영으로 되돌아와 백명의 병사들을 열병하여 앉힌 다음 은그릇에 술을 따르고 나서 연거푸 2잔을 들이켰고 병사들에게 이렇게 말하였다. "오늘밤 명을 받아 적군의 영채(營寨)를 습격할 것이니, 제군들도 각자 한잔씩 하고 나서 최선을 다하여 앞으로 돌격하자!"라고 하였다. 그러나 몇몇 병사들이 주저하는 모습을 보이자 감녕은 칼을 뽑아 들고 분노하면서 "내가 자네들을 이끄는 장수임에도 목숨을 아까워하지 않는데 자네들은 어찌 망설이는가!"라고 말하였다. 이에 병사들은 모두 일어나 절을 하면서 "사력을 다하여 뜻을 이루겠습니다!" 외쳤다. 2경(更)이 되었을 때, 감녕은 백학(白鶴) 깃털 100개를 가져오라고 명하였고 그것을 아군의 투구에 꼽아 피아를 구분할 수 있도록 하였다. 다른 병사들도 모두 함께 갑옷을 입고 말에 올라타 조조의 군영(軍營) 쪽으로 돌격하였고 사슴의 뿔을 뽑아내듯 적들을 죽여가면서 영채 안으로 들어갔다. 갑작스러운 기습에 조조군은 혼란에 빠져 병사들이 자리를 잡지 못하고 서로 뒤엉켜 버렸다. 반면 감녕과 100명의 기마병들은 군영 안을 사방으로 휩쓸면서 보이는 적을 무차별적으로 죽이기 시작하였다. 감녕의 기습으로 조조군의 영채는 시끄러운 북소리로 뒤덮였고, 각자가 든 횃불은 마치 별과 같이 빛났으며 함성소리는 지진과도 같았다. 감녕과 병사들은 남문으로 향하면서 도망쳤고 이를 막은 적들은 아무도 없었고 한 사람도 죽지 않고 모두 무사히 자신들의 본진으로 되돌아 왔다. 자신의 임무를 성공적으로 마친 병사들은 북과 피리를 불면서 일제히 "만세"라는 우뢰와 같은 함성을 내질렀다. 손권은 직접 마중을 나와 감녕의 손을 잡으면서 "장군이 다녀오니 적군들이 경악을 금치 못하고 두려움에 벌벌 떨고 있습니다. 내가 그대를 적진으로 보낸 것은 자네의 담력을 보기 위함이다!"라고 말하고 곧바로 비단 1000필과 예리한 칼 100개를 상으로 내렸다. 그리고 나서 다른 장수들에게 "맹덕(孟德)에게는 장료(張遼)가 있다면, 과인에게는 흥패(興霸; 감녕)가 있어 적들을 능히 무찌를 수 있다!"라고 말하였다.

〈삼국연의(三國連義)〉 속 감녕의 대담함을 묘사하는 이 이야기는 과연 사실일까? 이 이야기는 기본적인 내용은 실제로 있었던 일이다. 그 근거는 역사서 〈삼국지·감녕전(三國志·甘寧傳)〉의 본문과 이를 인용하여 배주(裵注)가 집필한 〈강표전(江表傳)〉이다.

〈감녕전〉에서는 '조조가 유수(濡須)로 출진하자 감녕은 전부독(前部督)의 직을 받아 적 선봉을 공격하는 역할을 명 받았다. 명령을 실행하기 전 손권은 특별히 미주(米酒)를 내어주어 병사들에게 마시도록 하였다. 감녕과 수하 100여 명은 모두 하사받은 술과 음식들을 먹고 마셨다. 음식을 먹는 것이 끝나자 감녕은 은으로 만든 사발에 술을 따르고 2잔을 이어 마셨다. 그리고 나서 술을 도독(都督)에게 따라

주었는데 도독이 엎드려 있어 잔을 받지 못하였다. 감녕은 하얀 삭(削)을 꺼내어 자신의 무릎에 올려 놓고 꾸짖듯이 말하기 시작하였다. "당신은 지존으로 인정받았지만 어찌 나와 함께 할 수 있겠는가? 나는 죽음을 두려워하지 않고, 당신은 혼자 죽는 것을 두려워하는가!" 라고 하였다. 도독은 감녕의 결연한 얼굴 표정을 보고 다시 일어나 술을 받았다. 그리고 나서 병사들에게 은잔을 하나씩 주어 술을 마시도록 하였다. 시각이 2경(更)이 되자 나뭇가지를 물고 적들을 공격하려 출진하였다.'

〈강표전〉에서는 당시 상황을 이렇게 기록하였다. '손권은 비밀리에 감녕에게 밤중에 위군(魏軍) 진영으로 들어가라고 명하였다. 감녕은 백여 명의 건장한 병사들을 뽑아 빠르게 조조의 진영으로 갔다. 그리고 나서 노루 뿔을 뽑아서 불며 보루를 넘어 군영으로 침입하여 수십 명의 목을 베었다. 북군(魏軍)은 매우 놀라 북을 시끄럽게 두드리고 불을 별처럼 밝히자 감녕과 병사들은 자신의 진영으로 돌아와 북과 피리를 불며 '만세'라는 함성을 내질렀다. 이윽고 결과를 보고하려 손권을 알현하니 손권은 매우 기뻐하며 "늙은 사람을 너무 놀라게 한 것 아니오? 당신의 담력만 보고 있었을 뿐이오!"라고 말하며 비단 4천필과 칼 백 자루를 상으로 내주었다. 그리고는 "맹덕에게 장료가 있다면 나에게는 흥패가 있어 적들과 충분히 싸워낼 수 있다!" 라고 말하였다.

정서에는 감녕이 공격하기 전에 일들을 자세하게 기록하였으며, 반대로 〈강표전〉에는 공격이 성공적으로 끝나고 나서의 일들을 비교적 자세하게 기록하였다. 이 두 가지의 근거를 바탕으로 종합적으로 융합하여 이야기의 완성도를 끌어올려 집필한 것이 바로 〈삼국연의〉의 내용이다. 이렇게 구체적으로 이야기를 구성하여도 〈삼국연의〉는 소설임에 일부 허구와 오류들이 출현한다. 그 예로 역사서들에서는 감녕이 직접 병사들을 뽑았다고 기록하였지만 〈삼국연의〉 속에서는 손권이 병사를 내어주었다고 묘사하였다. 이는 감녕이 자신과 백명이라는 병사들의 목숨을 가지고 도박을 하는 것이기에 비교적 익숙하고 안심이 되는 자신 부대의 병사들을 뽑았을 것이다. 또 다른 예시로 역사서에서는 '북을 울리고 피리를 불었다.'라고 기록하였는데 이는 본영에 남겨진 군악대가 감녕의 개선을 축하하는 의미로 연주하였던 것이다. 반면 〈삼국연의〉에서는 이 부분을 100명의 기마병들이 각자 북과 피리를 불었다고 묘사하였는데, 목숨을 걸고 전투를 진행하는 정예 병사들이 악기까지 들고 조조군과 싸우지는 않았을 것이라는 점이다.

65

좌자(左慈)가 조조(曹操)를 희롱한 이야기의 진실과 거짓

左慈戲曹(取自清康熙年版《三國志演義》)
좌자희조(청·강희년판〈삼국지연의〉)

좌자(左慈)가 조조(曹操)에게 말하기를 "본인은 아미산(峨眉山)에서 30년의 도를 닦고, 〈둔갑천서(遁甲天書)〉 3권을 받게 되었습니다. 상권(上卷)에는 '천둔(天遁)', 중권(中卷)에는 '지둔(地遁)', 하권(下卷)에는 '인둔(人遁)'이라 적혀져 있는데 천둔은 구름을 타고 바람을 가르고 공중을 날아다닐 수 있으며, 지둔은 산과 바위를 꿰뚫어 지나다니며, 인둔은 세상을 유람하면서 자유자재로 몸을 숨기고 변신하며 날아다니는 검을 사용하여 사람의 목을 베어낼 수 있습니다. 대왕께서는 어찌 자리에서 물러나서 저와 함께 아미산에서 수련하지 않으십니까?"라고 물었다. 이에 조조는 "본인은 용퇴(勇退)하고 싶지만 아직 조정에 나의 자리를 이어받을 만한 사람이 없어 물러날 수가 없습니다."라고 하였다. 좌자는 웃으면서 "익주(益州)의 유현덕(劉玄德)이 황실에 적자인데 어찌 자리를 양보하지 않습니까? 아니라면 본인이 나는 검으로 당신의 머리를 베어버리겠습니다."라고 하였다. 이 말을 들은 조조는 크게 분노하면서 "이자는 유비(劉備)의 세작(細作)이구나!"라고 하면서 좌우에 있는 사람들에게 그를 가두라고 명하였다. 얼마 지나지 않아 조조가 큰 연회를 열었는데 이 자리에서 좌자가 갑자기 앞으로 나와 자리에서 수많은 보물을 꺼내었다. 그리고 나서 탁자에 올려진 옥잔(玉杯)에 술을 가득 따르고 조조에게 "대왕이 이 술을 마신다면 천년은 족히 사실 수 있습니다."라고 말하였다. 그러자 조조는 "네가 먼저 마셔보아라."고 하였다. 좌자는 자신의 머리에 있는 옥잠(玉簪)을 빼내어 잔을 가르니 술잔이 두 개로 쪼개졌다. 그리고 한 잔은 자신이 마시고 나머지 한 잔을 조조에게 올렸다. 이 광경을 지켜본 조조는 좌자에게 크게 호통하자 좌자는 자신이 들고 있던 술잔을 공중에 던졌는데 그 잔은 하얀 비둘기로 변하여 궁전을 한바퀴 돌고 나서 하늘로 날아갔고 좌자도 홀연히 사라져 버렸다. 조조는 "요괴임이 틀림 없으니, 당장 없애버려라!"라고 말하면서 좌자에 대한 추포령을 내렸다. 삼일이 지나고 조조의 병사들이 잡아들인 좌자의 수는 3, 4백 명이 되었다. 조조가 직접 갑병(甲兵)들을 데리고 잡아들인 사람들의 머리를 베어냈는데 갑자기 검은 바람이 목이 잘린 시체들을 일으켜 세웠다. 이러한 모습을 본 조조는 매우 놀라 병이 들었으며 주변의 부축을 받고서야 겨우 자신의 처소로 되돌아 갔다.

〈삼국연의〉에서 '좌자희조(左慈戱曹)'라는 마법 같은 이야기는 과연 사실일까?

사실 일반적인 상식을 가지고 있는 사람이라면 단번에 이 이야기가 사실인지 허구인지 쉽게 판단할 수 있을 것이다. 순수한 허구로 창조된 이 이야기의 근원은 어디일까? 아래는 이 흥미로운 질문에 대한 대답이다.

원(元)나라시대 잡극(雜劇)에서 이미 〈지등선좌자비배(志登仙左慈飛杯)〉라는 작품에서 좌자와 관련된 이야기를 찾아볼 수 있으나 아쉽게도 작자(作者)미상인 작품이다. 원나라시대에 집필된 내용은 가장 처음으로 좌자를 언급한 이야기는 아니다. 현존하는 고대문헌 중에 좌자의 신비로운 일들을 그려낸 가장 자세하게 묘사된 것은 바로 동진(東晉)의 갈홍(葛洪)이 집필한 〈신선전(神仙傳)〉 제8권(卷)이다. 〈삼국연의〉에서는 대부분 이 이야기를 인용하여 이 편을 집필하였다. 그러나, 〈신선전〉보다 좌자에 대한 이야기를 가장 일찍이 그려낸 책은 바로 서진(西晉)의 〈박물지(博物志)〉이다. 책에서는 '조조가 영생의 삶을 누리는 '양성법(養性法)'을 좋아하여, 각지의 방술사(方術士)들을 16명을 모집하였는데 그 중에 한 사람이 좌자였다.'라고 묘사하였다. 〈박물지〉에서는 좌자가 단순히 참여하였다고 간략하게 기술하였지만 〈신선전〉에 없는 내용들이 존재한다. 그 예로 좌자가 밥을 먹지 않았지만 더욱 건강해졌다는 것이다. 지금의 다이어트를 마음에 품고 있는 사람들에게는 좌자가 어떻게 먹지 않고 건강해 질 수 있는지에 대하여 매우 큰 관심을 가지고 있을 것이다. 이에 관하여 〈박물지〉보다 더 일찍이 집필된 조식(曹植)의 〈변도론(辨道論)〉과 〈삼국지·화타전(三國志·華陀傳)〉이 배주(裵注)가 인용한 기록에 설명되어 있다. 조식은 일찍이 좌자를 비롯하여 다양한 방술사들과 밀접한 접촉을 이어오고 있었다. 그는 조조가 방술사들을 곁에 둔 이유는 바로 방술사들이 밖에서 민심을 조종하지 못하도록 하여 사회를 안정시키기 위함이라고 말하였다. 이는 서한(西漢)과 동한(東漢) 이래로 신선(神仙)의 위치에 등극하려는 수련과 장생불로를 쫓는 방술사들의 인기는 나날이 높아져만 갔기 때문이다. 좌자의 이러한 일화도 당시의 사회적 배경에서 탄생한 산물이라고 할 수 있다.

〈삼국연의〉 속 이 이야기의 주요 내용은 〈신선전〉에서 발췌하여 구성한 이야기이다. 하지만 자신만의 소설로 만들기 위하여 이 편을 그대로 차용한 것이 아니라 다양한 각색이 진행되었다. 〈신선전〉에서는 좌자가 천주산(天柱山)에서 수련을 하였다고 묘사하였지만, 〈구단금액경(九丹金液經)〉과 〈삼국연의〉에서는 좌자의 수련 장소를 아미산이라고 변경하였다. 이렇게 수련 장소를 변경한 이유는 바로 좌자가 〈둔갑천서〉를 얻었다고 말하기 위함이다. 그러나 나관중(羅貫中) 선생은 이 내용을 쓰면서 진정으로 이야기하고 싶은 부분은 바로 좌자가 조조에게 모든 것을 내려 놓고 유비에게 물려줄 것을 권고하였다는 점이다. 이 문장을 통하여 역시나 〈삼국연의〉에서 주창하고 있는 소설의 큰 줄기인 '유비를 존경하고 조조를 배척하는' 작가의 주지를 독자들에게 심어주기 위함이다.

66

장비(張飛)가 지략을 써서 와구애(瓦口隘)를 얻은 이야기의 진실과 거짓

智取瓦口關(取自清康熙年版《三國志演義》)
지취와구관(청·강희년판〈삼국지연의〉)

조위의 장합(張郃)이 3만의 병사를 이끌고 파서군(巴西郡)으로 진격하고 있을 때였다. 그는 병사들을 3개로 나누어 각각 산새가 험한 곳 옆에 군영을 세워 주둔하도록 하였다. 각기 군영의 이름은 탕거채(宕渠寨), 몽두채(蒙頭寨)와 탕석채(蕩石寨)라고 불렀다. 각 군영에서 절반의 병사들은 파서(巴西)를 공격하였고 나머지 절반은 각자의 영채(營寨)를 지켰다. 파서를 지키는 장비는 술을 마시며 적들을 유인하는 계책을 세워 장합의 3개 군영을 모두 파괴하였다. 장합은 와구관(瓦口關)까지 패퇴하게 되었는데 3만의 군사는 2만으로 줄어들게 되자 거짓퇴각하며 매복으로 장비를 상대하려는 계략을 세우게 되었다. 그러나 장비는 적들의 계략을 자신의 계책으로 상대하기로 하여 위연(魏延)에게 장합의 매복병들을 격퇴하라고 명하였다. 이에 위연은 길을 막고 화공을 사용하여 적들을 격퇴하였으며 장합의 부대까지 공격하였다. 이 공격으로 장합은 다시 패배하여 와구관성으로 들어가 수비에 집중하게 되었다. 적들의 견고한 수비를 뚫기 위하여 장비는 지역주민에게 산 사이를 통하여 와구관성 안으로 들어갈 수 있는 정보를 얻게 되어 크게 기뻐하면서 다시 위연에게 장합의 뒤를 공격하라고 명하였다. 그리고 나서 장비는 적들의 시선을 분산시키기 위하여 500명의 기병을 뽑아 와구관 앞을 공격하였다. 이러한 장비의 계략은 성공리에 적중하여 자신의 뒤를 방비하지 못한 장합은 위연의 공격에 속수무책으로 당하였고 병사들은 말을 버리고 각자의 목숨을 부지하고자 산으로 뿔뿔이 도망쳤다. 결국 장합의 병사들은 수십 명만 남게 되었고 장비는 와구관을 점령할 수 있게 되었다.

〈삼국연의(三國演義)〉에서 장비의 지략을 사용하여 적들을 손쉽게 격퇴한 이야기는 과연 사실일까?

건안(建安) 20년(서기 215년) 11월, 파서태수(巴西太守)로 임명된 장비는 와구(瓦口)지역 일대에서 장합과 치열한 교전을 벌이고 대승을 거두게 되었다는 내용은 역사서에서도 기록된 실제로 일어난 일이다. 하지만, 〈삼국연의〉에서 묘사하고 있는 전투과정은 다수의 문학적 허구성을 내포하고 있으며, 소설에서 거론된 지명들 또한 명확하지 않은 점이 존재한다. 그러므로 이 편은 반은 사실이고 반은 거짓인 이야기라고 할 수 있다.

와구전투의 구체적인 전투과정은 정사 〈삼국지·장비전(三國志·張飛傳)〉에 기록되어 있다. '장합이 군사들을 이끌고 파서공격을 진행하였는데 최종적으로는 파서의 백성들을 한중으로 이주시키기 위한 계획을 가지고 있었다. 장합은 탕거, 몽두, 탕석지역으로 진군하였고 장비와 50여 일을 대치하게 되었다. 장비는 정예병사 만여 명을 이끌고 다른 길로 돌아가 길을 막고 장합과 교전을 하였다. 산길이 매우 협소하여 앞뒤로 지원을 받을 수 없는 장합은 결국에 장비에게 대패하였고 장합은 말을 버리고 수하 십여 명만 데리고 산을 올라 겨우 목숨을 건질 수 있게 되었다. 이후, 장합은 패잔병들과 장수들을 수습하고 한중군(漢中郡)의 남정현(南鄭縣)으로 퇴각하였다. 이로서 파서 일대는 안정을 되찾을 수 있었다.

역사서와 〈삼국연의〉를 비교하였을 때, 두 가지 부분이 서로 다르다는 것을 알 수 있다. 우선은 장비와 장합이 서로 교전했던 지역은 탕거현(宕渠縣) 지역에 위치한 몽두(蒙頭)와 탕석(蕩石)이다. 탕거(宕渠)는 현(縣)의 성지(城池)를 지칭하는 단어이다. 지금의 사천성(四川省) 거현(渠縣) 동북쪽에 위치한 지역이며, 소설에서 묘사하고 있는 산에 위치한 영채(營寨)가 될 수 없다. 두 번째는 전투과정에서 먼저 서로간에 50일동안 대치를 한 다음 장비가 다른 길로 되돌아가 기습을 하여 성공적으로 적들을 물리쳤다는 점이며, 소설에서 묘사하고 있듯이 다수 그리고 반복적으로 계책을 내어 공격하였다는 점은 사실이 아니다.

〈선주전(先主傳)〉에서는 와구라는 지역명이 기록되어 있는데 몽두와 탕석에서 가까운 위치에 있는 지역이라고 설명하였다. 오늘날의 사천성 거현 동북쪽에서 멀지 않은 팔몽산(八濛山)이며, 당시에 장비와 장합이 서로 격전을 벌인 위치이다. 이를 증명하듯이 마애(磨崖)에 '한장군(漢將軍) 장비는 정예병사 만 명을 이끌고 적장의 수괴인 장합을 팔몽(八濛)에서 격파하였다.'라는 2행의 총 18자로 장비의 승전을 기념하는 글씨가 각인되어 있다. 또한, 이 전투의 구체적인 사실묘사를 알고 싶다면 필자의 〈삼국명장(三國名將)〉 속 장비 부분을 보면 알 수 있다.

장비는 촉한오호상장(蜀漢五虎上將) 중의 한 명이고, 장합은 조위이성오호상장(曹魏異姓五虎上將)이라고 불리는 장수 중의 한 명이다. 삼국역사상 쉽게 구경하지 못할 '두 장씨(張氏)의 대결'은 촉한의 일방적인 승리로 막을 내리게 되었다.

67

황충(黃忠)이 하후연(夏侯淵)을 참수한 이야기의 진실과 거짓

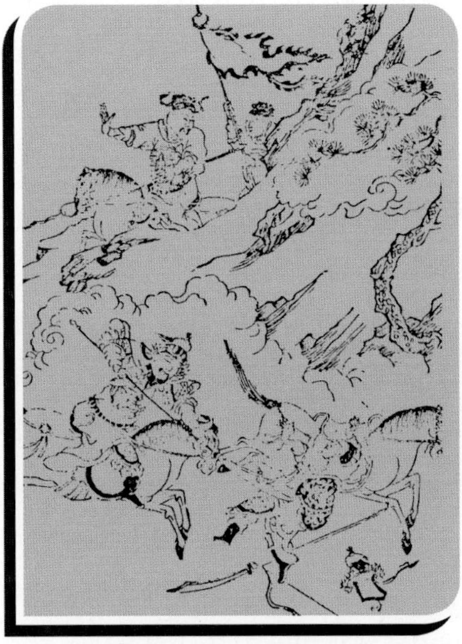

黃忠刀劈夏侯淵(取自清初《繡像金評第一才子書》)
황충도벽하후연(청·초기〈수상금평제일재자서〉)

정군산(定軍山)은 실제로 존재하는 지명이자 지금의 섬서성(陝西省) 면현(勉縣)의 성남(城南) 쪽에 위치한 산이며, 세차게 굽이치는 한강(漢江)의 남안(南岸)에 12개의 봉우리와 동서로 10리나 뻗은 산맥을 가지고 있다. 삼국시대에 정군산에서 다양한 이야기들이 탄생되어 이 산의 명성이 두루 알려지는 계기가 되었다. 이 편에서는 이 정군산과 관련된 '황충도벽 하후연(黃忠刀劈夏侯淵)'이라는 유명한 이야기를 이야기하려 한다.

우선은 〈삼국지평화(三國志平話)〉의 이야기를 보면서 이 내용을 알아보자. 황충이 정군산에 도착하였는데 산 위에 있는 하후연과 그의 병사들은 산 아래로 내려와 자신과 전투하도록 끌어내었다. 황충과 하후연은 서로 결투를 벌였지만 3합이 되지도 않은 채 하후연은 패퇴하여 산 위로 도망치게 되었다. 이에 황충은 "대장부가 어찌 아래에만 있어야 하는가? 하후연을 참하지 않는다면 정군산을 얻을 수 없고 대장부라고 할 수도 없다!"라고 혼잣말을 하였다. 그리고 나서 산 위로 진격하여 다시금 전투하여 하후연의 목을 베어 말에서 떨어뜨려 적들의 군량과 요충지를 얻어낼 수 있게 되었다.

다시 〈삼국연의(三國演義)〉에서 묘사하고 있는 동일한 이야기의 내용을 살펴보자. 공명(孔明)이 황충과 법정(法正)을 보내어 조위군(曹魏軍)이 점령하고 있는 요충지인 정군산을 빼앗아 오라고 명하였다. 황충은 법정의 지시에 따라 우선 정군산의 서쪽을 공격하여 정군산의 전체적인 모습을 관찰할 수 있는 봉우리를 점령하였다. 그리고 나서 법정은 봉우리로 올라가 깃발로 황충에게 신호를 주어 적들의 동향을 실시간으로 알려주었다. 하루는 하후연이 황충의 군영 앞에서 도발을 하였는데 법정이 백색 깃발을 들어 황충에게 표시를 주었다. 그러자 황충은 영문(營門)을 걸어 잠그고 도발에 응하지 않았다. 오후가 되자 법정은 조조군의 병사들이 말에 내려 앉아서 휴식을 취하고 나태하여 사기가 떨어져 있는 모습을 보자 홍색 깃발을 들어 황충에게 표시를 주었다. 이에 북과 나팔을 일제히 울리고 대지를 뒤흔드는 함성과 함께 황충은 가장 앞서서 하늘이 무너지고 땅이 꺼질듯한 기세로 적들에게로 돌격하였다. 방심한 하후연은 미처 손을 쓰지 못하고 바로 앞에서 황충의 벼락과도 같은 함성을 맞이하게 되었다. 그리고 나서 하후연은 별다른 반격을 하지 못하고 황충의 보검에 맞아 머리와 어깨가 같이 잘려나가 몸이 두 동강이 돼버렸다. 적장이 쓰러진 기회를 틈타 촉군(蜀軍)은 진격을 하였고 정군산 전투에서 대승하여 군사적 요충지를 얻어낼 수 있었다.

이번에는 역사서 〈삼국지(三國志)〉의 기록을 살펴보자. 역사기록에서는 '건안(建安) 24년, 한중(漢中)의 정군산에 있는 하후연의 정예 병사들을 공격하였다. 황충은 선봉에 서서 진격하였고 병사들을 다독이면서 지속적으로 공격하였다. 북소리가 하늘을 울리고 함성소리가 협곡을 움직이는 속에서 첫 번째 전투에서 황충은 하후연을 참(斬)하였고 하후연의 병사들이 크게 패하게 되었다.'라고 기록하였으며, 〈선주전(先主傳)〉에서도 이와 비슷한 내용으로 당시의 상황을 기록하였다. '24년 봄, 한강의 남쪽 면현 지역 산 바로 앞에 군영을 세웠다. 하후연과 정군산 지역을 차지하기 위하여 서로 전투를 준비하였는데 선주(先主; 유비)는 황충에게 명을 내려 하후연을 공격하라고 하였고 황충은 북을 울려 진격을 하였다. 그 결과 황충은 하후연의 군대를 크게 격파하고 하후연과 조조가 임명한 익주자사(益州刺史)인 조옹(趙顒)을 참수하였다.'라고 기록되어 있다.

동일한 이야기를 세 가지의 다른 책으로 서로 비교를 하면서 이 이야기를 보다 명확하게 알아보았다. 예술적인 측면으로 보았을 때 원(元)나라시대 〈삼국지평화〉의 경우 출판시기가 다른 책들 보다는 가장 빠른 반면 내용들은 매우 간략하게 구성되었으며 묘사도 세밀하지 못하고 매우 거칠게 기술되었다. 〈삼국연의〉의 경우 이야기의 내용이 매우 풍부하게 구성되어 있으며 묘사도 세밀하고 정교하게 집필되어 독자들이 예술적 매력을 풍부하게 느낄 수 있도록 하였다. 하지만 사실적인 측면에서 바라볼 때, 두 책에서 서술하는 내용은 핵심적인 내용 즉 '하후연이 황충에게 죽임을 당하다.'라는 것은 역사서 〈삼국지〉에서도 기록된 사실이나 〈삼국연의〉에서 묘사하고 있는 법정이 서쪽의 높은 봉우리를 점거하여 깃발로 황충과 병사들에게 지시를 내린 부분은 순전히 나관중(羅貫中) 선생의 상상력이 가미된 허구적 내용이라는 것이다.

이 이야기의 주인공인 황충에 대한 대다수의 사람들이 순간적으로 떠올리는 이미지는 '노(老)'라는 글자일 것이다. 그 이유는 〈삼국연의〉에서도 그가 늙었다는 것을 거론하는 부분이 존재한다. 유비(劉備)가 "장군들 중에 나이가 가장 많다."라고 하였으며, 공명도 황충을 "노장이지만 용맹하여 하후연 그리고 장합과는 비교할 수 없다."라고 하였다. 심지어 황충 본인도 "과거에 염파(廉頗)가 80세일 때, 쌀 한말과 고기 10근을 먹어 제후(諸侯) 모두 그를 두려워하여 조(趙)나라를 감히 침범할 수 없었다는데 70세가 안된 황충은 어떻겠소?"라고 하였다. 그렇다면 과연 황충은 실제로 노장일까? 〈삼국지·비시전(三國志·費詩傳)〉에 따르면 관우(關羽)가 비시(費詩) 면전에서 황충을 '노병(老兵)'이라고 말하였다. 하지만 단순히 '노병'이라는 칭호로 황충이 나이가 많은 사람으로 판단할 수 없으며, '노'라는 호칭을 받을 자격이 되는 사람이지만 실제로는 늙지 않은 사람일 가능성도 존재한다. 나관중은 관우가 말한 '노병'이라는 단어를 주목하여 황충의 이미지를 '노장(老將)'이라고 만들었을 수도 있다. 그러나 실제 사실을 기록한 역사서는 황충의 실제 연령을 기록하지 않았으며, 명확한 내용도 존재하지 않아 황충이 실제로 나이가 얼마인지 그리고 얼마나 늙은 사람인지는 풀기 어려운 미스터리로 남게 되었다.

68

조조(曹操)가 꿈에서 살인을 저지른 이야기의 진실과 거짓

梦中杀人(陈荣绘)
몽중살인(진영그림)

〈삼국연의(三國演義)〉 제 72화에서 조조(曹操)가 양수(楊修)를 죽인 내용이 기술되어 있다. 독자들이 경악하고 등골이 오싹하면서 읽었던 내용을 같이 알아보자. 때는 조조가 자신의 암살을 걱정하여 주변에게 분부하기를 "나는 꿈을 꾸면서도 사람을 죽이길 좋아한다.

그러니 내가 잠들고 있을 때, 절대로 내 근처로 오지 말라!"라고 말하였다. 하루는 날이 아직 저물지 않았지만 조조는 자신의 천막에서 잠이 들었다. 잠결에 자신이 덮고 있던 이불이 바닥에 떨어지게 되어 조조의 곁에서 수발을 들던 시중이 황급하게 이불을 다시 들어올려 조조에게 덮어주었다. 그러자 갑자기 조조가 잠자리에서 일어나 자신의 검을 뽑아 순식간에 시중을 죽여버리게 되었고 이윽고 잠자리로 돌아가 다시 숙면을 취하게 되었다. 한참이 지나고 잠이 깨자 거짓으로 놀라는 척을 하며 "누가 나의 시중을 죽였느냐?"라고 물어보았다. 이에 주변 사람들이 사실을 고하였고 조조는 비통함의 눈물을 흘리고 사람을 시켜 자신이 죽인 시중의 장례를 후하게 치르라고 명하였다. 그날 이후, 사람들은 조조가 꿈을 꾸면서 사람을 죽인다는 것을 믿고, 어느 누구도 조조가 잠들었을 때 가까이 가려 하지 않았다. 하지만, 양수는 조조의 의도를 파악하고 안장(安葬)을 앞둔 죽은 시중을 가리키며 탄식과 함께 "승상(丞相)이 꿈을 꾸고 있는 것이 아니라 네가 꿈속에 있는 것이로구나!"라고 말하였다. 조조는 양수가 이러한 말을 남겼다는 소식을 듣고 더욱 더 양수를 싫어하였다.

이렇게 독특하고 기묘한 이야기에 대한 사실성은 얼마나 되는 것일까?

이 이야기는 남조(南朝) 유송(劉宋)시대 유의경(劉義慶)이 집필한 〈세설신어·가휼편(世說新語·假譎篇)〉의 문헌에서 관련 내용을 찾아 볼 수 있다. '위무제(魏武帝)가 말하기를 "내가 잠이 들었을 때 가까이 다가오지 말라! 만일 누군가 다가오면 그 사람을 벨 것이며 이를 내가 알지 못한다. 그러니 주위의 사람들은 이를 깊이 명심하고 있어라!"라고 하였다. 이말 이후 조조가 숙면을 취하고 있을 때 이불을 덮어주던 사람이 조조에게 죽임을 당하게 되었다. 그날 이후 조조가 잠들었을 때는 아무도 감히 그의 곁으로 가지 않았다.'라고 쓰여져 있다. 책의 제목의 일부분인 '가휼'의 뜻은 허구와 거짓이라는 뜻으로 책에서 묘사하고 있는 위 이야기는 위진(魏晉)시대 거짓으로 꾸며낸 이야기와 사람들이 농으로 말한 이야기 14단(段)을 엮어 편찬한 내용 중의 일부분이다. 이 책의 14단 중 앞부분의 5단의 이야기 속 주인공은 모두 조조(曹操)이며, 후반부의 내용들도 조조와 관련된 이야기로 구성되어 있다. 이렇게 많은 부분이 조조와 관련된 내용들이라고 한다면 억울하겠지만 조조는 거짓과 위선의 대가라고 할 수 있다. 이를 보았을 때, 이미 〈세설신어〉부터 조조의 더러운 인품을 가감 없이 표현하고 있다는 것을 알 수 있다. 그리하여 '유비를 존경하며, 조조를 배척하는' 작가의 확고한 주지가 포함된 〈삼국연의〉에서 위의 이야기를 발췌하여 소설 속에 녹여내어 이치에 들어맞는 문장으로 각색하였다.

〈삼국연의〉와 〈세설신어〉 속 내용을 비교하면 일반적인 이야기가 서로 부합한다는 것을 알 수 있다. 하지만, 내용을 자세하게 들여다보았을 때 서로 두 가지 다른 점을 찾아볼 수 있다. 한 가지는 양수가 조조의 행위를 두고 탄식하였던 장면이며 〈삼국연의〉에서는 존재하지만 〈가휼편〉에서는 존재하지 않는 내용이다. 두 번째 다른 점은 〈가휼편〉에서 등장하는 '양면(陽眠)'이라는 두 글자이며 정확한 뜻은 잠을 자는 척이라는 뜻이다. '양(陽)'이라는 글자의 표면적인 뜻은 가장(假裝) 즉 거짓행위를 한다는 뜻의 '양(佯)'으로도 해석할 수 있다. 조조는 입으로 자신이 잠을 자면서도 사람을 죽일 수 있다고 말하였을 뿐만 아니라 실제로도 거짓으로 자는 척을 하여 행동으로 사람을 죽임으로써 모두가 자신의 말을 믿도록 만들었다. 그리하여 이러한 거짓으로 수면을 취한 행위로 인하여 이 이야기가 〈가휼편〉에 실리게 되었다. 그리고 이를 인용한 나관중(羅貫中) 선생은 내용을 진정으로 이해하지 못하고 심지어 '양면(陽眠)'이라는 단어를 오독(誤讀)하여 '조조가 낮에 잠들었다.'라는 묘사가 탄생하게 된 것이다. 이러한 묘사는 조조가 사람들에게 행하는 사기행위의 정도가 다소 약화되어 의미가 충분히 전달되지 못하는 결과를 낳게 되었다.

실제로, 정사 〈삼국지(三國志)〉에서 많은 횟수의 '휼(譎)'이라는 단어로 조조를 평가하는 기록이 존재하였다. 여포는 "조조다휼(曹操多譎)"이라고 말하였으며, 유비는 "조조는 휼이고, 나는 충(忠)이다."라는 말과 그리고 제갈량(諸葛亮)이 "맹덕(孟德)은 휼로서 남들을 이길 수 있는 힘을 가지고 있다."라고 하였다. 다른 역사서인 〈위서(魏書)〉에서도 조조는 '휼적제승'(譎敵制勝)이라고 기록하였다. 조조는 '휼'이라는 개인특성을 가지고 있을 뿐만 아니라 동시에 의심이 많고 사람을 죽이기를 좋아하였다. 그의 칼로 인하여 죽임을 당한 사람들의 이름을 거론하자면 공융(孔融), 허유(許攸), 루규(婁圭), 순욱(荀彧), 최염(崔琰), 양수(陽修), 화타(華陀) 등등 수 없을 정도이다. 심지어 자신의 막내아들인 조충(曹冲)과 지력이 비슷한 신동(神童)인 주불의(周不疑)의 경우, 본래 조조가 매우 아끼는 인재로서 자신의 딸과 혼인을 시키려는 생각을 가지고 있을 정도였다. 하지만, 조충이 죽고 나서 조조는 훗날 주불의를 제어할 사람이 없을 것이라고 생각한 나머지 자객을 보내어 17세의 주불의를 죽여버렸다. 위에서 거론한 조조의 악행들을 보았을 때, 조조의 '몽중살인(夢中殺人)'과 같은 이야기는 비록 역사서에서는 기록되어지지 않은 내용이지만 조조의 개인성향과 평소에 하였던 행실에 비추어 보면 많은 사람이 이 이야기가 사실일 것이라고 쉽게 믿을 수 밖에 없었을 것이다.

69

양수(陽修)의 죽음과 계륵(鷄肋) 이야기의 진실과 거짓

楊修畫像(取自淸光緖廿五年版《〈三國志演義〉全圖》)
양수화상(청·광서이십오년판〈삼국지연의전도〉)

유비는 한중을 공격하여 조조와 치열한 쟁탈전을 벌였다. 두 군대는 서로 수일의 대치를 하였고 조조는 진격을 하면 마초의 수비에 막히고 후퇴를 하려니 촉군(蜀軍)의 비웃음거리가 되는 것은 원치 않아 어찌할 바를 모르고 결정을 하지 못하였다. 때마침 주방에서 계탕

(鷄湯)이 나왔고, 조조는 그릇에 담긴 계륵을 보면서 깊은 생각에 빠지게 되었다. 그가 생각에 깊이 잠겨 있을 때, 하후돈(夏侯惇)이 찾아와 야간에 사용할 구령(口令)을 물어보았고 조조는 '계륵'이라는 두 글자를 말해 주어 하후돈은 전 군에 이 단어를 전파하였다. 행군주부(行軍主簿) 양수(陽修)는 계륵이라는 단어를 듣자마자 행군사(行軍士)들에게 짐을 챙겨 원대복귀할 준비를 하였다. 이러한 소식을 들은 하후돈은 크게 놀라 양수에게 짐을 챙기는 이유를 물어보았다. 그러자 양수는 "오늘밤의 암구호는 위왕(魏王)이 곧 퇴각을 명령한다는 뜻이다. 계륵은 먹기에는 살이 없고 그렇다고 버리자니 아깝다는 뜻으로서 진격하자니 승리를 보장할 수 없고, 후퇴를 하자니 적들에게 웃음거리가 될 것이 두려운 지금의 상황을 표현하고 있다. 그리하여 이렇게 가만히 있는 것은 이득이 없으니 일찍 되돌아가는 편이 좋을 것이다. 그리하여 위왕은 곧 군사들에게 필히 명을 내릴 것이니 상황에 닥쳐서 혼란스러운 상황을 피하기 위하여 미리 짐을 정리하는 것이다."라고 말하였고 말을 들은 하후돈은 양수에게 감탄과 경배를 하며 "과연 위왕의 심복이다!"라고 말하였고 하후돈도 짐을 정리하기 시작하였다. 그러나 하후돈과 양수를 제외한 영채(營寨) 위아래에 있는 다른 병사들은 퇴각을 위한 준비를 하지 않았다. 그날 밤 뜻하지 않게 조조는 잠을 이루지 못하여 간밤에 군대가 주둔하고 있는 영채들을 시찰하였다. 조조가 하후돈의 영채에 이르자 병사들이 자신의 짐을 정리하는 모습을 보았고 긴급히 하후돈을 불러 이렇게 하는 연유를 물어보았다. 이에 하후돈은 양수가 대왕의 뜻을 알고 퇴각할 것이라고 말하여 이렇게 미리 준비를 하고 있었다고 고하였다. 조조는 곧바로 양수를 불러 그렇게 말한 이유를 물어보았고 양수는 하후돈에게도 설명한 '계륵'의 의미를 조조에게 이야기하였다. 양수의

말을 들은 조조는 크게 분노하며 "네가 감히 유언비어를 만들어 군심을 동요시켰구나!"라고 말하였고 곧바로 주변의 도부수(刀斧手)들을 불러 양수를 참하라고 명하였다. 그리고 나서 양수의 머리를 원문(轅門) 밖에 걸어 놓았다. 자신의 재주를 믿고 수차례 조조의 심기를 건들인 양수는 34세에 세상을 떠나게 되었다.

위의 내용은 〈삼국연의(三國演義)〉 속 '계륵'과 양수의 죽음을 묘사한 이야기다. 과연 이 이야기는 실제로 일어난 일일까?

역사기록에서는 유비가 한중을 공격하였고 그 결과 조조군은 대패하였다고 기록하였다. 구체적인 내용은 '건안(建安) 24년(서기 219년) 3월 조조는 하후연(夏侯淵)의 죽음을 듣고 직접 대군을 이끌고 장안(長安)에서 전선인 양평관(陽平關)으로 향하였다. 유비(劉備)는 지금의 상황을 수비하기 위하여 즉각적으로 전투에 임하지 않았다. 유비가 한중에 도착한지 한 달이 넘었지만 별다른 진전이 없었고 오히려 곤란한 상황만 이어져만 갔다. 이러한 상황은 조조군도 마찬가지였는데 한중(漢中)을 포기하기에는 아까운 마음이 들어 하염없이 대치만 하여 어려움만 쌓여갔다. 하루는 조조가 '계륵'이라는 구령을 내리게 되었는데 양수는 이러한 구령을 듣자마자 행군을 준비하였다. 다른 사람들은 이러한 행동에 놀라게 되었는데 양수는 "계륵이라 함은 버리기엔 아까우나 먹어서 얻는 것이 별로 없는 부위인데 이는 곧 한중을 비유하는 말이며, 왕께서 돌아가려는 뜻이다."라고 말하였다. 역시나 양수가 말한대로 조조는 회군명령을 내려 장안으로 되돌아가게 되었다. 역사서의 내용을 보듯이 〈삼국연의〉 속 내용은 역사적 사실을 가공하여 만들어낸 이야기라는 것을 알 수 있다. 특히 실제로 조조가 '계륵'이라는 군령을 내렸고, 양수는 조조의 의중을 간파하였다는 것은 모두 실제로 일어난 역사적 사실이다.

하지만, 이야기의 대부분이 사실일지라도 이야기를 연결시키는 세부적인 요소들은 허구들로 채워져 있다. 우선은 양수가 죽임을 당한 지역은 소설에서 묘사하고 있는 한중이 아니라 실제로는 회군을 하고 나서 돌아온 장안에서 양수를 처리하였다는 것이며, 시간 또한 건안 24년 가을이라는 점이다. 두 번째로 양수는 34세의 나이에 세상을 떠난 것이 아니라 실제로는 45세의 나이에 죽었다는 점이다. 마지막으로 양수가 죽임을 당한 이유는 조조가 내린 '계륵'이라는 구령을 해독한 죄가 아니라 다수의 죄목으로 인해 벌을 받았다는 점이다. 역사기록에서는 양수의 주요 죄목을 4가지로 정의하였는데 그것은 '파유재책(頗有才策)', '원씨지생(袁氏之甥)', '루설언교(漏泄言敎)', '교관제후(交關諸侯)'라는 명목이었다. 이 중에서 제일 핵심적인 죄목은 바로 '원씨지생'이라는 죄목인데 이는 그의 복잡한 출신성분과 가세배경(家世背景)과 나아가 양수의 부친인 양표(楊彪)와 조조간의 삶과 죽음을 넘나드는 은혜와 원한이 얽혀 있기 때문이었다. 그리하여 조조는 양수의 영향력이 더 커져 화를 부르기 전에 그를 죽이게 된 것이다.

〈삼국연의〉에서 양수가 단순히 '계륵'이라는 비밀을 풀었다는 것으로 죽임을 당하였다는 점은 조조의 음흉하고 툭하면 질투하는 성격을 부각시키기 위함이다. 나관중 선생은 생동감 넘치는 묘사를 그려내었지만 핵심을 명확하게 집어내지 않아 독자의 상상력 속에서 조조의 간사함을 그려내도록 유도하였다.

70

촉(蜀)에는 대장이 없어, 요화(廖化)가 선봉에 섰던 이야기의 진실과 거짓

廖化爲先鋒(陳榮繪)
요화가 선봉이 된다(진영그림)

명청(明淸)시기 이래 〈삼국연의(三國演義)〉가 널리 유행되어 민간에서는 수많은 속어(俗語)가 탄생하게 되었는데 그 예로 '관우가 문 앞에서 칼을 가지고 놀다", "도와줘도 소용이 없는 아두(阿斗)", "조조를 말하니 조조가 왔다" 등등이다. 이 편에서 다루려고 하는 "촉중무대장, 요화작선봉(蜀中無大將, 廖化作先鋒)"도 마찬가지로 위와 같은 민속 속어 중에 하나이다. 현재까지도 많은 사람들이 이 속어를 자주 사용하지만 그 유래가 어디인지 어떻게 탄생되었는지 그리고 역사적인 사실에 부합되는 것인지에 대한 것을 정확하게 이해하는 사람들은 많지 않다. 심지어 오늘날까지도 인터넷상에서는 수많은 오독과 오역이 넘쳐나고 있어 이 부분을 바로잡기 위한 탐구가 필요하다.

"촉중무대장, 요화작선봉"은 청나라 말기에도 이미 출현한 말이며 저명한 '장자(壯者)'의 〈소미추(掃迷箒)〉에서 위의 두 마디가 등장하였다. 이 책을 집필한 의도는 미신을 쓸어 버리자는 뜻이 담겨 있기에 이러한 독특한 책의 제목이 탄생하게 되었다.

인터넷상에서 이야기하는 이 속어의 유래는 〈삼국연의(三國演義)〉 제 113화에서 강유(姜維)가 조위(曹魏)를 정벌할 때, 요화(廖化)와 장익(張翼)을 선봉으로 보내었다는 부분에서 시작되었다고 설명하였다. 〈삼국연의〉에 대한 해석은 나쁘지 않게 하였으나, 그 해석이 충분하지 못하다. 보다 정확하게 설명하자면 요화가 촉군(蜀軍)의 선봉을 담당하였다는 것뿐만 아니라 다섯 차례나 그 역할을 담당하였다는 점이다. 제일 처음은 제 73화에서 관우(關羽)가 '요화에게 선봉을 맡으라고 명하였다.'와 두 번째는 100화에서 공명이 '관흥(關興)과 요화가 선봉에 서라'라는 부분이 존재한다. 세번째로는 제 109화에서 강유가 '요화와 장익이 각각 좌우선봉을 맡으라'는 부분 그리고 네 번째로는 제 113화에 강유가 다시 '요화와 장익이 선봉을 담당하라'는 부분 마지막으로 강유가 재차 '요화와 장익이 선봉에 서라'라는 부분이 존재한다. 이렇게 독자들에게 여러 번 '요화가 선봉에 섰다.'라는 것을 상기시켜 주었기에 독자들은 요화가 촉의 선봉담당 역할이라고 기억할 수 밖에 없을 것이며, 위에서 이야기한 속어의 후반부 마디, 즉 '요화작선봉(廖化作先鋒)'이 탄생할 수 있게 되었다.

그렇다면 이 부분의 사실성은 과연 얼마나 되는 것일까?

'촉중무대장, 요화작선봉'이라는 뜻은 요화를 폄하하는 뜻이 명확하게 보이는 말이며 이는 요화가 선봉에 서는 '대장(大將)'의 자격이 부족하다고 평가하는 뜻이기도 하다. 그렇다면 역사적으로도 요화가 이처럼 폄하를 받는 대상이었을까?

역사서 〈삼국지(三國志)〉에서 요화라는 인물을 자세하게 기록해 놓았다. 그는 양양(襄陽) 출신으로서 관우가 양양을 지키고 있을 때, 요화가 관우의 부하로 들어오게 되었다. 관우가 손오(孫吳)의 공격으로 인하여 살해당하고 요화는 포로로 붙잡히게 되었다. 요화는 유비(劉備)에 대한 충심 때문에 거짓으로 죽은 척을 하고 자신의 노모(老母)를 데리고 야밤에 몰래 유비가 있는 곳으로 도망쳤다. 이에 유비는 그를 신임하고 중책을 스스럼없이 맡기게 되었다. 그렇다면 이렇게 무한한 충성심을 내보인 요화는 과연 자격이 없는 사람일까? 그 답은 충분한 자격이 있는 사람이라고 답할 수 있다. 충성심 외에 대장의 다른 중요 조건으로는 군사적 재능이 필요하다. 그렇다면 요화가 과연 이러한 재능이 있는 것인지는 당시의 기록을 살펴보면서 알아보자. 〈화양국지(華陽國志)〉 제 7권 기록에 따르면 '장익과 요화는 대장이라 할 수 있으며 과거 사람들은 "촉한(蜀漢) 후기의 대장(大將)으로는 하평(何平; 왕평)과 구부(勾扶)가 있었고 후에는 장익과 요화가 있었다."라고 말하였다. 이것으로 요화는 대장의 자격이 충분히 있었으며, 당시의 사람들도 이를 완벽하게 동의하였다. 그렇다면 지금의 속어는 어떻게 하여 탄생되었으며, 당시의 상황과 정반대로 뜻이 표현되었을까?

〈삼국연의〉 제 27화에서 요화는 일찍이 재물과 여자를 겁탈하는 산적이라고 묘사하여 그가 대장이 될 자격이 없다고 사람들은 판단하였다. 그러나 이러한 묘사는 역사적인 근거가 전혀 없는 허구이며 사람들의 판단도 황당하기 그지없는 주장이다. 만일 영웅의 출신성분이 중요하다면 환관의 후대인 조조(曹操)와 신발과 돗자리를 팔던 유비(劉備) 그리고 도망자 신세였던 관우(關羽)는 모두 영웅이라는 칭호를 받을 수 없으며, 출신성분의 이유로 〈삼국연의〉라는 책에서도 퇴출당하였을 것이다. 그럼에도 불구하고 명(明)나라시대 도종의(陶宗儀)의 〈설부(說郛)〉에서는 요화의 가족은 '대대로 면수(沔水) 남면(南面) 양양(襄陽) 일대에 명문가이다.'라고 기록하였다. 그의 출신성분이 좋기 때문에 관우가 양양을 지키고 있을 때, 그의 부하로 발탁될 수 있었다. 그리하여 명문가의 자녀가 산적이 되었다는 것은 흑을 백으로 바꾸는 듯한 사실을 전도한 일이며, 유언비어를 퍼뜨려 사람을 폄하함이 아닐 수 없다.

71

관우(關羽)가 칠군(七軍)을 수장시킨 이야기의 진실과 거짓

水淹七軍(取自清光緒九年版《三國志演義全圖》)
수엄칠군(청·광서구년판〈삼국지연의전도〉)

〈삼국연의(三國演義)〉에서 관우(關羽)의 이미지는 신과 같은 용맹함을 가지고 있는 초인이자 청룡언월도(靑龍偃月刀)를 휘두르면서 천하를 주름잡는 인물이다. 이 밖에도 날씨를 활용하여 적들을 한방에 쓸어내는 묘계(妙計)를 사용하였다. 이 편에서 이야기하려는 '수엄칠군(水淹七軍)'의 내용은 관우가 묘책을 사용하여 신기에 가까운 전승을 올린 걸출한 이야기이다.

관우가 병사들을 지휘하면서 북진하여 조조군(曹操軍)의 대장인 조인(曹仁)을 공격하였다. 관우는 수월하게 양양(襄陽)을 점령하고 나서 다수의 배를 준비시켜 한강(漢江)을 도강하여 조인이 퇴각한 번성(樊城)을 공격할 준비를 하였다. 조조는 우금(于禁)을 주장군(主將軍)에 임명하고 방덕(龐德)을 선봉에 세워 7개의 정예 부대를 이끌고 조인을 구하기 위한 원군으로 파견하였다. 우금은 번성 북쪽외곽에 주둔하였는데 때마침 8월 우기가 시작되어 수일간 비가 내렸고 이로 인하여 한강의 수위가 급격하게 불어났다. 관우는 배에 올라 병사들에게 비바람이 몰아치는 밤에 물을 막고 있는 댐을 붕괴시켜 강물이 저지대에 있는 적들에게 한꺼번에 쏟아지도록 만들었다. 큰물은 조조군의 본영(本營)으로 향하였고 평지였지만 물이 한장(一丈) 높이까지 들이차게 되어 수많은 병사가 물에 빠져 죽게 되었다. 우금과 방덕은 가까스로 작은 산에 올라 홍수를 피하였다. 해가 뜨자 관우는 배에 올라타 총공격을 지휘하였고 목숨을 겨우 부지한 우금과 약 50여 명의 병사들은 별다른 저항 없이 항복하게 되었다. 반면 방덕은 백여 명의 병사들을 이끌고 강물을 막은 보 위에서 촉군의 공격에 대항하였다. 그리고 나서 정오가 되었을 때, 방덕 혼자 살아남게 되어 번성으로 퇴각하는 것을 선택하였고 마침 주위에 있는 작은 배를 빼앗아 도망치기 시작하였다. 그러나 주창(周倉)이 타고 있었던 큰 함선이 방덕을 들이받아 물에 빠지게 되어 생포 당하였다. 관우는 방덕에게 항복하라고 권하였지만 그는 죽어도 굴복하지 않겠다고 하여 처형되었다. 결과적으로 이 전투에서 조조의 일곱개의 군대는 모두 수몰 당하여 관우의 완승으로 끝나게 되었다.

'수엄칠군'의 이야기는 과연 실제로 일어난 일일까? 그 답은 역사서에서 찾을 수 있다.

다양한 역사서에서 이 전투와 관련된 다수의 기록들이 존재한다. 〈삼국지(三國志)〉 관우전(關羽傳)에서는 '가을이 다가오고 큰 비가 내려 한수(漢水)의 물이 점차 불어나 우금이 지휘하던 칠군이 수몰되었다. 이 때문에 우금은 관우에 항복하고 적장 방덕은 참수시켰다.'라고 기록하였다. 〈우금전(于禁傳)〉에서도 '가을이 되자 큰 비가 내렸고 한수가 범람하여 평지에 몇 장(丈)이 되는 높이의 물이 들어차 우금과 칠군은 물에 빠지게 되었다.'라고 기록하였다. 〈오주전(吳主傳)〉에서도 비슷한 내용의 기록이 존재하는데 '한수의 물이 폭발적으로 늘어나 관우의 수군이 우금의 기마병과 보병 3만을 사로잡았고 그 포로들을 강릉(江陵)으로 압송하게 되었다.'라고 기록하였다. 역사 기록들과 〈삼국연의〉를 비교하였을 때, 이야기의 큰 줄기는 역사사실과 일치한다는 것을 알 수 있지만 '수엄칠군'이 발생되었던 구체적인 내용은 사실과 다르다는 것을 발견할 수 있다. 본래 지속적으로 내리는 비에 한수가 범람하여 발생된 자연재해로 우금의 칠군이 수몰되었지만 〈삼국연의〉에서는 이를 관우가 강의 둑을 붕괴시켜 인위적으로 발생시킨 수공(水攻)으로 둔갑시켰다. 또한 이러한 수공을 독자들에게 사실로 각인시키기 위하여 역사서인 〈우금전〉에서는 '수 장의 깊이가 되는 물이 들어찼다.'와 〈방덕전(龐德傳)〉에서의 '5, 6장(丈) 깊이의 강물이'라는 설명을 '평지에 들어찬 물이 1장이 조금 넘는 높이'라고 표현하여 본래 자연재해로 발생된 홍수의 높이를 크게 줄여 묘사하였다.

'수엄칠군'은 관우의 일생에서 가장 찬란한 전공을 세운 전투이다. 역사기록에 따르면 관우는 우금이 이끄는 일곱개의 정예 군대를 대부분 수몰시키고 대장 우금과 3만의 적 보병과 기병들을 포로로 잡았으며 맹장 방덕은 처형하게 되었다. 이에 관우의 명성은 드높아져 '위진화하(威震華夏)'라고 칭송하였으며, 조조도 이를 계기로 황급히 수도를 허현(許縣)에서 북쪽으로 천도하게 되었다.

비록 〈삼국연의〉에서 관우의 용맹하고 지략이 뛰어난 고귀한 이미지를 만들어내기 위하여 '수엄칠군'의 내용을 모두다 관우 개인의 지혜와 용맹함으로 발현된 결과라는 예술적 허구요소들을 첨가하였다. 이러한 허구적 요소들 때문에 관우가 병사들을 이끄는 리더능력과 재능을 평가절하 하여서는 안된다. 천군만마(千軍萬馬)를 지휘하는 장수로서 관우는 강한(江漢) 일대의 날씨와 지리적인 지식을 통달하였을 것이다. 그리하여 수상전투에 매우 유리한 위치에 병사들을 주둔시킨 것은 당시의 상황을 보았을 때 매우 합리적인 선택을 하였으며 그 결과 전투에서 완벽하게 승리하게 되었다는 점을 알아야 한다. 반면, 조조군의 대장인 우금의 경우 조조가 '고지명장(古之名將)'이라는 극찬을 아끼지 않은 인재이지만, 천체와 지리적 지식을 겸비하여야 하는 명장의 조건이 부족하여 병사들을 저지대에 주둔시키게 되었다. 이로 인하여 칠군은 수상전투 또는 수공을 대비하지 못하게 되어 모든 병력이 한 순간에 수몰 당하는 참극을 맞이하게 되었다. 이로서 전쟁의 승패를 결정짓는 가장 중요한 요소는 수해로 인한 객관적인 환경의 영향이 아닌 총사령관의 주관적인 자질이 중요하다는 것을 알 수 있다. 출중한 주관적인 자질은 객관적인 환경요소를 적절하게 활용할 수 있다는 것을 이 전투는 증명하고 있으며 나아가 관우가 대승을 거둘 수 있는 근본적인 이유라고 할 수 있다.

72

화타(華陀)가 관우(關羽)의 뼈를 긁어내며 독을 치료한 이야기의 진실과 거짓

刮骨療毒(取自清康熙年版《三國志演義》)
괄골료독(청·강희년판〈삼국지연의〉)

중국 고대역사의 긴 흐름 속에서 가장 큰 인지도를 가진 인물이 누구인지 논하는 자리에서 관우는 절대적으로 빠질 수 없는 인물이자 가장 잘 알려진 인물중의 한 명이라고 할 수 있을 것이다. 그는 중국 내에서는 집집마다 그의 이름과 생애를 잘 알 뿐만 아니라 해

외에서도 수많은 사당을 만들어 '관공(關公)' 또는 '관제야(關帝爺)'라는 존칭으로 불리우면서 지금 이 시간에도 수많은 이들의 추앙과 공양을 받는 인물이다.

이렇게 전지적인 인물이 보통사람과는 다르다는 것을 보여준 일화가 존재하는데 그것은 바로 '괄골요독(刮骨療毒)'이라고 불리는 이야기이다. 그렇다면 〈삼국연의(三國演義)〉에서는 이 이야기를 어떻게 묘사하였는지 알아보자. 관우가 번성(樊城)에서 조인(曹仁)을 공격하였을 때, 마침 성루에 있던 적군이 쏜 독화살을 우측 어깨에 맞게 되었다. 독은 이미 뼈 속까지 침투하게 되었고 그 결과 우측어깨는 시퍼렇게 색이 변하면서 움직일 수가 없었다. 다음날 신의(神醫) 화타(華陀)가 강동(江東)에서 작은 배를 타고 관우가 있는 곳까지 오게 되었다. 이에 관우는 자신의 어깨를 화타에게 보여주면서 치료를 부탁하였다. 이에 화타는 "화살을 맞은 상처는 오두(烏頭)로 만든 약을 뼈에 스며들도록 하여 치료하면 될 것입니다. 만일 조기에 치료하지 않으면 앞으로 어깨를 쓰지 못할 것입니다."라고 하였다. 그러자 관우는 "그렇다면 어떻게 치료합니까?"라고 물어보자 화타는 "나만의 치료법이 존재하는데, 공(公)께서 두려워할 것 같아 걱정입니다." 이 말을 들은 관우는 웃으며 "나는 죽음도 두려워하지 않는데 어떤 것을 두려워한단 말이오?"라고 대답하면서 곧바로 술과 바둑판을 대령시키고 어깨를 뻗어 화타가 치료할 수 있도록 하였다. 화타는 예리한 칼을 손에 들고 큰 대접을 가지고 와서 어깨에서 흐르는 피를 받으라고 명하였다. 그리고 나서 그는 뼈가 보이도록 피부를 갈랐는데 관우가 부상을 입은 부위의 뼈도 시퍼렇게 독이 퍼져 있었다. 화타는 칼로 뼈를 긁어 내는 중에 사각사각 소리가 새어 나왔고 이 소리를 들은 주변 사람들은 모두 아연실색 하였다. 그러나 관우는 이에 아랑곳 하지 않고 고기와 술을 마시며 태연하게 아무런 고통을 느끼지 않은 듯이 바둑을 두고 있었다. 그러나 잠깐 사이에 어깨에 흐르는 붉은 피는 대접에 가득 차게 되었다. 화타는 계속 뼈에 있는 독을 모두 긁어내고 그 위에 약을 바르고 치료를 위해 찢은 부위를 봉합하여 치료를 마무리하였다. 치료가 끝나자 관우는 크게 웃으면서 일어나 주위의 부하장수들에게 "부상을 입은 부위가 예전보다 많이 편해져 아픈 것이 사라졌다. 과연 선생은 신의(神醫)라고 불려질만 하다!"라고 말하였다. 이에 화타는 "본인이 지금까지 진료를 하면서 이렇게 고통을 느끼지 않고 태연하게 진료를 받는 사람은 보지 못하였다. 역시 군후(君侯; 관우)는 신선과도 같은 인물이라 할 수 있소!"라고 화답하였다. 이러한 일화를 두고 후대의 사람들은 '내과 · 외과를 통틀어 세상에서 병을 치료하는 것에 있어서 수없이 많은 정교한 기술과 고통들이 존재한다. 그 중에 성인의 손으로 병을 치료하는 사람은 화타라 할 수 있으며, 신선과 같이 고통을 아무렇지도 않게 생각하는 환자는 관우 밖에 없다.'라는 시를 남겼다.

이렇게 살아 움직이는 듯한 이야기는 과연 사실일까? 그에 대한 답은 바로 관우의 뼈를 긁어내어 독을 치료한 사실은 진실이나 그것을 치료한 사람은 화타인 것은 사실이 아니다.

'괄골요독'의 이야기는 〈삼국지·관우전(三國志·關羽傳)〉에 자세하게 기록되어 있다. '관우가 독화살에 맞게 되었는데 그 독이 뼈 속까지 스며들게 되었다. 병을 치료하기 위해서 의사는 관우의 피부를 절개하여 어깨뼈 속에 있는 독소를 긁어내었다. 그 과정에서 피를 받아내는 그릇은 이미 가득 차게 되었지만 관우는 아랑곳 하지 않고 장수들과 함께 고기를 뜯고 술을 마시며 태연하게 웃으며 담소를 나누었다.'라고 기록하였다. 이러한 기록을 토대로 관우가 실제로 독을 치료하는 과정에서 외과적인 수술을 하였으며, 그 고통을 이겨내었다는 것은 실제로 일어난 일이라는 점은 분명하다. 그렇다면 과연 그에게 직접 수술을 집도한 신의(神醫)는 누구일까?

〈삼국연의〉에서는 관우를 치료한 의사는 화타라고 설명하였지만, 이는 순수한 허구적 내용이다. 그 이유는 바로 소설에서 묘사하고 있는 시간대에서 찾을 수 있다. 관우가 독화살에 맞은 시기는 '번성(樊城)을 공격할 때'라고 묘사하였는데 이는 건안(建安) 24년(서기 219년)의 일이다. 하지만, 이 책 아래에 이어져 설명하려는 화타의 '파복치병(破腹治病)'과 관련된 이야기에서 조조(曹操)는 가장 아끼던 아들인 조충(曹冲)이 병사하자 과거에 자신이 화타를 죽인 것에 대하여 후회를 하였다고 묘사하였다. 이로서 화타는 조충보다 더 먼저 세상을 떠났다는 것을 알 수 있다. 조충의 죽음과 관련된 이야기는 아래의 편에서 자세하게 이야기하겠지만, 우선 조충이 죽은 시기는 건안13년(서기 208년)이자 그가 13살 밖에 되지 않았을 때이다. 그렇다면 관우가 번성을 공격할 시기와 대조한다면 화타는 최소 11년 전에 이 세상 사람이 아님으로 그가 관우를 치료하였다는 것은 또 다른 신의(神醫)가 화타를 되살려 놓지 않는 이상은 시기적으로 맞지가 않는다. 그리고 또 다른 사실이 아닌 점은 〈삼국연의〉에서 관우가 부상을 입은 부위는 '오른쪽 어깨'라고 묘사하였지만 실제로는 '왼쪽 어깨'이며 역사적 사실과는 크게 다르지 않다. 다만 흥미로운 사실은 〈삼국연의〉에 삽입된 그림에서는 관우가 왼쪽 어깨에 부상을 당하였다고 그려졌기에 화가는 아마도 역사서를 한번쯤 읽어보았을 것이라고 추측할 수 있다.

화타가 관우의 뼈를 긁어내어 독을 치료하였다는 이야기는 일찍이 원(元)나라시대 〈삼국지평화(三國志平話)〉에서도 출현하였다. 하지만 내용이 구체적이지 않고 매우 짧게만 묘사되었다. 〈삼국연의〉에서는 이 내용을 보다 구체적으로 첨가하고 재구성하여 이 이야기가 널리 회자될 수 있도록 하였다. 화타는 본래 삼국시대 최고의 외과의사이기에 그가 직접 칼을 들고 관우의 뼈를 긁어내어 독을 치료하였다는 것은 완전한 허구적 내용임에도 불구하고 사람들은 이 같은 내용이 이치에 들어 맞는다고 생각하여 아무런 의심 없이 그것을 사실로 받아들였다. 실제로 사람들이 사실로 믿는 것들 중에 완벽한 허구인 일들이 존재하기도 한다. 그렇다면 과연 이러한 현상은 우리에게 유익한 현상일까?

73

여몽(呂蒙)이 백의종군하여 강을 건넌 이야기의 진실과 거짓

白衣渡江(取自清康熙年版《三國志演義》)
백의도강(청·강희년판〈삼국지연의〉)

관우(關羽)가 우금(于禁)을 포로로 잡고 방덕(龐德)을 참수시킨 소식을 보고받고 조조(曹操)는 크게 놀라게 되었다. 이에 사마의(司馬懿)는 강남(江南)의 땅을 손권(孫權)에게 내어주는 대신 그에게 관우의 뒤를 공격하게 만들어 양양(襄陽)을 포위하게끔 만드는 계책을 내었다. 손권은 조조의 약속을 승낙하게 되었다. 명을 받은 여몽은 형주(荊州)를 공격하게 되었지만 관우는 사전에 강을 따라 20에서 30리 간격으로 봉화대를 만들어 놓아 대비하였기에 몰래 육구(陸口) 밖을 벗어날 수가 없었다. 어떠한 계책이나 공격을 할 수 없던 여몽은 병에 걸렸다는 이유로 집에서 요양을 하고 있었다. 육손(陸遜)은 여몽이 꾀병으로 집에만 있는 것을 알아채고는 손권에게 자신을 여몽에게 보내어 병문안을 가도록 허락해 달라고 하였다. 그리고 나서 여몽을 만나자 자신이 생각한 계책을 알려주게 되었다. 그 계책은 우선 겸손한 말로 관우를 찬양하며 관우의 자만심을 키워 안심하게 만들고 형주를 수비하는 병사들로 하여금 번성(樊城) 공격을 지원하게 만드는 것이었다. 그리고 때가 되어서 형주의 병사들이 떠나게 되면 그때 일격에 공격하여 형주를 차지하자고 하였다. 이 계책을 들은 여몽은 크게 기뻐하였고 손권에게 계획대로 진행하겠다고 말하였다. 여몽은 와병을 핑계로 자리에서 물러난 다음 후임으로 육손을 임명하여 육구(陸口)를 수비하도록 하였으며, 육손은 부임지에 도착하자마자 서신과 선물들을 관우에게 보내어 그를 후하게 치켜세웠다. 또한, 육손이 쓴 편지를 읽은 관우는 서신의 단어들이 모두 낮은 자세로 자신을 찬양하는 글로 가득 차있는 것을 보고 미소를 금치 못하며 기뻐하였다. 역시나 관우는 계략에 걸려들어 형주를 지키는 대부분의 병력을 번성공격을 지원하도록 보냈고 육손은 이 소식을 곧바로 손권에게 보고하였다. 손권은 여몽에게 3만의 병사를 내어주었고 수병들은 각자 상인으로 변장하여 속도가 빠른 80여 척의 배에 나누어 타게 되었다. 그리고 정예병사들은 각각 흰옷을 입고 배의 노를 젓는 역할을 담당하게 하여 군인이라는 신분을 숨겼다. 모든 준비가 끝나고 밤이 되자 하얀 옷을 입은 사람들은 재빠르게 배를 몰아 강을 건너 반대편 북쪽에 다다르게 되었다. 그때 강변에서 봉화대를 지키는 병사가 누구냐고 물어보자 오나라 병사는 자신들은 지나가는 상인으로서 강바람을 피하기 위하여 여기에 있는 것이라고 대답하였다. 그리고 나서 미리 준비한 재화로 병사들을 매수하여 더 이상 그들을 주시하지 않도록 하였다. 시간이 흘러 2경(更)이 되자 80여 척에 나누어 타고 있던 오나라 병사들은 일제히 변장을 벗고 촉군의 수비병들을 한 명도 남기지 않고 일제히 제압하였다. 그리하여 해가 뜨기 전에 형주성(荊州城)의 깃발이 바뀌어 손오(孫吳)의 점령지로 되었다. 형주성이 불타게 되었다는 소식을 들은 관우는 탄식을 금하지 못하며 "내가 간사한 도적들의 모략에 당하였구나!"라고 말하였다.

이 이야기는 〈삼국연의(三國演義)〉 속 '백의도강(白衣渡江)'의 이야기이다. 과연 이 내용은 실제로 일어난 일일까? 이에 대한 답은 기본적인 내용은 사실이며, 역사서 〈삼국지·여몽전(三國志·呂蒙傳)〉에 기록된 내용이다. 희곡과 소설에서는 실제로 일어난 일에 다양한 내용을 추가하여 극적인 요소를 더하였을 뿐이다.

하지만, 역사기록에서의 '흰 옷을 입은 사람이 노를 저었다.'라는 구절은 〈삼국연의〉에서 '흰 옷을 입히고 배에서 노를 저었다.' 또는 '사병에게 흰옷을 입히고 노를 젓게 하였다.'라고 묘사하였지만(〈品三國〉下卷) 이는 매우 틀린 해석이다. 80여 척의 수군이 모두 흰옷을 입고 노를 저어 적진으로 향하였다면 이는 분명히 적들의 관심을 집중시키는 일이며 이렇게 튀는 행동으로 과연 적들을 기습할 수 있었겠는가? 또한, 이렇게 바보 같은 작전을 여몽이 과연 지시하였겠는가? 사실은 여몽의 잘못이 아니라 후대의 사람들이 역사서를 읽고 그에 대한 해석을 잘못했기 때문에 이러한 묘사가 남겨지게 되었다.

역사기록과 소설에서 말하는 '백의(白衣)'는 옷의 색깔을 지칭하는 것이 아니다. 고대한자사전인 〈사원(辭源)〉에서 '백의'에 대한 해석이 존재하는데 첫째로는 고대에 벼슬에 들지 못한 사람들이 입던 옷이며, 후대에 '포의(布衣)'라고 불려졌다. 두 번째로는 관부(官府)의 허드렛일이나 심부름을 담당하던 사람에게 주었던 옷이라고 하였으며 마지막으로는 불교도(佛敎徒)가 입는 검은 옷을 사람들이 '백의'라고 하였다라고 해석하고 있다. 이를 토대로 알 수 있듯이 여몽은 노를 저어야 되는 수병들에게 흰옷을 입힌 것이 아니라 일반 백성처럼 옷을 입히도록 하여 적군에게는 평범한 상인(商人)이라고 둘러댈 수 있도록 하게 하였다. 그리하여 배 안에 숨어 있던 장수와 다른 병사들도 몰래 강을 건널 수 있게 되었으며 아무런 의심 없이 봉화대 옆에 배를 대어 급습이 성공할 수 있게 되었다.

결론적으로는 '백의도강'이라는 이야기는 실제로 있었던 일이지만, '백의'라는 단어를 오역하여 사실성이 다소 가려졌던 이야기이다. 이 내용은 손권(孫權)과 유비(劉備)가 서로 이익을 위하여 형주에서 충돌하였다는 것과 관우의 자만심으로 적들을 가볍게 대하여 맥성(麥城)으로 도망치게 되어 유비군이 점령하고 있는 형주지역을 급속하게 잃어버리게 된 계기가 되었다는 점을 담아내고 있다. 그리하여 민속 속담으로 부주의하여 돌이킬 수 없는 손실을 입게 되었다는 뜻의 '대의실형주(大意失荊州)'라는 말이 탄생하게 되었다.

74

관우(關羽)가 맥성(麥城)으로 패주(敗走)한 이야기의 진실과 거짓

關雲長敗走麥城(取自清康熙年版《三國志演義》)
관운장패주맥성(청·강희년판〈삼국지연의〉)

〈삼국연의(三國演義)〉에서 관우가 맥성(麥城)으로 퇴각한 이야기는 한 시대를 풍미하고 위세가 등등하였던 명장 관우가 몰락하는 비극적인 장면을 담아내고 있다.

여몽(呂蒙)이 형주성(荊州城)을 차지하였다는 소식을 들은 관우는 곧바로 번성(樊城)의 병사들을 되돌려 형주를 다시 되찾을 준비를 하였다. 그가 되돌아 가던 중 오군(吳軍)은 끊임없이 그들의 길을 막아서며 공격하였다. 관우가 이끄는 다수의 촉군(蜀軍) 병사들은 형주출신의 사람들이 많이 있었는데 자신의 식솔들이 있는 형주성을 차지한 여몽이 그들을 죽이지 않고 오히려 환대한다는 소식을 듣고 전투의지를 상실하여 많은 병사들이 전열을 이탈하거나 오군에게 항복하였다. 그리하여 관우가 이끄는 병사들의 숫자가 점차 줄게 되는 상황을 맞이하게 되었다. 비록 관우가 천하에서 가장 용맹하고 전투를 승리로 이끄는 무장이라 할지라도 자신보다 몇배가 많은 병력을 이겨내지 못하기에 결국 적들의 포위망을 뚫고 맥성으로 도망쳐 지원병력을 기다리는 수 밖에 없었다. 이러한 상황 속에서 요화(瘵化)는 상용(上庸)에 가서 맹달(孟達)과 유봉(劉封)에게 지원을 요청하였지만, 두 사람은 갖은 핑계로 병력을 지원하는 것에 있어서 차일피일 미루었다.

맥성에 갇힌 관우는 군량이 얼마 남지 않았으며 외부의 지원을 받지 못하였다. 그에게는 5백에서 6백 명의 병사들이 남아 있었지만 그마저도 대부분 부상을 입거나 고통을 호소하는 사람들이었다. 그러던 중 손권(孫權)은 제갈근(諸葛瑾)을 보내어 관우에게 투항하라고 권하면서 "때를 읽어내는 자가 준걸(俊傑)입니다."라고 말하였으며 자신의 말을 잘 생각해 보라고 하였다. 그러자 관우는 엄숙하게 이치에 들어맞는 말을 하기 시작하였다. "그저 해량(解良)의 일개 무사였던 나를 내 주군이 수족처럼 대해 주었는데 어찌하여 그를 버리고 적국에 투항한단 말이오? 만일 성이 넘어간다면 그저 죽음뿐이다. 옥은 부서질 수 있으나 그 빛은 변하지 않고 대나무가 불에 타더라도 그 마디는 변하지 않는다. 비록 내가 죽어도 그 이름은 기록에 길이

남을 것이오!"라고 말하였다. 관우의 대답을 들은 손권은 여몽에게 계책을 내어 그를 생포할 수 있도록 명하였다. 그리하여 여몽은 관우가 도망치려는 길을 미리 파악하고 그 자리에 주연(朱然)과 반장(潘璋)을 매복시켜 관우를 기다리게 하였다.

여몽의 계책대로 관우는 밤이 깊어지자 북문에서 적들의 포위망을 뚫으려고 하였다. 그러나 주연이 먼저 관우를 막고 그 다음 반장이 나와 관우를 막아 섰다. 앞뒤가 모두 막힌 관우는 절벽이 깎아져 내린 협곡 사이의 샛길로 도망쳤지만 이내 말에서 떨어지게 되어 적들에게 붙잡히게 되었다. 관평(關平)이 관우를 구하려고 사력을 다하였지만 혼자만의 힘으로는 적들을 이겨낼 수가 없어서 결국 그도 적들에게 생포를 당하였다. 관우를 대면하게 된 손권은 크게 웃으면서 "과거에 천하무적이었던 사람이 오늘날 어찌 나에게 붙잡히게 되었는가? 장군은 오늘부터 이 손권을 따르는 것은 어떠한가?"라고 물었다. 이에 관우는 크게 욕지거리를 하면서 "파란 눈에 붉은 수염을 가지고 있는 쥐 같은 어린애야! 유황숙(劉皇叔)과 도원결의를 하고 한황실을 따르기로 맹세한 내가 한(漢)나라의 역적인 너 같은 도적과 함께 하겠는가? 간사한 계략에 걸려든 나는 죽음뿐이며 더 이상 할 말도 없다!"라고 하였다. 손권은 계속해서 관우의 투항을 받아내려고 하였지만 그의 신하들은 그러한 행동을 반대하였다. 신하들이 반대한 이유는 바로 관우는 과거에 조조에게 큰 은혜를 받았음에도 불구하고 결국에는 그를 붙잡지 못하였고 "지금 그를 죽이지 않는다면 후환으로 되돌아 올 것이다."라고 말하였다. 결국 손권은 관우 부자(父子)를 처형하였다.

관우가 죽임을 당하고 나서 그의 원혼이 이승을 떠나지 않자 당양(當陽) 옥천산(玉泉山)에 있는 노승 보정(普靜)이 관우의 영혼에게 깨달음을 주면서 달래주어 그 후 그는 불교에 귀의하였다. 이후 사람들은 '옥천산의 성인이 사람들을 보호해 주었다.'라고 말하였다.

위의 내용은 '패주맥성(敗走麥城)'의 내용을 요약하여 설명한 것이며, 역사적 사실기록을 토대로 쓰여진 이야기이다. 〈삼국지(三國志)〉 〈여몽전(呂蒙傳)〉과 〈관우전(關羽傳)〉 그리고 배주(裴注)가 집필한 〈촉기(蜀記)〉에 이 내용과 관련된 중요한 사실을 기록하였다. 우선은 '여몽이 강릉성(江陵城)을 점령하였을 때, 그는 관우의 가족들과 관우와 함께 하는 장수들 그리고 병사들의 가족들을 위로하고 평상시와 같이 대우해 주어 관우의 수하였던 관리들은 별다른 저항의 생각을 가지지 못하였다.'라고 기록하였다. 다른 공통된 내용으로는 '관우는 자신이 고립되었다는 것을 알고서도 맥성을 빠져나가 서쪽에 있는 장향(漳鄕)으로 향하였지만 손권군의 주연과 반장에게 가로막혀 관우와 관평은 그들에게 붙잡히게 되었다.'라고 기록하였다. 마지막으로 '손권이 병력을 보내어 관우를 공격하였고 그 결과 관우와 아들 관평을 생포하였다. 손권은 관우를 살려두어 자신을 위해 유비와 조조(曹操)를 대항하도록 하게끔 만들려고 하였지만 좌우에 있는 대신들이 "늑대를 거두어 들여서는 아니된다! 후에 필시 우리가 해를 입을 수 있다. 조조도 그를 처단하지 못하여 큰 화를 입게 되었고 결국에 관우 때문에 수도를 옮기게 되었다. 그러므로 어찌 그를 살려둘 수 있겠는가!"라고 말하며 관우를 참수시켰다.'라고 쓰여져 있다.

역사기록과 〈삼국연의〉를 비교하였을 때, 〈삼국연의〉 속 내용들은 역사적 사실을 바탕으로 세부적인 내용들을 예술적으로 가공하였다는 것을 알 수 있다. 소설과 사실이 다른 요소는 바로 관우가 제갈근과 손권에게 했던 의미심장한 말들이다. 이러한 허구적 내용들을 첨가하여 관우의 불굴의 충성심과 의리를 더욱 돋보이기 위함이다.

관우와 관련된 '옥천산에서 그의 혼령을 나타내 보였던' 이야기의 시초는 당(唐)나라 중후기(中后期) 때부터 시작되었으며, 당시에 불교를 신격화시키는 과정에서 관우를 가장 먼저 이용하였던 것이다. 그리하여 송원(宋元)시기 출현하였던 평화(平話)와 희곡에서 관우를 모두 '성인(聖人)'이라고 칭하였다. 〈삼국연의〉에서도 특별히 관우가 성인에 반열에 오른 이야기를 추가하여 관우의 찬란한 일생이 어둡게 마무리 된 것을 다시금 살려 새롭게 빛을 밝혀 주었다. 이로서 독자들은 관우의 비통하고 애절한 마음에서 그를 존경하는 마음으로 승화시킬 수 있게 되었다. 이렇게 독자의 마음이 변할 수 있는 이유는 바로 성인은 영원불멸하기 때문이다.

75

화타(華陀)가 배를 가르며 병을 치료한 이야기의 진실과 거짓

華佗畫像(取自清康熙年版《三國志演義》)
화타화상(청·강희년판〈삼국지연의〉)

조조(曹操)는 두풍(頭風) 병을 앓고 있었는데 우수한 의사들이 조조를 진료하였지만 그의 병을 고칠 수가 없었다. 그러자 대신(大臣)이 화타(華陀)를 추천하면서 "이 사람의 의술은 신기에 가까우며 세상에서 이러한 사람을 만나기 매우 드뭅니다. 단순한 환자에게는 약을 써야 하거나 침을 사용하거나 뜸을 놓거나 하여 곧바로 병을 치료합니다. 만일 병이 오장육부까지 침투하게 되어 약으로 병을 다스릴 수 없다면 환자에게 '마폐탕(痲肺湯)'을 마시게 하여 마치 취하여 죽은 것처럼 만든 다음 예리한 칼을 사용하여 개복(開腹)하여 탕약으로 병이 든 장기를 씻어내는데 환자는 아무런 고통을 느끼지 않습니다. 그리고 나서 약으로 만든 실로 다시 봉합한 다음 지속적으로 약을 복용하게 하여 한달 또는 20일이 지난 후 환자는 건강을 되찾습니다."라고 말하였다. 이에 그치지 않고 화타를 추천한 대신은 화타가 병을 치료한 다수의 신비한 사례를 말하였으며 "그는 편작(扁鵲)과 창공(倉公)에 준하는 인물입니다!"라고 화타를 치켜세웠다. 이 말을 들은 조조는 크게 기뻐하며 사람을 보내어 밤사이 그를 모셔와 조조의 진맥을 보게 하였다. 조조의 병을 진단한 화타는 두통의 원인은 뇌 속에 있다고 말하고 이를 치료하기 위하여 마폐탕을 마신 다음 예리한 칼로 머리 부분을 열어 병근(病根)을 뽑아내어야 치료할 수 있다고 말하였다. 화타의 말을 들은 조조는 크게 분노하면서 "네가 나를 죽이려고 하느냐!"라고 말하였고 화타는 적극적으로 해명하였고 그를 추천한 대신도 그러한 것이 아니라고 해명하였지만 조조는 이를 듣지 않고 화타를 옥에 가두고 모진 매질과 함께 그를 심문하였다. 결국 10일 뒤 화타는 옥에서 죽음을 맞이하게 되었다.

위 이야기는 과연 사실일까? 화타가 마폐탕과 개복술을 활용하여 병을 치료하였다는 것과 조조 때문에 죽음을 맞이한 내용은 사실이다. 하지만, '머리를 열어' 조조의 두풍을 치료한다는 내용은 〈삼국연의〉에서 창작된 허구적 이야기이다.

〈삼국지·화타전(三國志·華陀傳)〉과 〈후한실·화타전(後漢室·華陀傳)〉의 기록에 따르면 화타가 병을 치료한 22가지 일화가 존재하며, 그

중 두 차례의 치료내용은 마비산(痲沸散; 마폐탕)을 사용하여 개복수술을 진행하였다고 기록하였다. 이러한 치료법에 대해서 역사서는 환자의 병이 깊어 체내에 종양이 생겨 침 또는 약으로 병을 치료할 수 없는 경우 환부의 위치를 개복하여 치료하는 수술법이 필요하다고 설명하였다. 그리하여 화타는 환자에게 자신이 직접 제조한 마비산(痲沸散)을 마시게 하였다. 그리고 나서 신속하게 환자를 죽은 사람처럼 마취를 시켜 아무것도 모르는 상태가 되었을 때, 그제서야 칼을 사용하여 환부를 개복하고 수술을 진행하였다. 만약에 종양이 장내에 위치하였다면 종양부위를 제거하면서 장을 깨끗이 씻어내고 그 다음 개복부위를 봉합하고 그 위에 약을 발라주었을 것이다. 이런 수술법은 4일에서 5일 뒤에 환자가 호전되며 병에 대한 고통과 다른 불편함을 느끼지 않게 되고 한 달이 지난 후 환자는 건강을 되찾을 수 있다고 설명하였다.

화타의 병례(病例)와 역사신록들은 모두 화타가 직접 연구하여 제조하여 탁월한 효능을 보인 경구용 마취제인 마비산과 그것을 활용하여 진행한 외과적 개복수술이 모두 성공적으로 병을 치료하였다는 것을 명확하고 생생하게 기록하였다. 안타까운 부분은 마비산의 처방전이 유실되어 약의 성분구성이 지금까지도 풀리지 않는 미스터리로 남겨졌다는 것이다.

그렇다면 조조는 진짜로 화타를 죽였을까? 이는 사실이지만 머리를 열어 조조의 두풍병을 치료하여야 한다는 내용은 거짓이다. 이에 대한 역사기록은 아래와 같다.

조조가 화타를 초청하여 자신의 곁에 두어 조조가 앓던 두풍병이 조금씩 나아지고 있었으나 병을 완전히 치료할 수는 없었다. 시간이 오래 흐른 뒤 화타는 조조의 전횡과 경시를 견디다 못해 '집을 떠나온 시간이 오래되어 자신의 고향으로 되돌아가겠다는' 구실을 대어 조조를 떠나려고 하였다. 그리고 나서 자신의 부인이 중병에 걸렸다는 핑계를 대어 조조에게 되돌아가는 것을 계속 미루어왔으며, 조조가 어떠한 독촉을 해도 그에게로 갈 생각을 조금도 하지 않았다. 결국에는 화타의 갖은 거짓말이 조조의 존엄을 흔들어 '태조(太祖)가 크게 분노하였다.'라는 죄목으로 화타를 잡아들여 허현(許縣)의 감옥에 투옥시켰다. 화타는 조조에 순응하지 않는다면 어떠한 결과가 뒤따르는지 잘 알고 있기에 자신의 죄를 순순히 인정하였다. 화타가 죽기 직전 자신이 가지고 있던 귀중한 의서(醫書)들을 옥리(獄吏)에게 건네어 주었지만 그 관리(官吏)는 그것을 받지 않았다. 화타도 자신의 책을 강제로 전해 주는 것을 원치 않아 아쉬움 없이 자신의 서적을 모두 태우고 죽음을 맞이하였다. 그리하여 수많은 병을 치료하여 시대에 이름을 남긴 명의는 조조의 전횡으로 인하여 비참하게 세상을 떠나게 되었다.

후에 조조는 자신이 가장 아끼던 아들 조충(曹冲)이 어린 나이에 병에 걸려 죽을 위기를 겪자 크게 탄식하며 "오늘날 자신의 아들이 생사를 오가는 것에 있어서 과거 내가 화타를 죽인 것을 매우 후회한다!"라는 말을 남겼다.

76

조조(曹操)의 72기의 거짓 무덤 이야기의 진실과 거짓

曹操頭痛病亡(取自清康熙年版《三國志演義》)
조조두통병망(청·강희년판〈삼국지연의〉)

〈삼국연의(三國演義)〉 속에서 조조는 간웅(奸雄)의 이미지를 가지고 있는 인물이다. 그는 자신의 맘에 들지 않는 사람을 처리할 때 다른 사람들과는 비교할 수 없을 정도의 간사함을 행하였고 심지어 자신의 사후를 위해서도 수많은 교활한 술수를 사용하였다. 조조가 죽기 직전 창덕부(彰德府)에 위치한 강무성(講武城) 밖에 의총(疑塚) 72기를 만들라는 유언을 남겼다. 그러면서 "후세 사람들이 나의 무덤이 어디에 위치해 있는지 알지 못하도록 하여라. 이는 그들이 나의 무덤을 함부로 파헤칠 것을 걱정하기 때문이다."라고 말하였다. 그의 말대로 모든 준비가 완료되자 길게 탄식하면서 빗물같이 눈물을 흘리고 결국에는 숨이 멎어 건안(建安) 25년 봄 정월(正月)에 향년 66세의 나이로 세상을 떠나게 되었다. 이 내용은 저명한 '72기 의총(七二疑塚)'에 관한 이야기이다.

소설 속에서 언급하였던 조조의 사망 연월과 나이는 모두 사실에 부합하며 역사기록과 동일한 내용이다. 하지만, 그가 남긴 유언의 내용 곧 거짓무덤들을 만들라는 이야기는 사실과는 다른 측면이 존재한다.

조조가 죽기직전 자신의 가족들과 신료(臣僚)들을 불러모아 직접 자신의 유언을 남겼으며 당시에 이를 '유령(遺令)'이라 하였다. 역사서 〈삼국지·무제기(三國志·武帝紀)〉에서 조조의 유언에 대한 전문을 이렇게 기록하였다. '천하가 아직 안정을 찾지 못하여 장례 또한 고대의 전통에 따라 순응하여 진행할 수 없다. 유체가 매장이 되면 모든 사람들은 그 즉시 상복을 벗고 시기에 알맞은 옷을 입어라. 그리고 병사를 이끌고 국경을 지키는 사람은 모두 자신의 위치를 벗어나 장례에 참석하지 말도록 하며 국가의 중요한 역할을 담당하는 사람들도 자리에 돌아가 자신의 직무에 충실히 하도록 하여라. 입관 때, 나의 옷은 금은보화로 치장하지 말도록 하며 당시에 입었던 옷을 그대로 입혀 두도록 하여라.'라고 지시하였다. 조조의 유언전문을 보았을 때, 〈삼국연의〉에서 이야기하는 가짜 무덤에 관련된 내용은 어디에도 존재하지 않는다.

〈무제기(武帝紀)〉에서는 조조가 죽기 1년 반전에 자신의 무덤과 관련된 지시사항을 찾아볼 수 있다. 그 내용에는 무덤의 위치와 형태 그리고 규모와 제후와 대신(諸侯, 大臣)들이 무덤에서 제사를 치를 때 서 있어야 하는 위치 등의 상세한 내용들이 기록되어 있으며, 그 어디에도 거짓무덤을 건설하라는 지시는 존재하지 않는다. 또 다른 역사기록인 〈문선(文選)〉 64권 서진육기(西晉陸機)의 〈조위무제문(弔魏武帝文)〉에서 조조의 사후에 관련된 장례의 수행과정과 각종 사무기록이 기록되어 있는데 여기서도 거짓무덤의 내용은 출현하지 않는다.

실제로 조조의 거짓무덤과 관련된 내용은 당(唐)나라 때에는 존재하지 않았으며, 송(宋)나라 때부터 전파되기 시작한 이야기이다. 북송(北宋)의 왕안석(王安石)과 남송(南宋)의 경당(京鏜), 유응부(兪應符)가 이와 관련된 시를 낭송하였고 그 밖에 동일한 시기에 다양한 문헌들이 출현하게 되었다. 일반 백성들 사이에서도 이러한 전설이 점점 부풀려지면서 널리 퍼지게 되었다. 조조의 무덤과 관련된 소문이 과장이 된 이유는 조조의 무덤이 위(魏)나라가 출입을 금지한 업현(鄴縣)의 중심으로 오늘날의 하남성(河南省) 임장현(臨漳縣) 서남쪽에 위치하였기 때문이다. 또한 이 지역에는 수많은 봉분 모양의 지형 형태가 존재하여 고대시대 때부터 수많은 사람들의 상상력을 불러일으키는 곳이기도 하다. 하지만, 지금의 고고학자들은 이 곳의 봉분과 묘지들은 모두 동위(東魏)와 북제(北齊)시대의 것으로 조조와는 하등의 상관관계가 없다는 것을 증명하였다.

나관중(羅貫中)의 〈삼국연의〉에서 '의총'과 관련된 이야기를 작성할 시기는 때마침 조조의 거짓무덤 이야기가 광범위하게 퍼져나가는 시기와 일치하였다. 거짓무덤의 이야기는 나관중이 그리던 조조의 간사한 이미지를 잘 나타낼 수 있는 재료로서 그는 이를 놓치지 않고 소설에 녹여 담아 내었다. 오늘날의 우리는 이러한 조조와 관련된 이야기가 실제로는 존재하지 않았다는 것을 분석할 수 있지만, 나관중이 소설을 집필하던 때는 사실과 허구를 정확하게 분별할 수 있는 인식이 다소 부재하였던 시기이다. 그리하여 객관적으로 작가가 이러한 내용을 집필하였던 것은 의도적으로 허구적 내용을 첨가한 것이 아니라 당시 시대적 유행에 따른 오독(誤讀)이 낳은 결과라고 할 수 있다.

보충설명: 첫째 조조가 죽은 날짜와 관련하여 역사서에서는 정월(正月) 경자(庚子)일(음력 2월 13일)이라고 하였으며, 안장(安葬) 일시는 2월 정묘(丁卯)일(음력 2월 12일)이라고 기록하였다. 둘째 〈삼국연의〉에서 '창덕부'라는 구역의 명칭은 삼국시기에는 존재하지 않는 이름이다. 이러한 구역명칭은 약 천년이 지난 후인 금(金)나라 때 명칭이므로 모두 업현(鄴縣)이라고 불러야 한다.

77

조충(曹冲)이 코끼리의 무게를 잰 이야기의 진실과 거짓

曹沖稱象(陳榮繪)
조충칭상(진영그림)

중국고대시대에는 지력이 출중한 어린 아이에게 '신동(神童)'이라 불렀다. 과거부터 수많은 신동이 존재하지만, 이 편에서는 조조(曹操)의 아들인 조충(曹冲)에 대한 이야기를 해보려 한다. 아래의 내용은 참신한 방법으로 코끼리의 무게를 재어 그의 지혜가 가장 출중하게 빛났던 일화인 '조충칭상(曹冲稱象)'이다.

특히 이 이야기는 〈삼국연의(三國演義)〉와 민간에서 전해져 온 전설 그리고 역사서의 기록을 비교하였을 때 내용상 큰 차이가 없음으로 바로 역사서인 〈삼국지(三國志)〉에 기록된 내용을 확인해 보도록 한다.

조충의 자는 창서(蒼舒)이며 어릴적부터 영민하고 일찍 철이 들었다. 그가 5, 6세가 되었을 때 이미 성인들보다 더 똑똑하고 총명하였다. 당시에 손권(孫權)이 남쪽에서 구해온 코끼리 한 마리를 조조에게 선물로 주었다. 조조는 코끼리의 무게를 알아보고 싶어 책사와 지략가들에게 의견을 구하였지만 모두 코끼리의 무게를 정확하게 잴 수 있는 방법을 도출해내지 못하였다. 그 시기에는 현재와 같이 거대한 물건의 무게를 잴 수 있는 장비가 없었기 때문에 모두들 조조의 질문에 쉽게 대답할 수 없었다. 이렇게 어른들이 각고의 노력으로 난제를 풀려는 노력을 하고 있을 때, 조충이 나서서 "먼저 코끼리를 큰 배에 올라타게 하여 그 무게만큼 배가 가라앉은 깊이를 표기하고 나서 코끼리를 배에서 빼내고 그 자리에 물건을 실어 배가 표시한 위치까지 가라앉게 되면 그 물건의 총 중량을 측정하여 코끼리의 무게를 알 수 있지 않습니까?"라고 말하였다. 이 말을 들은 조조는 매우 기뻐하며 사람을 불러 조충의 말을 실행에 옮기라고 명하였다. 그 결과 해결하지 못하였던 난제는 바로 답을 알 수 있게 되었다. 독자들은 이러한 생각을 할 수 있었던 조충이 얼마나 똑똑했는지를 알 수 있을 것이다.

조충은 지력이 뛰어났을 뿐만 아니라 우수한 품성도 지니고 있는 아이였다. 그는 자신의 부친과는 다른 모습을 보여주며 사랑과 선행의 품성을 행하고 있었다. 당시는 전시상황임으로 형벌이 매우 극하고 엄하였다. 어느날 조조의 말안장을 창고에 보관하고 있었는데 그만 쥐가 뜯어버려 사용할 수 없게 되었다. 그것을 관리하던 관리자는 이에 대한 벌로 자신의 목숨을 내놔야 한다는 것이 두려운 나머지 자신의 손을 스스로 묶고 솔직하게 죄를 고백하여 관용을 얻어내려고 하였다. 그러나 이렇게 한다고 죄는 면할 수 없기에 진퇴양난에 빠지게 되었다. 이 소식을 들은 조충은 관리자에게 "우선 3일을 기다리고 그 다음에 자수하여 죄를 인정하시오"라고 말하였다. 그리고 나서 조충은 칼을 들고 자신의 의복에 생채기를 내어 마치 쥐가 물어뜯어낸 것처럼 만들었고 한편으로는 근심이 가득한 표정을 짓고 있었다. 조조가 무슨 일이 있느냐고 묻자 조충은 "민간에서 전해져 오는 풍습에 의하면 쥐가 옷을 물어 뜯으면 그 옷을 입는 주인에게 불운이 따른다고 들었습니다. 지금 보니 나도 쥐가 물어뜯은 옷을 입고 있어서 매우 걱정을 하고 있습니다."라고 말하였고 조조는 즉시 근심이 가득한 조충을 위로하면서 "모두 헛소리다! 그러니 걱정할 필요 없다."라고 말하였다. 시간이 얼마 지나지 않아 조조의 안장을 관리하던 관리자가 말안장이 쥐에게 뜯겨져 나갔다고 보고를 하였고, 조조는 웃으며 "내 아들이 곁에 두었던 옷도 쥐에게 물려 뜯기는데 나무에 걸어놓은 안장은 오죽하겠는가?"라고 말하면서 관리자에게 아무런 책임추궁을 하지 않았다. 본래 목숨을 내놓아야 하는 벌을 받아야 되는 사람이 이 사건 전후로 십수 명이 되었지만 모두 조충이 신하들의 고충을 듣고 관용과 지혜를 베풀어 죽음을 면할 수 있게 되었다. 조충이 이러한 인자함과 식견에 대한 통달은 다른 사람들과는 매우 다른 모습을 보여주고 있다.

조충은 황후의 아들이자 적자(嫡子)가 아닌 조조의 측실(側室)인 환부인(環夫人)에게서 태어난 자식이다. 하지만 조조는 여러 번 대신(大

臣)들 앞에서 조충을 칭찬하였으며 그에게 자신의 자리를 물려주려는 생각도 가지고 있었다. 그러나 매우 안타까운 점은 건안(建安) 13년(서기 208년) 조충이 병에 걸려 13세의 나이에 세상을 떠나게 되었고 이에 조조의 비통함은 이루 말할 수 없었다. 조비(曹丕)는 자신의 부친을 위로하려고 그를 만났지만 조조는 오히려 조비에게 "이는 나에게 불행이자 너에게는 행운이겠구나!"라고 말하였다. 조조가 이러한 말을 남긴 이유는 본래 조충은 조조의 자리를 이어받을 후계자였지만 강력한 경쟁상대가 사라진 지금 조비는 손쉽게 후계구도를 이어 받을 수 있었기 때문이다. 후에 조조는 조충이라는 이름만 들어도 눈물을 흘렸고 조충을 위해서 견가(甄家; 견씨 가문)에서 어린 나이에 죽은 매우 아름답다는 평판이 있었던 여자 아이를 모셔 조충과 합장을 시켰다. 그리고 나서 조거(曹据)의 아들 조종(曹琮)을 조충의 후대로 삼고 그의 제사를 책임지라고 명하였다. 조비는 자신의 황후를 맞이할 때 "만일 동생인 창서(蒼舒)가 살아 있다면, 내가 천하를 얻을 수 없었다."라고 말하였다.

조충이 코끼리의 무게를 잰 일화는 후세의 학자들이 이와 관련된 사실성 검증을 진행하였지만 구체적으로 정확한 정설을 내놓지는 못하였다.

78

조식(曹植)이 '칠보시(七步詩)'를 지었던 이야기의 진실과 거짓

七步成詩(取自明崇禎年版《英雄譜》)
칠보성시(명·숭정년판〈영웅보〉)

팔두(八斗)의 수재가 일곱 걸음을 걸으며 슬프게 시를 읊었다는 이야기는 조식(曹植)이 후대의 사람들에게 가장 깊은 인상을 심어준 이야기와 관련된 내용이다. 팔두수재는 부모님이 후하게 대하였던 인물을 지칭하며, 칠보비시(七步悲詩)는 자신의 친형이 악랄하게 억압하였던 부분을 묘사하고 있다. 과연 이 이야기는 어떠한 내용을 다루고 있는 것일까?

위왕(魏王)의 자리를 막 계승한 조비(曹丕)는 조식과 조웅(曹熊)이 부친의 장례에 참석하지 않았다는 이유로 자신의 친형제일지라도 그의 죄를 엄하게 다루었다. 4째인 조웅은 너무나도 무서운 나머지 자결하여 죽음을 맞이하였고 3째 조식은 본래 자신이 왕위를 계승하여야 한다는 생각에 빠져 조비가 보내온 특사를 몽둥이로 흠씬 두들겨 패주라는 명을 내렸다. 이러한 소식을 접한 조비는 조식의 행동에 화답하여 그를 붙잡아 자신의 앞에 대령하라고 명하였다. 그들의 모친인 변씨(卞氏)는 울면서 조비에게 자비를 베풀어 달라는 뜻으로 "너의 동생인 조식이 일생에 자유분방하며 술을 좋아하고 자신의 가슴속에 품고 있는 시에 대한 재능을 펼치지 못하였으므로 그를 놔주어야 한다. 그리고 너는 형제의 정을 생각하여 그의 목숨을 살려주어야 하며 만약 그렇지 않는다면 내가 구천에 갈 때 눈을 감지 못할 것이다."라고 말하였다. 조비는 어머니의 청을 들으면서 한편으로는 심복인 화흠(華歆)의 계략을 들어 조식에게 일곱 걸음 내에 시 한 수를 지으라고 하였고 이를 해낸다면 목숨을 부지할 것이며 해내지 못할 경우 사형을 면치 못할 것이라고 말하였다. 조비는 우선 소가 서로 싸우는 모습을 문제로 내면서 조식에게 일곱 걸음 내에 시를 완성하라고 하였다. 이에 더하여 조비는 시를 완성하되 '형제'라는 문제를 내었으나 시 구절에서는 '형제'라는 단어가 나오면 안된다고 말하였다. 조식은 별다른 생각을 하지 않고 곧바로 시를 읊기 시작하였다. "콩을 삶기 위하여 콩깍지를 태우니 솥에 있는 콩이 우는구나. 본디 한 뿌리에서 태어났건만 어찌하여 서로들 급하게 볶아대는 것인가!"라고 하였다. 조식의 시를 들은 조비는 눈물을 흘리게 되었고 변씨도 뒤에서 조비에게 "형이 되어서 어찌 동생을 핍박하는가!"라고 꾸짖었다. 조비는 그제서야 조식을 풀어주고 그에게 자신의 영지로 돌아가라고 하였다.

위 이야기는 〈삼국연의〉 속 유명한 '칠보성시(七步成詩)'의 내용이다. 과연 이 이야기는 사실일까?

'칠보성시'과 관련된 기록은 역사서 〈삼국지(三國志)〉에는 기록되어 있지 않았고 가장 처음에 기록되었던 때는 남조(南朝)시대 유의경(劉義慶)이 집필한 〈세설신어·문학편(世說新語·文學篇)〉에 등장하였다. '문제(文帝)가 동아왕(東阿王)에게 일곱 걸음 내에 시를 지으라고 명하였으며, 완성하지 못하였을 시 큰 벌을 내리겠다고 하였다. 이러한 명을 받들어 조식은 "콩을 삶아 국을 끓이고 그것을 걸러 즙을 만든다. 콩깍지는 솥을 끓이는 불쏘시개로 쓰니 콩은 솥에서 울고 있구나. 본래 같은 뿌리에서 나온 것인데 어찌 그리 급하게 태우는 것인가!"라고 시를 읊었다. 이를 들은 조비는 마음 깊이 부끄러움을 느끼게 되었다.'라고 기록하였으며 북송(北宋)시대 〈태평광기(太平廣記)〉에서는 '두 마리의 소가 서로 싸우는 모습'을 추가하여 시를 짓도록 하는 내용을 추가하였다. 위의 기록들과 비교하였을 때, 〈삼국연의(三國演義)〉에서 묘사하고 있는 내용과 동일하여 이 이야기의 기본골격은 두 책과 연관관계가 있다는 것을 알 수 있다. 하지만 〈태평광기〉는 고대소설의 전집으로서 대부분의 작품들은 모두 허구적 요소가 농후하다. 또한, 여기서 나오는 이야기는 후에 원(元)나라시대 잡극(雜劇)과 왕실보(王實甫)의 〈조자건칠보성장(曹子建七步成章)〉이라는 작품에 등장하게 된다.

그러므로 〈삼국연의〉에서 묘사하고 있는 이 이야기는 진실과 거짓이 뒤섞여 있는 이야기이지만 허구적 요소가 다분하며 사실성은 결여되는 이야기라고 할 수 있다. 이 이야기의 사실적인 부분은 조비는 자신의 친형제를 대할 때 냉랭하며 참혹했다는 점과 조식의 문학적 재능에 대해서는 영민하며 순수하다는 점은 모두 실제 역사서에 그 근거를 찾아볼 수 있다. 이밖에 조웅의 자살과 조식이 조비의 특사를 때렸다는 것, 그리고 허저(許褚)가 조식을 직접 체포하였다는 것, 마지막으로 화흠이 조식을 압박하기 위하여 계책을 내었다는 부분은 모두 나관중(羅貫中) 선생의 붓에서 탄생한 허구적 이야기이다.

조식이 지었던 〈칠보시(七步詩)〉의 경우 후대에 다양한 버전으로 등장하게 되는데 우선은 6구절의 시가 존재하였다가 후에 4구절로 요약시켰고 두 번째로 4구절의 시가 존재하였지만 앞서 요약한 버전과는 완벽하게 일치하지는 않는다. 북송의 〈태평어람(太平御覽)〉에서도 하나의 책 속에서 각기 두 가지의 다른 버전의 시가 쓰여졌다. 하지만, 사람들이 가장 좋아하며 인정하는 〈칠보시〉는 바로 '콩깍지를 불태워 콩을 삶고, 솥에 있는 콩은 울고 있다. 본래 같은 뿌리에서 태어난 것인데, 어찌 그리 급하게 태우는 것인가!'라는 4구절로 구성된 두 번째 버전의 시이다. 사람들이 위의 시를 좋아하고 인정하는 이유는 말하기와 이해하기가 쉽기 때문이며 이 때문에 처음 버전보다 널리 사람들에게 유행될 수 있었다.

79

육손(陸遜)이 유비의 병영을 불태운 이야기의 진실과 거짓

火燒連營(取自清光緒九年版《三國志演義全圖》)
화소연영(청·광서구년판〈삼국지연의전도〉)

때는 유비(劉備)가 관우(關羽)와 장비(張飛)에 대한 복수를 하기 위하여 대군을 이끌고 중국 동남부에 위치한 삼협(三峽)으로 향하던 시기였다. 그 대군이 호정(虎亭)에 도착하였을 때, 군마(軍馬)들이 줄지어진 길이가 7백리가 되었으며 앞뒤로 병영이 40개나 되었고 낮에는 깃발들이 하늘을 가릴 정도였으며, 밤에는 횃불이 낮과 같이 밝았다. 동오(東吳)의 총사령관 육손(陸遜)이 보기에 유비군은 전투에서 10여 차례 연승을 하여 사기가 하늘을 찌르고 있는 상황에서 전면대결은 모험이라 생각하여 그렇게 하지 않았다. 상대방이 무조건 전투를 걸어오게끔 만들도록 한 다음 적들이 수목이 빽빽한 삼림에서 주둔할 때에 다시금 기발한 계획을 세워 적들을 쳐부수기 위해 기다렸다. 역시나 육손의 뜻대로 촉군(蜀軍)의 선봉인 풍습(馮習)이 유비에게 "현재 날씨가 무더워 지금의 주둔지는 마치 불 속에 있는 것 같습니다. 또한 물을 구하기도 어렵습니다."라고 보고하였다. 그리하여 유비는 전군에게 삼림이 우거지며 근처에 계곡이 있는 곳으로 이동할 것을 명하였다. 그리고 나서 여름이 지나가기를 기다리고 가을이 왔을 때, 전력을 다하여 동오를 공격하는 것으로 결정하였다. 육손은 때가 되었다고 생각하여 각 장수들에게 명령을 내려 속에 유황과 염초를 넣은 마른풀 한 줌과 각종 불을 낼 수 있는 도구를 들고 촉군 군영 앞에서 대기하라고 명령하였다. 모든 준비가 끝나자 오군은 곧바로 불을 질렀고 촉의 40개의 군영 중에 20개가 하나 건너 한 개씩 불타올랐다. 유비는 불길을 잡지 않고 방치하였으며 병사들에게 비상식량을 챙기라고 하면서 후퇴하는 것을 허락하지 않고 곧바로 적들을 추격하라고 지시하였다. 하지만 초경(初更)이 되었을 때, 갑자기 동남풍이 불기 시작하였고 나무들이 쉴새 없이 흔들리며 마치 지진과도 같은 소리를 내었다. 이윽고 불길이 걷잡을 수 없이 커져만 갔고 촉의 병사들은 두려운 나머지 황급하게 서로를 밟으며 도망치기 시작하여 이 과정에서 수많은 사람이 죽게 되었다. 후방에서 대기하던 오군은 공격을 감행하였고 또 다시 수많은 말과 촉군이 죽게 되었다. 유비는 긴급하게 마안산(馬鞍山)으로 퇴각하였고 육손의 부대는 마안

산을 포위하여 무차별적으로 공격을 하여 시체들이 겹겹이 쌓여 강을 막을 지경이었다. 유비는 관흥(關興), 장포(張苞)의 호위를 받으며 서쪽에 있는 백제성(白帝城)으로 치욕적인 퇴각을 하여 위험에서 벗어날 수 있게 되었다. 위 이야기는 〈삼국연의(三國演義)〉 속 '화소연영'의 제목으로 뛰어나게 묘사된 이야기이다.

이 이야기의 진실과 거짓을 가리기 전에 우선 〈삼국연의〉 이전에 작성된 두 가지의 이야기를 알아보자.

첫 번째 버전은 문학소설인 〈삼국지평화(三國志平話)〉이다. 유비가 50만의 대군을 이끌고 손오(孫吳)를 공격하기 위하여 백제성(白帝城)에 도착하여 5개의 연주채(連珠寨)를 건설하였다. 동오군의 총사령관인 여몽(呂蒙)은 100명의 명장(名將)들과 10만의 병사들을 지휘하면서 백제성에서 60리가 떨어진 곳에 주둔하기 시작하였다. 3일 동안은 유비와 여몽이 그저 대치만 하였다. 후에 여몽이 거짓으로 퇴각하고 유비는 그를 추격하였는데 순간 여몽은 기수를 돌려 다시 전투를 벌였고 유비는 패하게 되었다. 전투에서 패한 유비는 후퇴를 하면서 오군의 또다른 사령관 육손에게 길이 막히게 되었고 3일 밤낮으로 도망쳐 겨우 백마성에 도착할 수 있게 되었으나 유비는 병을 얻어 일어날 수 없게 되었다.

동일한 내용이 다른 기록으로 존재하는데 그것은 바로 역사서 〈삼국지(三國志)〉이며 〈선주전(先主傳)〉, 〈육손전(陸遜傳)〉, 〈오주전(吳主傳)〉에 위 전투내용을 자세하게 기록해 놓았다.

〈삼국연의〉의 내용과 역사서 〈삼국지〉의 기록을 비교하였을 때, 기본적인 부분은 모두 사실에 가까운 내용이다. 다만 이야기의 마지막 부분인 관흥과 장포가 목숨을 걸고 유비를 구하였다는 부분은 모두 허구적 내용이다. 일반적으로 〈삼국연의〉의 이야기들은 〈삼국지평화〉의 내용을 차용한 부분이 다소 존재한다. 하지만, '화소연영'의 이야기는 〈삼국지평화〉 속 내용과는 완전히 다르게 묘사되어 있으며, 나관중(羅貫中) 선생은 문학소설로 구성된 허구적 내용들을 완전히 배제하여 내용을 집필하였다. 이 이야기를 이렇게 구성한 이유는 간단한데 그것은 바로 역사서의 기록이 〈삼국지평화〉의 내용보다 더 풍부하고 생동감이 넘치며 굴곡이 있는 묘사로 쓰여져 있기 때문에 직접적으로 인용하고 약간의 가공을 거쳐 한 편의 우수한 이야기가 탄생할 수 있게 되었다. 그렇다면 이렇게 사실만을 가져다가 쓴 우수한 이야기를 왜 나관중 선생은 즐겨하지 않았을까?

흥미로운 점은 삼국정립(三國鼎立)의 기본형태는 3개의 화공에 의하여 생겨날 수 있게 되었다. 이 화공 중에서 두 개의 불은 손오(孫吳)와 관련이 깊다. 첫 번째 불은 관도(官渡)전투에서 조조(曹操)가 원소(袁紹)의 군량을 태워 북방의 영웅이라고 한 것이며, 두 번째 불은 적벽(赤壁)전투에서 주유(周瑜)가 조조의 군함들을 불태운 것이다. 마지막으로 육손이 유비군의 군영을 불태움으로써 유비와 손권의 경계는 삼협일대로 고정되어 중국은 정확하게 삼등분으로 나뉘게 되었다. 비록 이 이후에도 수많은 전투가 발발하였지만 이 경계는 큰 변함없이 지속되게 되었다.

결과적으로 화공전술의 광범위한 사용과 성공은 역사적으로 삼국시대 군사적인 특색으로 자리잡게 되었다.

80

손부인(孫夫人)이 장강(長江)에서 울면서 유비(劉備)의 제사를 지낸 이야기의 진실과 거짓

孫夫人畫像(取自清光緖九年版《三國志演義全圖》)
손부인화상(청·광서구년판〈삼국지연의전도〉)

지금까지 많은 독자들이 읽은 〈삼국연의〉의 이야기 중 이 편에서 다룰 내용은 가장 비통한 이야기를 알아보려고 한다. 손부인(孫夫人)이 오빠인 손권(孫權)의 부름을 받아 손오(孫吳)로 돌아오게 되었는데 그곳에서의 삶은 기분이 답답하고 몹시 울적한 상태로 지내게 되었다. 그런데 오(吳)나라 정벌도중에 유비(劉備)가 호정(虎亭)에서 패하여 백제성(白帝城)으로 퇴각한 다음 병을 얻어 일어나지 못하게 되었다. 하루는 손부인이 호정전투에 대한 소식과 이 전투로 인하여 유비가 전사하였다는 잘못된 이야기를 듣자 곧바로 마차를 몰아 강변에 도착하였고 그녀는 서쪽을 바라보면서 통곡을 하면서 강에 뛰어들어 자결하였다. 그리하여 후세의 사람들은 강변에 사당을 짓고 그 사당의 이름을 효희사(梟姬祠)라고 불렀다.

당시의 상황을 논하는 사람이 탄식하며 '선주(先主; 유비)의 군대가 백제성으로 후퇴하였는데 부인은 소식을 듣고 홀로 목숨을 내던졌네. 오늘날 강가에 이를 남기는 비석에는 망설임 없이 천추(千秋)의 유명한 열녀(烈女)라 칭송하네.'라는 시를 남겼다.

이 이야기는 희극(戲劇) 〈별궁제강(別宮祭江)〉 (일명 〈제장강(祭長江)〉), 〈삼제강(三祭江)〉, 〈효의절(孝義節)〉(일명 〈색묘(索廟)〉) 등의 다양한 연극으로 가공되어 사람들의 마음을 흔들었다. 한 예로 〈색묘〉의 극본에서는 손부인이 강에 뛰어들어 자결을 한 뒤에 천제(天帝)는 정결하고 충성스러운 그녀의 행동을 가상히 여겨 '효의'로 책봉하였고, 손부인은 자신의 모친인 오국태(吳國太)의 꿈에 나타나 사당을 지어줄 것을 부탁하였다. 꿈에서 깬 오국태는 곧바로 사람을 불러 그녀를 위한 효의사를 건설할 것을 명하였다.

손부인이 강변에서 울면서 유비의 제사를 지낸 위 이야기는 아쉽게도 완전히 허구적 내용으로 구성된 이야기이다.

명(明)나라 시대의 〈삼국지연의(三國志演義)〉에서는 손부인의 결말을 작성하지 않았으며, 청(淸)나라 초기 모종강(毛宗崗)이 정리한 〈삼국연의(三國演義)〉에서야 위 이야기가 추가되었다. 역사기록에 따르면 손부인은 유비가 사천(四川)지역으로 입성한 뒤에 손권(孫權)에 의해 고향으로 되돌아오게 되었고 그 뒤로는 그녀에 대한 어떠한 언행도 언급된 적이 없다. 그녀가 강물에 뛰어들어 자결한 이야기의 원형은 원(元)나라시대 〈삼국지평화(三國志平話)〉에서 찾아볼 수 있다. '손부인이 동오(東吳)로 돌아갈 때, 아두(阿斗)를 끌어안고 가려고 하였지만 장비(張飛)에게 가로막혀 뜻을 이루지 못하였다. 훗날 장비가 말 안장에 올라타 손부인에게 "부인은 황숙(皇叔)이 서천(西川)에서 곤경에 처한 사실을 알고도 아두를 안고 강남(江南)으로 도망칩니까!"라고 질책 섞인 말을 건네자 부인은 수치심을 견디지 못하고 강물에 뛰어들어 자살하였다.'는 내용이 존재하였다. 이는 아마도 송원(宋元)시대 민간에서 구전된 전설을 후에 문인들이 인용하여 소설 속에 녹여낸 것으로 판단된다. 원나라 잡극(雜劇)에서 '손안소저(孫安小姐)'로 불렸으며 후에 희곡(戲曲)에서는 '손상향(孫尙香)'이라는 이름으로 손부인을 지칭하였다. 그러나 역사서에서는 손부인의 이름을 기록하지 않았으며 위의 거론되는 이름 모두 순수하게 창조된 허구적 이름들이다.

그렇다면 효희와 이와 관련된 사당은 어떻게 지어졌는가?

사실 효희라는 글자는 중국어에서 '효기(梟磯)'와 '교기(蟂磯)'의 동음(同音)으로서 잘못된 표기이다. 과거 무호현(蕪湖縣), 지금의 안휘성(安徽省) 무호시(蕪湖市)에서 서남쪽으로 7리가 떨어진 장강(長江) 강변에는 물가에 튀어나온 커다란 돌(석기: 石磯)이 존재하고 있다. 남송(南宋)시대의 육유(陸游)가 집필한 〈입촉기(入蜀記)〉에서 그곳을 '큰 강에서 특출나게 우뚝 솟아 있다."라고 묘사하였다. 남송시대 문헌에서는 위에서 이야기한 석기의 두 가지 이름이 존재하였는데 우선은 〈입촉기〉에서 사용하였던 '효기'는 돌위에 있던 올빼미 때문에 지어진 이름이다. 또 다른 이름은 〈방여승람(方輿勝覽)〉에서 불렸던 '교기'

이며, 이 또한 그곳에 있던 '교'라는 마치 도마뱀과 같이 뱀 모양에 네 개의 발이 달린 동물 때문에 붙여진 이름이다. 이렇게 돌출된 석기 위에 세워진 건축물은 〈입촉기〉에서 그 이름과 용도를 자세히 기록해 놓았는데 이는 바로 '녕연관(寧淵觀)'이라는 도교(道敎)의 사당이며, 북송(北宋)시대 휘종(徽宗)이 하사한 이름이다. 이를 통해서 남송시대까지 이 지역과 건축물은 손부인과 하등의 상관관계가 없다는 것을 알 수 있다.

명(明)나라 때에 이르러서 이 우뚝 솟은 바위 위에 변화가 생겼는데 그것은 바로 유비부인을 기리는 사당이 생기게 되었던 것이며, 명칭은 '영택부인사(靈澤夫人祠)'라 하였다. 예로 당문봉(唐文鳳)의 〈효기시(梟磯詩)〉에서 '혼이 고국에 돌아가서 제사를 지내지 않아 평안히 쉬지 못하는구나!'라고 남긴 시처럼, 시인 묵객(墨客)들이 비통한 마음에 남긴 시가 세상에 알려지게 되어 이 곳이 유명해지기 시작하였다. 손부인이 이 곳에서 자신의 부군을 기리며 자결하였다는 전설은 청나라 강희제(康熙帝) 때 〈강남통지(江南通志)〉 등의 서책에 기록되어 있었다. 그러므로 본래는 없었던 사실인 손부인이 강변에서 제사를 지낸 이야기는 이러한 과정을 거쳐 내용의 근거로 작용하였고 나아가 위 이야기는 점차 힘을 얻게 되었다. 그리하여 청나라시대 〈삼국연의〉를 정리한 모종강(毛宗崗)은 촉한(蜀漢)을 추앙하는 인물로서 이렇게 유비를 숭배하는 좋은 이야기를 가만히 놔두지는 않았고 내용을 추가함으로써 천하에 널리 알려지게 되었다. 청나라 초기 대학자(大學者)인 고염무(顧炎武)가 집필한 〈일지록(日知彔)〉에서 이렇게 사실을 호도한 내용을 엄격하게 비판하였지만 사람들의 이목을 집중시키지는 못하였다.

영웅이 미녀와 함께 있는 것은 일반 백성들의 마음속에 품고 있는 긍정적인 소망이기도 하다. 또한, 부인이 자신의 부군을 위하여 순애보를 다하여 자결한 것은 봉건사회의 도덕이념과 일치하는 부분이다. 그리하여 이 두 가지의 요소를 가지고 손부인과 관련된 〈용봉정상(龍鳳呈祥)〉부터 〈별궁제강(別宮祭江)〉까지의 허구적 이야기들은 사람들의 많은 사랑을 받았다.

81

제갈량(諸葛亮)이 팔진(八陣)을 활용하여 육손(陸遜)을 곤경에 빠뜨린 이야기의 진실과 거짓

八陣困陸遜(取自明崇禎年版《英雄譜》)
팔진곤육손(명·숭정년판〈영웅보〉)

'삼국을 셋으로 나눈 것은 팔진도(八陣圖) 덕분이다.' 이 말은 제갈량(諸葛亮)의 팔진도가 얼마나 유명한지 보여주는 구절이며 '팔진곤육손(八陣困陸遜)'이라는 유명한 이야기를 찬양하는 말이다. 이 이야기는 일찍이 원(元)나라시대 〈삼국지평화(三國志平話)〉에서 '선주(先主; 유비)가 태자(太子)를 보필해 줄 것을 부탁하였다.'라는 구절로 시작되며, 원나라시대 잡극(雜劇)인 〈제갈량석부육손(諸葛亮石伏陸遜)〉이라는 극본에도 이 이야기가 나와 있다. 후에 〈삼국연의(三國演義)〉에 이르러서 내용의 각색이 이루어져 이 이야기가 더 다채롭게 구성될 수 있게 되었다.

유비(劉備)가 오(吳)나라 정벌에 실패하여 백제성(白帝城)으로 패퇴하게 되었다. 이에 승기를 잡은 육손(陸遜)은 유비군을 추격하여 기문관(夔門關)까지 도달하게 되었는데 그가 이 지역을 바라보니 강과 산을 끼고 있는 곳이자 살기가 가득한 곳임을 직감하였다. 그는 제갈량이 사천에 입성하고 나서 돌을 가지고 진지를 구축하였다는 소식을 미리 알고 있어 웃으면서 "이는 사람을 속이기 위한 술수구나!"라고 말하였다. 그리고 나서 10여 명의 기마병을 데리고 석진(石陣)에 들어가서 상황을 살피는데 갑자기 큰 바람이 불어 닥쳤고 모래들이 날려 하늘을 가려버리게 되었다. 그리고 나서 괴석들이 겹겹이 이루어 마치 검을 들고 있는 병사들처럼 보였으며, 모래가 쌓여 산을 이루는 모습이 나타났다. 그 속에서 강물소리는 마치 검과 북소리 같이 들리게 되자 육손은 크게 놀라 "내가 제갈량의 계략에 당하였구나!"라고 말하면서 황급하게 후퇴하였다. 하지만 나가는 길을 찾지 못하고 육손과 병사들은 혼란에 빠져들었는데 다행히 제갈량의 장인인 황승언(黃承彦)이 나타나 그들의 길을 인도하여 석진을 빠져나갈 수 있게 되었다. 황승언은 육손에게 "석진의 이름은 '팔진도'라 하며 8개의 문이 있는데 둔갑(遁甲)법의 휴(休), 생(生), 상(傷), 두(杜), 경(景), 사(死), 경(驚), 개(開)로 이루어져 매일 매 시간마다 변화하여 마치 10만의 정예병사와 같은 효과를 낸다."라고 설명하였다. 이에 육손은 경탄하며

"공명(孔明)은 진실로 와룡과 같은 존재이다. 내가 상대할 급이 아니다!"라고 말하며 진격을 멈추고 서둘러 병사들을 돌려 본국으로 향하게 되었다.

이렇게 신묘한 이야기는 과연 사실일까? 위 이야기는 실제로는 허구이며, 순수한 문학적 창조물이다.

역사서 〈삼국지(三國志)〉의 기록에 따르면 육손이 유비에게 대승을 거두고 나서 이이(李異)와 유아(劉阿) 두 장수만을 파견하여 백제성에 있는 유비를 추격하라고 지시하였고 자신이 이끄는 대군은 신속하게 북쪽에 있는 조위(曹魏)가 회남(淮南)을 공격하는 것을 저지하기 위하여 후퇴하였다. 정작 육손 본인은 삼협(三峽) 서쪽에 위치한 기문(夔門)에 나타난 적이 없음으로 앞서 소설에서 이야기하는 '육손이 팔진도에 빠지게 되었다.'는 것은 성립하지 않으며, 이는 완전한 허구임을 알 수 있다.

역사서에서 제갈량이 백제성을 방문하였다는 기록은 2번 존재하는데 제일 처음 백제성에 도착하였던 시기는 건안(建安) 18년(서기 213년) 유비가 형주(荊州)를 얻었을 때이다. 유비가 락현(雒縣)의 성지(城池)에 가로막혀 있는 상태이자 방통(龐統) 또한 적군의 활에 맞아 죽게 되었던 상황임으로 그는 다급히 제갈량, 장비(張飛), 조운(趙雲)에게 형주에서 병사들을 이끌고 강을 거슬러 백제성을 지나 성도(成都)의 원군으로 와달라는 명을 내렸다. 당시에 전황(戰況)이 급박하여 제갈량이 시간을 내어 백제성에 주둔하면서 석진(石陣)을 만들었는지는 기록에 존재하지 않는다. 두 번째로 제갈량이 백제성에 도착한 시기는 촉한장무(蜀漢章武) 3년(서기 223년) 2월경이다. 유비가 세상을 떠나기 직전 자신의 아들을 부탁하기 위하여 성도에 있던 제갈량을 급히 백제성으로 불렀다. 이 곳에서 제갈량은 유비의 유언을 받들고 시간을 내어 석진을 만들었다고 하여도 육손이 유비를 공격하였던 시점과 1년이라는 시간적 차이가 존재한다. 가장 처음으로 제갈량의 백제성 팔진도 유적을 기록한 서적은 북위(北魏)시대 역도원(酈道元)이 집필한 〈수경주(水經注)〉에 존재하며 이 기록에서는 육손과는 하등의 상관관계가 없음을 보여주고 있다. 역사서 〈삼국지 · 제갈량전(三國志 · 諸葛亮傳)〉에서는 제갈량이 '병법을 연구함에 있어서 팔진도를 사용하였다."라고 기록하였다. 그렇다면 제갈량의 팔진도는 과연 무엇일까?

오함(吳晗) 선생이 "진법(陣法)은 야전에서 전투대형과 숙영(宿營)에 있어서 방어를 구사하기 위한 배치이다. 즉, 부대의 형태와 각 부서들을 기호로 표시하여 전투를 진행하기 위한 방안(方案)으로 제작하는데 이것을 진도(陣圖)라 부른다."라고 말하였다. 이를 근거로 팔진도는 전투와 방어를 수행하기 위한 방안이라 할 수 있다. 현대의 학자들은 이에 대하여 두 가지의 견해를 가지고 있는데 우선은 일종의 표준화된 방진(方陣)에 각 부서(部署)를 8개로 나누어 각각의 부호를 수여한 것으로 설명하였으며, 각각의 큰 방진에서 탄력적으로 운용하는 4개 또는 8개의 중간 방진을 만들고 거기서 또 4개 또는 8개의 소규모 방진을 만든 것이라고 한다. 이는 공수(攻守)의 필요에 의하여 상황에 맞게 방진을 변환하여 적용하는 것을 말한다. 또 다른 견해는 팔진도는 특별이 제작된 차량을 사용하기 위한 목적으로 제작된 그림이자 긴급하게 특수한 목적을 수행하기 위한 부대를 말하며 조위(曹魏)군의 기병이 강력하게 돌격하는 것을 방어하기 위한 목적으로 설계된 방진이라고 말하고 있다.

82

유비(劉備)가 백제성(白帝城)에서 자신의 아들을 부탁한 이야기의 진실과 거짓

白帝城托孤(取自清康熙年版《三國志演義》)
백제성탁고(청·강희년판〈삼국지연의〉)

선주(先主; 유비)가 영안궁(永安宮)에서 나날이 병세가 악화되고 있던 때였다. 장무(章武) 3년 4월 선주는 자신의 병이 사지(四肢)까지 침투하여 움직일 수 없다는 것을 알고 급하게 사람을 성도로 보내어, 태자(太子) 유선(劉禪)은 남아서 성도(成都)를 지키고 승상(丞相) 제갈량

(諸葛亮)과 상서령(尚書令) 이엄(李嚴) 등은 오늘 밤 안에 영안궁으로 와서 유언을 들으라고 명하였다. 공명(孔明)이 영안궁에 도착하자 선주는 공명에게 자신의 침상 옆에 앉으라고 분부하였고 울면서 "군사의 재능이 조비(曹丕)보다 10배나 뛰어나니 능히 나라를 안정시키고 대업을 이룰 수 있을 것이오. 만일 태자가 왕의 자리에 오를 자격이 된다면 그를 보필해 주시고 만일 그러하지 못하면 군사가 나라의 왕이 되어주시오."라고 말하였고 제갈량은 온몸에 땀을 흘리면서 손과 발을 어찌할 바를 모르고 그저 엎드려 울면서 이렇게 말하였다. "신이 팔다리의 힘을 다하여 충절에 힘써 죽음으로써 폐하의 뜻을 계승하도록 하겠습니다!"라고 말하였고 그의 머리에서는 피가 흘렀다. 선주는 다시금 공명에게 자신의 침상에 앉으라고 말하였고 노왕(魯王)인 유영(劉永)과 양왕(梁王)인 유리(劉理)를 자신의 곁으로 불러들인 다음 "너희들은 내말을 기억하여라! 내가 죽고 나서 너희 삼형제는 승상을 아버지처럼 여기고 절대로 그를 홀대하여서는 안된다!"라고 분부하였고 말이 끝나자 유비는 장무 3년 4월 24일 향년 63세의 나이로 세상을 떠나게 되었다.

이렇게 슬프고 처량한 이야기는 〈삼국연의(三國演義)〉에서 묘사하고 있는 '백제성탁고(白帝城託孤)'의 이야기를 요약한 내용이다.

대체적으로는 위 소설의 내용은 역사적 사실과 부합하나 핵심적인 내용에서는 오류가 존재한다.

역사서에서는 이렇게 중대한 사건을 상세하게 기록하였는데 진수(陳壽)가 집필한 〈삼국지(三國志)〉의 〈제갈량전(諸葛亮傳)〉과 〈선주전(先主傳)〉이라는 두 편의 내용과 〈삼국연의〉의 묘사를 서로 비교하면서 사실관계를 알아보자. 우선 역사적 사건의 기본요소인 1. 주요인물, 2. 기본배경 3. 발생지점 4. 사건시점(년, 월, 일 포함)은 두 내용 모두 사실과 일치한다.

이렇게 기본 사실요소가 모두 부합한다면, 과연 어느 부분에서 핵심적인 오류가 발생하였을까?

본래 유비의 유언에서 가장 핵심적인 부분은 '승상이 왕위에 올라도 된다.'라는 부분이다. 〈삼국연의〉에서 이 부분의 해석을 잘못하였을 뿐만 아니라 유비의 유언을 말하는 순서에서도 사실과는 맞지 않는다.

〈삼국지·제갈량전〉에서 유비의 유언과 관련된 전문을 찾아볼 수 있다. '너의 재능이 조비보다 10배나 강하니 필히 국가를 안정적으로 이끌어 한황실(漢皇室)을 부흥시키는 대업을 완수할 수 있을 것이다. 만약에 나의 아들 유선이 내 자리를 물려받을 그릇이 된다면 그를 잘 보필해 주길 바라며, 그러한 능력이 되지 못한다면 그를 적절히 활용할 방법을 찾으시오.'라고 기록하였다.

가장 핵심적인 단어이자 가장 마지막 부분에 등장하는 '군가자취(君可自取)'라는 단어는 과연 어떻게 해석하여야 할까? 먼저 유비가 유언을 남긴 근본적인 의도를 알아보면서 그 뜻을 살펴보자. 유비가 이러한 유언을 남긴 의도는 자신이 없는 촉한(蜀漢)을 단기간에 안정시키고, 장기적으로는 한황실을 복원하여 부흥시키는 뜻을 이루기 위한 전제에서 제갈량은 국가를 안정적으로 통치할 수 있는 재능은 있었으나 왕위를 계승할 수 없었고, 반면 유선은 왕위를 계승하기에 충분했으나 나라를 통치하기에 재능이 부족하였다는 것을 유비는 알고 있었다. 그러므로 유비는 이 어려운 문제를 풀기 위해서 특단의 조치를 취하였는데 그것은 바로 왕위와 왕권을 잠시 분리시키는 것이다. 그리하여 왕위는 유선이 계승하고 왕권은 제갈량이 임시로 맡아 자신의 재능을 충분히 발휘하면서 왕위와 왕권을 독점한 조비에 대항하기 위함으로 결정한 것이다. 이는 생사를 넘나드는 엄준한 상황에서 유비가 내릴 수 있는 가장 지혜롭고 이성적인 선택이 아닐 수 없다.

이러한 해석에 따라서 '군가자취'라는 4글자는 〈삼국연의〉의 내용과 같이 '만약에 재능이 없다면, 그대가 나라의 왕이 되어주시오'라는 뜻이나 이를 공명선생에게 직접 황제로 즉위하라는 내용으로 해석하여서는 안된다. 이에 대한 올바른 이해로는 역사서에서 기록하였듯이 '만일 유선이 왕위에 오를 그릇이 되지 못한다면, 그대가 그를 적절히 활용할 방법을 찾으시오'가 맞는 해석이다. 앞서 말하는 활용방법이라 함은 완곡한 간언과 직언을 아끼지 말고, 만일 유선이 폐위가 되는 상황이라면 유비의 다른 아들 중에 왕위에 오를 인물을 선택해 달라는 부탁이기도 하다.

그밖에 제갈량이 성도에서 영안(永安)으로 출발한 정확한 시기는 역사서에서 같은 해 2월이라고 기록하였지만 〈삼국연의〉에서는 '하사월(夏四月)'이라고 묘사하여 다소간의 차이가 존재한다.

83

유비(劉備)가 '울보'라는 이야기의 진실과 거짓

劉備哭關羽(取自清光緒廿五年版《〈三國志演義〉全圖》)
유비곡관우(청·광서이십오년판〈삼국지연의전도〉)

울음이란 마음속의 감정을 표출하는 수단이다. 유비의 울음은 소설과 희곡에서 많은 과장과 가공을 통해서 그를 상징하는 대표적인 이미지로 자리잡게 되었다. 그리하여 민간에서는 '유비의 강산(江山)은 울음을 통해 만들어졌다.'라는 말도 탄생하게 되었다.

〈삼국연의(三國演義)〉에서 유비와 관련된 19가지의 일화 중에 그가 울었던 횟수는 10번이며, 흐느낌, 눈물을 하염없이 흘림, 통곡, 목놓아 울음, 울부짖어 혼절하는 등의 그 종류 또한 다양하다. 그 예로 삼고초려에서 제갈량(諸葛亮)이 유비를 따를 생각이 없는 것을 알고 울었으며, 유표(劉表)가 자신의 아들을 부탁하면서 병사(病死)하였을 때도 수차례 울었고 형주(荊州)의 백성들을 데리고 도망쳐 나올 때에도 그들과 함께 울었으며, 관우(關羽)가 죽었다는 소식을 듣고 애통한 마음에 울면서 혼절하였다. 또한, 그가 울었던 이유도 다양한데 한황실(漢皇室)에 대한 충심을 나타내기 위한 울음, 백성들을 사랑하는 마음에 대한 울음 등이 존재한다. 이 밖에도 경쟁상대를 효과적으로 대응하기 위한 수단으로도 울음이 활용되었는데 그 예로 주유(周瑜)가 형주를 돌려받기 위하여 보낸 노숙(魯肅)을 맞이하면서 자신의 처지를 한탄하며 통곡을 하였고 이에 순박한 노숙은 어찌할 방법을 찾지 못하고 빈손으로 되돌아가게 되었다는 일화가 있다. 이렇게 채권자보다 채무자를 더 대단하게 만든 울음의 힘은 소설 어디에서도 이보다 더 대단한 것을 찾아 볼 수가 없을 정도이다.

하지만, 역사적 사실은 위의 내용과는 완전히 다르게 기술되어 있있다.

〈삼국지·선주전(三國志·先主傳)〉에서는 유비의 청년시절에 '말수가 적고, 자신의 감정표현을 드러내지 않는 인물'이라고 묘사하였다. 저자가 전체 〈삼국지〉와 배주(裴注)가 인용한 부분을 살펴보고 통계를 내린 결과 위, 촉, 오(魏, 蜀, 吳)를 건국한 군주들 중에 여러 이유로 가장 많이 눈물을 흘린 인물은 바로 효웅(梟雄) 조조(曹操)로 밝혀졌다. 역사기록에서 그는 40차례 넘게 울었던 모습을 보여주어 진정한 울보라 할 수 있다. 그 다음으로는 강동패주(江東霸主)인 손권(孫權)

으로서 13차례로 두 번째를 차지하였으며, 마지막으로 기록에서 6번 밖에 울지 않은 유비로 나타났으며 손권이 울었던 횟수의 절반밖에 되지 않는다. 이러한 근거로 증명할 수 있는 부분은 사실을 기록한 역사서에서 걸핏하면 울음을 터뜨리는 사람은 유비가 아니라는 점을 알 수 있다. 그렇다면 우리가 일반적으로 알던 유비의 이미지와는 완전히 다르지 않는가?

그렇다면 왜 나관중(羅貫中)은 유비를 걸핏하면 우는 사람의 이미지로 만들었으며 어떻게 그의 손에서 이러한 이미지로 탄생하게 되었는가?

근본적인 이유는 바로 유비는 소설에서 나오는 다양한 인물들 중에 가장 바른 이미지를 보여주는 군주의 역할을 담당하고 있기 때문이다. 나관중은 눈물이라는 특별한 수단을 활용하여 유비가 충의(忠義)와 인애(仁愛)라는 인품을 가지고 있는 인물이라는 점을 돋보이게 만들고 반대로 잔혹하고 간계(奸計)에 능한 부정적인 인품을 가지고 있는 조조의 이미지와 선명하게 대비될 수 있도록 하였다. 하지만, 충의와 인애는 매우 추상적인 개념이면서 언어로서는 구체적으로 표현되기 힘든 행위이기 때문에 울음이라는 행동을 선택하여 독자들을 잘 이해시킬 수 있도록 하였다.

그리하여 역사서에서는 단 6번 밖에 울지 않은 유비가 소설 속에서는 다양한 가공과 이야기의 개조 및 첨가 그리고 문학적으로 구성된 허구적 내용들을 추가하여 15번 넘게 그가 울었던 이야기가 탄생할 수 있게 되었다. 동시에 그가 매번 울었던 사건에서 울음의 횟수와 강도를 다시금 추가하여 유비가 울보의 이미지를 얻을 수 있게 되었다.

공자(孔子)가 "과유불급(過猶不及)"이라 말하였는데 모든 일에 있어서 넘치면 부작용을 생성하기 마련이다. 〈삼국연의〉에서 유비가 울었던 일도 이와 같은 현상을 낳고 있다. 유비의 눈물이 어느 때는 진실되고 또 다른 때는 거짓으로 느껴지기도 한다. 특히 그가 자신의 이익을 위해서 경쟁상대에게 울음으로서 대응을 하였던 점은 사람들에게 있어서 가식적인 느낌을 주기도 한다. 이렇듯이 유비의 충의와 인애를 부각하기 위한 수단은 때때로 독자들에게는 교활하고 위선적인 모습으로 비춰지기도 한다. 또한 이러한 결점은 당대 평론가인 모종강(毛宗崗), 이지(李贄), 이어(李漁), 노신(魯迅), 호적(胡適) 등의 비평을 받기도 하였다.

결과적으로 역사기록에서 나타나듯이 실제 유비는 걸핏하면 눈물을 보이는 가여운 사람은 아니다. 갖은 고난과 역경을 겪은 건군군주로서 그는 누구보다 적게 울어야 하거나 심지어 울면 안 되는 존재이기도 하며 이러한 모습은 진정한 영웅본색(英雄本色)이라 할 수도 있을 것이다.

84

제갈량(諸葛亮)이 5월에 노수(瀘水)를 건너 남정(南征)을 개시한 이야기의 진실과 거짓

釋放孟獲(取自明崇禎年版《英雄譜》)
석방맹획(명·숭정년판〈영웅보〉)

제갈량(諸葛亮)이 촉한(蜀漢)의 국정을 장악하고 나서 그가 하였던 두 가지의 대사건이 있었다. 첫째는 남방정벌이며 두 번째는 북방정벌이다. 이 편에서 다룰 '오월도노(五月渡瀘)'는 지금의 금사강(金沙江)을 건너 촉군(蜀軍)이 남쪽지역 정벌을 진행한 이야기이다. 문학작품에서는 이 이야기를 일찍이 담아내었으며 원(元)나라시대 〈삼국지평화(三國志平話)〉에서도 이 이야기를 찾아볼 수 있으나 내용은 다소 간략하게 구성되어 있다. 하지만, 〈삼국연의〉에서는 이 이야기에 대한 내용에 다양한 예술적 가공과 신비하고 깊은 색채를 첨가하여 4회가 넘는 문자(文字)의 분량으로 다시금 재탄생시켰다. 그 중에 장기(瘴氣; 중국 서남부 지역의 축축하고 더운 땅에서 생기는 독한 기운)가 자욱하며 세차게 굽이치는 노수(瀘水)와 소리 없이 감싸는 무서운 독천(毒泉), 뱀과 전갈 그리고 맹수들 같은 적들의 진영과 칼과 창의 공격이 먹혀 들지 않는 등갑(藤甲) 등이 존재하는 지역으로서 극도의 신비감과 예술적 묘사는 〈해리포터〉와 견줘도 밀리지 않는다.

〈삼국연의(三國演義)〉 속 남방정벌에 관한 내용이 진실인지를 판단하기 위해서는 우선 역사서 〈삼국지(三國志)〉 등의 주요기록을 살펴보면서 알아보자.

당시에 촉한(蜀漢)이 지키고 있는 국경지대는 익주(益州)지역의 전체 경계를 지칭한다. 여기서 익주남부의 5개 군(郡)은 통칭 '남중(南中)'이라 하였다. 남중의 면적은 익주지역의 3분의 2를 차지할 정도로 상당히 큰 규모이며, 지금의 행정구역으로 비교해 보면 사천성(四川省) 남부, 귀주(貴州), 운남성(雲南省; 다수의 소수민족 거주지 포함)을 합쳐 놓은 크기이다. 유비가 세상을 떠난 뒤에 남중지역의 3개 군에 민란이 일어났는데 장가군(牂牁郡)의 수령은 대리태수(代理太守) 주포(朱褒), 익주군(益州郡)의 수령은 그 지역의 한족대성(漢族大姓)인 옹개(雍闓), 월수군(越嶲郡)의 수령은 수족(叟族)대장인 고정(高定)의 주도하에 반란을 일으켰다. 반란이 일어난 이유로는 내부적으로 유비의 죽음으로 촉발되었으나 실질적으로는 외부세력인 손오(孫吳)의 개입이 있어 반란이 힘을 얻게 되었다. 제갈량(諸葛亮)은 유비가 막 세상을 떠난 것을 고려하여 초기에는 아무런 행동을 취하지 않았으나 2년 뒤 건흥(建興) 3년(서기 225년)에 손오(孫吳)와의 동맹관계를 재정립하고 반란의 동력이 되었던 외부세력의 개입을 차단시켰다. 그리고 나서 자신이 직접 주력부대를 이끌고 3월에 성도(成都)에서 출발하여 5월경에 노수(瀘水)를 건너 월수군과 익주군에 진입하였고 마지막으로 지금의 곤명(昆明)의 전지(滇池)에 도착하여 가을에 남중지역을 안정시키고 주제군(朱提郡)을 지나 12월에 성도에 도착하였다. 이 정벌은 장장 10개월이 걸렸으며 그들이 이동한 거리도 약 5천리나 되었다. 당시의 교통수단이 발달하지 않은 상황에서 이정도 거리를 이동하였다는 것은 매우 어려운 고난의 행군이라 할 수 있다.

역사기록과 소설 〈삼국연의〉의 내용을 상호 대조하였을 때, 〈삼국연의〉 속 내용은 허구적인 요소가 다분하며 사실내용은 빈약하게 구성되어 있다. 제갈량이 남방정벌을 하였다는 것과 그가 전투에서 '이인위본(以人爲本)'과 '공심위상(攻心爲上)'이라는 방법을 사용하였다는 것은 사실이나 행군을 하였던 노선(路線)이나 전투환경, 전투방식, 교전과정, 지역민의 민심과 상황 등의 방면은 모두 소설에서 신비성을 극대화시키기 위해 묘사한 이야기이며, 대다수의 문학적 상상력과 허구성이 추가된 내용들이다. 또한, 제갈량이 맹획(孟獲)과 교전하였다는 이야기를 주요내용으로 구성하고 그를 7번 놓아준 이야기는 후세의 사람들에게 그 사실성에 의구심을 던져 주기도 하였다.

지금의 학자들은 제갈량의 남방정벌은 후에 이어지는 북방정벌을 대비하기 위한 3가지의 준비작업이라고 말하고 있다. 첫째는 부대의 실전경험, 정예부대 징집, 전투에 필요한 전략물자를 발굴하기 위함이라고 설명하고 있으며, 이러한 목적들을 달성하기 위해서 대군이 출정할 때, 마속(馬謖)은 '공심위상(적들의 마음을 얻는 것을 공격의 제일 목표로 하는 것)'이라는 전투지침을 건의하게 되었다. 하지만, 남방정벌은 군사적으로 일국의 대사(大事)로써 제갈량은 필히 자신만의 핵심적인 병력운용지침을 가지고 있었을 것이다. 그리하여 사전에 충분히 전투와 정벌에 대한 방안을 숙고하였을 것이며 다른 사람이 의견을 제시하기 전에 대규모의 병력을 이동시키지 않았을 것이다. 사실은 과거에 제갈량의 융중대책(隆中對策)에서 이미 각 민족들과의 화합에 대한 정책설계가 완성되어 '서쪽에는 제융(諸戎)과 화합하고, 남쪽에는 이월(夷越)을 돌보아야 한다.'는 말이 나오게 되었다. 그리하여 마속의 제안은 제갈량의 속에 있던 생각과 일치하였던 것 뿐이며 그의 제안을 받아들여 적용하였다는 것은 아니다.

현재 성도(成都)에 위치한 무후사(武侯祠)의 공명전(孔明殿)에는 매우 유명한 '공심련(攻心聯)'이라는 시가 존재한다.

'마음을 공략한다면 배반은 저절로 사라진다. 예로부터 병법을 아는 사람은 싸우는 것을 좋아하지 않는다. 대세를 살피지 않는 것은 관용과 엄격 모두의 잘못이니 훗날 촉을 다스릴 때에는 이점을 깊이 생각하여야 한다.'라는 구절처럼 제갈량이 남중지역을 안정시키는 과정에서 보여주었던 '이인위본, 공심위상'은 후세의 사람들에게 남겨주는 교훈과도 같은 것이라 할 수 있다.

85

제갈량(諸葛亮)이 노수(瀘水)에서 제사를 지낸 이야기의 진실과 거짓

祭瀘水(取自清光緒廿五年版《〈三國志演義〉全圖》)
제로수(청·광서이십오년판〈삼국지연의전도〉)

제갈량(諸葛亮)이 남방정벌을 마치고 조정(朝廷)으로 복귀하기 위하여 병사들을 이끌고 성도(成都)로 되돌아가고 있던 시기이다. 제갈량과 군사들이 노수(瀘水)에 도착하였을 때, 갑자기 먹구름이 드리워지고 큰 바람이 불어 강을 건널 수 없게 되었다. 공명(孔明)은 토착민에게 날씨가 급변한 이유를 묻자 "승상(丞相)이 여기를 지난 이후에 습한 연무가 자욱해지고 수많은 음귀(陰鬼)가 여기를 떠나지 않고 있습니다. 매일 밤마다 이러한 상황이 반복되니 아무도 감히 강을 건너려 하지 않고 있습니다."라고 대답하였다. 이에 공명은 이번 남방정벌에서 수많은 사람들이 희생되어 이러한 결과를 낳게 되었다는 것을 깨닫게 되었다. 그리고 나서 자책을 하면서 "모든 것이 나의 죄로 인한 것이로구나, 오늘밤 내가 직접 가서 제사를 지내겠다."라고 말하였다. 제갈량은 과거의 관습에 따르지 않고 소와 양을 잡아오라고 분부한 다음 밀가루를 빚어 사람의 머리모양으로 만들라고 명하였다. 그리고 나서 고기들을 사람머리 모양의 밀가루 속에 넣어 증기에 쪄서 익히라고 하였으며 그것의 이름을 '만두(饅頭)'라 불렀다. 그날 밤 제갈량은 노수 강변에서 제단에 향을 피우고 49개의 횃불을 밝힌 다음 만두 등의 제물을 올려 제사를 준비하였다. 3경(更)이 되었을 때, 공명은 조기(弔旗)를 올리고 망령들을 불러내었으며 제문(祭文)을 낭독하여 이미 죽은 혼령들의 안녕(安寧)을 기원하였다. 제문을 다 읽고 나서 공명은 대성통곡을 하여 전군의 마음을 뒤흔들어 놓았고 그리고 나서 제물들을 노수에 뿌리라고 분부하였다. 모든 제사를 마치고 다음날 날이 밝자 먹구름은 사라지고 강하게 불던 바람도 잔잔해졌다. 그리하여 제갈량과 그의 군사들은 무사히 노수를 건너 성도로 되돌아 갈 수 있게 되었다.

〈삼국연의(三國演義)〉 속에서 묘사하고 있는 위 내용은 과연 사실일까?

우선, 제갈량의 남방정벌에 관련된 역사기록은 매우 간략하게 기록되어 있으며, '노수에서 제사를 지낸' 내용과 관련된 어떠한 단어조차 존재하지 않는다. 나관중(羅貫中)은 아래의 기록을 토대로 이 이야기를 각색하였을 가능성이 매우 크다. 송(宋)나라 때 고승(高承)이 집필한 〈사물기원(事物紀原)〉 제 9권에 따르면 〈소설(小說)〉의 이 부분을 인용하여 아래와 같이 서술하였다. '과거에 제갈무후(諸葛武侯; 제갈량)가 맹획(孟獲)을 정벌할 때, 양고기와 돼지고기를 섞어 밀가루에 감싼 것을 만들었는데 후세의 사람들은 그것을 만두라 하였다. 진(晉)나라 노심(盧諶)이 집필한 〈제법(祭法)〉에서 '봄철 제사에서 만두를 사용하였다.'라고 기록하여 그 기원이 제례용품이라고 알려져 있으며, 속석(束晳)의 〈병부(餠賦)〉에서도 같은 내용이 존재한다. 그리고 제갈량(무후: 武侯)이 그것을 처음 만든 것에 의심스러운 부분이 있다. 고승이 인용한 〈소설〉이라는 책은 현시대에 사용하는 문학작품이라는 뜻이 아닌 두 가지의 고서를 지칭하는 제목이다. 첫 번째는 남조(南朝)시대 은운(殷芸)이 량무제(梁武帝)의 명을 받들어 작성한 것이며, 이 책은 총 10권으로 〈구당서(舊唐書)〉와 〈신당서(新唐書)〉의 내용을 선별하여 발췌하였다. 또 다른 고서는 이름이 알려지지 않은 저자가 집필한 책이다. 고승이 인용한 책은 당연히 첫 번째인 은운이 기록한 고서로서 노심과 속석이라는 서진(西晉)시대 북방에서 생활하였으며, 〈진서(晉書)〉에서 그들의 기록을 별도의 전기로 남긴 저명한 문인을 거론하였다는 점을 그 근거로 삼을 수 있다. 기록에 나와 있듯이 노심은 〈제법〉이라는 책을 집필하였으며, 속석 또한 〈병무〉라는 서적을 집필하여 북방의 각종 면 요리(밀가루 요리)를 묘사한 내용을 책으로 엮어 미식가들을 위한 걸작품을 완성시켰다. 이 책을 토대로 고기를 감싸 만든 만두라는 음식은 서진시대 북방에 실제로 존재하였던 음식이라 할 수 있으며, 은운의 〈소설〉에서 '무후가 그것을 처음 만들었다는 것에 의심된다.'라는 구절이 있듯이 제갈량이 만두를 처음 만들었다는 것에 대한 의구심이 과거에서부터 존재하였다.

현대학자들은 은운이 위와 같이 이야기하는 것에 대하여 모두다 받아들이기는 힘든 부분이 있다고 말하고 있다. 그 이유는 은운이 제갈량이 만두의 창시자라는 부분에 있어서 확정적으로 말하지 않았기 때문이다. 그리고 동한(東漢)시대 유희(劉熙)가 집필한 〈석명(釋名)〉에서 이미 '증병(蒸餠)'이라는 단어가 존재하기 때문이다. 여기서 서술하고 있는 '증병'은 증기에 쪄서 만들어낸 밀가루음식 모두를 지칭하는 단어로서 이는 만두도 포함하는 말이다. 유희는 북방사람이며 공명이전 사람이다. 촉한(蜀漢) 초기 신료(臣僚)인 허자(許慈)와 손오(孫吳) 초기 신료인 설종(薛綜)이 청년시절 그의 학생으로서 사사를 받았다. 고기가 들어 있는 만두는 밀가루와 육회(肉膾)가 결합된 비교적 단순한 음식이라 할 수 있다. 밀가루음식은 일찍이 한(漢)나라 때 북방에서 유행한 음식이며, 육회는 고기를 잘게 다진 것으로서 밀가루보다 더 먼저 탄생된 음식이자 공자(孔子)가 "식불염정, 회불염세(食不厭精, 膾不厭細)"라는 말을 남기기도 하였으며, 〈예기·소의(禮記·少儀)〉라는 책에서는 소, 양, 물고기는 모두 회(膾)로 만들 수 있다고 하였다. 그리하여 동한시대 북방에서는 이 두 가지 음식을 결합한 것은 매우 자연스러운 일이며, 남쪽의 촉한에서 만두가 시작되어 전파되었다는 것은 사실이 아니다.

제갈량과 관련이 있고 없고를 떠나서 고기가 들어 있는 만두, 오늘날의 포자(包子)라는 음식은 동한후기와 서진시대 사이에 많은 사람들이 좋아하였던 밀가루 음식이라고 할 수 있다. 이 음식은 황가(皇家)에서 봄철 하늘에 제사를 지내기 위한 고귀한 제단 위에 올려지는 제물(祭物)이라는 점과 문인들이 이것을 고귀하게 묘사하여 글로 남겼다는 것은 중국의 유구한 음식문화의 흥미로운 부분이라 할 수 있다.

청(淸)나라 때 잡극(雜劇) 〈제노강(祭瀘江)〉이 존재하며 훗날 경극(京劇)에도 〈제노강〉이라는 연극이 탄생하게 되었다. 이 모든 내용들은 제갈량이 '노수에서 제사를 지냈다'라는 이야기를 각색하여 만든 극본들이다. 이 이야기를 통하여 알 수 있는 부분은 제갈량이 평소에 민족의 풍습을 존중하였으며, 조상 또는 돌아가신 분들을 위해 제사를 지내는 것을 제창하여 인성과 전통을 존중하면서 살아가는 이들에게 찬양을 받고 그들의 인정을 받게 되었다는 점이다.

86

제갈량(諸葛亮)이 6번이나 기산(祁山)을 공격한 이야기의 진실과 거짓

北伐出祁山(取自明崇禎年版《英雄譜》)
북벌출기산(명·숭정년판〈영웅보〉)

'육출기산(六出祁山)'이라는 이야기는 제갈량(諸葛亮)이 기산(祁山)에서 여섯 번 출정하여 위(魏)군과 맞붙은 내용이다. 이 이야기는 제갈량의 일생에서 나라를 위하여 온 힘을 다하여 마지막까지 싸운 내용을 다루고 있으며 그가 죽어서도 전투를 진행하는 비극적인 장면을 담고 있다. 원(元)나라 때 〈삼국지평화(三國志平話)〉에서 이 이야기의 원형내용이 이미 존재하며 〈삼국연의(三國演義)〉에 이르러서 이를 무려 14회 편으로 나누어 대대적인 각색과 광활한 이야기로 집필하였다. 아래는 〈삼국연의〉 속 '육출기산'의 내용을 요약한 내용이다.

제 1차로 제갈량이 기산에서 출정하여 조위(曹魏)군이 점령하고 있는 남안(南安), 천수(天水), 안정(安定) 3개군(郡)을 차지하고 총사령관인 조진(曹眞)에게 대승을 거둔다. 하지만 이 전투에서 마속(馬謖)이 크나큰 실수를 저질러 가정(街亭)을 빼앗기게 되어 다급하게 한중(漢中)으로 퇴각하게 되었고 어렵게 점령하였던 3개군을 조위에게 내어주게 되었다. 제 2차 북벌은 제갈량이 공격방향을 바꾸어 진창(陳倉)을 포위하며 공격하였고 위군(魏軍)의 학소(郝昭)는 사력을 다하여 저항하기 시작하였다. 조위군은 왕쌍(王雙)을 보내어 학소를 지원하였고 이에 제갈량은 위연(魏延)을 보내어 왕쌍을 저지하도록 하였으며, 제갈량은 직접 기산에서 대군을 이끌고 조진을 또다시 격퇴시켰다. 그러나 후방에서 군량지원이 이어지지 않아 또다시 후퇴를 하게 되었지만 퇴각 도중에 계책을 내어 적장 왕쌍을 붙잡아 참수하였다. 제 3차 공격으로는 제갈량이 복병을 보내어 진창을 또다시 습격하였으며, 그는 다시 기산에서 강유(姜維)와 왕평(王平)에게 무도(武都)와 음평(陰平) 2개군을 점령하라고 명령하였다. 조위의 도독 사마의(司馬懿)는 이러한 공격에 응전하였지만 제갈량은 연속으로 사마의를 물리치고 승리하였다. 하지만 제갈량은 지병이 발작하여 북벌을 이어가지 못하고 후퇴하고 만다. 제 4차 전투에서는 조위의 조진, 사마의가 대군을 이끌고 한중을 먼저 공격하였다. 그러나 조위군이 진격하는 과정에서 연일 가을비가 내려 어쩔 수 없이 군대를 돌려 퇴각하게 되었고 제갈량은 이러한 기회를 놓치지 않고 부대를 두 갈래로 나누어 신속히 반격을 하여 결국 사마의를 물리치고 조진이 화병을 얻어 죽게 되었다. 제 5차 출정은 제갈량이 기산에서 직접 부대를 이끌고 와서 사마의와의 전투에서 수차례 승리를 얻게 되었지만 이엄(李嚴)이 전투에 필요한 군량을 제때 내어주지 않고 오히려 동오(東吳)가 촉한(蜀漢)을 공격하려 한다는 거짓핑계를 대어 자신의 죄를 회피하려고 하였다. 제갈량은 할 수 없이 군사를 후퇴시켰고 이 과정에서 위나라의 명장 장합(張郃)을 처단하였다. 제 6차 공격은 제갈량이 마지막으로 기산에서 출격하여 북벌을 진행하였으며, 병력을 5갈래로 나누어 위군에게 대승을 거두고 위남(渭南)을 차지할 수 있게 되었다. 이후 사마의는 더 이상의 패배를 할 수 없다며 전투를 하지 않고 수비로만 대응하였다. 제갈량은 오장원(五丈原)에서 과로로 인하여 지병이 도져 결국에는 병사하게 되었다.

이렇게 장황한 이야기는 과연 사실일까? 이에 대한 답은 반은 맞고 반은 사실이 아니다라고 답할 수 있다.

역사서 〈삼국지(三國志)〉의 기록에 따르면, 촉군이 조위의 남안, 천수, 안정 3개군을 점령하였고 가정으로 후퇴하였다는 기록이 존재한다. 또한 학소가 지키고 있는 진창을 포위하였다는 내용과 촉군이 퇴각하였을 때, 왕쌍의 목을 베고 장합을 활로 쏴 죽였다는 일화와 마지막으로 촉군이 오장원에 주둔하였다는 이야기는 모두 역사적 사실에 근거하여 작성된 내용이다.

하지만, 이외에 다른 많은 부분은 문학적인 허구적 내용들로 채워진 부분이며 이는 실제 존재한 내용이 아니다.

그 예로 첫째 촉군이 북방정벌을 위하여 출정한 횟수이다. 〈삼국지·제갈량전(三國志·諸葛亮傳)〉에서 그가 처음으로 북벌을 개시한 이후 총 출진횟수는 5번이라고 명시되어 있으며 〈삼국연의〉에서 묘사하고 있는 '6번'과는 다르게 기술되어 있다. 건흥(建興) 6년(서기 228년)봄에 처음으로 기산으로 출정을 떠난 다음 그 해 겨울에 진창을 포위하게 되었다. 건흥 7년(서기 229년) 무도(武都), 음평(陰平)으로 공격을 감행하였으며 건흥 9년(서기 231년) 또다시 기산으로 출정하였으며 건흥 12년(서기 234년) 봄에 이르러서 오장원에 주둔하게 되었다. 두 번째로 소설과 역사기록이 다른 부분은 바로 촉군이 출진한 방향이다. 촉군이 적극적으로 공격하여 북벌을 감행한 총 5번의 출정 중 기산(祁山) 방향으로 군사를 진격시킨 횟수는 2번이며 제 1차공격과 4차 공격 때 일이었다. 그러므로 소설에서 이야기하는 '육출기산'의 내용은 완전히 일치하지 않는다. 세 번째로는 전투결과에 대한 부분이다. 소설에서는 제갈량이 다수의 승리를 가져갔다고 묘사하고 있지만 이는 순전히 허구적 내용이며 특히 공명의 촌철살인의 웅변으로 왕랑(王郞)이 죽었다는 것과 조진이 화병으로 죽었다는 점, 오로(五路)를 평정하여 안정을 도모한 일화, 그리고 상방곡(上方谷)에서 화공으로 사마의 부자를 불태워 죽일뻔한 이야기들은 모두 역사적 근거를 찾아볼 수 없는 내용들이다.

〈삼국연의〉에서 제갈량은 모든 신하중에 제일 으뜸인 인물로 묘사되어 있으며, 그가 세상에 등장할 때와 세상을 떠날 때도 모두 다양한 굴곡과 비범한 기세를 첨가하여 타인과는 비교할 수 없는 사람으로 만들어 놓았다. 그는 '화소박망파(火燒博望坡)', '화소신야(火燒新野)' 그리고 동풍을 빌려 일으켰던 '화소적벽(火燒赤壁)'과 같은 '3가지의 불'을 통하여 세상에 화려하게 등장하였고 '육출기산'을 통하여 다시금 화려하게 세상을 떠나게 된다. 특히 오장원에서 쓸쓸한 가을바람을 맞아가며 천천히 자신의 마지막을 표현한 장면은 어질고 충심이 가득한 신하의 모습을 예술적으로 그려내어 수많은 독자들의 마음속에 깊은 인상을 남기게 되었다.

87

제갈량(諸葛亮)이 강유(姜維)를 얻게 된 이야기의 진실과 거짓

計收董維(取自清康熙年版《三國志演義》)
계수강유(청·강희년판〈삼국지연의〉)

천수군(天水郡)의 기현(冀縣)에 문무를 겸비한 청년이 살았다. 그의 성은 강(姜)이고 이름은 유(維) 자(字)는 백약(伯約)이다. 이 청년은 용맹하고 지략이 뛰어난 인물이며 쉬이 만만하게 봐서는 안되는 인물이기도 하다. 제갈량(諸葛亮)이 기산(祁山)에서 처음으로 그 청년을 맞닥뜨리게 되었는데 누차 교전을 하였지만 뚜렷한 성과가 없이 전투가 끝나버리곤 하였다. 그래서 제갈량은 이 상황을 돌파하기 위하여 매우 고심을 하였고 또한 강유라는 인물의 지력이 비범하여 어떻게든 촉한왕조(蜀漢王朝)에 충성을 다하게끔 투항시키려고 마음먹었다. 이러한 생각을 실행에 옮기기 위하여 3단계의 계책을 내었는데 우선은 강유가 자신의 모친에게 매우 효성이 지극한 인물이라는 점을 인지한 제갈량은 위연(魏延)에게 강유의 모친이 살고있는 지역을 공격할 것이라는 거짓정보를 흘리라고 지시하였다. 이 소식을 접한 강유는 다급한 마음에 사령관에게 병사들을 데리고 기현으로 가서 자신의 모친을 구하러 가겠다고 요청하였다. 그 다음 단계로 제갈량은 밖으로는 강유가 이미 촉군에 투항하였다는 소식을 퍼뜨리고 사람을 구하여 강유와 비슷하게 분장을 시키고 천수성(天水城)을 공격하게 시켰다. 그리하여 조위(曹魏)는 강유가 이미 적군에게 투항하였다는 것을 의심 없이 믿게 되었다. 마지막 단계는 모든 수단을 동원하여 강유가 견고하게 수비하고 있는 기현에서 식량부족 현상이 발생하게 만들었고, 강유는 성밖으로 나와 식량을 빼앗을 계획을 세웠다. 이에 제갈량도 이 기회를 놓치지 않고 대군을 이끌고 기현을 공격하였고 강유는 하는 수 없이 상규(上邽)로 도망칠 수 밖에 없었다. 하지만 강유가 상규에 도착하자 그곳 민중들이 그를 성안으로 받아주지를 않았고 갈 곳이 없어진 강유는 제갈량에게 순순히 투항하게 되었다. 그는 투항한 후에 제갈량이 천수(天水)와 상규(上邽)성도 쉽게 차지할 수 있도록 계책을 내주었고 이에 주변의 다른 군현(郡縣)들도 뒤따라 촉군(蜀軍)에 항복하게 되었다.

위 내용은 〈삼국연의〉에서 제갈량이 강유라는 인재를 얻게 되는 '계수강유(計收姜維)'라는 제목의 이야기이다. 이 이야기를 깊이 분석하면 반은 실제로 일어난 사실이고 나머지 반은 허구라는 것을 알 수 있다.

〈삼국지·강유전(三國志·姜維傳)〉에서는 건흥(建興) 6년(서기 228년) 제갈량이 첫 북벌로 기산(祁山)에 도착하였을 때를 자세히 기록하고 있다. 당시의 강유는 조위가 점령한 천수군에서 군사참모의 직책을 담당하고 자신의 동료들과 함께 태수(太守)를 따라 외부시찰을 진행하였다. 천수태수는 제갈량이 대군을 이끌고 이곳으로 진격해오고 있다는 소식을 듣게 되었다. 이에 천수군에 소속되어 있는 각 군현들이 모두 촉군의 공격에 대비하여 정신이 없을 때, 태수는 자신의 곁에 있는 강유 등의 부하들이 나라를 배반하고 적에게 투항할 마음을 가지고 있다는 의심을 하게 되었다. 그리하여 태수는 간밤에 혼자서 천수성을 빠져 나와 동쪽에 위치한 상규성(上邽城)으로 도망갔고 강유등의 부하들은 급히 태수를 뒤따라 갔다. 상규성에 도착한 강유와 수하들은 성안으로 진입하려고 하였지만 뜻하지 않게 성문은 굳게 닫혀 있었고 태수는 그들의 입성을 거절하였다. 강유는 방향을 돌려 천수군에서 관리하고 있는 기현(冀縣)으로 향하였지만 그곳 마저도 문을 열어주지 않고 그의 진입을 거절하였다. 기거할 곳이 없어진 강유는 하는 수 없이 제갈량에게 투항할 수 밖에 없었다.

이러한 역사기록을 토대로 '계수강유' 내용의 기본 토대는 역사적 사실에 근거하여 집필되었다는 것을 알 수 있다. 하지만 다수의 세부적인 내용들은 문학적 가공을 통하여 창조된 이야기들이라는 것이라는 점도 확인할 수 있다. 강유가 의심을 받아 제갈량에게 투항하였다는 것은 사실이나 제갈량이 계책을 내었다는 과정은 거짓이다. 역사서에서는 강유가 왜 의심을 받았는지에 대한 원인을 명확하게 기록하지 않았기 때문에 자유로운 상상의 공간으로 남겨진 이 부분을 나관중(羅貫中)이 자신만의 글자로 채워 넣은 것이다.

당연한 이치로 이 이야기를 허구적 요소로 창작한 사람은 비단 나관중 뿐만이 아니다. 원(元)나라시대 〈삼국지평화(三國志平話)〉에서 이미 '군사가 계책을 사용하여 강유를 사로잡게 되었고 후에 강유는 무후(武侯)를 아버지로 삼았다.'라고 묘사하였다. 하지만, 제갈량이 어떠한 계책을 내었는지 여기서는 자세하게 남겨놓지 않았기 때문에 나관중이 충분히 자신만의 상상력을 발휘하여 이야기를 집필할 수 있게 되었다.

그렇다면 나관중이 〈삼국연의〉 속에서 구체적으로 제시된 허구적 계책을 첨가한 의도는 무엇일까?

사람들이 익숙히 알듯이 〈삼국연의〉에서의 제갈량은 강유를 매우 아끼며 그를 자신의 후계자로 육성하기 위하여 많은 노력을 하였고 결국에는 제갈량이 마음속에 품고 있던 포부를 완성시키기 위해서 어린 나이인 강유에게 자신의 마지막 말을 남기게 되었다는 것이다. 그리하여 제갈량이 세상을 떠난 뒤에 실제로 촉한(蜀漢)의 국정을 장악하였던 인물은 장완(蔣琬)과 비의(費禕)였지만 소설에서는 그들의 활약을 줄이거나 축소시키고 오히려 강유가 촉한말년의 대업을 독자적으로 이끌어 나가는 부분을 강조하여 마지막에는 나라를 위하여 비장하게 순국한 이미지로 묘사하였다. 이렇게 강유를 미화하는 부분과 그가 화려하게 세상을 떠나는 장면을 그려낸 것은 필요에 의하여 정밀하게 설계된 것임으로 모두 허구적 내용들로 채워지게 되었다. 이러한 설계는 결과적으로 제갈량을 미화하는 의도가 숨겨져 있으며 소설의 전체 내용의 근간을 이루고 있는 부분을 독자들에게 보여주기 위함이다.

88

제갈량(諸葛亮)이 '공성계(空城計)'를 이용한 이야기의 진실과 거짓

空城計(取自明崇禎年版《英雄譜》)
공성계(명·숭정년판〈영웅보〉)

제갈량(諸葛亮)을 논함에 있어서 대중들이 생각하는 가장 공통된 이미지는 바로 그가 초인적인 지혜를 발휘한 것과 비범한 배짱에 대하여 이야기할 것이다. 이에 있어서 〈삼국연의(三國演義)〉에서 가장 선이 굵고 선명하면서도 다채롭게 묘사한 이야기는 바로 '공성계(空城計)'이다.

제갈량이 처음으로 기산(祁山)에서 출정하여 초기의 전황이 좋을 시기였다. 그때 마속(馬謖)이 가정(街亭)을 지키지 못하고 적에게 빼앗기자 제갈량은 즉시 병력을 후퇴하라 명하였다. 그리고 직접 5천의 병력을 데리고 군량을 서성(西城)으로 운송하였다. 절반의 병력이 군량을 수송하기 위하여 이동하였을 때 사마의(司馬懿)는 15만의 대군을 이끌고 서성으로 돌격하여 공격을 감행하였다. 같은 시각 서성에서는 부대를 이끌 용맹한 장수가 없을 뿐만 아니라 수비를 하는 병사들도 2천여 명 밖에 남지 않았다. 이처럼 군세가 매우 위급함에도 불구하고 제갈량은 당황하지 않고 오히려 태연한 모습을 보여주었다. 그는 수하에게 군기(軍旗)를 내리고 북소리를 멈추게 한 다음 모든 성문을 열라고 명하였다. 그리고 나서 자신은 학창의(鶴氅衣)를 입고 머리에는 관건(綸巾)을 쓰고 좌우에는 두 명의 어린 서동(書童)과 함께 성루(城樓)에 올라가 난간에 기대 앉아서 향을 피우고 여유롭게 거문고를 연주하였다. 사마의는 성루 아래에서 제갈량이 차분하고 느긋한 모습과 함께 향을 피우고 악기를 연주하는 모습을 보자 성 안에 매복이 있을 수 있다는 것을 짐작하고 더 이상 진격하지 못하고 오히려 병력을 후퇴시키고 되돌아갔다.

위의 내용과 같은 '공성계'는 과연 실재로 존재한 일일까? 그 답은 전혀 아니다라고 할 수 있으며 그 이유는 아래와 같다.

우선, 진수(陳壽)가 집필한 〈삼국지(三國志)〉에서는 위와 관련된 기록이 존재하지 않는다. 그러나 배주(裴注)가 곽충(郭冲)의 이야기를 인용하여 기록한 〈제갈량전(諸葛亮傳)〉에서는 '공성계'와 관련된 내용이 기록되어 있다. 곽충은 서진(西晉) 사람으로 제갈량이 가지고 있던 5조(條)의 '사증(事證)'을 예시로 들며 제갈량의 지력을 크게 칭송하였던 인물이다. 배송(裴松)이 사서 〈삼국지〉의 주석을 달면서 곽충의 '사증'은 모두 문제가 있으며, 각각의 인용부분을 조목조목 따져가며 반박을 하였다. 그 중 제 3조이자 이 이야기의 원형이라고 할 수 있는 '제갈량이 양평(陽平)에서 대군을 파견하고 1만의 병사로 성을 방어하게끔 하였고 사마의가 20만의 병력을 이끌고 공격을 감행하자 제갈량은 공성계를 이용하여 적군들을 후퇴하게 만들었다.'는 부분과 곽충이 제시한 '사증'은 진수가 〈삼국지〉라는 역사서를 기록할 때 이를 남겨두지 않았다는 것이다. 그리하여 배송은 이러한 근거는 믿을 만하지 못하며 '허약한 뒷받침이 들어간 주장'이라고 평가하며, 나머지의 '사증'도 모두 이러한 이유로 부정하였다.

두 번째로는 제갈량이 처음 기산(祁山)에서 출정하였을 때는 촉한(蜀漢) 건흥(建興) 5년(서기 227년)이자 조위(曹魏)의 태화(太和) 원년에 있었던 일이다. 그렇다면 이 시기에 사마의는 과연 어디에 있었을까? 〈진서·선무기(晉書·宣帝紀)〉의 기록에 따르면 태화원년부터 4년까지 사마의는 완현(宛縣), 지금의 하남성(河南省) 남양시(南陽市)에서 도독(都督)으로서 형주(荊州)와 예주(豫州)의 군사업무를 총괄하였다. 또한, 기록에서 사마의는 형주전구(戰區)를 수비하기 위하여 이 지역을 떠난 적이 없다고 기록하였다. 그리하여 그가 몸을 둘로 나누는 마술을 쓰지 않는 이상 총사령관의 신분으로 천리 밖에 있는 서성에서 전투를 하였다는 것은 맞지 않는 일이다.

세 번째로는 곽충의 '사증'이 사실이라고 가정하였더라도 〈삼국연의〉에서의 내용들은 허구라는 것을 알 수 있다. 소설에서는 기산부근인 서성에서 이야기가 시작되지만 곽충의 근거는 한중(漢中) 부근인 양평이라고 하였으며, 제갈량이 이끄는 병력도 2천5백 명과 1만 명의 병사로 차이가 존재하였으며, 적군의 병사 또한 20만에서 15만으로 두 내용간의 차이가 분명하게 존재한다. 그러므로 이 또한 세부적인 내용과 수치적으로 허구가 존재한다는 것을 알 수 있다.

결론적으로 '공성계'는 순수한 허구적 내용들로 채워져 있는 한편의 좋은 연극이라 할 수 있으며, 실제로는 존재하지 않는 이야기이다.

그렇다면 나관중(羅貫中)은 왜 위 이야기의 장소를 서성으로 하였을까? 심도 있는 연구를 통하여 발견한 점은 나관중이 지리상 위치를 오독하여 발생한 오류라고 할 수 있다. 〈삼국지·제갈량전〉의 기록에서는 마속이 가정(街亭)에서 크게 패한 후, 제갈량이 후퇴를 할 때 '서현(西縣)의 천여 가구를 뽑아 한중(漢中)으로 이동시켰다.' 즉 가정 부근에 위치한 서현의 1천여 가구의 주민들을 데리고 한중으로 같이 피신하였다는 내용이 존재한다. 2년 후, 조위(曹魏) 군이 다양한 방향으로 진격하여 한중을 포위하였을 때 〈후주전(後主傳)〉에서 사마의가 이끌던 부대의 공격목표는 우연하게도 '서성(西城)'이라는 지명을 기록하였다. 여기서 '서성'이라 함은 서현의 현성(縣城)을 지칭하는 뜻이라고 나관중은 오해하여 공성계 이야기의 배경을 서성이라고 작성하였다. 하지만 이 두 개의 '서성'은 동일한 지역이 아닌 각기 다른 두 개 현의 지역명이다. 가정 부근에 위치한 서현은 지금의 감숙성(甘肅省) 예현(禮縣)이며, 한중에서는 서북쪽에 위치한 지역이다. 반면에 사마의가 공격을 진행하였던 서성현은 지금의 섬서성(陝西省) 안강시(安康市)이며 한중의 동쪽에 위치한 지역이다. 이 두 지역의 직선거리는 8백리나 떨어져 있으므로 과연 동일한 지역이라고 할 수 있는가?

89

주방(周魴)이 머리카락을 자르며 조휴(曹休)를 속인 이야기의 진실과 거짓

周魴詐降騙曹休(取自明崇禎年版《英雄譜》)
주방사강편조휴(명·숭정년판〈영웅보〉)

〈삼국연의(三國演義)〉에서 거짓항복의 계략을 낸 이야기는 한 편의 시리즈로 만들 수 있을 만큼 다양하게 존재하고 있다. 주방(周魴)이 머리카락을 자르면서 조휴(曹休)를 속인 이야기는 앞서 이야기한 내용과 같이 거짓항복과 관련된 이야기 중의 하나이다.

조위(曹魏)가 차지하고 있는 회남(淮南)의 장수인 조휴는 동오(東吳)의 파양(鄱陽) 태수(太守)인 주방의 밀서를 받게 되었다. 서신에는 주방이 자신이 태수로 있는 지역과 함께 투항하겠다는 내용과 더불어 이를 구실로 동오(東吳)를 공격하자는 이야기가 담겨 있었다. 그리하여 조위의 조정은 조휴 등 3갈래로 대군을 보내어 동오로 진격하는 명을 내렸다. 손권(孫權)은 적들의 공격에 응전하기 위하여 육손(陸遜)을 총사령관으로 강남(江南)의 81주(州)와 형호(荊湖)지역 70여만 병력을 3갈래로 나누었다. 이때 주방은 조휴를 맞이하였고 조휴는 "사람들이 말하기를 당신의 말 속에 다양한 계략이 숨겨져 있는 것 같아 이제까지 한 말이 사실이 아닐 수도 있다고 걱정하였소, 그러나 내가 보기엔 당신이 나를 속일 사람으로는 보이지 않소."라고 말하였다.

주방은 갑자기 크게 울면서 옆 사람이 차고 있던 칼을 빼낸 다음 자결을 하려고 하였지만 조휴가 황급하게 그의 행동을 제지하였다. 주방은 검을 들고 말하기를 "나의 충심을 하늘을 향해 보여주겠습니다!"라고 말하였고 다시금 칼을 목에 대어 자결을 시도하였다. 이에 조휴는 황급하게 주방을 끌어안고 "나는 그저 장난으로 말한 것뿐이오!"라고 말하였다. 그러나 주방은 손에 들고 있는 검으로 자신의 머리카락을 자른 다음 땅바닥에 던지며 "나는 부모가 남겨주신 머리카락을 자름으로써 나의 마음을 보여주겠습니다!"라고 말하였다. 주방의 이러한 행동에 조휴는 그를 깊이 신뢰하게 되었다. 조휴의 마음을 얻은 주방은 곧바로 비밀리에 육손에게 상황을 보고하였고 육손은 적들이 필히 지나가야 되는 석정(石亭)의 산길에 주력부대를 매복시켰다. 주방이 조휴를 데리고 석정에 도착하자마자 주방은 도망칠 기회를 엿보게 되었고 그가 자리를 떠나자 육손은 곧바로 맹렬한 공격을 퍼부어 위군(魏軍)이 크게 패하게 되었으며 조휴는 사력을 다하여 겨우 목숨을 구하여 도망칠 수 있게 되었다. 이 전투로 오군(吳軍)은 적군의 수레와 소와 말과 당나귀, 그리고 다량의 전투물자를 노획할 수 있게 되었으며 적 병력 수 만 명의 투항을 받아내게 되었다.

위의 내용과 같이 이처럼 중요한 전투와 전공을 세운 이야기는 역사서 〈삼국지(三國志)〉의 〈주방전(周魴傳)〉, 〈육손전(陸遜傳)〉, 〈조휴전(曹休傳)〉 등에 기록되어 있다. 〈삼국연의〉의 내용을 역사기록과 비교하였을 때, 사실성과 허구성이 서로 반반이라는 것을 알 수 있다. 우선 이야기의 기본 골격인 주방이 손오의 신하로서 파양에서 태수의 직책을 맡았다는 것과 조휴가 회남에서 사령관으로 있었던 상황과 주방이 밀서를 보내 조휴에게 거짓으로 항복하는 계책을 내었고 조휴는 계략에 걸려들어 육손이 이끄는 부대와 석정에서 교전하였으며 결국에는 오나라가 승리하였다는 내용들은 모두 역사적 근거를 토대로 작성된 사실이다.

하지만, 구체적인 내용에서는 많은 허구와 과장 그리고 잘못된 설명이 포함되어 있다. 역사기록에서는 실제로 주방과 조휴가 서로 연락을 주고 받았다고 기록하였지만 소설에서처럼 직접 만난 것이 아니라 모든 과정이 자신의 심복을 시켜 서신으로만 연락한 사이이며, 나아가 조휴와 함께 석정으로 가는 길을 앞장서 인도한 일도 사실이 아니다.

두 번째로는 손오의 국가자원에 대한 부분의 과장이다. 역사서에서 손오는 4개주(州), 43개군(郡), 23만 병력 230만 인구를 보유한 나라라고 기록하였다. 위의 내용은 석정에서 전투를 하였던 시기가 아닌 손오말기 국가가 발전하여 국력이 증가하였을 때의 수치이다. 그러므로 앞서 소설에서 설명한 81개주와 형호에서 파견된 70만여 병력은 역사서에서 기록되어 있는 지역의 20배이며, 병력 또한 3배나 과장된 수치이다.

마지막으로 주방이 자신의 머리카락을 자른 부분에 있어서는 큰 오류를 가지고 있다. 역사서에서는 주방이 조휴의 신뢰를 얻기 위하여 투항서를 보내기 전 손권과 함께 한판의 연극을 사람들에게 보여주었다고 기록하고 있다. 손권은 파양태수에 대한 불법행위를 추궁하기 위하여 지속적으로 사람을 보내게 되었는데 이에 주방은 직접 손오의 수도인 건업(建業), 지금의 강소성(江蘇省) 남경시(南京市)로 향하게 되었다. 이 과정에서 파양의 상급기관인 양주(揚州)시 주정부(州政府)의 문 앞에서 '하발(下髮)'을 하면서 사죄를 하였다. 여기서 '하발'의 정확한 의미는 머리를 모두 깎아내는, 즉 삭발을 한다는 뜻이며, 〈삼국연의〉에서 이야기하는 머리카락의 일부분을 잘라내었다는 것은 알맞은 해석이 아니다. 당시에 벌을 받아 노역을 하는 사람들은 모두 삭발을 하였는데 이를 '곤(髡)'이라 지칭하였다. 그래서 주방도 자진하여 머리를 밀고 죄인의 신분으로서 죄를 용서받으려는 행위를 하였다. 이렇게 생동감이 넘치는 연극을 보여줌으로써 다른 사람들을 더욱 효과적으로 속일 수 있었으며, 이러한 소식은 곧바로 조위에게까지 전해지게 되었다. 그러므로 주방이 자신의 머리를 자른 장소는 건업에 위치한 주정부 문 앞이며 소설에서 설명하였던 조휴의 면전이 아니라는 것을 알 수 있다. 결과적으로 〈삼국연의〉 속 내용에서 장소적 오류와 '하발'의 의미를 잘못 해석한 오류를 범하게 되었다.

손권(孫權)이 집권하고 있던 황무(黃武) 7년(서기 228년) 석정에서의 화려한 승리는 군사적으로 많은 변화를 남기게 되었다. 과거 회남지역에서 손오는 계속하여 수비적인 전략으로 일관하였지만, 이 전투를 기점으로 공세적인 전략방향을 수립하게 되었다. 그리고 정치적으로는 손권이 황제로 등극할 수 있는 명분을 주어 석정전투 2년 뒤 봄에 자신의 신분을 오왕(吳王)에서 황제로 승격시켰다. 그리하여 삼국을 이끄는 군주들은 모두 황제라는 칭호를 가지게 되었다.

90

제갈각(諸葛恪)이 '자유(子瑜; 제갈근)의 당나귀'라고 말한 이야기의 진실과 거짓

諸葛恪畫像(取自清光緒廿五年版《〈三國志演義〉全圖》)
제갈각화상(청·광서이십오년판〈삼국지연의전도〉)

오늘날 널리 유행하는 풍자와 유머스런 해학으로 정답을 맞추는 '넌센스 퀴즈'를 모두가 잘 알고 있을 것이다. 이 게임은 일찍이 삼국시대에도 존재하였는데 아마 이러한 사실을 잘 알고 있는 사람은 극히 드물 것이다. 이와 관련된 〈삼국연의(三國演義)〉 속 내용을 알아보면서 이야기를 이어 가보자.

황용(黃龍)원년(서기 229년) 4월에 손권(孫權)은 무창(武昌)의 남쪽 외곽에 제단을 건설하고 거기에 올라 자신을 황제의 지위로 등극시켰다. 그리고 나서 자신의 아들인 손등(孫登)을 황태자로 즉위시키고 제갈근(諸葛瑾)의 큰아들인 제갈각(諸葛恪)과 장소(張昭)의 차남인 장휴(張休)를 좌보우필(左輔右弼)하게 명하였다. 그렇다면 제갈각은 어떻게 황태자의 수석 지도선생님이 되었을까? 그 이유는 제갈각은 '키가 7척(尺)이고 매우 총명하며 대처능력이 뛰어난 인물로 손권이 매우 아끼는 사람'이었기 때문이다. 그가 총명하였다는 근거는 두 가지로 제시할 수 있는데 첫 번째 일화는 제갈각이 6살 때 동오(東吳)에서 큰 연회를 열었는데 그 자리에 제갈근과 제갈각이 동시에 참석하였다. 손권은 제갈근의 얼굴이 길고 협소한 것이 마치 당나귀와 닮았다고 생각하여 사람을 불러 당나귀 한 마리를 연회자리에 끌고 오도록 분부하였다. 그리고 나서 분필을 가지고 당나귀 얼굴에 '제갈자유(諸葛子瑜)'라는 네 글자를 써놓았다. 연회에 참석한 모든 사람들이 이를 보고 크게 웃었지만 제갈각이 앞으로 나와 분필을 들고 손권이 써놓은 글씨 옆에 '지려(之驢)'라는 두 글자를 추가하여 '제갈근의 당나귀'라는 말로 바꿔놓았다. 자리에서 웃던 사람들은 모두 웃음을 멈추고 경악을 금치 못했다. 그러나 손권은 크게 기뻐하며 연회에 있던 당나귀를 제갈근에게 상으로 내려 주었다. 제갈각이 자신의 지혜를 발휘한 두 번째 일화는 다른 연회에 참석하였을 때 일이었다. 손권은 자리에 있는 사람들에게 차례로 술을 권하였지만 노신(老臣)인 장소의 차례에서 그는 술을 거절하였고 "이는 노년에 몸을 관리함에 있어서 예의가 아닙니다."라고 말하였다. 그러자 손권은 제갈각에게 "어떻게 하면 그가 술을 마실 수 있게 하겠는가?"라고 물어보았고 제갈각은 장소에게 “과거 강태공(姜太公)이 90이 되었을 때, 병사들을 이끌고 직접 출정하면서 자신은 아직 늙지 않았다고 했습니다. 지금 전쟁을 앞둔 상황에서 뒤에 계신 분이 오늘 이 자리에서 술을 마시고 전투의 앞에 계실 것이면서 어찌하여 술을 마시는 것이 노인의 몸을 관리하는 것에 소홀한 것으로 말하십니까?”라고 말하였다. 장소는 아무런 대답을 하지 못하였고 할 수 없이 술을 마시게 되었다. 그리하여 위와 같은 이유로 손권은 제갈각을 매우 아끼게 되었고 태자의 지도선생님으로 임명하였다.

위 ‘자유지려(子瑜之驢)’의 이야기는 과연 사실일까? 이에 대한 대답은 ‘내용은 사실이나 다소 문제점이 존재한다.’라고 할 수 있다.

이 이야기는 역사서 〈삼국지 · 제갈각전(三國志 · 諸葛恪傳)〉에 명확히 기록되어 있다. ‘제갈각의 부친인 제갈근의 얼굴은 마치 당나귀와 흡사하다. 손권이 큰 연회를 열어 대소신료들을 불러모은 자리에서 사람을 시켜 당나귀를 대령하라고 명하였다. 그리고 나서 그 당나귀 목에 현판을 걸어 ‘제갈자유(諸葛子瑜)’라는 글씨를 써넣었다. 이에 제갈각은 무릎을 꿇고 손권에게 “붓을 내어주신다면 제가 두 글자를 덧붙이도록 하겠습니다.”라고 손권에게 간청하였고 손권은 청을 받아들여 제갈각이 글자를 쓰도록 허락하였다. 그러자 제갈각은 ‘지려’라는 글자를 덧붙이게 되었고 자리에 앉아있는 손권은 크게 기뻐하며 제갈각에게 그 당나귀를 상으로 내렸다.’라는 내용이 존재한다. 이러한 기록을 비교하였을 때, 〈삼국연의〉와 역사기록은 동일한 내용을 담고 있다는 것을 알 수 있다. 하지만, 소설에서는 제갈각의 나이를 ‘6세’라고 설명하고 어린 그가 글씨를 쓰기 위하여 사용한 필기도구는 ‘분필’이라고 묘사하였지만 이는 역사적 근거가 결여되었으며, 당연히 사실이 아닌 허구적 내용이다. 또 다른 부분으로는 역사서에서 기술하고 있는 '장검기면(長檢基面)'이라는 부분의 정확한 해석은 당나귀 얼굴에 긴 표식을 걸었다라고 하여야 한다. 이는 역사서를 제대로 해석하지 못하고 오독한 부분이라 할 수 있다. 그러나 이러한 오독이 있었음에도 불구하고 이야기의 큰 줄기는 모두 사실과 동일하다.

위의 내용 밖에 역사서는 제갈각에 대하여 다른 기록을 남겨놓았다. '제갈각의 자(字)는 원손(元遜)이며 머리회전이 빠르고 말재간이 뛰어난 사람으로서 손오(孫吳) 내에서는 그를 능가할 인물이 없다고 하였다. 그의 말재간과 관련된 재미난 이야기들이 다수 존재하였는데 황태자 손등이 제갈각을 놀리기 위하여 "원손은 말의 분변(糞便)을 먹어도 된다."라고 말하자 제갈각은 "태자는 계란을 드셨으면 좋겠습니다."라고 하였다. 이에 손권이 왜 그렇게 말하였는지 이유를 묻자 제갈각은 "계란과 말의 분변은 모두 같은 곳에서 나오지 않습니까!"라고 대답하였다. 손권은 멈추지 못할 정도로 웃었다.'라고 기록하였으며 이와 같이 손권은 그의 언변을 매우 좋아하여 태자의 선생님이 되도록 하였으며, 손권이 죽기 직전에는 수석집정대신(首席執政大臣)으로 임명하여 10살 밖에 되지 않은 어린 손등(孫登)을 보좌하도록 부탁하였다. 그러나 이처럼 뛰어난 말재간과 임기응변은 정치에 있어서 꼭 도움이 되거나 잘 이끌어 나가는 것은 아니다. 제갈각은 집정관으로서 1년 반이 되었을 때, 사려가 깊지 않고 매사에 겉치레를 신경 쓰고 일처리가 현실적이지 못한 이유로 궁궐에서 자신의 정적에게 죽임을 당하였다. 그 후, 그의 시신은 수도 건업성(建業城) 남쪽에 위치한 석자강(石子崗) 지금의 남경시(南京市)에 우화석(雨華石)으로 유명한 우화대(雨華臺) 일대에 버려지게 되었다. 그의 이름이 묻혀졌을 뿐만 아니라 제갈각으로 인하여 손오(孫吳) 정권은 쇠락의 길로 빠져드는 비극을 맞이하게 되었다!

91

제갈량(諸葛亮)이 '목우유마(木牛流馬)'를 사용하여 군량을 수송한 이야기의 진실과 거짓

木牛流馬運糧(取自清光緒九年版《三國志演義全圖》)
목우유마운량(청·광서구년판〈삼국지연의전도〉)

제갈량(諸葛亮)이 북벌의 걸림돌이었던 식량수송문제를 해결하기 위하여 종이에 그림을 그려 도면을 완성하였고, 그것을 사람들에게 알려주어 목우(木牛)와 유마(流馬)를 제작하도록 하였다. 이 목우와 유마는 목재로 제작한 물건이었지만, 그 기능은 매우 신기하였다. 식량을 수송할 때, 물과 식량이 필요없으며 산을 오르거나 내려오는 것이 가능하고 밤낮으로 멈추지 않고 이동이 가능하였고 사람의 힘이 크게 필요가 없었다. 그러므로 촉군(蜀軍)은 순탄하게 군량수송문제를 해결할 수 있게 되었다. 이러한 소식을 들은 사마의(司馬懿)는 크게 놀라며 즉시 병사를 보내어 적들의 신식 기구를 뺏어오라고 명하였다. 제갈량이 제작한 목우와 유마를 노획한 위군은 그것을 분해하여 세밀하게 분석한 결과 이 기구들은 복잡하지 않고 복제가 가능하다고 판단하였다. 그리하여 사마의는 장인들을 불러 같은 크기의 복제품 생산을 지시하였고 성공적으로 제작을 완료하게 되었다. 복제품의 성능을 시험하는 과정에서 상상이상의 성능을 발휘하자 위군(魏軍)의 장수들은 기쁨을 감추지 못하였다. 자신이 제작한 목우와 유마가 위나라에서도 복제품이 생산되고 있다는 이야기를 들은 제갈량은 크게 기뻐하며 "나는 이를 예상하고 있었다!"라고 말하였다. 본래 목우와 유마 내부에 비밀장치를 설계해 두어 그것들의 혀를 돌려놓았을 때 움직이지 못하도록 만든 것이며 이를 활용하여 제갈량은 위나라의 군량과 말먹이를 노획할 계획을 세우게 되었다.

하루는 위군이 목우와 유마를 이용하여 군량을 수송하고 있을 때, 도중에 촉군에게 군량을 빼앗기게 되었다. 이에 사마의는 대군을 이끌고 촉군을 추격하기 시작하였고, 촉군은 목우와 유마의 혀를 돌려놓고 그것들을 내버려 두고 도망쳤다. 위군은 다시금 자신들의 목우와 유마를 회수하여 되돌아가려고 하였지만 그것들은 꿈쩍도 하지 않았다. 목우와 유마를 움직일 방법을 찾던 중에 갑자기 북과 호각 소리가 하늘에 울려 퍼지며 촉군이 위군을 향하여 3갈래길로 돌격을 하였다. 위군은 전투에서 대패하여 도망치게 되었고 촉군은 남겨진 목우와 유마의 혀를 원상태로 돌려놓아 원활하게 이동시키게 되었다. 이 광경을 멀리서 지켜본 위군은 크게 놀라며 "이는 필히 신께서 도와주시나 보다!"라고 말하며 좌절하면서 본영으로 되돌아 갔다.

이렇게 다채롭고 신비한 이야기는 과연 사실일까?

제갈량이 직접 목우와 유마라는 도구를 설계하여 군량을 수송하였다는 것은 역사서에서도 명확하게 기록된 사실이다. 〈삼국지·제갈량전(三國志·諸葛亮傳)〉에서 '제갈량은 평소에 뛰어난 아이디어를 제시하여 연노(連弩)와 목우 그리고 유마를 제작하게 되었다.'라는 내용이 존재하며, 직접 〈작목우유마법(作木牛流馬法)〉이라는 책의 집필과 더불어 다양한 버전의 제작법이 남겨져 후세에게 대대로 전달되었다.

하지만, 목우와 유마 입에 비밀장치를 설계한 것과 이를 활용하여 적들의 군량을 대량으로 노획한 이야기는 문학적으로 창조된 허구적 내용들이다. 위 이야기의 초기원형은 원(元)나라시대 〈삼국지평화(三國志平話)〉 속에서 찾아볼 수 있으나 내용의 묘사는 다소 원시적이라는 것을 알 수 있다. 이 책에서 목우와 유마를 앞으로 전진시키기 위해서 나무방망이로 그것들을 때려야 한다고 쓰여져 있다. 또한 제갈량이 만든 것은 한 번에 300보를 갈수 있지만 사마의가 모방하여 만든 것은 한 번에 몇보 밖에는 가지 못하였다고 묘사하고 있다. 나관중(羅貫中)은 이를 세밀하게 가공하였고 역사기록물인 〈작목우유마법〉을 참고하여 합리적이지 못한 부분은 수정하여 사람들이 소설의 내용을 믿게끔 만들었다. 그리고 나서 예술적인 효과를 추가하여 제갈량의 지혜는 어느 누구와도 비교할 수 없는 대상으로 만들어 독자들의 마음속에 제갈량에 대한 이미지를 깊이 각인시키도록 하였다.

제갈량이 목우와 유마를 제작하여 인력과 가축들의 노동력을 절감시킬 수 있게 되었으며, 협소한 산길에 특화되어 북벌에 필요한 군량의 수송을 극대화시켰다. 하지만, 이 두 도구는 과연 구체적으로 어떻게 구성된 기구일까? 구체적인 도형의 모습이 없이 문자로 설명된 이 도구들은 수많은 시간이 흐른 것과 다양한 사람들에 의하여 베껴진 연유로 인하여 그 원형은 많이 퇴색되어 전해지게 되었다. 그러므로 현재까지도 사람들은 목우와 유마에 대한 설명이 하나로 모아지지 않고 어떤 묘사가 맞는지 결론을 내리지 못하고 있다. 작금의 학자들은 두 가지의 주요 의견으로 목우와 유마를 설명하고 있다. 우선은 목우와 유마는 두 종류의 인력으로 견인하거나 밀어서 움직이는 사륜의 목제기구이며, 우마는 적재량이 큰 종류로서 325kg 내외를 수송하며 속도가 비교적 느린 기구이고 유마는 적재량이 비교적 작은 기구로 약 140kg을 수송할 수 있으나 이동속도는 빠른 도구라 할 수 있다. 두 종류의 도구 모두 사륜을 가지고 있음으로 외형적으로는 비슷하나 적재량과 이동속도를 구분하여 소와 말과 비슷하다 하여 각각 '목우', '유마'라 명명하였다고 설명하고 있다. 또 다른 주장으로서는 목우는 바퀴가 하나인 외수레이며 유마는 사륜차(四輪車)라고 설명하고 있다. 이러한 주장에도 불구하고 목우와 유마의 실제 형태가 어떻게 생겼는지는 현재까지도 의견이 분분하며 이는 천년이 지나도 풀리지 않는 하나의 미스터리이다.

92

제갈량(諸葛亮)이 상방곡(上方谷)에서 화공을 한 이야기의 진실과 거짓

火燒上方穀(取自清康熙年版《三國志演義》)
화소상방곡(청 · 강희년판〈삼국지연의〉)

〈삼국연의(三國演義)〉에서 공명(孔明) 선생이 전투에서 절정의 지혜를 발휘한 이야기는 수 없이 나열할 수 있다. 이 편에서 다룰 '화소상방곡(火燒上方谷)'도 마찬가지로 위에서 언급한 내용과 같은 출중한 이야기 중의 하나이다.

공명이 기산(祁山) 앞에 위치한 위수(渭水) 강변에 도착하였는데 거기서 산곡(山谷)을 발견하였다. 그 협곡의 모양이 마치 호리병과 같다 하여 그 지역을 '호로곡(葫蘆谷)' 또는 '상방곡'이라 불렀다. 제갈량은 마대(馬岱)를 불러 비밀리에 상방곡 뒷길을 막으라 하였고 훗날 사마의(司馬懿)의 추격을 받을 것을 대비하여 지뢰와 마른 장작을 모아 화공을 대비하라고 명하였다. 그리고 나서 위연(魏延)에게는 사마의가 출전하거든 그들을 상방곡에 진입하게 만들도록 지시하였고 고상(高翔)에게는 목우(木牛)와 유마(流馬)에 군량을 싣고 협곡 안에서 이동을 하면서 위군(魏軍)을 유인하라고 지시하였다. 마지막으로 제갈량은 직접 병사들을 이끌고 상방곡 근처에 주둔하여 모든 준비를 마치게 되었다. 사마의는 공명이 상방곡에 주둔하였다는 소식을 듣고 병사를 보내어 촉군(蜀軍)의 기산 군영을 공격하라고 명하였으며, 제갈량이 자신의 군영을 구하러 기산으로 되돌아 간 틈을 타서 상방곡에 있는 촉군의 군량을 불태울 계획을 세웠다. 사마의가 지휘하는 병사들이 상방곡 안에 들어가게 되자 산 위에서 갑자기 불이 떨어지면서 협곡의 입구가 막히게 되었다. 곧바로 불화살이 협곡 안으로 떨어지자 바닥에 매설되어 있던 지뢰가 터져버렸다. 이러한 상황을 맞닥뜨린 사마의는 자신의 두 아들을 껴안고 울면서 "우리 부자 세 명은 모두 여기서 죽게 되는구나!"라고 소리쳤다. 하지만 갑자기 협곡에 큰 바람이 불어 닥치고 소나기가 내리자 불길이 잦아들고 얼마 지나지 않아 모두 꺼져버렸다. 그러자 사마의는 이 기회를 놓치지 않고 곧바로 탈출하게 되었지만 자신이 주둔하고 있던 위남(渭南)의 군영은 이미 촉군에 빼앗기게 되어 그는 할 수 없이 위수의 북쪽 강변으로 피신할 수 밖에 없었다. 제갈량은 병사들을 이끌고 오장원(五丈原)에 부대를 주둔시키게 되었고, 지속적으로 적들을 도발시켰으나 사마의는 도발에 응하지 않고 다시는 군대를 먼저 출전시키지 않았다.

이렇게 생동감이 넘치는 이야기는 아쉽게도 모두 작가의 붓에서 탄생된 문학이 가미된 허구적 내용들이다. 총 3가지의 초월점을 통해서 이 이야기가 사실이 아닌 것을 알 수 있다.

우선은 공간적 초월이다. 사건의 발생지는 소설에서 '기산 앞, 위수 동서'라 묘사하였고 사마의 부자(父子)가 도망치자마자 제갈량은 '군사를 이끌고 오장원에 주둔하였고 적들을 피곤하게 만들 정도로 도발하였다.'라고 쓰여져 있다. 그리하여 소설에서는 기산, 위수, 오장원을 모두 같은 지역으로 묶어 사건의 발생지역이라고 설명하고 있지만 과연 기산은 어디에 위치한 지역일까? 기산은 지금의 감숙성(甘肅省) 예현(禮縣) 동쪽 20km 떨어진 기산보(祁山堡)이다. 제갈량의 대본영인 한중군(漢中郡)의 서북쪽에 위치하였으며 한중에서 롱우(隴右)로 진입하기 위하여 거쳐야 되는 군사적 요충지이다. 그렇다면 오장원은 어디인가? 이 지역은 오늘날 산서성(山西省) 기산현(岐山縣)의 남쪽으로 20km 떨어진 곳인 오장원진(五丈原鎭)이다. 한중군에서 북쪽에 위치하였으며 관중평원(關中平原)으로 진입하기 위한 군사적 요충지이다. 기산과 오장원은 각각 서쪽과 동쪽에 위치해 있으며 직선거리로 4백리나 떨어진 지역으로서 이 공간을 하나로 묶어 초월한다는 것은 현실적으로 불가능한 일이다. 소설에서는 '기산 앞, 위수 동서'라고 묘사하였는데 실제로 기산 앞에는 강이 흐르고 있으나 이는 위수(渭水)는 아니며 서한수(西漢水)의 상류부분이고 당시에는 '양수(瀁水)'라 불려졌다. 위수는 기산에서 북쪽으로 약 1백리나 떨어진 곳에 위치한 강이므로 이 또한 동일한 지역에 위치한 장소라 할 수 없으며 공간을 초월한 것이라고 설명할 수 있다.

두 번째로는 시간대를 초월한 부분이다. 상방곡 또는 호로곡이라는 지명은 동한삼국(東漢三國) 역사서나 심지어 청(淸)나라시대 건륭제(乾隆帝) 때 편찬한 〈사고전서(四庫全書)〉라는 각 시대의 기록들을 종합한 서적에도 존재하지 않는 내용이다. 오늘날의 오장원진의 동쪽 8km 떨어진 미현(眉縣)에 호로곡의 이름이 변형된 호로욕(葫蘆峪)이 존재하며, 여기에는 무후(武侯; 제갈량)를 기리는 사원이 세워져 있다. 호로욕이라는 지명은 원나라 이후 전국 각지의 다양한 지역에서 출현하기 시작하였다. 섬서(陝西)에도 존재한 이 지명은 청나라 옹정(雍正)시기 〈섬서통지(陝西通志)〉의 기록에 따르면 위남현 동남쪽으로 40리 떨어진 곳이라 하였으며 이는 앞서 이야기한 매현이 아니다. 또한, 매현에 위치한 호로욕에 대한 지명유래의 기록이 존재하지 않기 때문에 호로욕이라는 지명으로 불려진 것은 청나라 옹정시기 이후라고 추정할 수 있다. 만약 이러한 지명에 따라 사건의 발생지가 앞서 언급한 장소가 맞다고 하였을 때 원나라 말기 명나라 초기에 살았던 나관중 선생은 400년 후의 일을 알고 소설을 집필하였다는 것 밖에는 설명이 되지 않는다.

마지막으로 화약 사용시기에 대한 시간적 초월이다. 소설에서는 공명 선생이 지뢰를 사용하여 적들을 공격하였다고 묘사하고 있다. 지뢰는 화약이 필요한 무기이며, 화약이 무기로서 사용된 시기와 배합방법이 발견된 시기는 북송(北宋)의 인종(仁宗)시기에 가장 처음으로 사용하였다고 〈무경총요(武經總要)〉에서는 기록하고 있다. 그러므로 제갈량이 화약을 사용하였다면 역사기록을 뒤집어 남들보다 800년 앞서 화약을 활용하였다고 설명하여야 하기 때문에 이는 화약이 800년의 세월을 앞질렀다고 이야기 할 수 있다.

93

죽은 제갈량(諸葛亮)이 살아있는 중달(仲達)을 몰아낸 이야기의 진실과 거짓

死諸葛走生仲達(取自明崇禎年版《英雄譜》)
죽은 제갈량이 살아있는 중달을 쫓아낸다(명·숭정년판〈영웅보〉)

〈삼국연의(三國演義)〉 속 제갈량은 생전 뿐만 아니라 죽어서도 그 위엄을 떨치기도 하였다. 이를 믿지 못한다면 아래의 이야기를 살펴보면서 내용을 알아보자.

제갈량(諸葛亮)이 병사하기 직전 훗날에 일어날 일들을 미리 대비할 수 있도록 준비하였다. 양의(楊儀) 등이 이러한 유지를 받들어 제갈량이 죽었다는 것을 비밀에 부치고 천천히 병사들을 후퇴시켰다. 후퇴하는 적군을 쫓아 사마의(司馬懿)는 공격을 하였는데 갑자기 포성과 땅을 뒤흔드는 함성소리가 들렸지만, 눈에는 촉군(蜀軍) 병사들이 깃발과 북을 되돌리는 모습 밖에 보이지 않았으며 깃발에는 '한승상(漢丞相) 무향후(武鄕侯) 제갈량'이라 쓰여져 있었다. 또다시 적군을 바라본 사마의는 10여 명의 병사들이 사륜차(四輪車)를 끌고오는 모습을 보았고 그 차에는 공명이 꼿꼿이 앉아 학창(鶴氅)과 조조(皁絛)를 두르고 관건(綸巾)을 쓴채 우선(羽扇)을 흔드는 모습을 보게 되었다. 그러자 그는 매우 놀라 "공명이 아직 살아있구나! 내가 경솔하게 적진으로 달려들어 계략에 휘말렸다!"라고 말하며 황급하게 말을 돌려 도망쳤고 위(魏)나라 병사들도 혼비백산하여 갑옷과 투구 그리고 창과 극을 내던지고 각자의 목숨을 부지하기 위하여 도망치기 시작하였고 이 과정에서 많은 병사들은 서로 짓밟혀 죽었다. 사마의는 너무 놀란 나머지 자신의 머리를 쓰다듬으며 "내 머리가 아직 달려있는가?"라고 말하였다. 이튿날 사마의는 공명이 확실히 죽었다는 소식을 듣고 앞서 보았던 공명의 모습은 단지 목각인형이라는 것을 알게 되었다. 그러자 사마의는 탄식을 하면서 "내가 산사람이면 어떻게라도 하였을 것인데 죽은 사람에게는 어찌할 수가 없구나!"라고 말하였고 촉(蜀)사람들은 이를 두고 '죽은 제갈량이 산 중달(仲達)을 쫓아냈다.'라는 속담을 만들게 되었다.

원(元)나라시대 〈삼국지평화(三國志平話)〉에서 이미 위 이야기의 초창기 버전이 존재한다. 사마의는 제갈량이 죽었다는 소식을 듣고 군대를 이끌고 그의 시체를 빼앗으려 하였다. 그러나 결국은 매복에 당하여 사마의는 전투에서 패배하였고 장안(長安)에는 이 전투를 '죽은 제갈량이 산 중달을 도망치게 하였다!'라고 이야기하였다. 나관중(羅貫中)은 〈삼국지평화〉에 존재하였던 이 이야기를 토대로 예술적 가공을 통하여 이야기의 내용이 보다 풍부해질 수 있도록 만들었다.

그렇다면 이 이야기는 과연 사실일까?

〈삼국지·제갈량전(三國志·諸葛亮傳)〉을 배주(裴注)가 인용하여 집필한 〈한진춘추(漢晉春秋)〉의 기록에서는 제갈량이 죽은 뒤에 양의(楊儀) 등은 부대를 정돈시키고 퇴각하기 시작하였고 사마의는 이를 놓치지 않고 추격하였다. 양의는 갑자기 깃발의 방향을 바꿔 들고 임전을 위한 북소리를 울리게 하여 마치 사마의와 일전을 벌일듯한 자세를 취하였다. 이에 사마의는 추격하는 것을 멈추고 잠시 후퇴하였으며 무리하여 돌격하지 않았다. 양의는 이 기회를 놓치지 않고 전열을 가다듬고 후퇴하였고 사곡구(斜谷口)에 진입해서야 제갈량의 장례를 시작하게 되었다. 그리하여 백성들은 이 이야기를 두고 '죽은 제갈량이 산 중달을 물리쳤다.'라는 속담을 만들어 내었다.

역사 기록과 〈삼국연의〉를 비교하였을 때, '죽은 제갈량이 산 중달을 쫓아낸' 말과 촉군(蜀軍)이 후퇴를 하면서 사마의의 지속적인 공격을 받았다는 과정은 모두 사실이라는 것을 알 수 있으며 소설 속 내용의 기본골격은 모두 역사서와 일치한다. 다만, 촉군이 제갈량의 목각 모형을 가지고 상대방을 교란시키고 이 때문에 위군이 혼란에 빠져 수많은 병사가 죽었다는 것과 사마의가 자신의 머리가 무사히 달려있는지 확인하였던 부분 등의 세부적 묘사들은 모두 나관중의 붓에서 창조된 허구이자 과장들이다. 그러므로 위 이야기는 반은 진실이며 반은 거짓인 이야기라고 할 수 있다.

사실 이야기의 내용을 풍부하게 구성하며 사실적 요소들이 퇴색되지 않도록 하는 방법으로서, 나관중(羅貫中)은 역사서인 〈진서(晉書)〉

를 충분히 활용하였으면 좋았을 것이다. 〈진서〉 중 〈선제기(宣帝紀)〉 편에서 전문적으로 사마의의 전기를 다룬 내용이 존재하며 이 밖에도 당시 촉군이 후퇴하였을 때의 내용을 생동감 있게 묘사한 부분도 포함되어 있다. 기록에서는 촉군이 후퇴를 하고 나서 사마의는 즉시 오장원(五丈原)에 올라 제갈량의 부대가 버리고 간 군영을 수색하면서 '천하의 기재(奇才)구나'라는 탄식을 하게 되었다. 당시에 촉군이 버려두고 간 문서와 식량 등으로 판단하였을 때 확실히 제갈량이 죽었다는 것을 알고 병사들을 보내어 추격을 명하였다. 이에 대하여 촉군은 사전에 수많은 가시를 풀어 놓아 추격을 대비하였다. 사마의는 2천 명의 건장한 병사들을 뽑아 물렁한 나무로 만든 나막신을 발에 신기고 천천히 전진하게 시켜 가시들이 나막신에 달라붙게 만들어 길을 트이게 하여 포곡(褒谷)의 적안(赤岸) 오늘날의 섬서성(陝西省) 유파현(劉垻縣) 동쪽까지 추격하였다. 여기서 묘사하는 질려(蒺藜; 가시)는 실물이 출토되었는데 4방향으로 뾰족한 가시가 돋아 있으며 각 바늘은 3cm이며 필요시 바닥에 흩뿌려 사람과 말의 발을 찌르는 무기로서 후세 사람들은 '찰마정(扎馬釘)'이라 불렀다.

〈삼국연의(三國演義)〉에서는 사마의를 담이 작고 비열한 인물로 묘사하였다. 이는 제갈량을 돋보이기 위한 문학적 수단으로 활용하였지만 실제 역사 속의 사마의는 정치적인 안목과 군사운용이 뛰어나 삼국시대 찾아보기 힘든 문무를 겸비한 인물이다.

94

제갈량(諸葛亮)이 죽기전 위연(魏延)을 참수하라고 분부한 이야기의 진실과 거짓

遺計斬魏延(取自淸康熙年版《三國志演義》)
유계로 위연을 죽인다(청·강희년판〈삼국지연의〉)

〈삼국연의(三國演義)〉에서 제갈량이 계책을 활용함에 있어서 두 가지 방법이 존재하였다. 첫째는 자신이 직접 현장에서 계략을 실행하는 것과 또 다른 방법은 다른사람에게 미리 계책을 알려주고 때가 되면 그 사람이 계략을 행동으로 옮기는 것이다. 두 개의 방법 중에 후자가 더 신묘하다고 할 수 있는데 그 이유는 앞으로 다가올 미래를 예측하여야 하기 때문에 계책을 수립하고 실행함에 있어서 난이도가 더 높다. 그리하여 사전에 금낭(錦囊)에 계책을 넣어 활용한 이야기인 '금낭묘계(錦囊妙計)'가 후세의 사람들에게 크나큰 칭송을 받는 이유이기도 하다. 이 편에서 다룰 이야기도 제갈량이 죽기전 마지막으로 금낭에 계책을 넣어놓은 내용이며 〈삼국연의〉에서 '유계참위연(遺計斬魏延)'이라는 제목의 이야기이다.

제갈량은 죽기직전 자신이 직접 편지를 써 수하인 양의(楊議)를 자신의 처소로 불러들였다. 그리고 나서 금낭을 건네주고 비밀리에 지시하기를 "내가 죽으면 위연이 필시 병사를 일으켜 반란을 할 것이다. 때를 기다려 그가 반란을 일으키면 금낭을 열어보고 그때 직접 위연을 참수하라."라고 하였다. 제갈량이 세상을 떠난 뒤, 그의 말대로 위연은 거병(擧兵)을 하고 양의와 강유(姜維)가 주둔하고 있는 남정(南鄭)을 공격하였다. 양의는 응전하기 전에 제갈량으로부터 받은 금낭을 열어보았으며 안에 있는 지시대로 '누가 나를 죽일 수 있겠는가?'라고 연달아 세 번을 외치며 위연을 도발하였다. 첫 외침의 도발에 응한 위연은 등뒤에 있던 마대(馬岱)의 칼에 참수되어 죽음을 맞이하게 되었다. 사실 마대는 제갈량이 죽기 전 특별히 위연 곁에 잠입시킨 암살요원이다.

원(元)나라시대 〈삼국지평화(三國志平話)〉에서 공명이 죽은 뒤 위연을 참수하는 내용이 존재하지만 매우 간략하게 묘사되어 있으며 위연을 죽인 인물도 마대가 아닌 강유라고 쓰여져 있다. 〈삼국연의〉에서는 2회에 걸쳐서 위 내용을 그려내었다. 이를 통하여 후세의 사람들은 제갈량이 죽은 뒤에도 미래를 내다보고 신묘한 계책을 완수하였다는 것에 감탄을 하였으며 심지어 어떤 사람들은 남의 칼을 빌어서 사람을 죽인다고 말하기도 하였다. 그렇다면 위의 이야기는 과연 사실일까? 역사상의 위연은 어떠한 인물이었을까?

정사 〈삼국지·위연전(三國志·魏延傳)〉에 따르면 제갈량의 병이 위독해졌을 때, 비밀리에 양의와 비의(費褘), 강유 등을 불렀다. 이 자리에서 제갈량 사후 병사들의 퇴각계획을 논의하였는데 위연은 후방을 막는 자리에 배치하였고 강유는 그 앞의 부대를 지휘하도록 지시하였다. 그리하여 만일 위연이 제갈량의 명령에 불복하더라도 이와 상관없이 순조롭게 퇴각할 수 있도록 준비하였다. 제갈량의 말대로 위연은 후방을 담당하는 명령을 따르지 않고 병사들을 이끌고 남쪽으로 향하기 시작하였고 자신들이 지나왔던 잔도(棧道)에 불을 놓아 길을 막았다. 얼마 지나지 않아 위연과 양의는 각자 조정에 서로 반역을 도모하였다는 내용의 서신을 보냈다. 후주(後主; 유선)는 대소신료의 의견을 물었고 모두들 양의를 신뢰하고 위연을 의심하는 것으로 말하였다. 위연이 이끄는 병사와 부하들도 그를 신뢰하지 않아 모두 뿔뿔이 흩어져 위연은 자신의 아들과 가족을 데리고 한중으로 피신하였고, 이에 양의는 마대를 보내어 끝내 위연의 목을 쳐 그는 죽게 되었다.

역사기록과 〈삼국연의〉를 비교하였을 때, 이야기는 진실과 거짓이 반으로 섞여있다는 것을 알 수 있다. 특히 후반부의 '참위연(斬魏延)'의 부분은 마대가 한 일이라는 것이 사실이며 앞의 '유계(遺計)' 부분은 제갈량이 금낭 속에 계책을 넣어놓아 반란을 사전에 대비하였다는 부분은 역사적 근거가 없기 때문에 허구라 할 수 있다.

역사서에서 위연은 문장(文長)이라는 자를 가지고 있는 촉한(蜀漢)의 중요장군 중의 한 명이다. 그는 용맹하고 호전적이며 여러 번의 전공을 세워 유비(劉備)가 파격적으로 발탁한 인물이다. 훗날 제갈량이 북벌을 진행하면서도 다수의 전투를 승리로 이끌어 중요직책까지 승진할 수 있었다. 하지만 그가 이렇게 비참한 결말을 맞이하게 된 진짜 이유는 두 가지의 '불화' 때문이다. 첫째는 북벌과정에서 모험적인 전략으로 일관하였으며 제갈량이 계획한 절차와 지시에 따르지 않았다는 점이다. 두 번째로는 그의 오만한 성격 때문에 동료들간의 관계가 원만하지 못하였다는 것이다. 공과 사에서 모두 불화를 겪은 위연은 그의 상황을 어렵게 만들었다. 특히 장기적으로 자신의 상황을 난처하게 만든 것과 제갈량이 사망한 중요한 시기에 그 동안 쌓여왔던 원망들이 폭발하여 우발적인 행동과 범죄를 저질러 결과적으로 되돌릴 수 없는 비극을 맞이하게 되었다. 사실 그가 저지른 우발적인 범죄의 대상은 촉한의 정권이 아니라 양의에 대한 개인적인 원한과 분열행위인 것이다. 그가 만일 진정한 반역을 한다면 병사들을 데리고 북쪽에 있는 조위(曹魏)에 투항하는 것이 더 유리하였을 것이지만 하필이면 왜 남쪽에 있는 한중으로 피신하였겠는가? 이를 두고 위연 머리에 '반골(反骨)'이 있어 필시 역모를 꾸민다는 말은 소설가가 제갈량을 신격화하기 위하여 꾸며낸 이야기일 뿐 이를 진실로 받아들여서는 안된다.

95

정봉(丁奉)이 눈밭에서 단병(短兵)을 이끌고 분투한 이야기의 진실과 거짓

丁奉雪中奮短兵(取自清康熙年版《三國志演義》)
정봉설중분단병(청·강희년판〈삼국지연의〉)

강남의 손오(孫吳)는 강으로 얽혀 있어 배들의 왕래가 잦아 수군과 수상전투가 유명한 것으로 알려져 있다. 하지만, 손오의 수군이 강안으로 올라왔을 때도 그 위용은 위축되지 않고 오히려 더 강해질 때도 존재한다. 〈삼국연의(三國演義)〉에서 정봉(丁奉)이 활약한 '설중분

단병(雪中奮短兵)'의 이야기는 이러한 예시를 잘 보여주는 내용이다.

손권(孫權)이 죽고 어린 황태자인 손량(孫亮)이 황제에 등극하게 되었다. 조위(曹魏)는 이 기회를 놓치지 않고 3방향으로 대군을 보내어 손오를 공격하기 시작하였다. 매서운 겨울인 12월에 위군(魏軍)은 호준(胡遵)을 선봉으로 세우고 손오의 요새인 동흥(東興)을 공격하였다. 손오의 총사령관인 제갈각(諸葛恪)은 우선 정봉과 3천 명의 수군을 지원군으로 보내 주었다. 호준은 서당(徐塘)에 군영을 세우고 하늘에서 큰 눈이 내리자 주회(酒會)를 열게 되었다. 그때에 오군의 배 30척이 이쪽으로 향하고 있다는 소식을 듣게 되었고 호준은 영채(營寨) 밖으로 나가 상황을 살펴보았는데 오군의 각 배에는 100여 명 밖에 타고 있지 않아 다시 자신의 막사로 되돌아와 "3천 명밖에 되지 않는데 어찌하여 겁을 먹느냐!"라고 말하였고 아랑곳하지 않고 계속 술을 마셨다. 반면 공격을 진행하는 오군의 정봉은 "대장부가 공을 세워 부귀영화를 누리려고 하는데 그것이 바로 오늘이구나!"라고 말하며 모든 병사들에게 갑옷을 벗고 장창과 극(戟)을 사용하지 않고 오직 단도만 챙겨 전투에 임하도록 명령하였다. 이 모습을 본 위나라 병사들은 크게 웃으며 전투에 대한 대비를 하지 않았다. 그러나 갑자기 3발의 포성이 울리고 정봉이 단도를 들고 선봉에 섰으며 다른 병사들도 그의 뒤를 따라 강안에 내려 위군 영채를 공격하였고 급습에 놀란 위나라 병사들은 손쓸새 없이 죽임을 당하였다. 3천 명의 오나라 병사들은 영채의 각 방향을 휩쓸었고 이에 적군은 대부분 눈밭에 시체가 되거나 강물에 뛰어들어 자살을 택한 이들도 있었다. 호준은 겨우 목숨만 부지하여 도망치게 되었고 오군은 대승을 거두는 것으로 전투가 막을 내렸다.

이렇게 격렬한 전투는 역사서 〈삼국지(三國志)〉의 〈정봉전(丁奉傳)〉

과 〈제갈각전(諸葛恪傳)〉에 상세하게 기록되어 있다. 〈삼국연의〉 속 이 편의 기본적은 내용은 역사서와 동일하게 기술되어 있으며, 허구적인 내용이 일부분 포함된 이야기이다.

하지만, 이야기의 뒷부분인 군사적인 배경은 삼국이야기를 좋아하는 팬 특별히 '군사적인 부분을 좋아하는 팬'에게 보충설명이 필요하다. 손오와 조위의 대결은 주로 두 지역에서 이루어졌는데 하나는 장강 중류에 위치한 형양(荆襄)과 하류에 위치한 회남(淮南)이다. 건안(建安) 16년(서기 211년) 손권은 수도를 건업(建業) 지금의 강소성(江蘇省) 남경시(南京市)로 천도하였다. 건업은 회남과 맞닿아 있는 지역으로 회남은 손오에서 매우 중요하게 방어하여야 하는 지역 중에 하나였다. 그러므로 손권은 같은 해 여몽의 제안을 듣고 유수오(濡須塢)라는 유명한 건축물을 짓기 시작하였다. 이것을 건설한 이유는 무엇일까? 그 이유는 바로 조조(曹操)의 목을 조이기 위함이다. 조조군이 회남을 통하여 손오를 공격하기 위해서 가장 유리한 행군통로는 소호(巢湖)의 남쪽에 위치한 '유수수(濡須水)'라는 하천을 통하여 장강에 진입하는 것이다. 그러므로 장강의 입구인 이 지역에 견고한 성채건설과 더불어 강노(强弩) 1만 장(張)을 준비하여 만일 조조군이 이 하천으로 진입하였을 때 길을 막고 일제히 공격하여 조조군을 옥죄는 작전을 준비하였던 것이다. 제갈각이 어린 황제를 보좌하면서 유수의 동쪽 강안에 위치한 유수산(濡須山)에 보루를 건설하기 시작하였으며, '동성(東城)'이라 불렀다. 그리고 서쪽 강안에 칠보산(七寶山)에도 동일한 보루를 건설하여 '서성(西城)'이라 불렀다. 동성은 '동흥(東興)' 또는 '동관(東關)'이라는 명칭으로도 불려졌다. 조위가 생각하기에 제갈각이 장강의 북쪽에 위치한 자신의 영토에서 이러한 대형 토목공사를 진행하는 것에 용납을 하지 못하였다. 그리하여 위에서 묘사한 전투가 이루어진 것이며 동흥과 서당(徐塘)과의 거리는 그리 멀지 않으며 두 지역 모두 지금의 안휘성(安徽省) 함산현(含山縣) 서남쪽에 위치해 있다.

유수오가 완성되고 나서 손오(孫吳)는 회남방면의 군사적인 우위를 차지하게 되었다. 손오는 위군의 목을 죄고 있었을 뿐만 아니라 자신의 수군(水軍)이 원활하게 장강에서 소호로 진입할 수 있게 하여 소호 북쪽에 위치한 조위의 주요도시인 합비(合肥)에 대한 지속적인 대규모 공격을 감행할 수 있게 되었다. 그리하여 역사적으로 남길만한 다수의 유명한 전투들이 발발하였다. 손권(孫權)이 큰 배를 타고 조조(曹操)군의 영채를 정찰하고 있을 때, 조조는 탄식을 하면서 "아들을 낳으면 손중모(孫仲謀; 손권)와 같은 인물이어야 하는데"라고 말하였다. 손권이 정찰을 하면서 조조군의 화살공격을 받게 되었는데 그때 배의 한쪽이 수많은 공격을 받아 기울어지자 손권은 반대쪽에도 화살이 박힐 수 있도록 배를 돌리라고 명하였고 배는 평행을 되찾아 무사히 돌아갈 수 있게 되었다. 이는 훗날 공명(孔明) 선생이 '초선차전(草船借箭)'을 하였던 이야기의 원형이라고 할 수 있다. 훗날 조위(曹魏)의 장수 만총(滿寵)이 소호부근에 위치한 합비성을 버리고 서쪽 후방에 있는 면험산(面險山) 중턱에 새로운 성을 건설하여 그 지역을 수비하게 되었다. 지금도 새로운 성터가 존재하여 많은 이들이 방문하는 명승고적으로 남겨지게 되었다. 이 이야기들이 모두 흥미롭지 아니한가?

96

손준(孫峻)이 연회에서 계략을 실행한 이야기의 진실과 거짓

孫峻席間施密計(取自清康熙年版《三國志演義》)
손준석간시밀계(청·강희년판〈삼국지연의〉)

고대 황궁(皇宮)의 전당(殿堂)은 화려하고 기품이 넘치는 공간이다. 하지만 때로는 정적들간의 생사를 겨루는 결투장으로 변하기도 하였다. 〈삼국연의(三國演義)〉에서 손오(孫吳)의 황궁도 이렇게 숨막히게 피비린내가 나는 장소로 묘사되는 이야기가 존재한다.

손권(孫權)이 죽고 나서 수석보정대신(首席輔政大臣)인 제갈각(諸葛恪)이 조정의 전권을 장악하게 되었고 이를 토대로 20만의 대군을 이끌고 조위(曹魏)의 군사요새인 신성(新城)을 공격하였다. 전투이전에는 자신만만하였던 그는 뜻밖에 크게 패배하고 돌아오게 되자 자괴감이 들어 병을 핑계로 조정에 입궐하지 않게 되었다. 손준(孫峻), 자원(子遠)이라는 자(字)를 가지고 있으며 손견(孫堅)의 동생인 손정(孫靜)의 증손자이자 손공(孫恭)의 아들인 사람으로서 손권(孫權)이 생전에 총애하여 어림군(御林軍) 즉 황제의 친위대의 지휘권을 수여받았던 인물이다. 하지만 제갈각이 정권을 장악하고 있을 때, 장약(張約)과 주은(朱恩) 두 사람에게 어림군의 지휘권을 넘겨주어 자신의 영향력을 빼앗겨 크게 분노하였다. 때마침 태상경(太常卿) 등윤(騰胤)이 제갈각과 반목하자 손준에게 "제갈각이 전횡을 일삼고 고관들을 살해하기에 이는 신하의 마음을 가졌다 볼 수 없다. 황실에서는 어찌하여 이를 두고만 보십니까?"라고 묻자 손준은 "나도 이를 참고 있었소. 지금이라도 천자(天子)에게 그를 처리하는 것을 묻고 교지를 받아냅시다."라고 하였다. 그리하여 등윤과 손준이 황제인 손량(孫亮)을 찾아뵙고 비밀리에 제갈각에 대한 일을 고하였고 이야기를 들은 손량은 "짐도 그 사람을 보면 공포스러워 늘 제거할 생각을 가지고 있었는데 기회가 찾아 왔구나, 지금 이렇게 충성스러운 등윤과 손준이 있으니 어서 비밀리에 일을 진행하시오."라고 말하였고 등윤은 "황제께서 연회를 열어 제갈각을 부르시고 저는 비밀리에 무사들을 매복시키겠습니다. 그리고 잔을 던지는 것을 신호로 연회 중간에 그를 죽여 후환을 뿌리 뽑겠습니다."라고 말하였고 손량은 이에 동의하였다. 때가 되어 천자는 제갈각에게 연회에 참석할 것을 명하였고 제갈각은 황제 손량을 알현하였다. 황제에 대한 인사가 끝나자 모두 자리에 앉고 술잔을 수차례 돌려가며 술을 마시기 시작하였다. 황제인 손량이 업무를 핑계로 연회자리를 떠나자 곧바로 손준이 일어나 입고 있던 긴 의복을 벗어 던졌고 속에는 짧은 옷에 환갑(環甲)을 두르고 손에는 예리한 칼을 쥐고 있었다. 그리고 어전(御殿) 위에 올라가 "황제께서 역적 제갈각을 죽이라 명하셨다!"라고 큰소리로 외쳤다. 제갈각은 몹시 놀라 잔을 바닥에 던지고 칼을 뽑아 공격에 대응하려 했지만 이미 머리가 잘려 땅에 떨어지고 말았다. 손준은 장수들을 시켜 제갈각의 머리와 시체를 갈대방석에 싸고 작은 수레에 담아 성(城)밖 남쪽에 있는 석자강(石子崗)의 구덩이에 버리라고 명하였다.

이렇게 참혹하고 잔인한 이야기는 과연 사실일까?

당시의 내용이 역사서 〈삼국지(三國志)〉의 〈제갈각전(諸葛恪傳)〉, 〈손준전(孫峻傳)〉, 〈등윤전(騰胤傳)〉과 〈손량전(孫亮傳)〉 등에 기록되어 있다. 〈삼국연의〉와 역사서를 서로 대조하였을 때, 이야기의 기초적인 배경은 모두 역사적 사실에 근거하여 작성되었다는 것을 알 수 있으나 허구적 부분도 다수가 존재한다. 허구적 요소는 세 부분으로 나눌 수 있는데 우선 등윤을 암살에 포함시킨 내용이다. 등윤은 손권(孫權)이 죽기 직전 보정대신(輔政大臣)에 임명한 사람으로서 정직한 인물이다. 이 이야기와 관련된 내용으로서 그는 제갈각이 경솔하게 대군을 이끌고 북벌을 감행한 것에 있어서 반대를 하였지만 제갈각을 죽이려는 의도는 전혀 없었다. 그러므로 등윤이 손준과 손을 잡고 공동으로 계략을 모의하여 제갈각을 제거하였다는 부분은 사실과는 다른 내용이다. 두 번째로는 제갈각이 장약과 주은에게 어림군을 관리하라고 명하여 손준이 기존에 가지고 있던 권력을 빼앗으려 했다는 부분이다. 이를 통하여 손준은 제갈각에 대한 불만을 가지고 그를 제거하려는 마음을 품었다는 것은 역사기록에 존재하지 않는 내용이다. 세 번째로는 당시 나이가 11살밖에 되지 않은 황제 손량이다. 손량은 제갈각의 암살에 관련되었다는 기록과 소설에서 묘사하듯이 일찍이 제갈각을 제거하고 싶다는 생각을 가지고 있었다는 내용은 모두 근거가 없는 허구이다.

역사기록에서 손준은 성품이 악랄하고 오(吳)에 대한 아무런 공헌도 없었던 야심가이자 황실의 종친이라는 관계를 활용하여 정치일선에 뛰어든 인물이라고 기술하고 있다. 그가 온갖 악행을 일삼기에 마음 속에는 항상 두려움을 가지고 있었으며 제갈각을 죽인지 3년이 채 되지 않은 때, 제갈각이 자신을 찾아와 죽인 꿈을 꾸고 나서 '공포로 인한 병'을 얻어 죽게 되었다. 이 얼마나 가증스러우며 우스운 이야기인가!

제갈각이 처음에 보정(輔政) 대신을 맡았을 때, 폭 넓은 덕망으로 정치를 수행하였기에 매번 그가 밖으로 나가면 민중들은 모두 희망이 가득한 그의 풍채를 느낄 수가 있었다. 그러나 권력의 최상위에 있던 그는 초심과 자아를 잃어버리고 동료와 장수 나아가 민중들의 신임을 잃어 51세라는 나이에 비참하게 생을 마감하게 되었다. 이는 제갈각이 자신의 부친처럼 안정감과 숙부와 같은 영명함이 없었기 때문에 이들과는 다른 결말을 맞이하여 비통하며 탄식을 자아낸다!

이 사건으로 손오의 정치적인 부분에서 좋지 않은 암흑과도 같은 기운이 만연해져 주군은 신하를 죽이고 또 신하는 주군을 폐위시키며 대신들은 서로 죽고 죽이는 악성적인 사건들이 지속적으로 발생하게 되어 손오가 멸망하는 결과를 야기하게 되었다.

97

정봉(丁奉)이 계략을 내어 손침(孫綝)을 참수한 이야기의 진실과 거짓

丁奉定計斬孫綝(取自清康熙年版《三國志演義》)
정봉정계참손침(청 · 강희년판〈삼국지연의〉)

손오(孫吳)의 정국은 손권(孫權)이 죽은 뒤 급변하여 추락하기 시작하였다. 우선은 신하가 신하를 죽이고 이어서 대신이 군주를 폐위하고 다시금 군신이 합심하여 대신을 죽이는 상황이 이어졌다. 〈삼국연의(三國演義)〉 속 정봉(丁奉)과 관련된 '정계참손(定計斬孫)'의 이야기는 앞서 설명한 뒤의 두 정국을 묘사한 내용이다.

오의 황제인 손량(孫亮)이 16세가 되었을 때, 대장군인 손람(孫濫)이 무고하게 죽임을 당하는 것을 보고 비밀리에 손침(孫綝)의 암살을 모의하였다. 그러나 비밀계획이 새어나가 손침이 알게 되어 손량은 폐위를 당하고 손권의 6번째 자식인 손휴(孫休)를 황제에 옹립시켰다. 그리고 나서 손침은 자신을 승상이자 형주목(荊州牧)에 올려 놓고 직접 궁궐을 지키는 금위군(禁衛軍)을 통솔하기 시작하였고 실질적인 권력을 행사하며 온갖 전횡을 일삼았다. 그리하여 어떤 사람이 손휴를 비밀리에 알현하여 손침이 다른 마음을 먹고 있다는 말을 전하였다. 이에 손휴는 급하게 좌장군(左將軍)인 장포(張布)를 불러 의논하였다. 장포는 "노장인 정봉(丁奉)이 계책을 세우는 것에는 타인을 뛰어넘기에 이러한 대사를 능히 판단할 수 있으니 그와 상의하는 것이 옳다고 생각합니다."라고 말하였다. 손휴는 정봉을 즉시 불러 다시 논의 하였는데 정봉은 "내일은 납일(臘日; 제사일)이니 대소신료들을 모두 불러모아서 연회를 여십시오. 그러면 신이 알아서 처리하겠습니다."라고 말하였다. 정봉의 말을 들은 손휴는 크게 기뻐하였다. 간밤에 큰 바람이 불었으나 날이 밝자 하늘은 맑게 개이고 바람은 잔잔해졌다. 손휴는 사자를 보내어 손침을 궁궐로 불러들이고 연회를 진행하여 술잔을 수차례 나누었다. 이때 갑자기 사람들이 놀라면서 말하기를 "궁궐 밖에 화재가 발생하였다!"라고 말하였고 급히 일어나 자리를 떠나려고 하였다. 손휴도 손침에게 "승상이 편한대로 하시오."라고 말하자마자 갑자기 장포와 무사들이 상전(上殿)으로 난입하여 큰 소리로 "황제의 명으로 역적 손침을 추포하라!"라고 말하였다. 손침은 도망치려 하였지만 이미 무사들에게 붙잡히고 말았으며 연회장 동쪽으로 끌려가 참수를 당하게 되었다. 정봉 등의 사람들은 손침의 형제들을 잡아들여 손휴 앞에 대령하였고 황제는 즉시 모두 처형하라는 명을 내렸다. 이에 손침 일족 수 백 명이 죽임을 당하였고 정봉 등의 신하들은 큰 상을 받게 되었다.

이렇게 유혈이 낭자한 사건은 역사서 〈삼국지(三國志)〉의 〈정봉전(丁奉傳)〉, 〈손침전(孫綝傳)〉, 〈손량전(孫亮傳)〉에 기록되어 있다. 이러한 기록들과 〈삼국연의〉 속 내용을 비교하였을 때, 어린 황제인 손량이 손침을 제거하려는 내용과 손침이 손량을 폐위하고 손휴를 옹립한 것과 손휴와 장포 그리고 정봉이 손침을 죽일 계획을 모의하였다는 내용 등은 모두 역사 기록과 일치하는 내용들이다. 하지만 일부 내용들은 수정과 허구들이 존재하는데 제일 큰 부분은 계책을 내고 실행한 핵심적인 인물인 정봉이 손침을 체포한 부분이다. 역사서 〈정봉전〉과 〈손침전〉의 두 기록 모두 정봉과 장포가 현장을 지휘하면서 황궁에서 손침을 체포하였다고 쓰여져 있지만 〈삼국연의〉에서는 정봉이 궁궐 밖에서 손침의 형제들을 체포하였다고 묘사하였다. 정봉은 지략가이자 검을 잘 다루는 효장(驍將)으로서 당연히 그가 현장에서 성공적으로 계획을 수행하였다는 것을 충분히 증명할 수 있으며, 만일 그가 현장에 없었다면 손휴가 마음을 놓지 않았을 것이며 정봉 자신 또한 혹여 계획이 실패로 돌아갈 수 있기 때문에 불안하였을 것이다. 그러므로 〈삼국연의〉에서 이 부분을 수정한 것은 역사적인 사실이 아닐 뿐 아니라 상황과 이치가 들어맞지 않는다.

〈삼국연의〉에서 손침을 체포하여 죽인 날짜는 역사서의 기록과 동일하게 묘사하였다. 여기서 '납일(臘日)'은 간략하게 '납(臘)'이라 불려지며, 고대의 동계에 진행하는 성대한 제삿날이다. 구체적인 일시는 각 왕조마다 다르며, 삼국시대 손오(孫吳)의 경우 12월의 첫 진일(辰日)에 거행하였다. 역사기록인 〈손휴전〉에서도 명확하게 손침을 체포하여 참수한 날짜는 '12월 무진(戊辰)'이라 기록하였으며 간지법(幹支法)으로 계산하면 음력 초8일로 나타난다. 이 풍습이 후세에 이르러 납월 초 8일날 납팔(臘八) 밥을 먹게 되는 것으로 자리잡았다. 손침은 이렇게 성대한 제사에 자신이 희생제물로 죽임을 당하였을 것을 생각지도 못하였을 것이다.

손침이 참수된 뒤 손오의 정국은 잠시나마 안정을 되찾았다. 그러나 손휴의 명이 길지 못하여 30세의 나이에 세상을 떠나게 되었고 그의 아들은 너무 어려 정봉과 대신들은 성인인 군주를 물색하였다. 성인인 군주를 찾은 결과 아주 가까이에 황실을 이을 군주가 존재하였는데 그는 바로 손권(孫權)의 손자인 손호(孫皓)였다. 손호는 황제에 즉위하자 자신의 성격을 드러내기 시작하여 삼국시대에 최악의 폭군으로 남게 되었다. 그리하여 손오 왕조는 손호가 서진(西晉)에 투항함으로써 그의 손에 파괴되었고 삼국시대라는 찬란한 역사는 막을 내리게 되었다. 아이러니한 점은 삼국의 역사는 최악의 폭군인 대신 동탁(董卓)으로 시작하였으며 마찬가지로 최악의 폭군인 손호가 역사의 마지막을 작성하게 되었다. 이것이 과연 인위적일까 아니면 하늘의 뜻인 걸까? 아니면 필연적인지 우연적인 것인지?

98

강유(姜維)가 답중(遝中)에서 둔전(屯田)한 이야기의 진실과 거짓

遝中屯田(取自清康熙年版《三國志演義》)
답중둔전(청·강희년판〈삼국지연의〉)

〈삼국연의(三國演義)〉에서 수차례 둔전(屯田)과 관련된 이야기가 출현한다. 조조(曹操), 유복(劉馥)이 둔전을 하였으며 제갈량도 오장원(五丈原)에서 둔전을 하였다. 강유(姜維)도 답중(遝中)에서 둔전을 하였으며 이는 소설에서 나오는 마지막 둔전과 관련된 이야기이다.

강유가 조정으로 돌아왔을 때, 후주(後主)에게 국정을 파국으로 이끈 황호(黃皓)를 죽이라고 건의하였지만 후주는 이를 듣지 않았다. 강유는 극정(郤正)을 만나 이를 상의하게 되었다. 극정은 "장군! 화(禍)가 멀리 있지 않습니다! 장군이 위기를 맞으면 국가는 바로 멸망하게 될 것입니다."라고 말하였고 강유는 "선생이 다행히 나에게 나라를 지키고 내 자신을 안정시키는 비책을 알려주시면 되지 않습니까."라고 대답하였다. 이에 극정은 "농서(隴西) 지역에 답중이라는 곳이 있는데 그 지역의 토지가 비옥합니다. 장군은 어찌 무후(武侯; 제갈량)께서 과거에 둔전을 하였던 것을 이용하여 천자(天子)에게 이와 같이 행동한다고 고하고 답중에 둔전을 하러 가지 않습니까? 이렇게 한다면 우선 보리를 수확하여 군량으로 사용할 수 있고 둘째로 농우제군(隴右諸郡)을 얻을 수 있는 계획을 세울 수 있고 셋째로는 위(魏)나라가 감히 한중(漢中)을 노릴 수 없으며 넷째, 장군이 외부에서 군사력을 장악할 수 있어 다른 사람들이 딴 생각을 품지 못하기 때문에 화를 피할 수 있습니다. 이로서 나라를 지키고 자신을 무사하게 지킬 수 있는 계책이니 어서 빨리 실행에 옮기십시오."라고 말하였다. 강유는 크게 기뻐하며 곧바로 후주를 알현하여 제갈량의 일화를 이야기하며 답중에 둔전을 시행하겠다고 보고하였고 촉황제(蜀皇帝)는 이를 허락하였다. 그리고 나서 강유는 한중에서 제후(諸侯)와 장수들을 불러모아 "사람들을 모아 출정하려 한다. 그러나 식량이 부족하기 때문에 성공을 장담하기 어렵다. 오늘 나는 8만의 병사를 뽑아 답중에서 보리밭을 경작하고 훗날을 도모할 것이니 뜻을 같이 할 자는 나를 따르라. 너희들은 오랜 전투에 고생과 피로가 쌓여 병사들을 거두어 들이고 한중만을 지키는 것을 알고 있다. 위나라 병사들이 천리길을 지나 군량을 수송할 때 필시 산길을 지나기에 자연적으로 피로할 것이고 이에 따라 필시 퇴각을 할 것이다. 이때에 우리가 추격하여 기습한다면 이길 수 있을 것이다."라고 말하였고 원하던 병사들을 다 모집하게 되어 8만의 군대를 이끌고 답중에서 보리를 심어 이후의 계책을 위하여 준비하게 되었다.

과연 위 이야기는 사실일까? 역사적 사실기록은 어떻게 이 부분을 기술하였을까?

답중은 삼국시기 실제로 존재한 지명이다. 또한 강유가 여기서 둔전을 하였던 일도 모두 역사서에 기록된 내용들이다. 〈화양국지(華陽國志)〉에서는 '대장군 강유는 황호가 전권을 휘두르는 것을 증오하여 후주에게 황호를 죽여야 한다고 건의하였다. 그러나 후주는 "황호는 그저 시키는 일만 봉사하는 소신료(小臣僚)이며, 동윤(董允)이 그에 대하여 이를 갈며 증오하는 것에 있어서 짐은 매우 유감이라고 생각하는데 어찌하여 너도 그를 그렇게 생각하느냐"라고 말하였다. 강유는 황호와 후주간의 밀접한 관계를 보고 자신이 황제에게 실언을 한 것을 걱정하기 시작하였고 재빨리 말을 마치고 돌아가려고 했지만 후주는 황호를 불러 강유에게 사과를 하라고 명하였다. 강유도 황호에게 자신이 황제에게 말을 전한 이유를 설명하고 곧바로 자신은 답중에서 보리를 심어 둔전을 할 것을 말하여 조정내에서 황호의 핍박을 피할 구실을 찾아내었다.'

역사기록과 〈삼국연의〉를 비교하였을 때, 강유가 답중에서 둔전을 하였다는 기본내용은 역사적 사실과 동일하다. 그러나 그가 극정과 나누었던 대화와 극정이 강유를 위해 계책을 내었던 세부내용은 모두 역사적 근거가 없는 허구이다. 그러므로 이 이야기는 반은 진실이고 반은 거짓이라는 것을 알 수 있다.

강유는 촉한(蜀漢) 후기 걸출한 군사수장이다. 그가 답중에서 둔전을 선택한 이유는 과연 무엇일까? 첫째는 지리적 요소이다. 답중은 지금의 감숙성(甘肅省) 민현(岷縣) 남쪽에 위치하여 백룡강(白龍江) 유역에 위치한 지역이다. 이 곳은 수원(水源)이 풍부한 지역으로 농작물이 잘 성장할 수 있는 지역이다. 둘째로 전략적 요소이다. 강유는 훗날 조위(曹魏)를 공격하는 방향을 선택함에 있어서 기산(祁山)의 서쪽에 위치한 도수(洮水) 유역을 선택하였다. 그 이유는 조위의 관용(關隴) 전구(戰區)의 중심인 장안(長安)과 멀리 떨어져 있기에 적군의 주력을 피하고 약한 부분을 공격할 수 있기 때문이다. 셋째로는 고향지역의 요소이다. 강유는 천수군(天水郡) 익현(翼縣) 출신이며, 당시 익현은 지금의 감숙성 곡현(谷縣)의 동남쪽에 위치한 지역이다. 답중은 익현의 서남쪽에 위치한 지역으로서 두 지역은 직선거리로 2백리도 채 안 되는 거리에 위치하였기 때문에 강유는 비교적 이 지역에 지리환경과 지역민의 정서를 쉽게 이해하고 있었기 때문이다. 위의 이러한 요소들을 종합하여 답중에서 둔전을 선택한 것은 전략적으로 탁월한 선택을 한 것이다.

강유는 답중에서 둔전을 한 것뿐만 아니라 이 지역을 자신의 근거지로 만들기 시작하였다. 그리하여 촉한후기 군사적으로 다수의 사건들이 모두 답중에서 발발하게 되었다.

99

등애(鄧艾)가 몰래 음평(陰平)으로 들어간 이야기의 진실과 거짓

偷渡陰平(取自清康熙年版《三國志演義》)
투도음평(청·강희년판〈삼국지연의〉)

〈삼국연의(三國演義)〉에서 '투도음평(偸渡陰平)'의 제목으로 묘사된 이야기는 전체 소설의 완결을 꾸며주는 이야기 중의 하나이며, 결말 직전에 나오는 이야기이기도 하다.

때는 조위(曹魏)의 종회(鍾會)가 다방면으로 진격하는 대군을 이끌고 촉한(蜀漢)을 공격하던 시기이다. 그는 한중(漢中)을 점령한 뒤, 쉬지 않고 검각(劍閣)을 공격하였지만 촉군(蜀軍)의 완강한 수비에 부딪쳐 어려움을 겪고 있었다. 이에 등애(鄧艾)는 종회에게 계책을 내었는데 우선 부대를 보내어 검각을 돌아서 음평(陰平)의 샛길을 통하여 성도(成都)를 기습하게끔 만드는 것이다. 성도가 공격받는다는 소식을 강유가 듣는다면 그는 곧바로 병사를 돌려 성도를 지원하러 검각을 빠져나갈 것이고 이때 비어 있는 성과도 같은 검각을 공격하면 쉽게 얻어낼 수 있다고 말하였다. 등애의 계책을 들은 종회는 매우 기뻐하며 등애의 뜻대로 계획을 진행하라고 명하였다. 그러나 종회는 속으로 다른 마음을 품고 있어 등애의 병사들이 모두 음평의 가파른 산봉우리 길에서 굶어 죽기를 고대하였다. 반면 등애는 자신의 아들인 등충(鄧忠)에게 5천 명의 정예병사를 이끌고 선봉에 서서 길을 개척하라고 명하였으며, 자신은 3만 명의 주력군을 이끌고 길을 따라 나섰다. 20여일 동안 험준하여 아무도 다니지 않는 길을 7백여리나 행군하였고 길을 따라 영채(營寨)를 세워 일부 낙오된 병사들을 남겨두게 되었다. 마지막으로 산세가 가장 험준한 마천령(摩天嶺)위에서 2천여 명의 병사들이 남겨지게 되었다. 등애는 병사들보다 먼저 앞장서 모포로 자신의 몸을 감싸고 굴러 떨어지며 산을 내려가기 시작하였고, 부장(副將)들 중에 모포가 있는 사람은 등애와 같은 방법으로 산을 내려갔으며, 모포가 없는 장수들은 줄을 자신의 허리에 묶고 나뭇가지들을 잡아가며 마치 물고기를 줄로 엮은 듯이 줄줄이 산을 내려갔다. 마천령을 무사히 넘어가자 산아래 '승상제갈무후(丞相諸葛武侯)가 쓰였다.'라는 비석을 발견하였으며, 그 밑에는 '염흥(炎興) 원년에 누군가가 여기를 넘으리라. 두 장수가 서로 싸우다가 결국에는 스스로 죽게 되었다.'라는 글귀가 쓰여져 있었다. 이를 본 등애는 크게 놀라며 비석 앞에 절을 하면서 "무후는 과연 신선과도 같다!, 이 몸이 그를 스승으로 모시지 못한 것이 한이로다!"라고 말하였다. 그리고 나서 등애는 파죽지세로 성도를 공격하였고 결국에는 유선(劉禪)의 항복을 받아내어 촉한정권(蜀漢政權)은 멸망하게 되었다.

이렇게 드라마틱한 이야기는 과연 사실일까?

위에서 묘사하고 있는 불의의 습격을 가하여 승리를 얻고 결국엔 일국의 멸망을 이끌어내어 삼국정립(三國鼎立)의 한 축을 붕괴시킨 거대한 군사적인 기적과도 같은 이야기는 〈삼국지(三國志)〉, 〈진서(晉書)〉, 〈자치통감(資治通鑑)〉과 〈화양국지(華陽國志)〉 등과 같은 역사서에 모두 기록되어 있다. 그 중 가장 먼저 그리고 핵심적인 내용을 기록한 〈삼국지·등애전(三國志·鄧艾傳)〉에서 '10월 겨울날에 등애가 아무도 가지 않는 음평의 길을 7백여리나 지나게 되었는데 다리와 막사를 만들며 산을 오르고 길을 뚫었다. 높은 산과 깊은 협곡을 지나며 수많은 고난을 겪고 식량이 부족하여 아사직전까지 이르게 되었다. 등애는 모포를 두르고 산에서 굴러 떨어지면서 내려갔고 다른 장수들은 나무와 절벽을 타면서 마치 물고기가 줄에 엮이듯이 산을 내려갔다.'라고 기록하였다. 이를 토대로 〈삼국연의(三國演義)〉에서 쓰여진 제갈량이 사전에 비석을 세워 등애가 산을 넘을 것을 예측한 글귀와 그에 따른 상황들은 모두 허구이나 이를 제외한 기본적인 배경은 모두 역사적 사실과 부합한다. 그러므로 이 내용은 다수의 내용이 진실이나 약간의 허구가 가미된 이야기라 말할 수 있다.

등애, 자(字)는 사재(士載)이며 동한(東漢) 형주(荊州) 극양현(棘陽縣) 사람이다. 어릴적 그를 형용한다면 '제일'이라는 단어가 어울릴 것이다. 등애의 집안은 매우 궁핍하였고 심지어 일찍이 아버지를 여의게 되어 고향을 떠나 다른 지방을 전전하였으며, 한때는 조위(曹魏)의 둔전(屯田) 구역에서 목동이 되었으나 말을 더듬어 생리적인 결함을 보이기도 하였다. 그를 표현하는 또 다른 '제일'은 바로 그가 제일로 강직한 성격을 가지고 있다는 점이다. 각종 어려움에 직면하더라도 그는 스스로 폭발하거나 포기하지 않았으며 악하거나 부도덕한 길로 빠지지 않고 자신이 생각하는 올바른 길을 따라 자신의 운명에 맞서 싸워나갔다. 그가 생각한 올바른 길이란 바로 독서를 통한 '충전'이다. 이를 통하여 실제의 산천지리(山川地理)를 이해하고, 병서를 통달하여 전투에서 이기는 방법을 깨달았다. 등애의 끊임없는 노력과 분투는 결실로 나타나게 되어 그가 살고 있던 지역에서 정식 학력증서와도 같은 '도위학사(都尉學士)'라는 칭호를 얻게 되어 지방정부 사무실에서 근무하는 사무원이 되었다. 훗날 그는 귀인(貴人)인 사마의(司馬懿)를 만나게 되었고 그의 운명은 한 순간에 바뀌게 되었다. 사마의는 등애의 비범한 재능을 알아보고 데려가게 되었고 그 계기로 그는 조위의 유명한 지휘관으로 성장하게 되었다. 그의 어릴적 경험과 성격 덕분에 70세인 고희(古稀)라는 나이에도 불구하고 죽는 것을 두려워하지 않고 병졸들보다 앞서서 음평의 험준한 길을 헤쳐나간 경의적인 저력을 보여주게 된 것이다.

100

강유(姜維)가 거짓항복을 하여 나라를 되살리려고 한 이야기의 진실과 거짓

假降複國害三賢(取自明崇禎年版《英雄譜》)
나라를 되찾으려 거짓 항복하고 삼현을 해친다(명·숭정년판〈영웅보〉)

'가항복국(假降復國)'의 제목으로 쓰여진 이 이야기는 삼국역사의 화려한 무대의 마지막을 장식하는 이야기이다. 나라는 이미 그 운명을 다하였지만 사령관은 자신의 계략을 통하여 멸망한 나라를 다시 되찾으려고 하는 내용이 담겨있다. 〈삼국연의(三國演義)〉에서 마지막

두 번째인 이 이야기를 알아보자.

후주(後主)인 유선(劉禪)은 등애(鄧艾)에게 항복하고 난 뒤에 사람을 검각(劍閣)으로 보내어 강유(姜維)가 이끄는 선봉부대에게도 적에게 투항하라고 명하였다. 막사에서 이 소식을 들은 장수들은 모두 한마음으로 분노를 억누르지 못하고 목놓아 울며 통곡하였다. 강유는 한(漢)나라를 차마 포기할 수 없어 거짓으로 조위군(曹魏軍)의 사령관인 종회(鍾會)에게 투항한 뒤에 계책을 이용하여 나라를 회복하려는 결심을 세우게 되었다. 강유의 투항소식을 접한 종회는 크게 기뻐하며, 강유와 형제의 연을 맺으며 과거처럼 그가 병사들을 지휘할 수 있도록 배려해 주었다. 강유는 종회에게 군사감독관 위관(衛瓘)을 보내어 반역죄를 물어 성도(成都)에서 등애(鄧艾)를 체포하라는 건의를 하게 되었다. 종회는 강유의 말을 실행에 옮기고 나서 곧바로 강유와 함께 성도로 가서 등애를 체포하게 되었다. 종회는 등애부자(父子)를 호송차에 태우고 도성인 낙양(洛陽)으로 압송시켰고 그 길에서 자신 수하의 손에 죽임을 당하여 최후를 맞이하게 되었다. 이후 강유는 종회에게 지금까지의 공이 높으니 용퇴하라는 말을 전하게 되었고 종회는 아직은 자신이 용퇴할 때가 아니라고 말하였고 이에 강유는 적극적으로 종회에게 조위(曹魏)를 배반하고 성도에서 독립하자는 말을 전하였다. 원소절(元宵節; 정월 대보름)이 되었을 때, 종회는 촉한(蜀漢)의 궁전에서 장군들과 관료들을 불러 연회를 열었다. 이 자리에서 대신(大臣) 사마소(司馬昭)의 정권을 성토하면서 사마소를 따르는 장수와 관료들을 궁궐내에 연금시키기 시작하였다. 강유는 종회에게 궁궐에 큰 구멍을 파놓고 자신을 따르지 않는 사람들을 모두 흠씬 두들겨 팬 다음 구덩이에 넣으라고 건의하였고 종회는 이를 따랐다. 상황이 급박하게 돌아가자 위나라 장수인 호열(胡烈)은 자신의 병사를 보내어 궁내의 소식을 밖에서 병사와 함께 주둔하고 있는 자신의 아들인 호연(胡淵)에게 전하도록 분부하였다. 정월(正月) 18일에 호연은 대규모의 병력을 이끌고 궁전으로 돌격하여 종회를 따르지 않는 장수들과 집결하여 결국 종회를 죽이게 되었다. 강유는 하늘에 "나의 계책이 성공하지 못하니 이 모든 것이 하늘의 뜻이로다!"라고 부르짖으며 스스로 목숨을 끊게 되어 향년 59세의 나이에 생을 마감하게 되었다. 그가 세운 '가항복국'의 연환계(連環計)는 물거품처럼 사라지게 되었다.

이렇게 보통사람은 생각조차 할 수 없는 일들은 과연 사실일까? 이야기의 기초적인 내용은 모두 사실이라고 할 수 있다.

역사서 〈삼국지(三國志)〉의 〈강유전(姜維傳)〉, 〈종회전(鍾會傳)〉과 〈등애전(鄧艾傳)〉에 관련내용이 명확하게 기록되어 있다. 종회와 강유가 최후를 맞이한 장소는 촉한의 궁전이 맞으며, 반란이 발생한 시각도 정월 18일이다. 또한, 강유, 종회, 위관, 등애부자, 호열부자와 같이 반란에 관련된 인물들 모두 역사서에 명확하게 기록되었으며 〈삼국연의〉와 역사기록이 서로 부합한다는 것을 알 수 있다.

하지만, 소설에서 일부 오류가 존재하는데 그것은 바로 종회가 장수와 관료들을 소집하였던 시각은 '원소절'이 아닌 〈종회전〉에서 기록하고 있는 정월 15일 '다음날'인 16일이다. 또 다른 사실이 아닌 점은 강유가 죽은 나이이다. 〈삼국연의〉에서는 그가 59세의 나이에 세상을 떠났다고 묘사하였지만, 역사기록인 〈강유전〉에 따르면 건흥(建興) 6년(서기 228년)에 제갈량에 투항하였는데 당시 그의 나이는 '27세'라고 기록하였다. 서기 264년 정월에 생을 마감하였으므로 실제 생을 마감한 나이는 63세라고 할 수 있다. 이 밖에 종회는 40세의 나이에 등애는 70세의 나이에 생을 마감하였다.

강유의 자(字)는 백약(伯約)이다. 고대 사람들의 이름과 자는 모두 의미를 내포하고 있는데 '유'라는 의미는 유지(維系; 유계)하다 라는 뜻이다. 그의 자로 불리는 '백'은 그가 순서에서 가장 큰사람이라는 뜻이고 '약'이라는 뜻은 '약속'이라는 뜻이며, 두 글자 모두 '유지하다'라는 뜻과 연관이 있다. 인터넷에서 강유에 대한 해석이 올바르지 못하기 때문에 이 부분을 간략하게 설명하게 되었다.

강유는 지략과 재능이 걸출하여 제갈량(諸葛亮)이 몹시 아끼고 중요하게 육성시켰던 인재이다. 강유도 이러한 기대를 저버리지 않고 자신의 조국을 위하여 장렬하게 순국하는 결말을 맞이하게 되었다. 〈삼국연의〉에서는 이러한 그의 헌신적인 모습을 묘사하여 제갈량과 같이 끝까지 조국을 위하여 헌신하였던 인물로 묘사하여 승상의 애절한 분위기와 맞닿을 수 있도록 그려내었다. 그리하여 소설에서는 농후하면서도 장렬하고 애절한 분위기를 통하여 촉한왕조(蜀漢王朝)와 삼국정립(三國鼎立)의 고별을 알리며 이루 말할 수 없는 감정과 탄식을 남겨주게 되었다. 이로서 〈삼국연의〉는 후세에 길이 전해져 수많은 독자들의 마음속에 깊이 남겨진 소설이 되었다.

후기

이 책의 기고는 활기가 넘치는 젊은이들이다. 그들은 대학을 졸업하고 성도(成都)의 무후사(武侯祠) 박물관에서 그들의 전문성을 발휘하는 업무를 담당하고 있다. 이들은 자신의 직업과 삼국의 우수한 역사문화를 사랑하며, 성도 무후사박물관을 기점으로 하여 삼국의 우수하고 풍부한 문화적 함의와 유익한 요소들을 탐구하며, 대중들 특히 젊은 사람들이 좋아하고 선호하는 방식으로 홍보하려고 노력하고 있다.

이로서 모두가 우수한 전통문화에 대한 진한 흥미를 느끼고, 한걸음 나아가 그것을 진심으로 받아들이며 아낄 수 있도록 하여 지속적으로 선(善)과 함께 성장할 수 있는 역량을 심어주었다. 이처럼 젊고 혈기 넘치는 박물관 근무자들의 헌신적인 노력과 의무를 통하여 자신들의 지식이 독자 모두에게 공유되어 큰 수확이 있기를 바라는 마음으로 모두 적극적으로 투고와 원고선별을 하였고 이를 묶어 이 책을 출판하게 되었다.

이 책의 원고 준비부터 출판과정까지 모두 성도시(成都市) 위원회 선전부(宣傳部)의 높은 관심과 아낌없는 지원을 받았으며, 이 책이 가지고 있는 의미와 가치를 충분히 인정받게 되었다.

성도전매집단(成都傳媒集團), 성도시대(成都時代) 출판사의 열성적인 협조에 감사를 드린다.

성도무후사박물관의 적극적인 지원과 아낌없는 자료제공에 감사를 드린다.

이 책이 출판되기까지 애써주신 편자(編者)와 모든 기고자(寄稿者), 원고 선별자들에게 깊은 감사의 마음을 전한다. 그리고 우리에게 보여준 여러분들의 격려와 긍정, 도움으로 한국어판을 발간하게 되어 깊은 감사의 인사를 드리며, 이 책을 존경하는 한국 독자들에게 바친다.

2017년 10월

중국 성도에서 저자

지은이

방북진(方北辰)

중국 성도 출생. 서안교통대학 전기공정계 본과를 졸업하였고, 사천대학 역사계 위진남북조사 연구생이 되었다. 역사학 박사를 취득하고 사천대학에서 교수를 역임하였으며, 국가급 명예 칭호인 '특출난 공헌을 한 중국 박사'라는 칭호를 얻어 국무원의 특수 보조금을 받았다. 중앙공영채널 중앙방송 백가강단 '삼국명장' 프로그램에서 강연을 하였다.
유럽과 한국에서 초청 학술 강연을 하였고 중국연수 미국 학자들을 지도하였다. 한성교원출판집단의 초청을 받은 수석 전문가이며 대형 도서 한문판 〈도문삼국연의〉의 편집, 출판을 지도하였다. 오랜 기간 동안 성도무후사박물관 학술위원으로 지냈으며 집필한 부문, 영련도 성도무후사박물관에 비치되어 있다.

저서

《위진남조강동세가대족술론(魏晉南朝江東世家大族述論)》(박사논문), 태북문진출판사, 1991년
《손권신전(孫權新傳)》, 태북세계문물출판사, 1989년
《사마의신전(司馬懿新傳)》, 태북국제문화출판회사, 1990년
《조비신전(曹丕新傳)》, 태북국제문화출판회사, 1991년
《원소신전(袁紹新傳)》, 태북국제문화출판회사, 1991년
《유비신전(劉備新傳)》, 태북군옥당출판회사, 1991년
《여포신전(呂布新傳)》, 태북국제문화출판회사, 1992년
《삼국지주역(三國志注譯)》(3권), 섬서인민출판사, 1995년
《삼국경쟁 묘책모음(三國競爭妙計錦囊)》, 대중문예출판사, 2005년
《삼국지전본신역주(三國志全本新譯注)》(3권), 섬서인민출판사, 2012년
《유비: '자주 패하던' 영웅(劉備 : "常敗"的英雄)》, 북경대학출판사, 2013년
《손권: 반만 뛰어난 군주(孫權 : 半生明主)》, 북경대학출판사, 2013년
《조비: 문학의 천재(曹丕 : 文豪天子)》, 북경대학출판사, 2013년
《원소: 서출의 맹주(袁紹 : 庶出的盟主)》, 북경대학출판사, 2013년
《여포: '무적'의 실패자(呂布 : "無敵"的失敗者)》, 북경대학출판사, 2013년
《사마의: 누가 삼국을 종료시켰는가?(司馬懿 : 誰結束了三國？)》, 북경대학출판사, 2013년
《삼국명장 – 한 역사학가의 랭킹(三國名將——個曆史學家的排行榜)》, 북경대학출판사, 2014년
《한 성도학자의 훌륭한 삼국(一個成都學者的精彩三國)》, 성도시대출판사, 2016년

담양소(譚良嘯)

제갈량과 삼국문화의 연구에 40여 년을 몰두하여 왔는데 이에 적지 않은 공적과 영향을 갖고 있는 학자이다. 현재 성도(成都:청두)시 제갈량연구회의 부회장이며, 성도(成都:청두) 무후사박물관학술위원회 위원, 연구원이며 국무원의 특수수당이란 대우를 받고 있는 전문가이다. 중국 충칭(重慶)에서 태어났으며 사천대학 역사과를 졸업하였다. 가양매광자제학교에 배치되어 글을 가르쳤고, 1974년에 성도(成都:청두) 무후사로 재발령되었다. 2001년에 영령박물관의 관장으로 임명되었다.
저서로는 《방고화공명》, 《제갈량치촉》, 《팔진도와 무우류마》(논문집), 《천하영웅유비》, 《와룡부패-제갈량성공지미》, 《삼국문화고금담》, 《삼국시기과학기술탐구》, 《삼국연의대사전》(농백준 〈沈伯俊〉과 합편) 등 십여 편이 있으며, 또 수십 편의 학술논문도 발표하였다. 한국어와 일본어로 번역된 그의 저작과 문장을 해외에서도 적지 않게 찾아 볼 수 있다.

옮긴이

김은주(金恩周)

한국 서울 출생, 한국 경희대학교 석사
중국 사천대학교 문학박사과정 재학중
현재 중국 사천외국어대학교 성도캠퍼스 한국어과 교수
중국 전자과기대학교 항공분원, 사천사범대학교 국제교육처 한국어 강사

〈김선생한국어〉 교재 시리즈 저자
중국현대문학연구 및 다수의 논문과 중국문학자료 번역

위조관(魏祖寬)

중국 사천 출생, 중국 절강대학교 학사
한국 인하대학교 박사, 인하대 강사
한국 KAIST방문학자 역임
현재 중국 전자과기대학교 교수
다수의 논문과 여행분야 관련 자료 번역

三國志,
그 감춰진 진실을 찾아서

초판 1쇄 발행 _ 2017년 11월 15일

역 자 · 김은주 · 위조관
발행인 · 정 현 걸
발 행 · 신 아 사
인 쇄 · 토탈프로세스
주 소 · 서울특별시 은평구 통일로 59길 4 2층(122-826)
전 화 · (02) 382-6411 팩스 · (02) 382-6401
홈페이지 · www.shinasa.co.kr
E-mail · shinasa@daum.net
출판등록 · 1956년 1월 5일(제9-52호)

ISBN: 978-89-8396-242-3 (03820)

정가 16,000원